大数据与创新绩效评价

殷 群等 著

本书由以下项目资助出版：

国家自然科学基金面上项目“产业技术创新联盟核心企业提升自主创新能力路径研究”（71373133）

国家自然科学基金面上项目“基于R&D主导的产业技术创新联盟路径及政策研究”（71073083）

国家自然科学基金面上项目“企业孵化器运行机理及政策框架研究”（70673039）

科 学 出 版 社

北 京

内 容 简 介

本书从大数据、互联网和人工智能为主流的科技创新时代出发，系统研究并阐述大数据时代评价企业、产业、区域发展业绩的理论基础和影响机制，在定性分析相关因素及其相互关系的基础上，选择结构化和非结构化的评价指标，构建融入大数据技术的企业创新、产业创新、区域创新的评价指标体系，结合国际直接投资（FDI）和对外直接投资(OFDI)的国际经济发展环境，优化基于大数据平台的创新绩效评价模型，并运用现实数据进行实证分析与创新绩效评价，进而分析和评价环境全要素生产率、区域绿色创新和高科技产业创新等体现总体、区域和产业创新发展的绩效，并针对性地阐述运用大数据技术和平台提升创新发展质量的对策建议。

本书适合关注大数据、互联网、人工智能等科技变革浪潮中企业发展和经济发展的管理者、研究者阅读，适合致力于创新发展的企业领导者和产业管理人员阅读，也适合研究经济学、管理学、社会学和相关专业的师生阅读参考。

图书在版编目(CIP)数据

大数据与创新绩效评价/殷群等著. —北京：科学出版社，2021.10
ISBN 978-7-03-069709-7

Ⅰ. ①大… Ⅱ. ①殷… Ⅲ. ①数据处理–应用–企业绩效–经济评价 Ⅳ. ①F272.5-39

中国版本图书馆 CIP 数据核字(2021)第 176981 号

责任编辑：王腾飞 沈 旭/责任校对：杨聪敏
责任印制：张 伟/封面设计：许 瑞

科学出版社 出版
北京东黄城根北街 16 号
邮政编码：100717
http://www.sciencep.com
北京厚诚则铭印刷科技有限公司 印刷
科学出版社发行 各地新华书店经销
*
2021 年 10 月第 一 版 开本：787×1092 1/16
2021 年 10 月第一次印刷 印张：15 3/4
字数：374 000
定价：129.00 元
(如有印装质量问题，我社负责调换)

目　录

绪　　论

大数据时代已经来临。2012 年 1 月，达沃斯世界经济论坛报告《大数据 大影响》称大数据就像货币和黄金一样，是一种新的经济资产。2012 年 3 月，美国联邦政府宣布启动“大数据研究与开发计划”（Big Data Research and Development Initiative），旨在实现以政府为核心的全球数据化运动，提高自身对大数据运用的能力，解决国家科学战略遇到的难题。同年，日本政府制定了“活跃在 ICT 领域的日本”的大数据战略，并于 2013 年升级为“创建最尖端 IT 国家宣言”的新 ICT 战略，将大数据战略放在技术创新战略的首要位置。2014 年，英国政府为了促进政府及高等教育等公共领域的大数据应用，在投入八类高新技术的 6 亿英镑投资中划拨三成用于大数据技术的研发。中国“十三五”规划纲要明确提出实施“国家大数据战略”，2017 年由中国管理科学学会大数据管理专委会、国务院发展研究中心产业互联网课题组和上海新云数据技术有限公司联合组织编写的《大数据应用蓝皮书：中国大数据应用发展报告 No.1（2017）》，清晰分析了大数据的发展状况、存在问题和制约因素，强调要全面促进大数据产业发展，加快数据强国建设。

中国信息通信研究院发布的《大数据白皮书（2016）》显示，全球各行业均有大量的数据不断产生且数据量高速增长，2015 年全球数据产生量已经达到 8.59ZB（图 0-1），报告中预计 2020 年全球数据产生量将达 44ZB，届时中国数据量也预计达到 8060EB，预计占全球数据总量的 18%。与此同时，中国大数据产业的规模也在持续高速增长，中国信息通信研究院结合对大数据相关企业的调研测算发布的《中国大数据发展调查报告（2018 年）》（图 0-2）表明，2017 年中国大数据产业总体规模已达 4700 亿元，预计 2020 年中国大数据产业总体规模将超万亿元。工业和信息化部发布的《大数据产业发展规划（2016—2020 年）》指出，中国将大力支持前沿技术创新，加快关键产品研发，通过产学研推进大数据与云计算的深度融合，努力突破核心技术，深化大数据与金融、电信、政

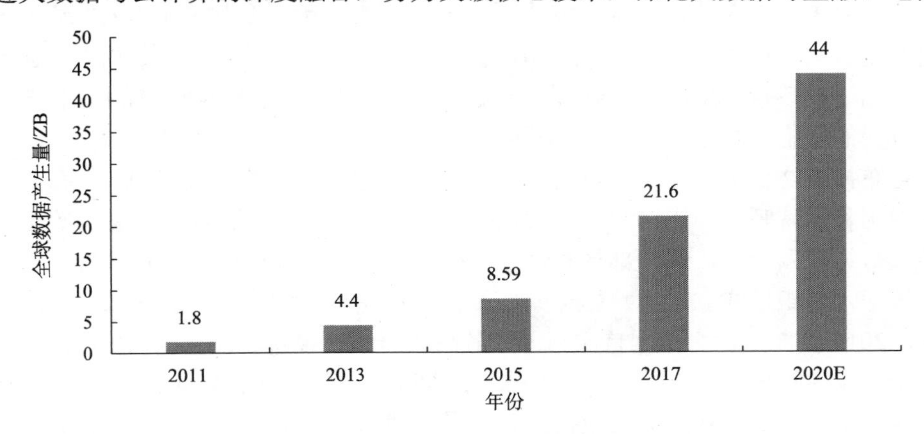

图 0-1　2011～2020 年全球数据产生量

数据来源：中国信息通信研究院

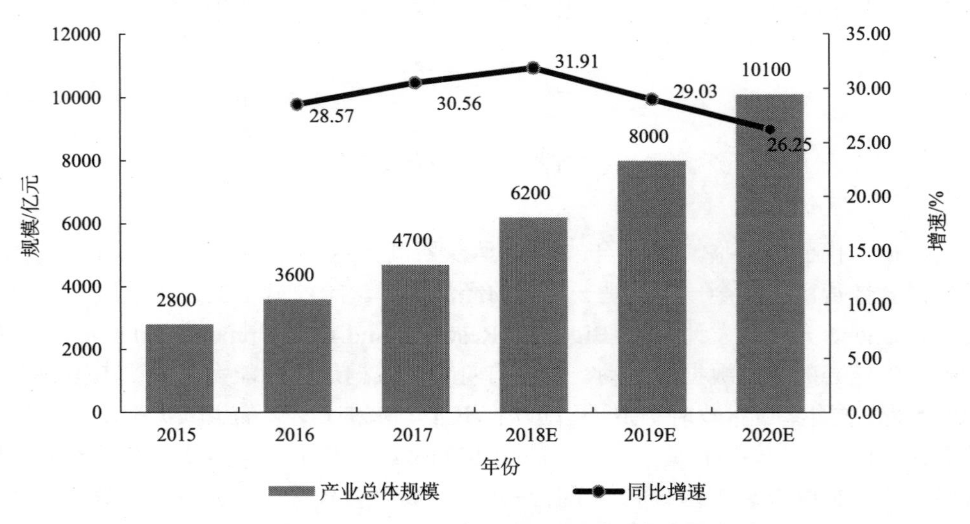

图 0-2　2015～2020 年中国大数据产业总体规模及增速

数据来源：中国信息通信研究院

务、交通等各个行业的融合应用，培育持久动能、培育竞争优势，提升管理能力。报告中预测到 2020 年，中国将基本形成“技术先进、应用繁荣、保障有力”的大数据产业体系。显然，大数据不仅是当前的研究热点，也成了国家和企业提高竞争力、促进科技创新、经济转型的重要载体。

0.1　大数据的概念

“大数据”一词最早是于 20 世纪 80 年代由美国著名未来学家 Alvin Toffler 在《第三次浪潮》（*The Third Wave*）中提出，他将大数据称为“第三次浪潮的华彩乐章”。但是，之后相当长时期内，相关科研人员将大数据局限于计算机科学中，认为大数据是“海量数据”的别称，因此大数据并未进入经济社会运行层面和国家战略决策层面，大数据的概念与内涵并未广为人知。直到 2008 年，*Nature* 杂志出版了专刊 *Big Data*，基于多个学科的研究现状系统地介绍了“大数据”所蕴含的潜在价值与挑战，“大数据”才逐步成为各大学科的研究热点。2011 年，*Science* 杂志出版的专刊 *Dealing with Data* 则标志着“大数据”时代的来临。2012 年 3 月，美国政府宣布启动“大数据研究与开发计划”，奥巴马政府宣布投资 2 亿美元拉动大数据相关产业发展，将“大数据战略”上升为国家战略。同年，中国科学院呼吁中国制定国家大数据战略。之后，日本、英国、德国等国家也纷纷制订大数据研发计划。科技部针对大数据研究设立了研究计划和专题项目，中国计算机学会等学术组织还成立了大数据专家委员会，组织与大数据有关的学术交流活动及科技赛事。2014 年 3 月，大数据首次写入国务院政府工作报告。2015 年 10 月，党的十八届五中全会正式提出“实施国家大数据战略，推进数据资源开放共享”。这表明中国已将大数据视作战略资源并将发展大数据上升为国家战略，期望以此推动经济发展、完善社会治理、提升政府服务和监管能力。2018 年 5 月，习近平在向中国国际大数据产业博览会的贺信中指出，我们秉持创新、协调、绿色、开放、共享的发展理念，围绕建设网络强国、数字中国、智慧社会，全面实施国家大数据战略，助力中国经济从高速增长转向高质量发展。至此，大数据在全球范围内的政府、产业界及学术界拉开竞争的帷幕。

对于大数据的概念内涵，目前产业界及学术界并未形成统一准确的定义。但从已有关于大数据的文献定义来看，主要可以从以下四个方面来辨析大数据的内涵。

一是属性定义。从属性视角看，大数据最显著的特征是数量大、多样性、密度低、价值低、速度快等。国际数据公司（International Data Corporation，IDC）在研究大数据时指出："大数据技术是能够从大规模多样化的数据中高速获取、发现及分析提取数据价值的技术，其刻画了一个崭新的技术体系时代。"类似的定义出现在高德纳咨询公司（Gartner Group）的研究报告中，他们指出："大数据是需要以低成本、新形式处理的大容量、高速度、多形式的信息资产。"IBM 公司结合了大数据规模性、高速性、多样性和真实性四个方面的技术特征，综合性地定义了大数据。中国学者徐宗本等（2014）指出："大数据是部分数据呈现低价值而整体数据呈现高价值、不能集中存储且难以在可接受时间内分析处理的海量复杂数据集。"另外，也有产业界巨头（如微软的研究者们）注意到大数据是以容量性、多样性及速度性三维角度增长的，虽然三维角度并不能完整体现大数据的特性，但他们坚持使用三维模型描述大数据。

二是比较定义。从比较视角看，大数据与一般概念不同，需要从主观性及演化性角度阐述，缺乏描述与相关度量机制，通常在时间及领域演化中表明大数据的内涵，是数据集或数据集合的概念范畴。维基百科定义"大数据是很难用常规传统的数据库管理及处理工具进行处理的规模庞大且复杂的数据集合"。麦肯锡咨询公司（McKinsey & Company）指出："大数据是一种超越了传统数据库软件工具捕获、存储、管理和分析能力的数据集。"中国学者冯芷艳等（2013）认为："大数据是超过现有技术手段处理能力，在数据量、数据复杂性和产生速度方面均大大超过传统数据形态，并能带来巨大产业创新机遇的数据形态。"

三是体系定义。从体系界定视角看，可以从大数据的组成划分方法进行界定。美国国家标准与技术研究院（National Institute of Standards and Technology，NIST）指出："大数据是需要使用水平扩展机制以打破传统关系方法对数据容量、获取速度及表示方式限制的分析处理能力，其包含大数据科学（big data science）和大数据框架（big data frameworks）两部分"。其中，大数据科学专注于有关大数据的科学研究，主要涵盖大数据的获取、评估及调试技术研究；而大数据框架则专注于数据库的分析及算法处理，用于计算单元集群间的大数据分布式问题及软件库算法分析。

四是混合定义。从混合界定视角看，需要综合考虑大数据多方面的特性及产生发展因素来对大数据进行界定。美国国家科学基金会（National Science Foundation，NSF）基于大数据来源和技术特征，将其定义为"由科学仪器、传感设备、互联网交易、电子邮件、音视频软件、网络点击量等多种数据源生成的大规模、多元化、复杂的、长期的分布式数据集"。有外国学者认为大数据是"分析"的另一种表述，它是寻求从数据中萃取知识，并将其转化为商业优势的智能化活动。中国学者李国杰和程学旗（2012）基于物理、信息、社会三元角度分析了大数据的本质，认为"大数据是融合物理世界（physical world）、信息空间（cyberspace）和人类社会（human society）三元世界的纽带，物理世界通过互联网、物联网等技术有了在信息空间中的大数据反映，而人类社会则借助人机界面、脑机界面、移动互联等手段在信息空间中产生自己的大数据映像”。中国学者杨善林和周开乐（2015）则基于大数据的自然资源哲学性及管理性特征指出：“大数据是一类能够反映物质世界和精神世界运动状态和状态变化的信息资源，它具有数据复杂性、决策有用性、高速增长性、价值稀疏性和可重复开采性，一般具有多种潜在价值”。

0.2　大数据的特征

大数据不同于传统数据，具有传统数据无法比拟的特征。关于大数据特征的表述，不同公司及研究机构的主要观点也存在着明显差异。微软公司认为大数据有三个特征，大量性（volume）、多样性（variety）和快速性（velocity），即所谓 3V 特征；国际数据公司（IDC）则认为大数据应该包含 4V 特征，即在 3V 的基础上加上价值性（value）特征，即价值稀疏性；IBM 公司虽然认为大数据也应该包含 4V 特征，但他们指出大数据的第四个特征是真实性（veracity）特征，即数据反映客观事实性；中国学者程学旗等（2014）认为相较于传统数据，大数据的特征可以总结为 5V，即大量性（volume）、多样性（variety）、快速性（velocity）、价值性（value）和真实性（veracity）；还有学者指出多层结构特点也可以作为大数据的一个特征，即易变性（variability）。研究已有文献发现，大数据的 5V 特征已被广泛接受。

（1）大量性。大量性是大数据最突出、最基本的属性。一方面，由于互联网的普及应用、智能化的媒体平台和移动终端的出现，人们在有意无意地分享浏览过程中都会产生庞大的数据，数据级别呈现出指数级增长。另一方面，传统的数据处理理念由局部抽样反映总体的做法已经转变为依托云计算全面描述整体的做法，数据量的迅猛增加也体现了大数据的大量性特征。

（2）多样性。多样性是大数据最重要的特征之一。以往数据仅仅是常规的结构化的关系数据或者是数据仓库数据，只能够进行较为简易的操作，按照事先定义的方法进行存储、抽取、查询、处理。而大数据所描述的数据，不但是传统的结构数据，还包含了图片、流媒体及社会网络信息等多方面非结构化的全新数据类型，由于此类数据并无固定结构或结构复杂，存储及处理方法也必然更加复杂。

（3）快速性。快速性是指大数据增长速度极快的重要特征。数据的快速增长，必然要求对其处理的速度也要极快。现实中的大数据每时每刻都在以指数式增长，如果处理速度不能满足数据采集和使用的要求，产生的数据将无法得到充分利用，归纳的问题也会无法得到及时解决，大数据与传统数据的价值区别也就无法真正充分体现出来。更甚者，问题会由于庞大的数据而变得更加复杂难解。

（4）价值性。价值性是大数据极为重要的特征。现实中的大数据通常价值密度稀疏，数据未经处理并不能显示出内在价值，但经过集成处理后往往呈现出前所未有的巨大价值。究其原因主要是两个方面：一方面是大数据通常包含人、事、物各种活动的细节性原始数据，没有进行相应的删减处理，非结构化离散程度较高，通常为了保证数据使用时有效信息的比例，往往会保留全部的数据，而大数据一直在激增，这就使得数据价值密度较稀疏。另一方面是对大数据的合理利用，能够以低成本提取可预测现实的数据，可以将稀疏庞杂的数据进行集成化和模块化归纳，从而为社会带来巨大的价值贡献。

（5）真实性。真实性是大数据发挥价值的基础，是其重要特征之一。大数据来源于现实社会中各种人、事、物发生的各种真实性活动，大数据来源的真实性确保了数据的高质量性，正因如此，大数据中潜在的准确有效的信息才能被相应的工具提取出来，从而发挥出巨大的潜在价值和现实价值。

0.3　大数据的前景

大数据带来了机遇和挑战，大数据技术开辟了广阔的经济和社会领域的应用前景。许多国家顺势而为，积极融入大数据时代。

（1）海量数据成为重要资源。随着互联网和物联网的发展，人们行为活动的数字化程度越来越高，产生的数据量也越来越大。并且，数据类型也越来越丰富，包括金融交易数据、身份数据、时间位置数据和社交网络数据等，这些渗入人类社会生活各个方面的数据信息，不仅揭示了用户更深层次的行为习惯，而且在互联网上得以共享，企业可以更方便快捷地获取其蕴含着的不同于传统数据的潜在商业价值。处于大数据时代的企业，必须紧跟时代潮流，积极利用大数据带来的巨大数据信息资源。

（2）大数据产业市场规模迅速扩大。中国信息通信研究院《中国大数据发展调查报告（2018 年）》显示，全球以数据生产、采集、存储、价格、分析、服务为主的相关经济活动呈现增长趋势，如图 0-3 所示。WIKIBON 发布的《2016—2026 全球大数据市场预测》（2016—2026 *Worldwide Big Data Market Forecast*）报告中的数据显示，2017 年全球大数据产业市场规模已经达到 335 亿美元，报告预测到 2026 年全球大数据市场规模将达到 922 亿美元（图 0-4），年均实现 14.40%的增长。

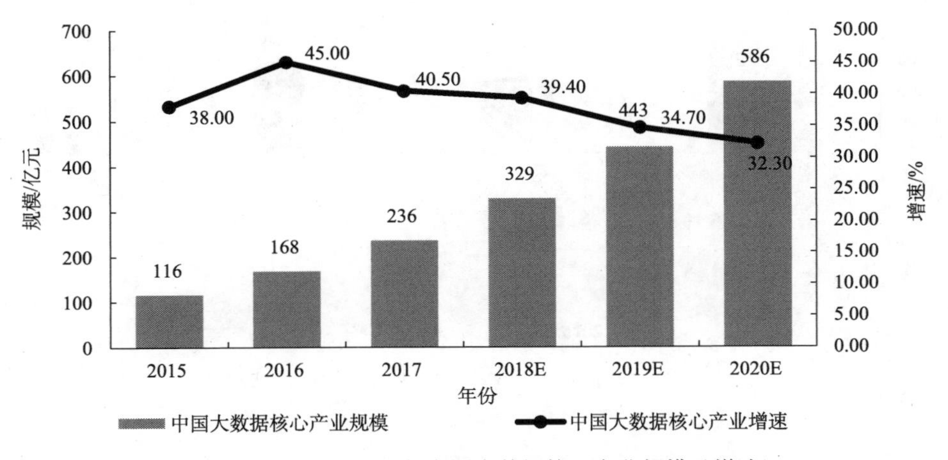

图 0-3　2015～2020 年中国大数据核心产业规模及增速

数据来源：中国信息通信研究院

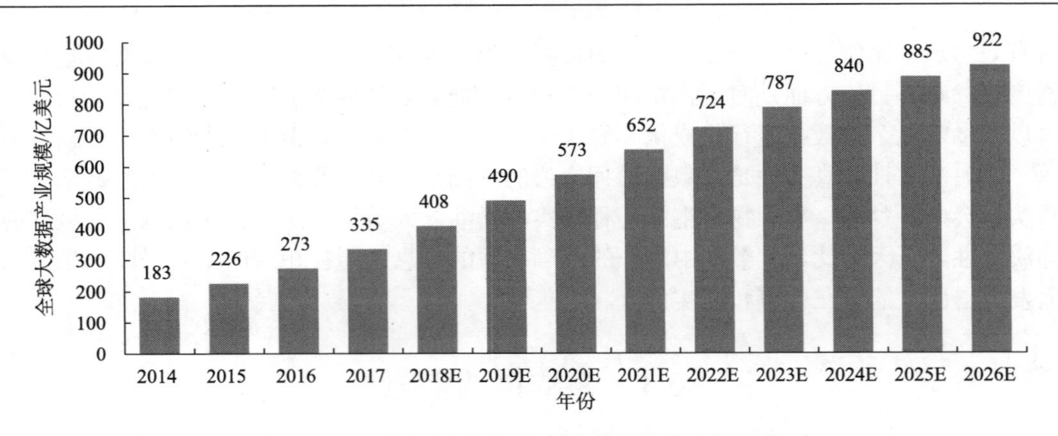

图 0-4　2014～2026 年全球大数据产业市场规模

数据来源：WIKIBON

（3）大数据拥有广阔的应用前景。随着大数据技术的创新和应用层面的扩展，大数据迅速融入传统产业，从金融政务、交通电信、商贸医疗、教育旅游到工农业，从设计研发、生产管理到售后维护等，大数据与各个行业正在深度融合，发挥着帮助企业实现智能决策、提高运行效率和风险管理能力的作用。不过，中国信息通信研究院的《中国大数据发展调查报告（2018 年）》显示，大数据应用最广泛的三个领域仍是营销分析、客户分析和内部运营管理，发展水平最深入的三个行业是金融、政务和电商，大数据还未普遍应用到其他行业领域，随着大数据技术和商业模式的成熟，报告预计未来几年大数据在各个行业的应用空间巨大。如图 0-5 所示，2017 年已经应用及将在未来一年内应用大数据的企业较 2016 年比例均有所增加，未来几年中这一增加趋势肯定会得以延续；报告还显示，中国市场上目前只有近四成的企业已经应用了大数据，中国的大数据应用仍有广阔的市场前景。

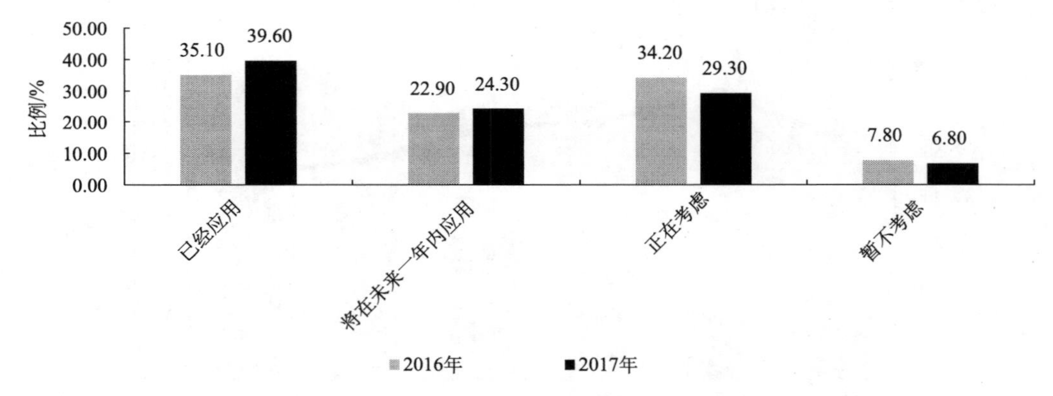

图 0-5　2016～2017 年企业对大数据的应用状况

数据来源：中国信息通信研究院

（4）各国纷纷推进大数据战略。为支持大数据技术研发和广泛应用，美国的国家科学基金会、国家卫生研究院、国防部、能源部等 6 个联邦部门和机构，联合设立了包括科研教学、环境保护、工程技术、国土安全、生物医药等领域在内的大数据研发计划。欧盟积极资助“大数据”和“开放数据”领域的研究和创新活动，推动企业和高校研究机构联合研发大数据技术，促进公共大数据的利用与再利用。党的十九大报告明确提出要“推动互联网、大数据、人工智能和实体经济深度融合”，2017 年工业和信息化部发布的《大数据产业发展规划（2016—2020 年）》具体设置了七项与大数据相关的重点任务，并围绕重点任务设置了八大工程，主要涉及大数据关键技术及产品的研发与产业化、大数据服务能力提升、工业大数据创新发展、跨行业大数据应用推进、大数据公共服务体系建设、大数据产业集聚区创建、大数据重点标准研制及应用示范和大数据安全保障等，全方位推进实施中国的国家大数据战略。

当前数据海量式激增且类型丰富多样，为大数据产业的发展提供了良好基础。然而，中国应用大数据的企业仍然较少，大数据应用及产业发展具有广阔的潜在市场；目前中国在大数据技术创新方面能力还不够强大，尤其在信息安全和数据管理方面还存在体系不健全及人才严重匮乏等问题。展望未来，中国的高质量发展必须抓住机遇，突破技术和人才瓶颈等各种挑战，全面融入大数据时代。

第 1 章　大数据、核心技术能力与企业创新绩效

大数据时代，企业获取数据和运用数据的能力已经成为企业能否赢得生存、发展和竞争主动权的关键。大数据时代，创新是企业发展的动力，创新绩效是企业发展能力的重要体现，提升企业创新绩效必须运用好两种战略创新模式：广度模式和深度模式。

大数据时代，企业技术多元化的深度创新战略能够使企业立足于固有核心技术领域，深入挖掘、汲取与核心技术领域同质的知识信息资源，依据动态环境变化，并基于大数据制定合理的研发决策，从而实现核心技术低成本化，以规模经济优势巩固核心技术竞争力，促进企业创新绩效提升。不过，由此产生的技术路径依赖、大数据搜集决策成本上升，以及满足市场多样化需求的能力将成为挑战。

大数据时代，企业技术多元化的广度创新战略能够广泛地搜集和分析异质性知识信息资源，基于大数据发现科技热点、分析预测科研投资的产出比率，利用各类知识溢出效应，降低开拓新技术实现技术融合创新的风险，从而提升企业创新绩效。然而，实施广度创新战略会带来大数据搜集成本及跨行业、跨领域、跨部门的协调沟通成本等综合成本的上升，可能会给企业创新绩效带来不利影响。另外，实施广度创新战略，虽然企业获取及处理计算信息的能力有所提升，但企业自身特性的不同，企业间获取的知识集合、协调组合及运用大数据的核心技术能力必然会有所不同，因此，企业应当根据自身特定的核心技术能力，选择适合自身的技术多元化战略。与此同时，大数据环境也并非静止的，大数据带来的市场动荡与技术迅速更迭，使得企业自身的动态能力对技术多元化战略选择的影响更加巨大。大数据环境要求企业能时时刻刻关注环境的变化、合理调整配置自身各项知识资源，以促进科学合理地制定技术创新战略。

综上所述，我们基于大数据环境下企业动态能力视角，将企业依据自身核心技术能力的高低进行划分，并从技术多元化的深度模式和广度模式出发，探讨技术多元化、动态能力和企业创新绩效之间的关系。研究的问题包括：大数据环境下技术多元化的深度模式及广度模式与企业创新绩效之间到底有没有关系？如果有关系，具体是什么样的关系，并如何影响创新绩效？大数据环境下动态能力对二者关系是否有调节作用？如果有，具体是如何调节的？技术多元化与创新绩效的关系及动态能力的调节作用是否会有所不同？我们认为，研究探讨这些基于企业实践和理论的问题，对于企业技术创新战略的选择和实施有着重要的指导作用，对于客观认识核心技术能力与创新绩效的关系有着重要的决策参考价值。

1.1　相关概念与理论基础

20 世纪 90 年代，美国经济学家 Prahalad 和 Hamel 在《哈佛商业评论》中提出“企业核心竞争力”的概念，即企业协调整合各方面的知识技能后形成的独具的、支撑企业

可持续竞争优势的核心能力。Patel 和 Pavitt（1994）丰富了核心技术能力的内涵，此后许多学者对企业核心技术能力进行了深入的研究。

1.1.1　核心技术能力理论

1. 核心技术能力类型与内涵

根据学者们的研讨成果，核心技术能力大体上可以分为两类。

一类是基于企业形成产品或服务过程中的特定技术部分或关键环节能力。曹兴等（2009）认为，核心技术能力是企业核心能力的技术部分，也是技术能力的核心部分，是核心技术知识及与运作这些核心技术知识相关的知识。Sung 等（2015）认为，企业的核心技术能力是企业通过专业技术的发展提高其核心技术的掌握能力。赵永强（2018）在分析中小型科技企业的核心竞争力时指出，核心技术能力是由一系列与企业各部分相匹配的技术专利、规范、设施装备作为表现形式的隐性技术和显性技术组成的，包括软件和硬件的相互配合与协调的有机系统，核心技术能力是将原材料等输入换成顾客满意的产品输出的技术转换系统。鲁思源（2018）认为，核心技术能力是企业对自身的技术不断研发、不断创新、保证自身技术始终处于前沿的能力。

另一类是基于企业形成产品或服务的完整过程能力进行的内涵描述。学者们认为，核心技术能力是实现技术密集型产品或服务完整过程的一组业务流程，是由员工的知识与技能、物质技术系统、管理系统和价值与规范构成的知识集合；核心技术能力是贯穿核心产品研发和服务的全过程、能够广泛应用的关键技术和相关技能及关于它们的协调组合能力。陈琦（2011）认为，无论是企业的技术核心能力、核心技术能力还是核心技术竞争力，它们的内涵是一致的，因此可以将其界定为企业长期积累的一种能够通过对企业资源进行独特整合不断形成核心技术并且通过核心产品不断扩散核心技术，产生持久竞争优势的特殊组织能力。汪志波（2013）从企业生命周期模型出发，将企业核心技术能力划分为初生期、成长期、成熟期和蜕变期四个阶段，每个阶段核心技术能力对应的特征是不一样的。张素平等（2014）基于演化理论和资源基础观，认为核心技术能力经由仿制吸收成熟技术、引进消化成熟技术和自主创新开发新技术三个阶段发展而来，同时指出核心技术的价值最终需要通过市场得以实现，同时受到诸如政府政策、规则、利益相关者等因素的影响。Kim 等（2016）通过分析韩国制造业企业的面板数据，在研究核心技术能力高低对企业的影响时指出，核心技术能力是公司在核心技术领域中的能力及水平的综合体现，包含企业在核心主导知识领域的水平和企业在进行新技术研发时体现的知识构建能力及技术知识的管理能力。徐娟（2017）在分析中国新能源汽车产业上市公司时，认为企业核心技术能力是企业融合已有研发技术路线、研发构建能力及优化配置相关研发人员，从而提升核心竞争力的能力体现。

综上所述，企业的核心技术能力是企业运用长期积累的知识集合对自身资源进行独特的协调组合从而形成核心技术及能力并通过核心产品持续扩展核心技术及能力，形成持久竞争优势的独特组织能力。

2. 核心技术能力的特征

根据核心技术能力的界定与内涵，我们可以归纳出核心技术能力的六大特征。

一是重复使用性。企业的核心技术能力是企业通过积累相关的知识技能形成的能力系统，是可以被企业多次反复使用的能力。

二是价值辐射性。核心技术能力本身具备的价值是很明显的，与此同时，由于其能将企业核心关键性的技术辐射到所生产的各种产品上，使企业能够扩展技术、延伸产品、拓宽市场，开展迎合市场的多元化战略，为企业创造更多的利润价值，在一定程度上展示了其所具备的价值辐射性。

三是独特性。企业的核心技术能力是企业经过长期系统性的学习和通过实践经验积累形成的，是企业依据自身特有的知识资源等构建的，难以被其他企业模仿、独有的一种能力。

四是整体性。企业的核心技术能力并不单纯地体现于某项突出的技术能力之中，还体现于企业生产产品及服务的整体流程之中，体现于整体能力的融合之中。在战略导向性的产品及服务研发生产过程中，科学设计、研发测试、批量生产和商业化市场推广等环节紧紧相扣，相互渗透，企业必须科学合理地将已有的关键技术与相关的创新能力、生产能力、资源配置能力等进行融合，形成具备自身特定核心技术能力的有价值的产品和服务，从而满足消费者的需求，提高自身的竞争优势。

五是层次性。在产品和服务的整个创造和生产过程中，企业的核心技术能力可被分解为更小的层层相扣的活动过程，即战略选择、研发设计、批量生产和市场化的各项活动。每一项活动都体现着企业在不同层次上应用核心技术知识资源的关键环节能力，联合各项活动可体现企业在整体上运用核心技术资源的均衡性。每一层次的关键环节能力又将随着企业的策略计划、内外环境和发展阶段的不同而产生不同的变化。

六是人本性。企业的核心技术能力是与人密切相关的关键性技术和各项能力及其融合形成的机制。企业中的人既包括企业的人力资本，也包括种种管理因素，这就使企业的核心技术能力具备较强的人本性。从管理者的角度看，企业的核心技术能力是由企业中一个个掌握相应技术能力的关键个体组成的，要想持续保持这样的能力，需要基于人本管理理念，强调员工的重要性及主导地位，积极鼓励引导员工自我管理，发挥员工的创造性。

3. 核心技术能力是动态创新性的能力

从核心技术能力的内涵与特征可以看到，企业的核心技术能力不是一成不变的，相反，它是一种动态创新性的能力。当竞争对手的技术能力、创新优势和产品新颖性不断提升时，如果企业仍然坚守固有技术等落后的方面，其原本的核心技术能力优势就会逐渐减弱，在竞争中逐步落后。如果企业在实践中不断积累知识技能，不断革新技术，就会形成新的核心技术能力竞争优势。

当然，此过程中由于长期关注某些关键性技术，企业核心技术能力可能会产生惰性，失去适应环境动态变化的灵活性。因此，为了保持企业的核心技术能力，必须坚持关注和推进技术多元化，并不断创新，从而通过与时俱进的协同和集成始终保持企业的核心技术能力和核心技术竞争优势。

1.1.2　技术多元化理论

“技术多元化”一词来源于 Nelson 在 1959 年提出的知识多元化理论。Nelson 在研究技术基础和多元化表现的关系时，发现企业绩效的表现形式之一是产品种类的不断增加，而这恰恰以技术的多元化发展为前提，技术基础领域的扩大有助于企业产品品种的多样性，进而促进企业创新绩效的提升。

1. 技术多元化的内涵

Nelson 关于技术多元化的表述引起了众多学者的关注和研究，并从不同的视角纷纷对技术多元化的内涵进行界定。

从研发活动范围视角看，Kodama（1986）认为企业的研发经费只有投向主营业务产品之外的新产品领域，才可以界定为技术多元化。刘耀龙等（2017）和黄晓丽等（2017）认为，技术多元化是指企业为了应对激烈的市场环境和增强自身竞争优势，将研发活动延伸到多个领域的行为。

从产品知识含量视角看，Miller（2006）强调技术多元化知识的本质，更加关注技术知识的外部延展性，他指出拓展新产品的路径就是将新技术知识不断整合，新产品中所包含的技术知识范围越广，技术多元化的表现越明显。

从专利分布领域视角看，Bolli 和 Woerter（2013）认为技术多元化的表现形式是企业申请的专利技术跨越不同的技术领域，跨领域的专利研发才是企业创造新技术的体现。杨亭亭和张玲（2016）在研究中国高科技行业上市公司时，把技术多元化指标按照专利类型分解为发明专利多元化和实用新型多元化。

从技术能力多样性视角看，王文华等（2015）认为技术多元化是融合不同领域的技术能力的多元化，企业的技术活动拥有不同的技术基础，技术多元化源于内部技术探索和外部技术关系的交互影响，是指公司涉及的技术范围多样化的程度。何郁冰（2011）认为，技术多元化的实质是企业的技术活动延伸到新的技术领域，要求发展新的或增强现有的技术知识和能力，是企业在保持和增强技术核心能力的前提下，在多个技术领域构筑技术能力的行为或状态，结果表现为技术基础范围的拓宽。

综上所述，虽然学者们从技术维度和管理维度等不同视角界定了技术多元化的内涵，但不难看出学者们大致基于研发活动范围、产品知识含量、专利分布领域、技术能力多样性等角度进行考虑。因此，我们可以融合学者们的观点来描述技术多元化的概念内涵，即技术多元化就是企业在保持和增强自身核心技术能力的前提下，将跨领域的技术知识融合到现有技术领域，不断转化、吸收新鲜知识，扩充知识存量和创新活动范围，进而形成技术能力多样性的行为或者状态。

2. 技术多元化的模式

技术多元化的模式涉及技术、产品、组织、环境、市场等的多重关联，现有文献中主要有单维度的“核心论”和多维度的“组合论”两种划分方法。单维度法的划分模式是从一个维度出发，采用由点及线的方式，研究技术和技术衍生品的关系，如新技术和原有核心技术、产品、专利分布等的关系。多维度法的划分模式是从多个维度（如技术知识资源的来源、配置整合、战略等）进行划分。

Granstrand（1998）以新技术在企业技术战略中扮演的角色为出发点，将技术多元化的模式划分为核心相关型、邻近型、替代型和全新型四种，分别将新技术作为核心技术、辅助支持技术、替代技术和全新型技术。他在研究中还发现，作为核心技术的新技术的风险水平和管理成本均较低，能较好地提升企业绩效，但难以快速适应市场的变化。

Fai（2003）在分析企业技术拓展方式并追踪新技术来源时，根据新技术与核心技术的关系将技术多元化分为广度技术多元化和深度技术多元化。广度技术多元化是企业将技术创新扩张到核心技术领域之外，通过对外部异质性知识的理解吸收运用，实现多领域的技术交叉创新的行为；由于广度技术多元化常发生在非核心技术领域，企业先期对之了解甚少，缺乏相应的技术基础，所以偏向于从外部获取技术以减少自身研发的风险与成本。深度技术多元化是在企业核心技术领域之内发生的技术扩展，企业能够以低成本获取同质性知识并融合到核心领域技术之中，即使原有的技术基础范围较窄也能获得较高的学习效应，增加范围经济及知识的转移；由于深度技术多元化多发生于核心技术领域，企业熟悉且具备相应的技术基础，所以偏向于内部组织研发以获得更高的绩效。他还发现，不同产业适用于不同的模式，在知识密集型产业中，广度模式比深度模式能产生更高的绩效。

还有学者基于新技术与核心技术的关联度进行技术多元化的划分，主要分为相关技术多元化和非相关技术多元化。他们认为，相关技术多元化是指在技术领域内进行创新活动或跨技术领域分配资源而实现的多元化，相关技术多元化通常是企业通过扩大各种技术领域的创新活动范围而实现的多元化。一般而言，相关技术多元化在企业内部的核心技术领域实施，主要通过共享与核心领域技术相似的科学原理或类似的搜索启发式技术，有效利用内部资源捕捉价值，降低风险和成本，研发并定型新产品。非相关技术多元化通常在非核心技术领域发生，主要是指在大量资源的基础上通过研究开发新技术，融合不同领域技术研发新产品，并寻找价值创造新领域的行为。

还有学者从研发经费的投入、研发人员的专业背景和研发活动集中度的角度，考虑其对技术多元化战略模式选择的影响，指出研发经费的投向影响企业的技术成果，影响管理层的技术战略选择，而研发人员所具有的专业技能主观上决定了技术未来的发展方向。魏江等（2013）以开展研发活动的子公司的数量和距离两个指标为切入点，提出研发活动的地理分散性也会对技术模式的选择产生一定的影响。

3. 技术多元化的广度和深度

虽然目前学者们对技术多元化模式的研讨越发深入和广泛，但是技术多元化的划分标准仍有待商榷。由于技术包含的知识不仅有显性知识，还有隐性知识，并且这些知识涉及的层面并非用单一的指标可以衡量，使得技术多元化模式划分难以统一。此外，大数据的数量庞大性、类型多样性、实时动态性使企业的技术创新及战略实施处于动态变化的环境之中，因此企业在进行技术多元化战略的抉择时，应该从动态的角度进行考量，谨慎选择适合自身长远发展的战略模式，并随着企业的发展进程进行动态调整。

因此，我们选取技术的广度模式与深度模式作为衡量技术多元化的指标。

1.1.3　动态能力理论

20 世纪 50 年代起源、80 年代正式提出、90 年代研究推广的资源基础观（resource-based view，RBV）认为，广义上的资源是企业可以开发和控制的有形和无形资产，或者是有形和无形的生产投入；企业是以资源集合体的形式存在的，当这些资源被用于特定的市场环境时将变得价值非凡，具备有价值的、稀缺的、难以模仿的和不可替代的特征。当企业在合适的市场环境中应用这样的资源时，就能在竞争中获得优势。尽管资源基础观在出现后不断得以丰富和发展，但由于资源基础观把“资源”作为企业战略的出发点，关注企业在某一静态的时间点是否拥有有价值性的资源，未能解释说明企业在复杂变化的环境中如何获取有价值的资源、能否有效地整合所获得的资源、资源的配置是否满足企业的战略规划、随着时间的推移最终能否将资源转化为持续的竞争优势等问题。单纯的资源基础无法满足企业在动荡环境下的竞争与生存的需要，企业只有将资源进行整合才能发挥效能，实现竞争优势。因此，学者们纷纷探求企业应当如何感知外部机遇，整合配置内部资源，应对复杂多变的竞争环境，动态能力理论就此延伸发展而来。

1. 企业动态能力的内涵

1994 年，Teece 和 Pisano 在《企业动态能力导论》一文中最先清晰地提出了动态能力的内涵，他们认为动态能力是企业调整、整合、重新配置内外部资源以及时适应快速变化的环境的能力。此后，Teece 等（1997）又深入研究，对企业动态能力的具体划分及理论框架的构建进行了阐述，并认为企业要想获得持续性的竞争优势，必须掌握良好的感知能力、把握机会的能力及重新整合配置资源的能力，必须保证资源在企业内外部之间合理有效地配置利用。随着更多学者关注并深入研究，关于动态能力内涵的描述也日益丰富起来。综合已有研究发现，学者们基于演化理论、知识基础理论、变革理论、惯例理论等角度定义的动态能力，虽然内涵概念多种多样，但大致上具有以下相似点：①涉及环境的快速变化；②涉及过程、技能、能力、资源和资产；③整合、组合、建立、重新配置、修正和改变资源、创新、变革；④路径、位置、依赖性；⑤与竞争优势相关。学者们融合这些相似性的特征进行组合表达，使之成为动态能力内涵的核心内容。因此，我们归纳认为，动态能力是用以整合、组合、建立、重新配置、改变组织的资源和惯例流程，以促进组织变革，适应环境变化，并获得竞争优势的一种过程、技能或能力。

2. 动态能力的维度

动态能力维度的划分是深入研究动态能力理论的基础和前提。Teece 和 Pisano（1994）最初将动态能力划分为适应能力、整合能力和重构能力。随着研究的深入，Teece 等（1997）又将动态能力划分为整合能力、构建能力和重构能力。之后，学者们纷纷研究并提出自己的观点，吴航和陈劲（2014）将动态能力划分为机会识别与机会利用双重能力。Albesher

（2014）将动态能力划分为识别能力、吸收能力和二元性能力。Giniuniene 和 Jurksiene（2015）认为动态能力可分为适应环境变化的能力、高效利用资源创建新惯例和重新配置资源的能力。袁野等（2016）在研究企业动态能力与创新类型时，将动态能力划分为感知能力、捕获能力与变换能力。Froehlich 等（2017）将动态能力划分为识别环境背景的能力、抓住并整合机会的能力和管理威胁与变革的能力。Bykova 和 Jardon（2018）认为，动态能力包含吸收能力、适应能力和沟通能力，并明确提出吸引能力指通过强化、转移和内化过程识别、获取和开发外部资源的能力；适应能力指从组织的各个部分对现有资源进行转型、整合和重新配置，并将其与新获得的资源相结合以应对不断变化的环境的能力；沟通能力指理解、同化和解释外部信息，为客户提供有效的公司沟通信息，预见新产品的市场机会，从而快速开发和推出新产品以满足客户偏好的能力。Matysiak 等（2018）将动态能力划分为感知（机会或威胁的）能力、抓取能力和转化能力。Zahra（2018）将动态能力分为适应能力、外延能力和创新能力。

通过上述文献研究发现，关于动态能力维度的划分并未形成一致的观点。国外学者指出了动态能力理念，形成了多样化的分类维度，并指出各个维度之间存在一定的联系。国内学者相关研究起步较晚，已有研究主要是对国外学者提出的理念进行延展深化，理论基础较为薄弱。因此，我们在划分动态能力的维度时，以权威的学者 Teece 和 Pisano（1994）最初的划分进行界定，辩证地吸收其他国内外学者们的观点，认为动态能力本质上是对企业内外部资源能力进行整合、建立、重构以适应动态环境变化的能力，包含外部适应能力、协调整合能力、学习吸收能力及重构能力，并对此进行深入探讨。

1.1.4　创新绩效理论

熊彼特在 1912 年出版的著作《经济发展理论》中首先提出“创新”一词，认为创新是生产条件和生产要素实现的新组合，目的是获得潜在的市场利润。他提出，创新可以表现为新组织结构、新资源、新市场、新产品、新方法五种方式，创新是经济发展的内生动力，是实现社会经济增长的最有效手段。

大量学者传承熊彼特的创新理论，从众多视角对创新的内涵进行了界定，归纳起来大致可以表述为：第一，创新是新理念、新想法被企业实施或商业化后的结果；第二，创新不仅包含崭新的事物，也包含企业改进的事物；第三，创新发生于产品、过程、组织等各个方面。

1. 创新绩效的内涵

围绕创新内涵，许多学者又陆续展开了关于创新绩效的研究，取得了丰富的成果。然而，关于创新绩效的概念内涵，学者们至今仍然众说纷纭，未能形成统一的观点。

一些学者将企业经营投入与产出效能作为一个整体，统筹考虑业绩成果进行定义，认为企业创新绩效应基于企业创新投入产出的过程，是企业在创新活动中的创新产出成果和投入产出转化的效率。

一些学者基于广义和狭义两个角度探讨创新绩效，认为广义的创新绩效是企业创新结果与创新过程两方面综合的结果表现，是对企业从创新开始前的所有资源投入到最终取得创新成果的全过程的综合考量；而狭义的创新绩效则不考虑创新过程前期投入，仅关注创新结果（如产品引入市场的占有率），即仅仅考量企业的创新活动结果。

还有学者（董振林和邹国庆，2016）从创新涉及范围、创新形式、创新程度、创新类型等方面，多视角探讨和界定企业创新绩效的概念内涵，具体如表 1-1 所示。

表 1-1　企业创新绩效概念内涵

划分维度	具体类型	概念内涵
创新过程	创新投入绩效	企业在创新活动中的创新投入成果
	创新产出绩效	企业在创新活动中的创新产出成果
创新绩效	广义创新绩效	综合考虑企业创新结果与创新过程两方面，是对企业从创新开始前的所有资源投入到最终取得创新成果的全过程的综合考量
	狭义创新绩效	不考虑创新过程前期投入仅关注创新产品引入市场的占有率，是仅仅考量企业创新活动结果的体现
创新涉及范围	相对企业的绩效	相对企业是新颖的创新
	相对市场的绩效	相对市场是新颖的创新
	相对产业的绩效	相对产业是新颖的创新
创新形式	产品与服务创新绩效	企业适时地向市场引入其所产出的新颖的有价值的新产品或者新服务所带来的绩效的提高
	过程创新绩效	企业引入新的生产方法、新的管理办法和能用来改进生产与管理过程的新技术及新思想所带来的绩效的提升
	商业模式创新绩效	企业以新颖的方式创造并传送价值给顾客，然后获取这些价值的一部分作为收益来促进绩效增长的方式
创新程度	突破式创新绩效	企业在技术上发生根本性变化、有重大突破的创新，表现为明显转换现有的产品和服务而实现创新带来的绩效提升
	渐进式创新绩效	企业对现有的技术参照某一技术轨迹进行小幅提升或局部调整的创新，表现为提炼、改进现有产品和服务而实现创新带来的绩效提升
创新类型	技术创新绩效	用来生产产品或者推出服务的中间产品、过程和技术，它是和企业每天的基本工作活动相关联的
	管理创新绩效	管理创新与企业每天的基本工作活动并不直接相关，但和企业管理者的实践活动直接关联，比如组织结构、管理过程和人力资源

综合已有文献，我们认为，企业创新绩效是贯穿企业创新开始至最终的全过程的价值增值，是从创新开始前的所有资源投入到最终取得创新成果的全过程的综合效益。

2. 创新绩效的衡量

已有文献中学者们衡量创新绩效的方法多种多样，收集与企业创新相关的数据也纷繁复杂。我们可以将创新绩效的衡量方法根据现有的种类划分为专利数据法和问卷调查法两类。

众所周知，专利数据是企业创新信息的重要体现，包含专利的数量、专利的应用和专利的引用三个方面。从本质属性上看，专利一般是由政府专门的代理机构记录与发行的与企业相关的知识产权，具备一定的排他性、新颖性。而且，专利部门会详细说明企业专利应用及引用的前续信息，从而为现有专利的应用提供一定的前提支持。因此，专利能够作为衡量企业创新活动的一项有效指标。Ren 等（2015）利用企业每年的专利申请数量、引用数量来衡量企业的创新绩效。Corradini 等（2016）认为，企业专利可以反映企业的创新产出，因此，他们采用 339 家英国小型企业近 7000 项专利进行了创新行为和创新绩效的研究。栾斌和杨俊（2016）认为，专利指标具备一定的通用性、一致性和易得性，并且专利申请数量在一定程度上能够避免专利授权的滞后性因素，彰显不同企业创新过程中资金有效使用率，因此，用单位资产产生的专利申请数来衡量企业创新绩效具有一定的可靠性。张永安和闫瑾（2016）在研究技术创新政策对企业创新绩效的影响时提出，创新绩效可以划分为投入和产出两部分，并分别可以用科技活动经费支出额和当年被受理的专利申请数表示。Lee 等（2017）研究认为，专利系统（美国专利和商标局等）收集企业创新活动相关信息形成的公共数据集合，能够帮助人们更深入地探究企业的创新行为与结果。易靖韬等（2017）在研究企业创新绩效时提出，以专利数量作为企业创新绩效的测度指标具有可靠性和科学性。陈朝月和许治（2018）在探究企业创新绩效时认为，专利作为企业的无形资产，是企业的知识积累，是创新绩效的重要体现，以发明专利的申请量衡量企业的创新绩效是可行的。

问卷调查法主要是通过专家访谈、文献计量及设计问卷等方式进行数据收集调查的方法，可以分为相对客观的问卷调查法和相对主观的问卷调查法。相对客观的问卷调查法一般包含基于数据库的专家访谈法和文献计量法。然而，由于追踪不同产业技术专家的过程艰难、数据搜集的支撑平台较少、文献研究主题的限制，这些相对客观的问卷调查法并未被学者们广泛使用，相对主观的问卷调查法却成为学者们衡量企业创新绩效的主要手段。相对主观的问卷调查法通常由学者们根据研究主题提前设计好问卷，发放给相关被研究的企业人员等，再搜集研究所需的信息进行统计分析。Tsai 等（2013）以企业新产品的利润、市场份额、对顾客的吸引力和增长速度四个指标进行创新绩效的评价；Hu（2014）认为，应以新产品的销售数量、新颖性、销售率和增值率四个方面的综合评价来衡量企业创新绩效；Ritala 等（2015）认为，评价企业创新绩效可以从为客户提供的产品和服务、生产方法和流程、管理实践和营销实践五个方面进行，尤其应当关注新产品的数量和占比；洪进等（2018）从新产品或者新服务推出速度、使用新技术的速度、产品和服务在市场上的反应、产品包含的先进技术工艺、新产品开发成功率几个方面设计了企业创新绩效调查问卷，并采用五个题项来衡量企业创新绩效；李显君等（2018）基于汽车行业的特点，从新产品产出、新产品贡献、专利产出三个维度的四个题项进行了企业创新绩效的测度。通过相对主观的问卷调查法，学者们可以将企业创新的过程、投入产出等各方面的情况依据研究的需求进行问卷设计，进而收集相应的信息来分析研究。但是，问卷的设计、填写及发放都以主观性为主，因而客观性相对较差，而且问卷的有效性还受收回比例的影响，收回比例又存在一定的不确定性，在客观上会降低调查问卷的有效性。

问卷调查法一般由多个指标综合衡量企业创新绩效，其中涉及的市场份额、销售率等指标可直接从企业的财务报表中获取权威的原始数据，但是诸如企业新产品、新生产流程、新增顾客吸引力等指标属于企业非强制性披露信息，往往需要研究者自行设计问卷并进行实地调查，存在一定的主观性及降低问卷数据有效性的风险。而利用专利数据法衡量企业创新绩效时，可以在国家知识产权局等官方网站查询到权威、有效、可信的企业专利的申请、授权、引用等具体信息，并以这些客观数据作为企业创新绩效的衡量指标。

因此，我们的研究分析以专利数据法作为企业创新绩效的衡量方法。

1.2　核心要素与研究假设

由前面的讨论可知，中外学者对大数据、技术多元化、动态能力、核心技术能力和创新绩效进行了多方面的研究，并取得了较多有价值的成果，对我们的研究起到了导向作用，但是通过对国内外相关文献的梳理和分析发现：

（1）既往的研究主要基于当时的时代特征，数据来源和数据处理的技术相当传统。进入大数据时代，在政府政策支持和企业发展等纷纷使用大数据等先进技术的背景下，传统的研究结论是否仍成立需重新检验。既往的研究样本多来源于发达国家的单一行业性质的企业数据，相关理论的丰富与更新也大多来源于国外学者，使得国外学者对此的研究成果远多于国内学者。以中国企业数据为样本的研究较少，也就导致已有成果落实到中国企业技术多元化战略的实施时可能存在不适用的现象。因此，针对中国企业进行数据采集，探讨适合中国国情的技术多元化战略研究成果具有重要的实践价值。

（2）既往的研究忽略了技术多元化的类型及企业自身特定的核心技术能力，大数据环境下，不同类型的技术多元化代表着不同目的的战略，其驱动力的差异将以不同的方式影响企业策略的制定。因此，应当从技术多元化的广度维度出发，探寻已有的核心领域外发展多元化战略的可能性；应当从技术多元化的深度维度出发，探求已有的核心领域内发展多元化战略的可能性。而且，只有当企业具有足够的特有能力（如技术领域的核心竞争力），某些类型的技术多元化才有利于企业成长发展。因此，我们探究广度技术多元化和深度技术多元化两种不同的技术多元化战略对企业创新绩效的影响，以及具备不同核心技术能力的企业之间技术多元化战略与企业创新绩效之间的差异问题。

（3）既往的研究多基于静态角度，未将动态能力作为调节变量引入技术多元化与创新绩效的研究中，而在实际的技术多元化战略实施过程中，动态能力对企业创新会产生巨大的影响，尤其是在大数据环境下，与企业技术创新相关的信息数据在互联网等媒体平台爆发式传播，实时动态数据更具有商业价值，企业获取信息数据的速度及数量、学习吸收运用知识信息的强弱、协调整合重构资源的及时性都会极大地影响技术多元化战略的实施及创新绩效的提升。因此，我们在静态角度研究基础上，从动态角度考虑技术多元化与企业创新绩效的关系。

综上，虽然关于技术多元化、动态能力与创新绩效关系的研究取得了丰富成果，但是仍存在一些不足。因此，我们考虑在大数据环境下，研究技术多元化与企业创新绩效的关系时，将技术多元化划分为广度模式和深度模式，在动态能力的调节作用下，探讨具有不同核心技术能力企业的创新绩效。

1.2.1　核心要素指标

（1）技术多元化。技术多元化是企业在保持和增强自身核心技术能力的前提下，将跨领域的技术知识融合到现有技术领域，不断转化吸收新鲜知识，扩充知识存量和创新活动范围，进而形成技术能力多样性的行为或状态。大数据环境下，广度模式即企业基于大数据探寻与核心技术性质不同的知识资源，运用数据预测评估战略决策，在核心技术领域外部进行研发创新活动的行为；深度模式即企业基于大数据探寻与核心技术性质相同的知识资源，运用数据预测评估战略决策，在核心技术领域内部进行研发创新活动的行为。

（2）动态能力。动态能力是用以整合、组合、建立、重新配置、改变组织的资源和惯例流程，以促进组织变革，适应环境变化，并获得竞争优势的一种过程、技能或能力。我们根据 Teece 等（1997）的研究，将动态能力划分为内、外两个部分，其中外部动态能力包含外部适应环境的能力，内部动态能力包含企业协调整合能力、学习吸收能力及重构能力，并从内、外部的四个维度进行综合衡量及深入探讨。

（3）创新绩效。创新绩效是贯穿企业创新开始至最终全过程的价值增值，是从创新开始前的所有资源投入到最终取得创新成果的全过程的综合效益。

（4）核心技术能力。核心技术能力是企业运用长期积累的知识集合对自身资源进行独特的协调组合从而形成核心技术及能力并通过核心产品持续扩展核心技术及能力，形成持久竞争优势的独特组织能力。我们按照核心技术能力高低将企业划分为高核心技术能力企业、低核心技术能力企业、平均核心技术能力企业三种。

1.2.2　关系分析及研究假设

在大数据环境下，技术多元化、核心技术能力、动态能力的调节作用与企业创新绩效密切相关。

1. 技术多元化与企业创新绩效

一方面，在大数据环境下，企业获取应用知识信息的能力得到增强，基于大数据随动态环境变化所做出的科研投资决策更加聚焦、集中和理性化。当企业实施深入性的技术多元化深度战略时，将使企业能够更科学合理地聚焦于核心技术领域内的技术研发热点，调动组织员工的合作动力，激发组织员工的创造力，促进企业创新活动的开展，实现核心领域技术的低成本化，从而有助于依赖核心技术能力的产品规模扩张、实现规模经济效益，并不断巩固核心技术的地位，促进企业的进一步发展。首先，企业根据动态变化的环境，依靠大数据对核心技术领域的深入投资进行合理的评估决策，这将加强企业在该技术领域的优势，加快知识转化为技术的速度，提高新产品量产规模，实现规模经济效益，提升企业创新绩效。其次，技术多元化深度战略有助于企业沿用已掌握的技术路径，降低研发成本。并且在大数据环境下，企业在拥有核心技术的相关领域内的新知识探索，通常是基于数据驱动而非经验直觉，这有助于企业在不将核心技术置于风险的情况下进入相关技术领域，从而几乎没有风险地去利用相关领域的新兴技术，实现新技术与已掌握技术的有效融合。然而，随着技术路径依赖性的增强，仅依靠核心技术增长的机会有限，同时随着大数据挖掘成本的提高，技术投资的边际收益趋于减少，创新绩效提升会面临困难。

另一方面，技术多元化战略，尤其是扩展性的技术多元化广度战略，需要企业探索异质性知识资源，以进行核心领域之外的研发活动，具有一定的挑战性；而大数据对异质性知识资源信息的全面收集、分析和对研发活动的精准计算、预测能够促使企业探索创新性、建设性的技术多元化广度战略方案，从而克服挑战性困难，提高企业创新绩效。第一，企业的技术多元化广度战略可避免路径依赖，从现有技术领域外的新技术中受益，处理单一技术无法解决的技术问题。比如，医疗服务行业能够以大数据为支撑运用互联网平台，突破地域及组织自身能力水平的限制，实现全球化的网络诊断，提升医疗服务水平。第二，大数据环境下技术多元化广度战略可以降低项目风险。技术创新本身具有风险性，技术多元化广度战略又与探索未知技术或缺乏经验的技术相关联，并且企业的认知吸收能力也是有限的，因此企业可以借助大数据收集、分析核心技术领域外的技术资源信息，计算评估资源投入不同技术领域的效果，构建不同的研发组合，从而减少研发项目的不确定性。第三，大数据环境下，以互联网为平台可以实现跨领域、跨组织的全球化技术融合，能够为企业提供间接利用其他技术领域或企业外部的知识溢出效应，实现知识共享、协同创新的机会。同时，在大数据精确的计算引导下，企业能够准确迅速地甄别市场需求及核心技术领域之外出现的机遇，从而创新已有技术，巩固自身核心技术能力的竞争地位。因此，大数据环境下的技术多元化广度战略能够促进企业创新绩效的提升。但是，由于企业技术多样性不断增多，技术管理会日趋复杂，所遇到的问题也会更加难以预测；同时，多部门的协调沟通及跨领域的技术融合也会使涉及技术及科研管理等多方面的成本上升。此外，企业非核心技术领域知识资源利用的失败，会削弱其探索创新的动力；过度的技术广度战略也会削减企业对核心技术领域资源的投入比例，撼动其核心技术的竞争优势地位，这些对企业创新绩效都可能产生不利影响。大数据虽然能够减少这些不利的影响，但并不能完全消除这些潜在的负面影响。现实经济运行中，企业绩效明显受技术多元化程度高低的影响，处于较低程度的企业会在核心技术领域投入更多的人、财、物资源，以达到累积核心技术能力，提高企业绩效的目的。但企业对新技术知识大幅度地投资整合时，会带动自身人力资源的更新补充、基础设备的更替、新老技术的整合等内部成本的提高，以及组织网络的扩展、合作创新伙伴的增加等外部成本的上升，使企业陷入“过度多元化”陷阱，技术多元化超过一定水平必然会引起上升的成本大于带来的收益，即边际收益为负。综上分析，假设如下：

H1-1：大数据环境下，技术多元化广度与创新绩效之间呈倒 U 形关系。

H1-2：大数据环境下，技术多元化深度与创新绩效之间呈倒 U 形关系。

2. 核心技术能力与企业创新绩效

企业核心技术能力是由员工的知识与技能、物质技术系统、管理系统和价值与规范构成的知识集合，是贯穿核心产品研发和服务的全过程、能够广泛应用的关键技术和相关技能及关于它们的协调组合能力。大数据环境下，虽然企业获取及处理计算信息的能力有所提升，但由于企业自身特性的不同，企业间获取的知识集合、协调组合及运用大数据的核心技术能力仍有所不同。高核心技术能力企业是指大数据环境下，既能兼顾完整过程，又能考虑关键环节，能够较好协调各知识集合、掌控新产品开发全过程、独立完成关键环节的企业；反之，则为低核心技术能力企业。大数据环境下，企业核心技术能力是反映企业自身特性的稀缺性技术，是企业迎合大数据时代发展的程度表现，是企业进行技术创新成功的关键。技术多元化的影响因企业而异，主要取决于企业核心技术能力的水平，这在大部分文献中尚未得到探索。这是一个亟待解决的问题，它会揭示大数据环境下影响技术多元化与企业创新绩效之间关系的条件因素。由于自身核心技术能力的不同，企业可以根据自身情况选择不同类型的技术多元化战略。高核心技术能力企业在核心技术领域之内本就具备其他企业难以复制模仿的技术能力，而且也形成了特定的技术路径，其良好的知识集合和协调组合能力能够富集资源，且在大数据精准计算、预测的支持下，低成本、更有效地利用这些资源，并在核心技术领域之内开展更深层次的创新研发活动，巩固其在核心技术领域的垄断地位。而低核心技术能力企业在核心技术领域之内并未拥有难以复制的技术能力，也并未形成特定的技术路径，在大数据环境下，更有利于其搜寻核心技术领域之外的知识资源，将不同技术融入核心技术，利用技术的范围经济效应来促进其创新发展。并且，企业创新的营利性和集成性特点强调以市场为导向，并未形成技术路径依赖的低核心技术能力企业，反而能够将大数据环境下及时获取的市场信息融合到创新理念中，迅速地转化为创新成果。因此，大数据环境下，技术多元化战略与企业核心技术能力水平高低有关，不同核心技术能力水平影响着技术资源的优化配置，从而影响企业的创新绩效。综上分析，假设如下：

H2-1：大数据环境下，高核心技术能力企业技术深度在提高企业创新绩效方面更有效。

H2-2：大数据环境下，低核心技术能力企业技术广度在提高企业创新绩效方面更有效。

3. 动态能力的调节作用与企业创新绩效

大数据时代，企业所处的环境愈发复杂。为了突破限制、赢得竞争优势，Teece 和 Pisano（1994）提出并定义动态能力为企业协调整合、建立与重新配置资源以适应动态环境变化的能力。换句话说，企业需要对自身发掘吸收、协调配置和重构内外部资源的能力进行判断，以识别其是否能够适应未来发展态势，这就是包括外部适应、协调整合、学习吸收及资源重构的动态能力。

外部适应能力是企业感知外部环境变化并及时做出反应的能力。外部环境不仅包含行业竞争、经济周期等市场化因素，还包括政治、经济、法律等制度化因素，企业在这些外部环境因素下表现的竞争力强弱体现了自身外部适应能力的强弱。企业处于复杂多变的环境中，只有自身不断强化或更新核心技术能力，提供优于竞争对手的产品及服务，才能在激烈的竞争环境中得以存活、发展。企业增强外部适应能力，主要表现在企业能及时根据外部环境因素的变化调整多元化战略，加之，多元化战略的调整又能够起到增强企业识别外部环境变化并予以反应的能力，从而循环促进企业良性的提升和持续的发展。

协调整合能力是指企业通过内外部的协作，调整配置资源的能力。内部与外部资源无法相互补充的企业，实现创新的能力必然处于低水平状态。在大数据环境下，为了避免创新能力的低效率，很多企业采用互联合作的方式，积极协调与整合外部资源。一方面，企业可以利用互联网挖掘海量数据，突破地域的限制开展跨组织交流互动，从外部获取资源，实现内外部资源的融通合作，形成高效运作的价值网，促进科技知识的互补共享，提升企业创新绩效。另一方面，企业可以在与内部组织沟通中，以互联网、新媒体等为依托，加强信息的上传下达和意见的自由表达，客观衡量核心领域资源发展存在的优劣势，优化资源的配置，实现生产经营管理的创新，提升企业创新绩效。Chesbrough（2013）指出，企业为了达到提升创新绩效的目的，应当积极探寻组织外部的知识资源，并有效整合收集到的知识资源与内部已有的知识资源，以求高效且有效地运用内外部的知识资源。

学习吸收能力是指企业获取、吸收、利用知识和信息的能力。大数据技术和平台的发展使企业所处的环境更加开放化，信息更加全息化，经营管理也更加数据化。企业是否拥有较强的学习能力、能否及时获取全面准确的知识信息、是否能够转化利用所获取的知识信息，决定了企业能否有效解决日常遇到的各种问题及能否以积累的知识经验提升自身的竞争能力。在很多场景下，企业的成功往往取决于能够及时将从外部获取的知识应用于产品创新。Ahn 等（2016）研究发现，企业的学习吸收能力能够理解、消化获取的各种外部知识信息，为企业注入更强的创新性。Braganza 等（2016）认为，大数据时代，企业的实时信息利用、跨职能关系、战略选择和密集沟通渠道都可以随着企业对新知识学习吸收方式的转变而加以调整，从而实现企业的快速创新。

资源重构能力是企业依环境变化而维持合理资源结构的能力。如今动态复杂的环境使企业重置资源结构的能力显得尤为关键。在大数据环境下，随着互联网尤其是移动互联网的飞速发展，许多企业发现了大数据的优势，为了顺应时代要求保持竞争力，纷纷将资源细化到时间、空间、连接维度等维度，以寻求资源在数字管理模式下的全新组合架构，实现资源结构线上线、下深度融合，从而提升企业创新绩效。正如 Jansen 等（2012）指出，一个组织环境的结构和资源属性对组织绩效是有一定影响的。张庆垒等（2016）认为，技术多元化会对企业创新绩效产生一定的影响，该影响的具体表现受到企业内部资源和外部环境因素的不同作用，具有不同的表现形式。在大数据时代下，企业资源结构越合理，其对资源的配置和应对突发状况的能力也就越强。综上分析，假设如下：

H3-1：大数据环境下，动态能力正向调节技术多元化广度与创新绩效之间的关系。

H3-2：大数据环境下，动态能力正向调节技术多元化深度与创新绩效之间的关系。

1.2.3　变量测度与数据来源

基于对大数据环境下技术多元化、核心技术能力、动态能力和企业创新绩效的相关文献研究，从广度和深度两个维度探讨了大数据环境下不同核心技术能力企业的技术多元化与创新绩效之间的关系，从外部适应能力、协调整合、学习吸收和资源重构四个维度分析了动态能力的调节作用。

1. 分析框架结构

在此基础之上，提出大数据环境下技术多元化广度和深度战略与企业创新绩效之间呈现“倒 U 形”关系假设，高核心技术能力企业技术深度在提高企业创新绩效方面更有效假设、低核心技术能力企业技术广度在提高企业创新绩效方面更有效假设及动态能力正向调节技术多元化与企业创新绩效之间的关系假设，并建立如图 1-1 所示的分析框架。

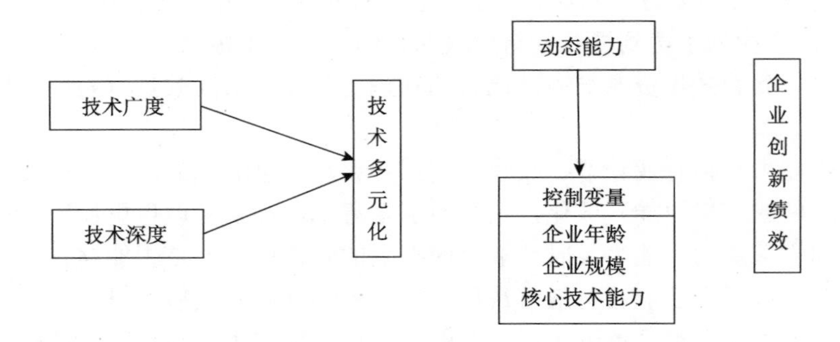

图 1-1　动态能力与创新绩效分析框架

2. 创新绩效测度要素

（1）企业创新绩效测度。企业创新绩效是贯穿企业创新开始至最终全过程的价值增值，是从创新开始前的所有资源投入到最终取得创新成果的全过程的综合效益。在以往的文献研究中，测度创新绩效的指标通常有新增专利数、专利总数和专利增长率等。我们采用专利总数进行统计，为消除年度专利的影响，以专利的 3 年滑动平均数作为衡量指标，对企业创新绩效指标进行测度。

（2）技术多元化测度。技术多元化的广度（TG）是企业在核心技术领域之外探寻知识资源，进行研发活动的行为，反映出企业已有技术在技术领域分布的范围程度。我们采用接受度最广的赫芬达尔指数作为技术多元化广度的衡量指标，如式（1-1）所示。一般来讲，该指标数值越大，表明企业技术多元化分布的范围越广。技术多元化的深度（TS）是企业在核心技术领域内部挖掘知识资源，进行研发活动的行为，反映出企业已有技术在技术领域挖掘的深浅程度。我们利用专利数与涉及的技术领域数的比值进行衡量，如式（1-2）所示。一般来讲，该指标数值越大，表明企业技术多元化挖掘的深度越深。

$$\mathrm{TG}=\frac{1}{\left[\sum_i (N_i/N)^2\right]} \tag{1-1}$$

$$\mathrm{TS}=\frac{N}{i} \tag{1-2}$$

其中，i 表示企业的技术领域；N_i 表示企业在 i 领域专利数；N 表示企业专利总数。

（3）动态能力测度。依据 Teece 等（1997）的研究，动态能力可以划分为外部适应能力、协调整合能力、学习吸收能力及资源重构能力四个维度，我们结合已有的研究，分别选择下列指标作为各维度的衡量指标。①外部适应能力由收益率差值衡量，即通过企业当年资产收益率与平均收益率的差值来衡量。在大数据环境下，企业根据外部环境变化迅速做出相应的战略调整，使自身超越竞争者，立足于竞争队伍的前端，获得垄断性的市场地位。企业的外部适应能力越强，其感知环境变化的敏感性越强，依势做出反应的速度越快，越能及时调整多元化战略，越能使企业更好地适应时代发展的要求。②协调整合能力由研发支出比例衡量，即通过企业当年的研发投资支出额占当期营业收入的比例来衡量。在大数据环境下，企业提升自身的研发能力，有助于其内外部技术资源的整合内化，从而适应动态变化的环境，增强企业的竞争力。研发支出比例反映企业利用研发投资支出，获取内外部科技知识资源，并将其转化为新产品或服务的能力，在一定程度上体现了企业协调整合的能力。③学习吸收能力由本科以上员工比例衡量，即通过当年本科及以上学历的员工数占员工总数的比例来衡量。企业的重要组成部分之一是员工，员工整体的素质水平在一定程度上决定了企业所能具备的能力种类、能力所处水平的高低及未来应对变化的状况。其中，员工整体接受教育的水平表明企业整体学习运用内外部所挖掘探索的知识的能力。该指标越大，说明员工受教育比例越高，企业的学习吸收能力也越强。④资源重构能力由资产净利率比例衡量，即通过企业当年净利润与总资产的比值来衡量。企业的盈利能力在一定程度上反映了其对自身资源重构的能力。资产净利率显示了企业的盈利能力，同时也表明了企业重构资源的能力。该指标越大，说明企业的资源结构越合理，重构能力越强。

（4）综合动态能力测度。研究企业动态能力维度可以发现，外部适应能力、协调整合能力、学习吸收能力及资源重构能力间会相互影响。为了剔除此种影响，以更准确地衡量该指标，我们先计算处理各维度数值，再以熵权法确定各指标的权重，最后利用综合动态能力分别表示高（D_H）、低（D_L）和平均（D_M）核心技术能力企业的动态能力。熵权法的基本思路是根据指标变异性的大小来确定客观权重，因为它仅依赖于数据本身的离散性，所以熵权法是一种比较客观的赋权法。熵值可以用来判断某个指标的离散程度，一般来说，当指标的离散程度越大（变异程度越大），该指标提供的信息量越多，对整体的影响越大，其权重也就越大；反之，则越小。

第一，确定样本及指标的数量。对于 n 个样本，m 个指标，则 x_{ij} 为第 i 个样本的第 j 个指标的数值 $\left(i=1,\cdots,n; j=1,\cdots,m\right)$。

第二，对指标进行归一化处理——数据标准化。各项指标的计量单位并不统一，因此在用它们计算综合指标前，先要进行标准化处理，即把指标的绝对值转化为相对值，从而解决各项不同质指标值的同质化问题。数据标准化后得到如下 X_{ij} 值：

$$X_{ij} = \frac{x_{ij} - \min(x_{1j}, \cdots, x_{nj})}{\max(x_{1j}, \cdots, x_{nj}) - \min(x_{1j}, \cdots, x_{nj})} \tag{1-3}$$

第三，计算第 j 个指标下第 i 个样本值占该指标的比重：

$$p_{ij}=\frac{X_{ij}}{\sum_{i=1}^{n}X_{ij}}，\quad i=1,\cdots,n; j=1,\cdots,m \tag{1-4}$$

第四，计算第 j 个指标的熵值：

$$e_j=\frac{1}{\ln(n)}\sum_{i=1}^{n}p_{ij}\ln(p_{ij})，\quad j=1,\cdots,m \tag{1-5}$$

第五，计算各项指标的权重：

$$w_j=\frac{1-e_j}{\sum_{j=1}^{m}(1-e_j)}，\quad j=1,\cdots,m \tag{1-6}$$

第六，得到高（D_{H}）、低（D_{L}）和平均（D_{M}）核心技术能力企业的综合动态能力，分别表示如下：

$$D_{\mathrm{L}}=0.316\times\text{标准化}\,D_1+0.211\times\text{标准化}\,D_2+0.136\times\text{标准化}\,D_3+0.337\times\text{标准化}\,D_4 \tag{1-7}$$

$$D_{\mathrm{M}}=0.330\times\text{标准化}\,D_1+0.251\times\text{标准化}\,D_2+0.163\times\text{标准化}\,D_3+0.256\times\text{标准化}\,D_4 \tag{1-8}$$

$$D_{\mathrm{H}}=0.301\times\text{标准化}\,D_1+0.248\times\text{标准化}\,D_2+0.153\times\text{标准化}\,D_3+0.298\times\text{标准化}\,D_4 \tag{1-9}$$

（5）核心技术能力测度。衡量企业核心技术能力利用 RTA 指数进行计算，如式（1-10）所示；并根据 Kim 等（2016）划分的 23 类技术领域，取 RTA 指数与对应的专利滑动平均数乘积的最大值的对数作为核心技术能力的衡量指标，如式（1-11）所示：

$$\mathrm{RTA}_{ijt}=\frac{P_{ijt}/P_{jt}}{P_{it}/P_t}=\frac{P_{ijt}/P_{it}}{P_{jt}/P_t} \tag{1-10}$$

$$\mathrm{CTC}_{ijt}=\ln[\max(P_{ijt}\cdot\mathrm{RTA}_{ijt})] \tag{1-11}$$

其中，RTA_{ijt} 表示 t 时期企业 i 在技术领域 j 的相对优势；P_{ijt} 表示 t 时期企业 i 在技术领域 j 的专利滑动平均数；P_{it} 表示 t 时期企业 i 所有技术领域的专利总数；P_{jt} 表示 t 时期所有公司在技术领域 j 的专利总数；P_t 表示 t 时期所有公司在所有技术领域的专利总数；CTC_{ijt} 表示 t 时期企业 i 在技术领域 j 的核心技术能力。

（6）企业年龄测度。通常，成立时间较长的企业在技术领域往往拥有一定的知识存量，并且对知识组合与应用具有更丰富的经验。因此，企业成立时间越长，越有利于促进其探索新技术领域，深入挖掘已有核心技术领域，并运用于提升创新绩效。我们将企业由成立至 2017 年的时间作为企业年龄测度指标。

（7）企业规模测度。一个企业的规模对其知识资源的获取和开拓创新具有重要影响。在大数据环境下，当企业规模较大时，其能获取的知识资源、融合的技术领域、合作的企业数量等都将有所扩增。此种状态下，创新投入的力度、研发项目的组合及科研拓展的范围等都将得到有力的支撑，从而可以促进企业创新发展，提升企业创新绩效。我们以企业资产总额的自然对数衡量企业规模，具体变量及其测度如表 1-2 所示。

表 1-2　变量测度

类型	名称	符号	测度
被解释变量	创新绩效	P	企业专利数 3 年滑动平均数
解释变量	技术广度	TG	$\frac{1}{\left[\sum_i (N_i / N)^2\right]}$
	技术深度	TS	$\frac{N}{i}$
调节变量（动态能力 D）	外部适应能力	D_1	资产收益率–平均收益率
	协调整合能力	D_2	研发支出/营业收入
	学习吸收能力	D_3	本科及以上员工数/员工总数
	资源重构能力	D_4	净利润/总资产
控制变量	核心技术能力	CTC	$\ln[\max(P_{ijt} \cdot \mathrm{RTA}_{ijt})]$
	企业年龄	AGE	企业成立年限
	企业规模	SIZE	企业资产总额的自然对数

3. 样本选择与数据来源

为检验所提假设，选取在深圳证券交易所上市的 638 家创业板企业 2011～2017 年的面板数据作为研究样本。创业板上市的企业大多处于企业周期的成长阶段，具备一定的规模，归属于科研技术及创新能力都较强的高科技行业，这些特征均符合研究的样本条件。并且，上市企业的财务报告、专利信息等经过特定的程序审查监督发布，相较于非上市企业的财务数据，真实可信度较高，数据也较为齐全且易获取，保证了样本选择的科学性和完整性。为保证样本的有效性，我们剔除数据不齐全的企业后选择了有效样本，这些样本包括了 294 家创业板上市企业，共 1470 组数据。根据 Kim 等（2016）关于核心技术能力高低划分标准，将所选企业划分为高核心技术能力（CTC≥4）、低核心技术能力（CTC≤2）和平均核心技术能力（2<CTC=3.07<4）三种，据此对技术多元化战略进行研究。

通过观察样本企业年报发现，其中 31.97%的企业已经在生产经营大数据业务，涉及大数据的生成与处理、数据中心建设与运营、信息数据安全、大数据智能化问题处理、大数据视频化问题应用、大数据人机化交互应用、大数据存储等方面；55.78%的企业在年报中提及了大数据及大数据业务，并计划在近几年或者技术成熟以后从事大数据业务；不过还有 12.25%的企业并未显示出近几年或未来从事大数据业务的意愿。由此可见，大数据环境已经对中国企业的生产经营产生了一定影响，但在大数据环境下企业该如何实施技术多元化战略促进创新绩效提升仍需进一步探究。

研究涉及的数据主要分为公司年报中可获得的数据和专利数据两类。其中，专利数据信息来源于国家知识产权局官网及 SooPat 专利搜索网站，依据国家知识产权局官网中专利文献信息公共服务系统中查询到的最新的国际专利分类（IPC），再依此检索、查询获取样本企业每年专利的数量、名称、类别、时间、领域等信息。其他诸如衡量动态能力各项指标的研发比例、资产净利率等数据及衡量企业规模、年龄的数据均来源于深圳证券交易所官网和巨潮资讯网中上市公司的各年年报。

变量数据的选择标准：数据选择时间段为2011～2017年，因此排除2011年后新成立的、不满足年限要求的企业；财务信息或专利数据信息不全的企业难以良好地描述自身各方面的实际情况，因此予以剔除；个别异常数据会对整体的结果产生变异影响，因此剔除个别异常数据。

1.2.4 实证分析与结论

1. 实证模型构建

根据以上对技术多元化广度和深度与创新绩效之间的关系分析、动态能力对二者关系的调节作用分析及企业核心技术能力差异对研究的影响分析，我们依据各个假设构建了衡量指标间的关系模型。具体模型如式（1-12）和式（1-13）所示，其中 P 表示企业创新绩效，TG_{it} 表示 t 时期企业 i 的技术广度；TS_{it} 表示 t 时期企业 i 的技术深度；D_{it} 表示 t 时期企业 i 的综合动态能力；α_i 和 β_i（i=1,2,3,4,5,6）表示各项系数。

$$P=\alpha_1\mathrm{TG}_{it}+\alpha_2{\mathrm{TG}_{it}}^2+\alpha_3D_{it}+\alpha_4\mathrm{TG}_{it}\times D_{it}+\alpha_5{\mathrm{TG}_{it}}^2\times D_{it}+\alpha_6\mathrm{Control}+C \quad (1\text{-}12)$$

$$P=\beta_1\mathrm{TS}_{it}+\beta_2{\mathrm{TS}_{it}}^2+\beta_3D_{it}+\beta_4\mathrm{TS}_{it}\times D_{it}+\beta_5{\mathrm{TS}_{it}}^2\times D_{it}+\beta_6\mathrm{Control}+C \quad (1\text{-}13)$$

在式（1-12）和式（1-13）中，为了体现企业规模、企业年龄及核心技术能力等控制变量对企业创新绩效的影响，如模型（1-14）仅仅将三个控制变量纳入模型进行回归，同时将其作为基础对照模型，以更直观地观察加入自变量后模型的变化。模型（1-15）和模型（1-16）分别将技术多元化深度及其平方项和动态能力纳入基础模型（1-14）之中，用于检验大数据环境下技术多元化深度与创新绩效之间的关系。模型（1-17）则在模型（1-16）之上加入了技术多元化深度及其平方项分别与动态能力的乘积项，用于检验大数据环境下动态能力对技术多元化深度与企业创新绩效之间的调节作用。模型（1-18）和模型（1-19）分别将技术多元化广度及其平方项和动态能力纳入基础模型（1-14）之中，用于检验大数据环境下技术多元化广度与创新绩效之间的关系。模型（1-20）则在模型（1-19）之上加入了技术多元化广度及其平方项分别与动态能力的乘积项，用于检验大数据环境下动态能力对技术多元化广度与企业创新绩效之间的调节作用。

$$P=\alpha_1\mathrm{Control}+C \quad (1\text{-}14)$$

$$P=\beta_1\mathrm{TS}+\beta_2\mathrm{TS}^2+\beta_3\mathrm{Control}+C \quad (1\text{-}15)$$

$$P=\beta_1\mathrm{TS}+\beta_2\mathrm{TS}^2+\beta_3D+\beta_4\mathrm{Control}+C \quad (1\text{-}16)$$

$$P=\beta_1\mathrm{TS}+\beta_2\mathrm{TS}^2+\beta_3D+\beta_4\mathrm{TS}\times D+\beta_5\mathrm{TS}^2\times D+\beta_6\mathrm{Control}+C \quad (1\text{-}17)$$

$$P=\alpha_1\mathrm{TG}+\alpha_2\mathrm{TG}^2+\alpha_3\mathrm{Control}+C \quad (1\text{-}18)$$

$$P=\alpha_1\mathrm{TG}+\alpha_2\mathrm{TG}^2+\alpha_3D+\alpha_4\mathrm{Control}+C \quad (1\text{-}19)$$

$$P=\alpha_1\mathrm{TG}+\alpha_2\mathrm{TG}^2+\alpha_3D+\alpha_4\mathrm{TG}\times D+\alpha_5\mathrm{TG}^2\times D+\alpha_6\mathrm{Control}+C \quad (1\text{-}20)$$

2. 描述性统计及相关性分析

相关性分析是指对两个或多个具备相关性的变量元素进行分析，从而衡量两个变量因素的相关密切程度。两个变量之间的相关程度通过相关系数 r 来表示。相关系数 r 的值在–1 和 1 之间，可以是此范围内的任何值。正相关时，r 的值在 0 和 1 之间，一个变量增加，另一个变量也增加；负相关时，r 的值在–1 和 0 之间，一个变量增加，另一个变量将减少。r 的绝对值越接近 1，两个变量的关联程度越强；r 的绝对值越接近 0，两个变量的关联程度越弱。我们在探究技术多元化的广度、深度和其他各变量与企业创新绩效之间的多元回归关系之前，对模型中各变量进行描述性统计，并对各个变量之间的相关关系进行分析与初步判断，为接下来的多元回归提供参考。相关变量的描述性统计及相关性分析结果如表 1-3、表 1-4 和表 1-5 所示。

表 1-3　高核心技术能力企业的变量描述性统计及相关性分析结果

变量	均值	标准差	*P*	*D*	TG	TS	SIZE	AGE	CTC
P	41.77	36.85	1.00						
D	8.39	5.62	0.15***	1.00					
TG	2.45	1.06	0.01	–0.13***	1.00				
TS	10.95	12.08	0.73***	0.29***	–0.28***	1.00			
SIZE	21.36	0.74	0.30***	0.10**	–0.04	0.28***	1.00		
AGE	13.38	4.51	0.01	–0.01	–0.05	0.05	0.21***	1.00	
CTC	5.00	1.48	0.69***	0.06	0.03	0.43***	0.18***	–0.02	1.00

***、**分别表示 $p<0.01$、$p<0.05$

表 1-4　低核心技术能力企业的变量描述性统计及相关性分析结果

变量	均值	标准差	*P*	*D*	TG	TS	SIZE	AGE	CTC
P	7.81	6.24	1.00						
D	8.50	5.22	0.01	1.00					
TG	2.19	0.93	0.30***	–0.26***	1.00				
TS	2.90	1.70	0.66***	0.18***	–0.24***	1.00			
SIZE	21.00	0.68	0.16***	–0.04	0.09*	0.09*	1.00		
AGE	13.15	4.16	0.09*	0.15***	0.06	0.09*	–0.02	1.00	
CTC	1.07	1.21	0.70***	–0.21***	0.27***	0.52***	0.05	–0.02	1.00

***、*分别表示 $p<0.01$、$p<0.1$

表 1-5　平均核心技术能力企业的变量描述性统计及相关性分析结果

变量	均值	标准差	*P*	*D*	TG	TS	SIZE	AGE	CTC
P	16.25	9.42	1.00						
D	8.77	5.80	0.01	1.00					
TG	2.68	1.14	0.08*	–0.22***	1.00				

续表

变量	均值	标准差	*P*	*D*	TG	TS	SIZE	AGE	CTC
TS	4.89	3.55	0.70***	0.20***	−0.42***	1.00			
SIZE	21.09	0.70	0.23***	−0.22***	0.10**	0.09**	1.00		
AGE	13.42	4.04	0.09**	−0.17***	0.18***	−0.01	0.06	1.00	
CTC	2.93	1.05	0.60***	−0.15***	0.02	0.44***	0.10**	0.01	1.00

***、**、*分别表示 $p<0.01$、$p<0.05$、$p<0.1$

从描述性统计角度分析各个变量的均值及标准差（表 1-3、表 1-4 和表 1-5）可知，企业的创新绩效、技术广度及深度的均值由高到低排列分别是高核心技术能力企业、平均核心技术能力企业和低核心技术能力企业，说明大数据环境下不同核心技术能力水平的企业，其技术多元化及创新绩效存在一定的差异。另外，样本企业的企业规模都比较大，企业年龄也较长，符合样本选择的要求。我们通过观察各变量间相关性分析结果不难看出，高核心技术能力企业的技术多元化深度模式与创新绩效在 0.01 的显著性水平下正相关，表明大数据环境下高核心技术能力企业的深度技术多元化对企业创新绩效有一定的促进作用；而广度技术多元化并未显示出与企业创新绩效的正负相关关系。低核心技术能力企业的深度和广度技术多元化与创新绩效在 0.01 的显著性水平下均呈现正相关关系，表明大数据环境下低核心技术能力企业的深度和广度技术多元化对企业创新绩效均有一定的促进作用。企业的核心技术能力与创新绩效在 0.01 的水平下显著，表明一定程度下企业核心技术能力对企业创新绩效有一定的影响。无论企业核心技术能力的高低，企业规模均在 0.01 的显著性水平下与创新绩效呈现正相关关系，说明大数据环境下企业规模对企业创新绩效有一定的促进作用。但只有处于平均水平和低核心技术能力企业的企业年龄分别在 0.05 和 0.1 的显著性水平下与创新绩效呈现正相关关系。

观察表 1-3、表 1-4 和表 1-5 的其他变量间的相关关系发现，某些变量之间的相关性显著水平并不高，由于相关性系数只是两个变量间密切程度的初步反映，并未反映其他变量的影响，因此，要探究变量之间的关系还需进一步控制其他变量，进行多元回归分析。

3. 模型回归与结果分析

采用软件 Stata 14.0 对数据进行面板估计检验理论假设。对面板数据进行固定效应和随机效应面板回归模型比较，得到 Hausman 检验 $p>0.05$ 的结果，故选择随机效应面板回归模型进行估计。高核心、低核心及平均核心技术能力的企业的回归结果如表 1-6、表 1-7 和表 1-8 所示，所有模型的似然比检验及沃尔德检验值均在 0.01 的显著性水平下通过检验，表明模型拟合良好；且 VIF 检验值均小于 10，说明变量间不存在共线性。其中，模型 1、模型 8 和模型 15 是基本模型，仅纳入企业规模、企业年龄及企业核心技术能力 3 个控制变量。模型 2、模型 3，模型 9、模型 10 和模型 16、模型 17 以及模型 5、模型 6，模型 12、模型 13 和模型 19、模型 20 分别说明技术多元化深度模式及技术多元化广度模式与企业创新绩效之间的关系，模型 4、模型 11 和模型 18 以及模型 7、模型 14 和模型 21 分别说明动态能力对二者之间关系的调节作用。

表 1-6、表 1-7 及表 1-8 显示，模型 2 在模型 1 的基础上加入变量 TS 及 TS^2 后，回归系数分别为 2.450 和–1.074，且均在 1%水平下显著；模型 3 加入技术深度及其平方项、动态能力指标后，技术深度及其平方项回归系数分别为 2.468 和–1.092，且均在 1%水平下通过检验。不难看出，TS 的回归系数均为正，TS^2 的为负，这表明对于高核心技术能力企业来说，投入核心技术领域内的技术资源并非越多越好，其存在特定的最优水平，超过该水平，创新绩效反而下降，即技术多元化深度模式与创新绩效呈倒 U 形关系。同样地，对比模型 9、模型 10 和模型 16、模型 17 可知，低核心技术能力企业及平均核心技术能力企业的技术多元化深度模式与创新绩效也呈倒 U 形关系。因此，假设 H1-2 成立。对比模型 5 和模型 6、模型 12 和模型 13 及模型 19 和模型 20 可知，技术多元化广度模式 TG 的回归系数为正且均在 1%的显著性水平下显著，而其平方项 TG^2 回归系数均为负且分别在 1%、5%及 10%的显著性水平下通过检验，可得技术多元化广度模式与创新绩效呈倒 U 形关系。因此，假设 H1-1 成立。上述分析说明，大数据环境下无论企业核心技术能力的高低，当企业实施深度及广度技术多元化战略时，在一定程度内均会促进企业创新绩效的提升；但超越一定程度后，由于研发成本的增加、异质性资源的转化利用难度提升及企业资源配置的限制等，会在一定程度上抑制企业创新绩效的提升。

表 1-6　高核心技术能力企业技术多元化与创新绩效回归结果

变量	模型 1	模型 2	模型 3	模型 4	模型 5	模型 6	模型 7
TG					4.914^{***} (2.89)	4.955^{***} (2.91)	4.935^{***} (2.89)
TG^2					-3.441^{***} (–3.39)	-3.385^{***} (–3.31)	-3.627^{***} (–3.49)
TG×D							2.911 (1.11)
TG^2×D							–2.012 (–1.45)
D			–0.247 (–1.10)	-0.487^{**} (–2.03)		0.191 (0.61)	0.773 (1.58)
TS		2.450^{***} (16.01)	2.468^{***} (16.05)	2.550^{***} (15.94)			
TS^2		-1.074^{***} (–3.62)	-1.092^{***} (–3.67)	-1.449^{***} (–3.84)			
TS×D				-4.872^{**} (–2.54)			
TS^2×D				0.855^{**} (2.42)			
SIZE	8.777^{***} (4.05)	1.821 (1.16)	1.788 (1.14)	1.966 (1.26)	8.633^{***} (4.02)	8.687^{***} (4.04)	8.547^{***} (3.95)

续表

变量	模型 1	模型 2	模型 3	模型 4	模型 5	模型 6	模型 7
AGE	0.172 (0.30)	0.362 (0.90)	0.301 (0.75)	0.314 (0.80)	0.163 (0.29)	0.195 (0.34)	0.179 (0.31)
C	−148.00*** (−3.49)	−27.74 (−0.91)	−24.30 (−0.79)	−26.43 (−0.86)	−153.40*** (−3.65)	−156.75*** (−3.70)	−158.10*** (−3.71)
CTC	控制	控制	控制	控制	控制	控制	控制
最大似然估计	−2197.20	−2031.69	−2031.09	−2027.60	−2190.66	−2190.47	−2189.23
沃尔德检验	27.44***	526.42***	528.24***	541.87***	41.13***	41.44***	43.88***
VIF	1.05	2.33	2.16	3.72	1.27	1.23	2.53
Observations	480	480	480	480	480	480	480
似然比检验	381.29***	364.67***	356.71***	340.33***	388.47***	381.41***	379.99***

注：表中为各变量回归系数，括号内为该系数的 *z* 检验值，***、**分别表示 $p<0.01$、$p<0.05$

表 1-7　低核心技术能力企业技术多元化与创新绩效回归结果

变量	模型 8	模型 9	模型 10	模型 11	模型 12	模型 13	模型 14
TG					2.317*** (5.57)	2.463*** (5.80)	2.594*** (6.04)
TG^2					−0.438** (−2.00)	−0.452** (−2.06)	−0.374* (−1.70)
TG×*D*							1.117* (1.88)
TG^2×*D*							0.323 (0.82)
D			−0.033 (−0.61)	−0.154*** (−2.72)		0.112* (1.71)	0.129 (1.59)
TS		2.398*** (13.23)	2.397*** (13.18)	2.419*** (13.84)			
TS^2		−0.255*** (−2.67)	−0.257*** (−2.69)	−0.007 (−0.07)			
TS×*D*				−0.221 (−0.68)			
TS^2×*D*				0.753*** (5.46)			
SIZE	1.766*** (3.60)	0.974*** (2.65)	0.952*** (2.59)	0.815** (2.29)	1.307*** (2.80)	1.337*** (2.87)	1.387*** (2.96)
AGE	0.210** (2.30)	0.069 (0.90)	0.072 (0.94)	0.086 (1.14)	0.132 (1.58)	0.111 (1.31)	0.092 (1.08)
C	−32.04*** (−3.13)	−20.75*** (−2.77)	−20.05*** (−2.65)	−16.24** (−2.22)	−26.01*** (−2.68)	−27.61*** (−2.84)	−28.74*** (−2.95)
CTC	控制	控制	控制	控制	控制	控制	控制

续表

变量	模型 8	模型 9	模型 10	模型 11	模型 12	模型 13	模型 14
最大似然估计	–1345.03	–1187.75	–1187.67	–1169.14	–1329.38	–1327.90	–1324.52
沃尔德检验	20.85***	541.05***	537.03***	629.79***	54.35***	57.47***	64.54***
VIF	1.00	1.51	1.44	1.74	1.31	1.30	1.49
Observations	420	420	420	420	420	420	420
似然比检验	23.74***	93.00***	82.74***	89.98***	11.84***	11.69***	13.15***

注：表中为各变量回归系数，括号内为该系数的 z 检验值，***、**、*分别表示 $p<0.01$、$p<0.05$、$p<0.1$

表 1-8　平均核心技术能力企业技术多元化与创新绩效回归结果

变量	模型 15	模型 16	模型 17	模型 18	模型 19	模型 20	模型 21
TG					2.105***	2.179***	2.101***
					(4.34)	(4.47)	(4.25)
TG^2					–0.434*	–0.441*	–0.483*
					(–1.65)	(–1.69)	(–1.75)
TG×D							–0.625
							(–0.84)
TG^2×D							–0.499
							(–1.15)
D			–0.143**	–0.273***		0.136	0.156
			(–2.07)	(–3.74)		(1.38)	(1.36)
TS		2.262***	2.289***	2.368***			
		(17.40)	(17.57)	(18.16)			
TS^2		–0.215*	–0.229*	–0.534***			
		(–1.72)	(–1.83)	(–3.17)			
TS×D				–1.827***			
				(–3.17)			
TS^2×D				1.152***			
				(4.78)			
SIZE	4.103***	2.035***	1.923***	1.868***	3.983***	4.074***	3.970***
	(6.22)	(4.35)	(4.10)	(4.05)	(6.04)	(6.14)	(5.97)
AGE	0.500***	0.378***	0.355***	0.368***	0.425***	0.441***	0.449***
	(3.60)	(3.80)	(3.58)	(3.77)	(3.00)	(3.10)	(3.14)
C	–77.01***	–42.60***	–38.81***	–36.77***	–78.70***	–82.21***	–80.17***
	(–5.75)	(–4.54)	(–4.07)	(–3.92)	(–5.90)	(–6.06)	(–5.88)
CTC	控制	控制	控制	控制	控制	控制	控制
最大似然估计	–2003.33	–1782.32	–1780.36	–1768.30	–1992.71	–1991.94	–1990.16
沃尔德检验	77.08***	838.66***	845.87***	905.33***	102.25***	104.57***	108.76***
VIF	1.00	1.76	1.67	2.26	1.32	1.29	1.51
Observations	570	570	570	570	570	570	570
似然比检验	131.57***	175.36***	169.69***	169.97***	151.71***	149.01***	149.35***

注：表中为各变量回归系数，括号内为该系数的 z 检验值，***、*分别表示 $p<0.01$、$p<0.1$

模型 4 引入技术深度及其平方项与动态能力的乘积后，$TS^2 \times D$ 系数为 0.855 在 5% 显著性水平下通过检验，说明高核心技术能力企业动态能力的影响是非线性正相关的，即动态能力正向调节技术深度与创新绩效之间的关系。同样地，模型 11 及模型 18 中 $TS^2 \times D$ 系数分别为 0.753 和 1.152，且均在 1%水平下显著，说明低核心技术能力企业和平均核心技术能力企业的动态能力的影响也是非线性正相关的。因此，假设 H3-2 成立。模型 7 引入技术广度及其平方项与动态能力的乘积后，$TG^2 \times D$ 系数为–2.012，但并未通过检验，说明高核心技术能力企业动态能力对技术广度与创新绩效之间关系的调节作用不明显。同样地，模型 14 及模型 21 中 $TG^2 \times D$ 系数分别为 0.323 和–0.499，但都没有通过检验，说明对于低核心技术能力企业和平均核心技术能力企业来说，动态能力对技术广度与创新绩效的调节作用也均不明显。因此，假设 H3-1 未得到验证。

综上可以看出，大数据环境下，技术多元化与动态能力本身存在一定的相互影响，另外由于企业核心技术能力水平的高低或者取值范围的不同，技术多元化对企业创新绩效影响的边际量不同。从图 1-2 可知，在倒 U 形曲线转折点之前，提高同样程度的技术广度，低核心技术能力企业创新绩效的增量多于高核心技术能力企业的增量，图中前者表现的曲线斜率也更大；并且低核心技术能力企业的倒 U 形曲线转折点出现较高核心技术能力企业迟，说明低核心技术能力企业在技术广度方面更能延长企业创新绩效的收益期。另外，在倒 U 形曲线转折点之后，低核心技术能力企业的斜率较高核心技术能力企业更平缓，此时低核心技术能力企业更能削弱过度技术多元化广度模式给企业创新绩效带来的不利影响。同样地，由图 1-3 可知，当企业核心技术能力较强时，技术深度与创新绩效的倒 U 形曲线位置较低核心技术能力企业高，并且在倒 U 形曲线转折点之前，提高同样程度的技术深度，高核心技术能力企业创新绩效的增量多于低核心技术能力企业的增量，即随着企业核心技术能力的提高，技术深度对创新绩效的影响也提速增加。另外，高核心技术能力企业的倒 U 形转折点稍迟于低核心技术能力企业，说明高核心技术能力企业更能通过技术深度延长给企业带来创新绩效的收益期。此外，在倒 U 形曲线转

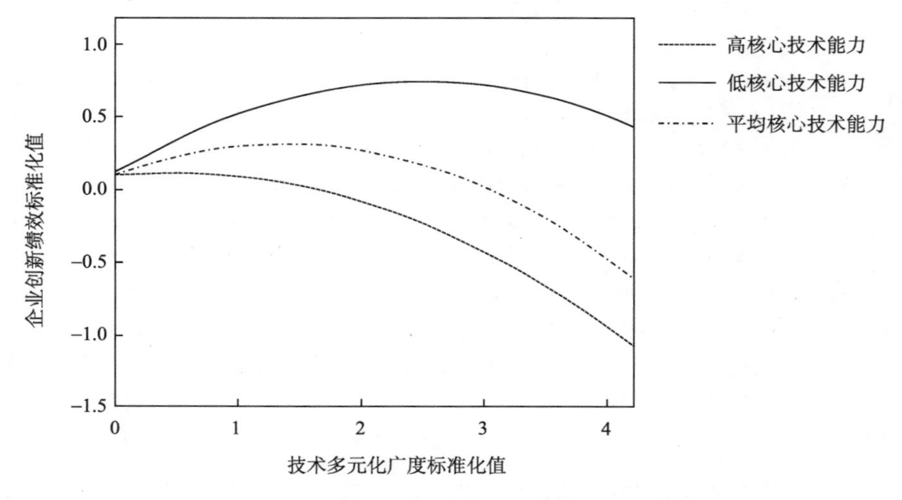

图 1-2　不同核心技术能力企业技术广度与企业创新绩效的关系

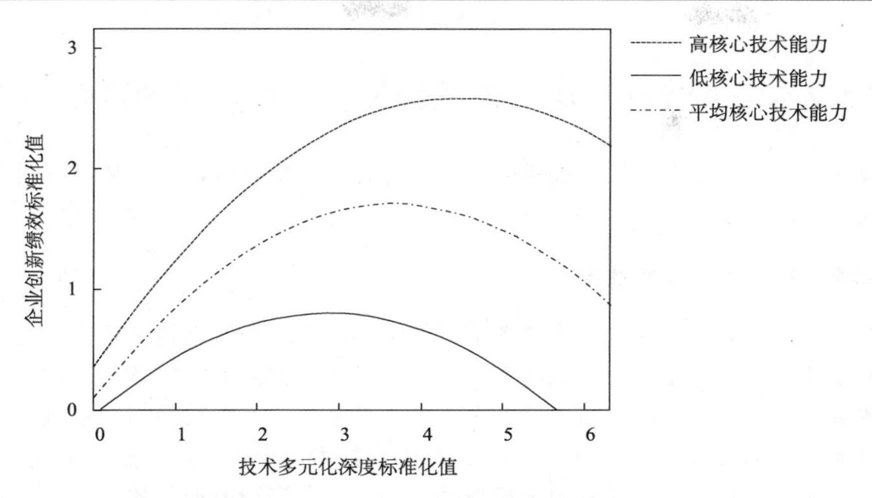

图 1-3　不同核心技术能力企业技术深度与企业创新绩效的关系

折点之后，高核心技术能力企业的斜率较低核心技术能力企业更平缓，过度增加相同的企业技术深度时，高核心技术能力企业的增量小于低核心技术能力企业的增量，说明此时高核心技术能力更能削弱过度技术多元化深度模式给企业创新绩效带来的不利影响。因此，H2-1 及 H2-2 得到验证。形成此现象的原因可能是中国正处于大数据发展的初级阶段，中国企业的核心技术能力水平尚存在较大差异，高核心技术能力企业依赖核心领域技术，形成路径依赖，难以在短时间内整合环境内的各项资源去突破核心技术；而低核心技术能力企业“船小好调头”，更利于在大数据环境中搜索异质性信息数据资源，整合到自身技术创新中。

此外，低核心技术能力企业和平均核心技术能力企业的规模及年龄与企业创新绩效呈显著的正相关关系，与预期相一致。说明在复杂变化的大数据环境中，低核心技术能力企业和平均核心技术能力企业都能够很好地利用自身的优势，在不断成长中实现企业创新绩效的提升。而高核心技术能力企业年龄与创新绩效的关系并不显著，与预期不一致，但企业规模与创新绩效呈正相关关系。这可能是由于随着企业年龄的增长，高核心技术能力企业已适应了专有的科技创新模式，虽然随着企业规模的扩大可以吸收创新，但短时间内难以快速突破核心技术并适应当下的创新模式。

4. 实证分析结论

根据以上对大数据环境下不同核心技术能力企业技术多元化广度和深度与企业创新绩效的关系及动态能力调节作用的假设，运用深圳创业板 294 家上市公司 2011～2017 年的数据，依据核心技术能力高低划分类别对比分析检验结果得到，大数据环境下无论企业核心技术能力高低，技术多元化广度和技术多元化深度均与企业创新绩效呈现倒 U 形关系；与此同时，中国高核心技术能力企业采用技术多元化深度模式在提高企业创新绩效方面更有效，而低核心技术能力企业利用技术多元化广度模式提高企业创新绩效更有效；大数据环境下，动态能力正向调节技术多元化深度与创新绩效之间的关系，但对技术多元化广度与创新绩效之间关系的调节作用并不显著。

1.3 技术多元化战略运用大数据提升企业创新绩效重要路径

大数据时代，强化企业核心技术能力，提升企业创新绩效，可以从以下四个方面采取针对性措施。

1.3.1 构建大数据人才培养体系

人力资源是企业学习吸收能力的关键，技术多元化对企业创新绩效的影响很大程度上受制于企业是否拥有足够的动态能力，而学习吸收能力作为动态能力的构成要素，人才最为关键。此外，大数据环境下企业在实施技术多元化战略时面临诸多风险，其中识别外部机遇、技术研发及资源重构风险管理是影响技术多元化战略实施成果的重要因素，缺乏大数据人才常常使企业在对周围机遇的识别、信息资源的搜集整合、优化资源的配置利用、强化风险管理等工作中更加困难。

因此，解决大数据人才严重不足的问题，需要政府与高校、科研机构协调统筹，建立健全大数据技能综合化的研发团队和人才培养体系，加大具有大数据综合技能的科研人才和管理人才的培养规模，完善人才培养的考核机制。既要做好技术多元化战略实施过程中科研人员和管理人员的选拔、培训工作，增加企业中具备大数据综合技能的人才数量，又要积极利用高校和科研机构中的大数据实验室和研究中心，加强产学研合作交流，提升企业整体的学习吸收能力和技术创新能力，不断优化企业研发创新体系。此外，鼓励跨国企业在发达国家设立研发机构，将基础科研和管理人才转移到科研基础设施及技术更好的环境中继续培养、进行研究，利用政策法规促进国际、企业间的合作交流与资源共享，实现中国大数据人才全方位、更深层次的培养。

1.3.2 加强核心技术研发创新

一方面，目前中国正处于大数据发展初期，企业对于与大数据相关的技术知识还处于初级探索阶段，并未形成长期积累的知识集合，难以运用成熟的大数据技术知识对自身资源进行协调整合，更难以形成独特的以大数据技术为基础的核心技术能力，与发达国家还存在较大差距。另一方面，中国企业间的核心技术能力水平尚存在较大差异，且企业对于核心技术的运用方式与发达国家也存在较大差距。中国高核心技术能力企业往往拥有较为成熟的核心领域技术，在生产经营中更倾向于沿着已有的核心领域进行深度挖掘和对核心领域技术进行改进，形成一定程度的路径依赖现象，难以在短时间内整合环境内的各项资源去突破核心技术；而低核心技术能力企业往往没有较高水平的核心技术，更倾向于寻找环境中异质性的信息数据资源，依靠“船小好调头”的优势对相关技术进行浅程度的开发使用。现阶段，中国企业无论是对于大数据相关技术知识的掌握，还是对于自身核心技术的运用，都与发达国家存在较大差距，因此中国要持续加强科技研发活动的资金支持，协助企业加强核心关键技术的研发，促使企业突破核心技术。

我们的研究发现，企业核心技术能力水平的高低对技术多元化与创新绩效之间的关系有一定影响，高核心技术能力企业在利用技术多元化深度模式提升企业创新绩效方面更有效，而低核心技术能力企业在利用技术多元化广度模式提升企业创新绩效方面更有效。因此，加大核心关键技术的研发投入，突破企业自身核心技术，需要企业认识到自身核心技术能力水平，针对能力水平的高低有侧重地进行研发投入。高核心技术能力企业应当加大对大数据相关新兴技术的研发投入，突破原有的核心技术，将大数据相关新兴技术深化融合到行业领域的应用上，实现大数据与实体经济的深度融合；低核心技术能力企业应当加强对核心技术的研发投入，形成自身独特且难以被复制的技术。当然，进一步加强并突破核心技术，仅仅依靠企业自有资源是远远不够的，还需要政府通过税收及信贷等财政政策调整公共支出结构，逐步加大对科研项目的资金支持力度，帮助企业拓宽资金渠道；更需要政府通过相关的法律法规政策，给予企业核心技术研发的环境保障，引导企业加强研发投入，帮助企业提升创新绩效。

1.3.3　完善社会化创新支撑体系

物联网、互联网和云计算等技术的快速发展，使大数据技术的分析、处理、存储等各项性能得以进一步提升，促进了以开源为主导、多种技术和架构并存的大数据技术架构体系的初步形成。但是，相比于国外先进水平，中国在新型计算机平台、分布式计算架构、大数据呈现方式等方面仍难以满足各行各业对大数据应用的需求。并且，现在企业面对的是不同于传统数据的实时动态数据，大数据处理工具必须具备能够对大数据进行实时分析的技术功能，这样才能以较低成本及时解决随时发生的问题。另外，随着大数据应用范围的扩大，数据的来源生成、分析处理、存储、交流共享等各个阶段涉及的数据归属问题、安全问题都成为需要重点关注的内容。

构建社会化创新支撑体系，就是要能为企业实施技术多元化过程中遇到的大数据存储、分析、处理、呈现等技术问题，数据所有权、隐私权等相关法律法规问题，信息安全、开放共享等标准规范问题提供咨询与服务支持，健全相关技术创新知识产权法律法规，明确科技成果的归属权，促进科技成果合理合法的转化与扩散。在数据安全保护方面，需要政府及企业利用区块链技术给数据增加 GPS 功能，对交易数据进行实时追踪，打击数据非法流通，以求有效防范大数据信息安全及消费者隐私权被泄露和侵犯的风险。应深入研究新形势下知识产权管理体制中存在的不足，推进知识产权管理体制机制改革，建立知识产权评议制度，加大知识产权侵权犯罪行为的打击惩治力度，完善技术创新及相关成果保护的法律、法规政策。在技术支撑方面，政府应当与高校、科研机构及企业建立紧密的科研联盟，积极扶持具有发展潜力的科研项目，免费提供科研设备和实验室、研究中心等科研场地，给予科研联盟适当的资金支持、政策支持，以不断降低科技研发成本，促进企业创新绩效的提高。

1.3.4　优化技术多元化战略举措

目前，大数据环境下中国企业实施技术多元化战略时能获取较为全面的与核心技术领域同质性或异质性的知识信息，并对其进行快速精准的分析处理，且能够随动态环境变化基于大数据做出更加理性化的研发投资决策，为技术多元化战略的实施提供更具建设性、创新性的意见。但由于大数据使环境由封闭僵化变为开放数据化，企业只能在一定程度内以低成本、高速度获取相关的信息资源，降低各种不确定性以实施技术多元化战略；超过一定程度后，实施技术多元化战略将提高企业的研发探索成本、限制企业有限资源的配置、增加异质性资源转化利用的难度，降低企业创新积极性。

在大数据环境下利用技术多元化战略提升创新绩效时，企业应当注意把握技术多元化战略的实施程度，避免形成技术路径依赖，要积极开展跨组织、跨行业乃至跨国交流合作，促进技术知识资源的开放共享，更好地探索吸收多领域的知识资源，充分利用组织间的知识溢出效应；企业应当加强并突破核心技术能力，削弱过度技术多元化给企业创新绩效带来的不利影响；与此同时，企业应加强自身动态能力，积极深化融合大数据应用，利用实时数据分析创新管理方式，综合考虑自身情况及市场环境，以数据推动决策，确保选择最优的技术多元化战略。政府相关部门应当与科研机构以大数据为基础，建立科学有效的企业监管指导系统，实时监督企业的技术创新战略实施状况，引导企业正确实施技术多元化战略，不断在强化核心技术能力的基础上提升企业创新绩效。

1.4　结论与展望

本章在相关文献研究的理论基础上，界定描述了技术多元化、动态能力、核心技术能力和企业创新绩效的内涵，从广度和深度两个维度探讨大数据环境下技术多元化与企业创新绩效之间的关系，构建了实证分析模型，进行描述性和相关性分析与回归分析，并针对检验结果总结了相关研究成果。

本章的主要研究结论是：①大数据环境下，企业创新效率取决于自身核心技术能力，企业核心技术能力的高低受到技术多元化的深度和广度模式影响。②大数据环境下，企业创新绩效的高低在相当程度上取决于技术多元化和动态能力的协同机制与效果。③大数据环境下，企业动态能力对技术多元化与企业创新绩效之间的关系起正向调节作用。

本章研究还需要深入探讨的问题主要有：①大数据技术和平台的发展处于快速进展阶段，具有许多不确定性，需要进行跟踪性研究，以更好地把握大数据发展态势，从而为更好地运用大数据提升企业动态能力和创新绩效提供前提和基础。②随着大数据技术的创新发展，不同类型企业受大数据环境的影响程度不同，这个不同的程度是否会对各类企业技术多元化战略、动态能力及自身核心技术能力产生不同程度的影响，是应当深入研究探讨的重要问题。③企业的动态能力也是一个动态发展的过程，应当随着发展变化而持续更新评价指标和评价方式，从而能够准确评判大数据背景下企业动态能力与企业创新绩效之间的互动成效。

第2章　大数据、FDI与产业创新绩效

进入大数据时代，全球经济一体化态势日益明显，一个国家的经济发展同世界发展联系越来越密切，想要脱离世界独自发展是不可想象的。世界上不少新兴发展中国家通过采取积极的引进外资政策，不但引进了就业岗位，增进了经济发展，也在一定程度上提升了自身企业的创新能力，实现部分领域对发达国家的技术追赶。随着中国经济快速稳定发展，改革开放力度不断加大，以及市场制度的不断完善，越来越多外商直接投资进入中国市场。中国利用外资也从为了弥补"资金缺口"和"技术缺口"为主，逐步转向促进中国自主创新能力发展、完善市场制度、提高引进外资质量为主。多年来，随着GDP不断上升，中国实际外商直接投资金额总体上也保持快速增长的趋势，中国的外商直接投资（foreign direct investment，FDI）实际利用外资额度屡创新高，持续保持着仅次于美国的全球第二位置。外商直接投资的进入给中国带来了大量的就业机会、先进技术、管理经验等，促进了中国产业发展和转型升级，扩大了中国进出口贸易规模。显然，近年来外商直接投资对于中国社会经济发展的促进作用越来越明显。

全球经济一体化使得外商直接投资在国际经济活动中更加活跃，外商直接投资对于发展中国家而言，带来的不仅仅是就业机会和管理经验，还带来了技术转移和技术溢出效应，这对于发展中国家自主创新能力的提高大有裨益。如今，中国已经成为外商直接投资进入最多的国家之一。外资企业在中国积极开展各种创新活动，一方面改善了中国的创新环境，带动提高中国创新资源的利用效率；另一方面促进了中国内资企业进行创新活动的积极性，有利于中国实现提高自主创新能力，加快创新型国家建设的目标。

随着互联网和移动智能终端的广泛普及，大数据技术和平台快速发展和广泛应用，大量数据被有效应用于引进外资、促进行业创新绩效方面。主要表现为：①运用大数据技术和平台，可以客观描述产业的现实经济和技术能力，明确引进外资的产业标准和质量要求，通过技术溢出效应，带动产业创新能力提升；②运用大数据技术和平台，可以完整分析产业链的各个环节的技术能力，明确技术引进的方向和重点，从而有助于构建产业链、资金链和创新链的协同机制，提高产业整体的创新能力。③运用大数据技术和平台，可以准确把握各个产业与世界先进水平的对应程度，明确产业的跟跑、并跑和领跑战略和策略举措。

2.1　相关概念与理论基础

通过对相关概念的界定与辨析、相关理论的回顾、外商直接投资与东道国自主创新能力关系不同研究结果的比较，我们能够更好理解大数据、FDI和产业创新绩效之间的互动机理。

2.1.1　创新与自主创新能力

1912年，熊彼特在其著作《经济发展理论》中首次提出“创新”概念。他认为，“创新”即各种生产要素重新组合的集合，是经济发展的内在动力。索罗（S. C. Solo）在其文章《资本化过程中的创新：对熊彼特理论的评论》中指出，创新思想的来源以及日后各个阶段的实现是创新成立的基础。1974年，英国学者Chris Freeman继承并丰富了熊彼特的创新概念，他认为创新不仅仅包括技术方面的提升，也包括企业管理、组织形式等方面的改进，还包括企业组织管理和技术之间相互依存的关系的改变。Thornhill（2006）认为，从一个新的理念的诞生，到将理念付诸生产，最终将产品投入市场，这一系列过程都属于创新。中国学者对于创新概念也有自身独特的理解，著名学者傅家骥和施培公（1994）认为，技术创新是以获取利润为驱动，通过对现有生产资源的重新整合，进而生产新产品、开拓新市场、提供新服务等一系列的过程。王春法（2007）认为，创新是一个过程，在创新这个复杂过程中，具有价值的新产品和新服务的创新是基于科学技术与市场技术的有机结合的产物。

“自主创新”这一概念在国外研究中很少提及，Farrell（2003）在其关于网络集成一文中提到自主创新，他认为自主创新是指不依赖外界力量进行创新的一种途径。而在中国关于自主创新的研究较为丰富，陈劲（1994）认为，自主创新的本质是自主技术创新，是一个组织通过自身努力研发出具有自主知识产权的技术的过程。谢燮正（1995）扩展了自主创新的内涵，基于创新和创造的区别指出，创新是一种经济行为，创造是一种科技行为。成功的创新是一个过程，这个过程主要包括：发明创造、新产品的生产以及市场的拓展开发。因此，自主创新与技术创新存在区别，不可一概而论。孙爱英等（2006）认为，传统意义上的自主创新是指组织通过建立研发部门，通过自身努力获得技术上的突破的行为。吴晓波等（2009）认为，自主创新可以分成三种类型：二次创新、集成创新以及原始性创新。胡萍（2009）认为，自主创新是指通过自身的核心能力实现技术突破或者解决技术难题，并且完成整个创新活动的技术创新形式。

自主创新能力。对于创新能力，国内外有很多学者对其进行了界定，侧重点有所不同，归纳起来大致可以分为四类：①着眼于客户和市场。Banbury和Mitchell（1995）认为，创新能力是企业满足客户各种各样需求的能力，是企业未来能够生存发展的基础。Elson（2000）认为，企业自主创新能力就是企业为了满足市场的需求进行新产品的研发，从而引起一系列创新的能力总和。黄鲁成等（2005）认为，技术创新能力就是指将新产品和新工艺的理念转化为现实，并获得市场成功的能力。夏志勇和袁建华（2007）认为，企业自主创新能力即企业通过积极整合内外部资源进行创新活动从而提高企业市场竞争力的能力总和。朱孔来（2008）认为，自主创新能力就是指创新主体运用自身资源进行科研开发，最终形成新技术、新产品等的能力。②着眼于创新能力的构成。Adler和Shenbar（1990）认为，一个组织的技术创新能力主要包括运用自身技术进行产品创新的能力、满足市场新产品需求的能力、满足市场未来需求的能力以及运用自身技术应对市场环境变化的能力。Batron（1992）提出，企业的技术创新能力主要由四部分组成：出色的创新人才、先进的技术、科学的管理方式以及良好的企业价值观。魏江和寒午（1998）认为，广义上的技术创新能力包括：企业的制度创新能力、组织创新能力、管理创新能力以及技术研发能力等。Andergassen 和 Nardini（2005）认为，自主创新能力由多种能力共同作用形成，这些能力包括：技术储备能力、产品研发能力、组织能力等。袁健红和王晶晶（2010）指出，自主创新能力主要包含 3 个方面：创新资源的投入、创新资源的配置以及成果的产出。③着眼于资源的整合。刘凤朝等（2005）认为，企业自主创新能力是指企业通过有效整合自身拥有的内外部资源实现关键技术的突破，最终提高企业在价值分配过程中影响力的能力。贾平（2006）认为，企业自主创新能力就是企业利用自身力量创造性整合生产要素取得创新成果的能力。许庆瑞（2000）认为，技术创新能力并不是一种独立存在的能力，它需要与组织的其他能力相互配合。Burgelman 和 Christensen（2004）认为，技术创新能力就是能够促进企业进行创新活动的能力总和。④着眼于创新过程。林向义等（2009）认为，企业自主创新能力是指企业在创新过程中所表现出来的各种能力的汇总。各种创新资源的有效利用、新技术平台的构建、创新核心技术的提升、自主知识产权的获取，是提高企业自主创新能力的重要途径。马建新（2006）认为，企业自主创新能力是一个漫长的，通过日积月累逐渐形成的能力。徐大可和陈劲（2006）认为，自主创新能力是创新主体通过自身努力积极开展创新活动，最终获得创新成果的能力。郝生宾（2011）指出，企业自主创新能力，即企业在创新服务和产品过程中表现出来的能力总和，存在复杂性、动态性、开放性等特征。

总而言之，创新能力是创新主体以满足市场需求、提高自身核心竞争能力为目的，通过对自身所拥有的各种创新资源进行有效整合，努力突破新技术，最终开发出拥有自主知识产权的新产品或者在新服务过程中所展现出来的各种能力的集合，具有复杂性、系统性、动态性等特征。

2.1.2 技术创新类型与绩效

根据熊彼特的观点，创新就是生产要素与生产条件的“重新组合”，是引入生产系统的一套新的生产函数，可以分为五种情况：①赋予原有产品新的特性或者引进某种新的产品；②变革生产方式，具体表现为采用新的生产组织结构或者采用新的生产方式；③开拓新兴市场；④获取新的供应商来源；⑤采用一种新形式的工业组织结构。熊彼特根据生产要素的不同，将创新分为五种类型：工艺创新、产品创新、市场创新、原料创新以及管理制度创新。后经 Mansfield、Freeman 等学者的深入探讨，形成了广为接受的概念，即创新是新技术的首次商业化过程。中国学者傅家骥（1998）将技术创新分为广义与狭义两种类型，广义的技术创新是指将新技术从研发创新到技术投入商业化的整个过程；狭义的技术创新是指企业对自身生产要素进行整合，结合企业自身发展条件，进行更加高效的生产经营活动的过程。

1. 技术创新的类型

根据技术创新的源泉不同，可以分为三大类型，分别是从外部企业技术溢出获取的模仿型创新或从外部技术引进获取的引进型创新，与不同企业进行技术合作交流获取的合作型创新，以及企业通过自主研发活动获取的自主型创新。

模仿型创新或引进型创新。OFDI 活动构成外部企业与内部企业联系的桥梁，投资发达国家或地区的企业，可能会接触到先进生产要素，有机会研究其他企业产品，观察生产流程，模拟或复制其他企业的生产技术或相关管理经验，通过与自身具体情况融合、再创新，形成企业模仿基础上的技术创新成果。由于模仿创新成本较低，方便经济实力较弱的企业实行。但模仿创新也有缺点，由于是间接获取外部创新要素的方式取得创新成果，前提是企业自身有较强的吸收能力与创新能力。投资发达国家或地区的企业，也可以采用引进型方式吸纳先进技术，从而提升企业自身的技术创新台阶，提高自身生产工艺和管理能力。引进型创新比模仿型创新更为直接，企业可以直接获取先进技术，但一般技术提供者只会将现阶段相对滞后的技术转移，对接受技术的企业来说可以在前期花费较小的成本，并且由于自身技术水平的限制，不会因为技术差距过大而难以转化。并且，引进型技术的主动权掌握在技术接受方手中，企业可以自主选择合适的方向进行引进，所以引进型创新相对于自主型创新而言面临的风险相对较小。在 OFDI 中体现为提高自身技术创新水平而进行对外直接投资，且投资会流向技术科研水平较为发达的国家或地区。

合作型创新。主要通过产业技术联盟与高校产学研合作实现，其中技术联盟大多以跨境技术联盟形式为主要类型，为抵抗垄断等市场风险与外部竞争压力，企业之间通过合作创新的方式互补研发创新资源、共担研发创新风险、共享研发创新成果，快速实现信息流通，降低研发成本，提高创新效率。跨境技术联盟成员一般有较强的经济实力、发达的技术研发水平与足够的市场影响能力，可以采用产学研结合的方式进行合作创新，通过与科技研发机构或高等院校合作，将研究成果推向市场，创造经济效益，而科研机构与高校则可以获得项目经费支持，保证有足够的经费投入下一阶段的持续研究。

自主型创新。自主型创新主要是企业通过内部自主科技研发活动取得自主知识产权的行为过程，这种类型的创新有助于企业在行业中保持领先地位。自主型创新研发企业需要有强大的知识储备与技术研发水平，对研发人员有较高的要求，需要有持续的较大经济投入。

2. 技术创新因素

从技术创新作用主体考虑，技术创新水平同时受国内外创新因素的影响；从投入产出角度考虑，技术创新效率与成果取决于创新投入，包括研发成本、科研人员与外部创新要素的投入。

常规影响技术创新绩效的内部要素，主要是研发人力资源与科技研发资金的投入，许多研究发现技术创新产出与研发资金投入有正相关的关系，发现研发投入越大的国家，其生产率提高得越快，国内创新成果也越多。同时，研发人员的数量与质量均对创新产出有显著的正向影响（古利平等，2006），原因在于研发投入所带来的科研设施的更新，高素质研发人员带来的吸收能力的提高。此外，可雇佣性对员工创新行为有显著的正向影响；相比于长期雇佣，可雇佣性对短期雇佣员工创新行为的正向影响更加显著（魏巍和彭纪生，2017）。

技术创新的外部因素，主要在于不同经济体之间各种形式的交流、联系带来的技术创新水平提高，具体有四种形式：FDI、OFDI、技术引进、贸易活动。FDI 对本方技术创新的影响是由于境外创新资源的引入与商业模式的转变，部分学者认为 FDI 是境外企业落后生产能力的转出，也有学者认为 FDI 可以为本方带来新技术与新管理模式；OFDI 能够突破贸易壁垒与地理限制，接触到境外先进的创新要素与研发成果，使先进技术与高素质研发人才反流本地，提高本方的技术创新能力；技术引进可以直接获取境外先进技术，进行引进的企业具有主动性，可以自主选择技术来源，从而方便进一步模仿创新或二次创新，但技术引进投入较高，而且需要企业拥有一定的消化吸收能力；贸易活动会加大竞争压力，改变市场格局，给投资母方带来模仿创新的动机，同时会驱动产业结构的调整优化。

3. 技术创新绩效

随着研究的深入，中国学者从对西方技术创新理论与研究方法的探讨介绍，逐步拓展到通过统计数据实证检验中国企业 OFDI 活动的技术创新绩效，并在此基础上形成中国的创新理论，如对中国企业创新的激励因素、阻碍要素、创新所处阶段等的研究（傅家骥和雷家骕，1996）；以及对中国创新活动中存在的问题与对策的分析，对创新模式与创新路径的分析等（陈劲，2002）。高建等（2004）将技术创新绩效分为过程绩效与产出绩效，分别代表企业技术创新的过程与产出结果市场化的程度，二者的区别在于过程绩效主要看重企业创新活动的过程，通过创新活动的中间变量来衡量；产出绩效更加注重结果，看重创新结果对企业总体效益的贡献。

2.1.3　外国直接投资

从东道国的角度看，FDI 即为外国直接投资；从投资国的角度看，FDI 即为对外直接投资。不同学者和机构对于 FDI 都有过定义，但是至今为止，FDI 在世界上没有一个公认统一的定义。

Hymer（1976）认为，FDI 是生产国际化的产物，是投资国生产资源的转移。这些资源包括资本、管理技能、先进技术等。而 Caves（1971）认为，FDI 不仅仅是有形资本的国际转移，还有管理经验、产品要求、营销理念等一系列无形资本的流动。日本著名学者小岛清（1987）则认为，外国直接投资实质上是对接受资本国家的资本、经营能力、技术知识的传播，该定义强调了 FDI 对于东道国发展的作用。中国学者杨大楷（2003）从投资角度定义了外国直接投资这一概念，他认为 FDI 是投资者掌握公司控制权和收益权，但公司收益状况取决于实际经营情况的一种浮动性较强的投资方式。

《中国统计年鉴（2017 年）》指出：FDI 是指外国企业和经济组织或个人（包括华侨、港澳台胞以及我国在境外注册的企业）按中国有关政策、法规，用现汇、实物、技术等在中国境内开办外商独资企业，或与中国境内的企业或经济组织共同举办中外合资经营企业、合作经营企业，或合作开发资源的投资（包括外商投资收益的再投资）行为，以及经政府有关部门批准的项目投资总额内，企业从境外借入资金的投资行为。

综上所述，FDI 是外来投资者对于本方的投资行为，投资者以在本方获得收益（包括短期收益和长期收益）为目的，并且在这个投资过程中，外资会不自觉地影响东道国本土企业的发展。

2.1.4　FDI 技术溢出效应

“技术”一词最早由学者 Diderot 于 1756 年提出，他从共组性、目的性、规则性、共同协作性和知识体系 5 个方面阐述了技术的概念，认为技术是“为了达到某种目的而共同协作组成的各种工具和规则的体系”。世界知识产权组织（World Intellectual Property Organization，WIPO）认为，技术是在制造产品时，所需要的系统知识、所采用的某种工艺，或者是某种服务。联合国工业发展组织（United Nations Industrial Development Organization，UNIDO）认为，技术是一个复杂的系统，它用于商品的生产、销售以及服务的提供，促进经济发展和满足社会需要。Helleiner（1975）通过专利的角度来定义技术，他认为除了法律认可的专利以外，不能专利化的特殊技术也属于技术的范畴；此外，技术还包括熟练劳动以及商品中包含的技术。Rosenberg 和 Frischtak（1985）、马庆国等（2005）认为技术可分为“硬技术”和“软技术”，前者主要体现在有形的产品和设备上，后者主要体现在无形的组织管理、决策以及沟通上。

技术溢出又称技术外溢，一般发生在行业内或行业间拥有先进技术企业的溢出。这种溢出是企业非自愿、无法控制的，并且又不能转变为内部化收益的效益。马歇尔于 1890 年在其著作《经济学原理》中提出溢出（spillover）等同于外部性，第一次解释了溢出的概念。马歇尔的学生庇古在研究福利经济学的时候，认为外部经济和外部不经济可以当作溢出的积极效应和消极效应。Wang 和 Blomstrom（1992）认为，溢出是跨国公司在东道国建立的子公司与当地企业之间博弈竞争而产生的一种内生现象。王恕立等（2002）认为，技术溢出就是指企业有意无意将其拥有的先进技术转让或者传播给其他企业的现象，技术溢出可以分成四种模式：国际和国内技术溢出以及行业间和行业内技术溢出。郑登攀和党兴华（2008）认为，技术溢出是企业拥有的技术对其他企业的辐射或转移，并且技术溢出可以分为内生溢出和外生溢出，前者是企业愿意的能够控制的溢出，后者是企业无法控制的溢出。

最早研究 FDI 溢出效应的学者是 MacDougall（1960），他在研究外商直接投资结果时，首次意识到其存在的对东道国福利水平的影响。Caves（1974）证实了 FDI 能够产生技术扩散，促进东道国生产效率提高。Globeman（1979）通过研究发现加拿大制造业中存在 FDI 技术溢出效应。随后，Borensztein 等（1998）和 Kokko（1996）等一些学者也得出类似的结论。Kokko（1996）分析了 FDI 技术溢出效应产生的原因，主要包括企业之间的竞争、示范、传播和模仿。此外，他将 FDI 技术溢出定义为“外资企业不能获取全部收益的情况”。当然，也有一些学者并不认为存在 FDI 溢出效应，如 Djankov 和 Hoekman（1999）、Haddad 和 Harrison（1999）认为，溢出效应是一个难以观察的“黑箱”过程，但是外资企业和本土企业之间的关联性是其产生的基础。Dunning（1993）认为，FDI 技术溢出效应就是指本土企业与跨国公司接触获得的好处。Lan（1995）认为，FDI 技术溢出效应是跨国公司在东道国技术的流出或者扩散。Blomstrom 和 Kokko（1998）认为 FDI 技术溢出效应是一种经济外部效应，即 FDI 能够促进当地技术进步，但是跨国公司并不能得到其中的全部收益。中国学者李平和李宏（1995）从产业角度解释了技术溢出效应产生的过程，他认为跨国公司在东道国生产运营时，会同上下游企业产生前后向联系，而跨国公司拥有的技术优势促进了东道国企业的技术提升。何洁（2000）认为，FDI 的溢出效应是跨国企业无意识地影响东道国的经济增长、技术进步的过程，是一种间接作用。

综上所述，FDI 技术溢出效应产生的主要原因是跨国公司和本土企业在各个方面存在的差距，FDI 技术溢出效应可以认为是跨国公司对于本土企业技术提升的“榜样”作用。此外，FDI 技术溢出效应涉及广泛，不仅包括先进技术方面的硬溢出，还包括公司制度、管理理念、企业研发体系等方面的软溢出。

2.1.5　技术溢出效应的争议

改革开放以来，FDI 大规模进入中国市场，一方面为中国社会经济发展带来充足的金融资本；另一方面带来了比中国企业更为先进的技术和管理方法，对中国经济的快速发展产生了重要的推动作用。但是 FDI 能否有效提高自主创新能力，始终是学术界讨论的焦点。关于 FDI 与自主创新能力的关系，国内外都有丰富的研究，但都没有一个统一的结论。国内外的相关研究可以分成三大派系，即“促进说”“抑制说”以及“不确定说”。①**“促进说”。**“促进说”的学者认为，FDI 对于自主创新能力的提高有积极影响，具有促进作用。②**“抑制说”。**“抑制说”的学者认为，FDI 并没有对自主创新能力产生积极的促进作用，反而从某种程度上，阻碍了自主创新能力的发展。③**“不确定说”。**还有一部分学者支持“不确定说”。他们认为，FDI 并不能显著影响自主创新能力的发展，不能促进技术进步。

国内外学者关于 FDI 的影响研究从很多方面展开，有从国家角度展开，有从不同经济区域展开，有从行业角度展开，采取了众多的研究方法、研究思路，构建了许多模型并开展基于指标体系的评价，这对我们的研究有重要参考价值。在前人研究的基础上，我们希望从两方面展开深入研究，主要是：①研究不同行业中 FDI 与自主创新能力的相互关系，以及进行差异性分析；②研究同一个行业在不同时间阶段，FDI 与自主创新能力的相互关系，以及进行差异性分析。通过深入剖析差异性形成的原因，以期明晰未来中国企业利用大数据技术和平台更好地选择 FDI，并利用 FDI 更好地提升自主创新能力的路径。

2.2　FDI 在中国的发展现状分析

改革开放以来，中国引进 FDI 经历了从无到有、从少到多、从单一到多元的发展。如今，中国已经形成了多层次、宽领域、全方位为特征的开放格局。外商直接投资的进入给中国带来了先进的技术、大量的资金以及丰富的人力资本，同时还创造了大量的就业机会，促进了中国产业转型和产业升级，扩大了中国进出口贸易规模。

中国经济发展的历程，从某种程度上，也是中国外资政策的发展历程。随着中国对外引资政策的不断完善，中国的外资引进量不断增加。2013 年，中国 FDI 流入量创历史新高，达到约 1024 亿美元，仅次于美国，之后始终保持着全球第二的外资引进规模。根据中国利用FDI的政策、效果等，我们可以把FDI的发展分为：起步、发展、提升、优化和调整5个阶段。

2.2.1 FDI在中国的发展阶段分析

1. FDI起步阶段

1979～1986年，是FDI在中国发展的起步阶段。党的十一届三中全会的召开，标志着中国改革开放政策的实施，为外资进入中国提供了良好的政治环境。在这个阶段，一方面，中国政府出台了政策法规《中华人民共和国中外合资经营企业法》，用以规范和充分利用外商直接投资；另一方面，设立深圳、珠海、汕头以及厦门4个经济特区，以作为全面吸引外商投资的试点城市。在中国改革开放初期，由于对外引进政策存在诸多不适应和待改进的地方，加上大多数外资企业对于中国经济前景保持着观望的态度，使得在这一阶段的外资引进量较为有限。

2. FDI发展阶段

1987～1995年，是FDI在中国的发展阶段。在这个阶段，FDI逐步在中国大面积发展，可以分成持续发展阶段（1987～1991年）和快速发展阶段（1992～1995年）。在持续发展阶段，中国政府出台了许多法律法规，其中主要包括《中华人民共和国外商投资法》《关于鼓励台商投资的条例》等，完善了中国外商投资相关的法律框架和体系。此外，进一步开放中国沿海城市，开放了辽东半岛、山东半岛以及其他一些沿海城市。正是中国政府的一系列做法，使得外商直接投资有了长足的发展，不仅外商直接投资的数量有所增加，而且外商直接投资的产业结构也明显改善。1992～1995年为外商直接投资快速发展阶段。邓小平南方谈话、党的十四大扩大开放任务和目标的提出，大幅度改善了中国的投资环境，使得中国基本形成了全方位、多层次、宽领域的对外开放格局。对外投资的政策改善以及进一步对外开放，极大地推动了外商直接投资的发展。在这一阶段中，外商独资企业迅速发展，一些来自发达国家和地区的跨国公司进入中国市场，外商开始投资与高新技术、基础设施和服务领域相关的行业，而且中西部地区也开始有外商投资进入。

3. FDI稳定提升阶段

1996～2001年是FDI发展的稳定提升阶段。在这个阶段中，在党的十五大"利用外资政策"的指导下，中国政府取消外商对华投资的企业货物进口的税收优惠，与此同时，修订了相关法律法规，制定了相关投资优惠政策鼓励外商投资中西部地区。在此期间，德国、美国、日本以及韩国的著名跨国公司增加了对中国的投资，对外直接投资规模和投资质量有所提高，其中高科技、基础设施等相关行业的投资额升幅明显。

4. FDI优化升级阶段

2002～2010年是中国外商直接投资的优化升级阶段。在这个阶段，中国加入世界贸易组织，极大地强化了与世界经济的联系，也因此跨国企业的地区总部以及研发中心开始在中国投资建立。同时，FDI 在中国布局的不合理导致中国“以市场换技术”的效果并不明显，国内开始呼吁进行 FDI 的调整升级。在此基础上，国家地税和国税合并的政策以及《反垄断法》的出台，提高了对外商投资的规模、技术优势和管理方式的要求，使得对外直接投资的质量进一步提高。

5. FDI 结构调整阶段

2010 年至今，是 FDI 在中国结构调整阶段。进入 21 世纪，FDI 在中国的产业结构产生了巨大的变化，经历从制造业为主向服务业为主的转变。在这个阶段，主要分布于中国东部沿海地区的制造业面临产能过剩、需求低迷以及成本提高等问题，导致了 FDI 的加速调整。2010 年，服务业的外商直接投资金额首次与制造业外商投资金额不相上下，从此中国 FDI 主要分布于制造业的时代结束。2014 年中国服务行业的实际使用外商金额达到 662.4 亿美元，占中国实际使用外资金额总量比例达 55.4%，中国制造业实际使用外资金额约为 399.4 亿美元，占实际使用外资金额总量的比例为 33.4%，中国农、林、牧、渔等行业实际使用外资金额仅为 15.2 亿美元，占实际使用外资金额总量的比例仅为 1.3%，此后，中国服务行业始终保持着占实际使用外资金额总量比例第一的位置。

2.2.2 FDI 在中国的产业分布特征

随着经济的不断发展，中国 FDI 的产业结构也不断发生变化。FDI 在中国的产业特征主要可以分成两个阶段：第一个阶段主要是 2010 年以前，第二产业的 FDI 资本存量占绝对优势；第二个阶段主要是 2010 年至今，第三产业的 FDI 资本存量占绝对优势。

如表 2-1 所示，在中国分行业的外商直接投资中，制造业和房地产业所占比重最大，前者占实际使用外资金额总量高达 38.7%，后者则占到 24.49%。其次是批发和零售业以及租赁和商务服务业，所占比例分别为 9.8%和 8.81%。可以看出，FDI 主要分布在第二产业和第三产业。

表 2-1 按行业分中国外商直接投资情况

行业	合同项目/个	实际使用外资金额/万美元	比例/%
总计	22773	11758620	
农、林、牧、渔业	757	180003	1.53
采矿业	47	36495	0.31
制造业	6504	4555498	38.7
电力、燃气及水的生产和供应业	200	242910	2.07
建筑业	180	121983	1.04
交通运输、仓储和邮政业	401	421738	3.59
信息传输、计算机服务和软件业	796	288056	2.45
批发和零售业	7349	1151099	9.8

续表

行业	合同项目/个	实际使用外资金额/万美元	比例/%
住宿和餐饮业	436	77181	0.66
金融业	509	233046	1.98
房地产业	530	2879807	24.49
租赁和商务服务业	3359	1036158	8.81
科学研究、技术服务和地质勘查业	1241	275026	2.34
水利、环境和公共设施管理业	107	103586	0.88
居民服务和其他产业	166	65693	0.56
教育	22	1822	—
卫生、社会保障和社会福利业	18	6435	—
文化、体育和娱乐业	151	82079	0.70
公共管理和社会组织		5	—

数据来源：《中国统计年鉴（2014 年）》

（1）第一产业引进外资较少，所占比例变化不大。导致这种现象主要有两方面原因：一方面是在初期中国外资主要来源是港澳台地区，投资的企业主要从事工业制造业，投资农业的较少。另一方面是中国实行家庭联产承包责任制，使得中国农业生产科技水平低，很难产生规模效应，与境外相比并没有明显优势。总的来说，中国农业投资具有回收期长、风险较高、利润率不高的特点，对外商没有吸引力。

（2）第二产业外资所占比例逐年下降，但是依旧有着重要的地位。早在 20 世纪 90 年代，中国工业行业的 FDI 存量占总量高达 60%，而其他发展中国家平均占 45%左右。这主要是因为当时中国引进外资主要是以服装、电子等劳动力密集型行业为主。现在，这些行业的 FDI 仍然占据重要地位，但 2000 年以来，随着中国经济的快速发展，劳动力成本逐年上涨，劳动力密集型的外资开始大规模向其他劳动力廉价地区转移，导致了中国第二产业 FDI 比例快速下降。而与此同时，中国服务业的外资引进开始逐年增长，第二产业的实际外商直接投资金额在 2010 年左右被服务业超越。

（3）中国第三产业外资引进增长迅速。2014 年，中国服务行业的实际使用外商金额达到 662.4 亿美元，所占比例高达 55.4%。由图 2-1 可以看出，在 2002～2014 年，中国服务业的外资使用量增长迅速，由 121 亿美元增加到 662.4 亿美元，服务业吸收外资主要来自金融、保险、外贸信息行业以及房地产等行业。服务业外资快速增长有以下两点原因：其一，服务业与农业不同，主要面对消费者，投资回收期较短，比较容易获得稳定的客户，进而获取一定的市场份额；其二，中国房地产行业发展潜力巨大，且利润率高、进入门槛低。显然，合理引进外资进入中国服务业，能够提高中国服务业的科技含量，促进服务业的高质量发展。

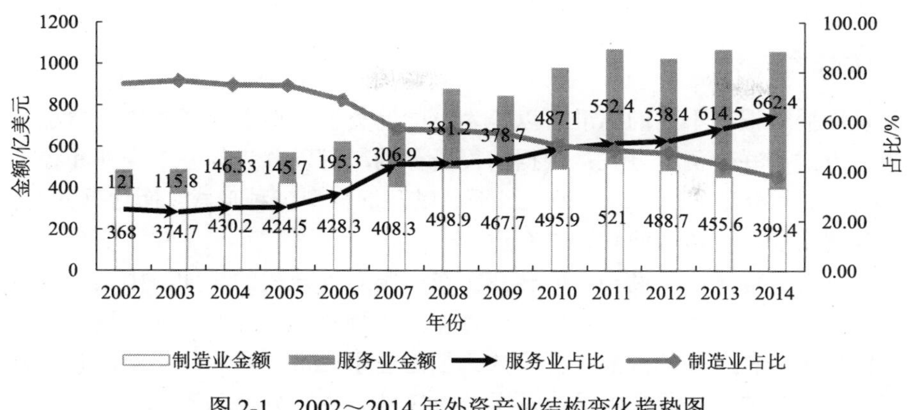

图 2-1　2002～2014 年外资产业结构变化趋势图

数据来源：中国商务部

总体来看，近几年外商在中国投资的领域已经从劳动力密集型向技术密集型和资金密集型转变。相比劳动力密集型行业，技术密集型行业和资金密集型行业的技术溢出效应更加明显。外企在中国建立研发机构日趋增多，中国企业能够接触国际先进技术的机会也随之增加。如何充分利用外资带来的技术溢出效应以提高自身自主创新能力是中国企业目前迫切需要解决的问题。

2.2.3　FDI 的主要来源方及投资方式

FDI 来源方分析，即对 FDI 在中国资金分布结构进行分析，是清晰认识 FDI 现状分析的重要方式。随着时代的发展，中国 FDI 来源分布状况虽然在不断发生变化，尽管不同经济体的经济结构、金融体制、技术水平存在差异，但是采用 FDI 方式投资中国，都会在一定程度上通过技术溢出效应促进内资企业的技术进步，推动其提升自主创新能力。

1. 外资主要来源区域

从中国 FDI 的来源看，中国引进外资已经呈现出多元化的趋势。在 21 世纪前，中国的 FDI 主要来自亚洲地区，主要包括我国台湾、香港等地区。因为这些地区不仅在地理上接近，而且与中国大陆有着相似的文化背景和语言优势，经济市场也存在着一定的相通之处。20 世纪末，欧美等国家资金开始逐渐进入中国，投资区域主要集中在中国长三角的东部沿海地区。在进入 21 世纪后，而随着中国加入世界贸易组织并进一步开放市场，越来越多发达国家的资本大量涌入中国，例如日本、美国、欧洲等国家和地区的跨国公司纷纷投资中国。此外，一些新崛起的发达国家也持续增加了对中国的投资，例如韩国、新加坡等。

在 20 世纪 90 年代初期，中国外资来自港澳台的数量占中国外商投资总额的比例超过 80%。2013 年，在中国外商直接投资中，来自中国香港地区的外商投资占 66.6%，达到 783.02 亿美元；来自中国台湾地区的占 4.5%，达到 52.46 亿美元；来自日本的占 6%，达到 73.27 亿美元；来自美国的占 2.9%，达到 33.53 亿美元；而来自其他国家和地区的占 20%。

2. 外资投资方式

外商直接投资根据不同的标准可以分为不同的类型。根据其资本构成情况，可以分为单一资本方式和联合资本方式；根据其投资行为，可以分为创办新企业和控制外国企业股权；根据国际分工，则有垂直型、水平型以及混合型三种形式；而根据其合作方式，可以分为独资企业、合资企业和合作企业。

（1）中外合资逐渐向外商独资的转变。在中国对外开放的早期，中国政府主要鼓励以中外合资方式引进外资，因此，中外合资作为一种双方"互赢"的投资方式，在初期的较长时间内是一种主要的外商投资方式。但随着中国市场环境的不断改善、投资管制政策的完善，外商独资企业开始迅速发展。1997 年，中国外商独资项目数首次超过了中外合资项目数，占总项目数比例达到 45.72%。中国"入世"后，外商独资企业出现了快速持续增长的趋势。2004 年，中国外商独资企业增加了 13.97%，用于独资企业的实际外商投资额占总数高达 66.3%。2007 年数据显示，接近一半的外商在中国独资新建生产工厂和独立的研发机构。如图 2-2 所示，2001～2010 年，中国外商独资程度不断加强。在 2001 年，中国外商独资化水平（独资化水平通过独资类型外商投资占总直接投资比例来衡量）达到 52.1%，而到 2010 年，中国外商独资化水平已经上升到 77.1%。FDI 的投资方式由早期中外合资为主转向外商独资为主的过程表明：在中国对外开放早期，外商对中国市场的不熟悉和中国投资环境约束等因素导致其投资大多数是试探性投资，因此主要采取中外合资的投资方式。随着中国投资环境的改变，以及对中国市场的熟悉并看到中国经济发展的巨大潜力，外商开始逐渐采取独资的投资方式。外商独资一方面能在企业中拥有绝对的话语权，从而能够更好地管理企业，稳健提高效率和利润水平；另一方面能加强自身先进技术的知识产权保护，有效防止不正常的技术溢出发生。从外商投资日益重视并加强独资方式的实际运行情况分析可知，外商投资方式选择向独资化转变的过程，主要是基于两个原因，一是为了加强知识产权保护，二是为了持续长久地获得更高的收益。

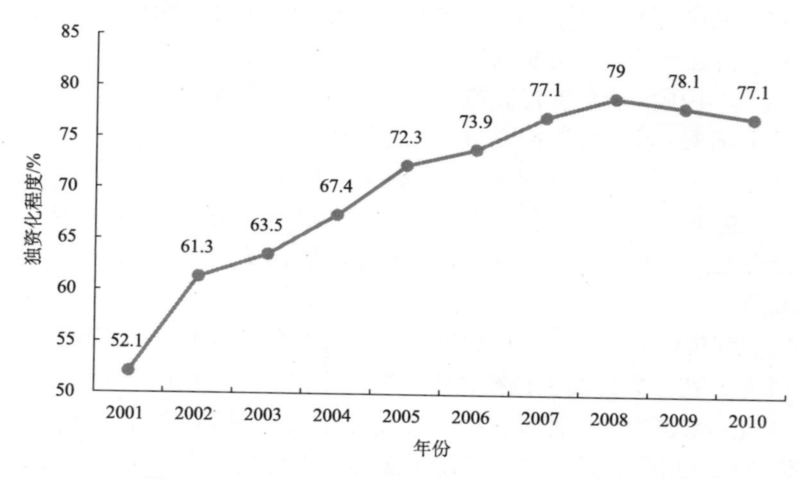

图 2-2　2001～2010 年十年中国外商独资化变化图

数据来源：历年《中国商务年鉴》和《对外贸易合作统计年鉴》

（2）并购投资的快速增长。一般而言，新设外资企业是外商在中国投资所采用的主要方式，并购是外商投资中国的重要的投资扩张方式。并购是指外商通过采取股权或者资产并购等投资方式对本方进行投资，主要包括跨国兼并和跨国收购两种方式。近年来，随着社会经济的不断发展，外商投资的主要形式“绿地投资”（也就是在境内新建工厂这种投资方式）在国际投资中所占比例逐渐减少，而跨国并购的比例逐渐增大。从外商直接投资进入中国的情况来看，在中国“入世”前，中国引进的外商直接投资主要用于厂房的建立，并购这种方式的投资很少。随着 2003 年中国政府出台《外国投资者并购境内企业暂行规定》，以及对外开放领域的扩大，并购投资开始在中国发展起来。近年来，跨国公司并购中国企业的案例层出不穷，外资并购的迅速发展也是中国外商直接投资发展的新特点。对于中国企业而言，内资企业通过获得来自外资的资源共享，不仅能够提高在市场上的竞争力，而且能够减轻各个方面的压力。对于跨国公司而言，并购能够减少外资在中国投资建厂、招聘员工等一系列的生产运营成本。此外，跨国并购并不一定是以强并弱，也可以是强强联合。在 2015 年 1～5 月，外资通过并购方式总共在中国成立企业 527 家，相比上年同期增长 20.9%；外资金额达到 129.2 亿美元，相比上年同期增长 186.5%；其中实际使用外资金额达到 97.9 亿美元，相比上年同期增长 333.8%，并且占中国实际使用外资金额的 18.2%，是上年同期 4.6%的 4 倍左右，可见外资并购在中国增长的速度之快。在中国的经济发展、市场竞争以及投资环境的相互作用背景下，外资并购逐渐成为外商直接投资的重要方式之一。

2.3　FDI 技术溢出效应的行业差异性分析

FDI 对于行业自主创新能力的影响主要体现在三个方面：创新投入的增加，创新效率的提高，创新环境的改善。在对各行业中的外商实收资本和行业自主创新能力进行皮尔逊相关分析的基础上，我们从每类行业中各选一个行业进一步分析 FDI 对该行业自主创新能力的影响，进而通过数据收集、构建模型并运用 EVIEWS 软件进行线性回归分析，得出结论。

2.3.1　FDI 对于行业自主创新能力的影响

1. 人力资本质量的提升

自主创新能力是提高企业实际竞争力和促进企业全面发展的根本动力，而人力资本是创新的源泉。外商直接投资对于行业人力资源的影响主要有两个方面：首先，人力资本量的增加和人力资本质的提高。跨国公司技术溢出的主要载体就是人力资本的流动，跨国公司一般会对聘用的本地员工进行相关技术培训，而这些高素质人员的流动在提高本地人力资本的素质的同时，也为内资企业带来了 FDI 知识和技术溢出的收益。其次，跨国公司带来的科研人员也能够增加本地的人力资本。由于内资企业技术能力不足难以满足跨国公司的产品或服务质量要求，跨国公司会派遣科研人员对与之相关连的上下游企业进行技术支持。此外，跨国公司在本地建立的企业有着良好的研发环境以及不错的薪金水平，这在一定程度上抑制了境内科研人员的流出，从而有利于本地人力资本积累。

2. 创新效率的提高

跨国公司进入当地带来的不仅是大量资金和人力资本，还带来了先进的企业管理理念和制度，无形中给出了优秀企业的样板示范，有助于拓宽当地企业的眼界。当地同行及相关行业的优秀企业家会仿照学习跨国公司的先进做法，更新发展理念、创新管理制度和提升资源配置能力，更加注重提高企业创新效率，主动提升企业自主创新能力。

3. 创新环境的改善

东道国的相关法律制度，特别是与知识产权保护相关的法律制度，是 FDI 是否进入该东道国市场的重要决定因素。知识产权保护力度的提高，对中国外商直接投资有着明显的促进作用。因此，中国为了引进外资以提高本地自主创新能力，一直在加快相关制度、法律的建设和完善，特别是加强知识产权法的完善以及执行力度。另外，外资在进入中国市场后，会加剧市场竞争，从而提高行业的自主知识产权保护意识。知识产权法的完善，有利于中国知识产权保护水平的提高，不但可以为企业提高自主创新能力提供一个良好的法律环境，使得企业不用担心自己的科研成果被他人剽窃而放心进行新技术的研发，而且可以吸引更多的 FDI 进入中国市场。

2.3.2　行业分类以及变量选取

为了研究行业间存在的差异性，我们将中国 35 个细分工业行业划分为四大类行业进行实证分析。

1. 行业分类

我们将 35 个工业行业划分为资源型行业、一般制造业、原材料行业和高新技术行业四类行业，如表 2-2 所示。

表 2-2　行业分类表

资源型行业	一般制造业	原材料行业	高新技术行业
煤炭开采和洗选业	农副食品加工业	化学原料及化学制品制造业	专用设备制造业
石油和天然气开采业	食品制造业	化学纤维制造业	交通运输设备制造业
黑色金属矿采选业	饮料制造业	橡胶制品业	电气机械器材制造业
有色金属矿采选业	纺织业	塑料制品业	通信设备、计算机及其他电子设备制造业
非金属矿采选业	纺织服装、鞋、帽制造业	非金属矿物制品业	仪器仪表及文化、办公用机械制造业
燃气生产和供应业	皮革、毛皮、羽毛（绒）及其制品业	黑色金属冶炼及压延加工业	医药制造业
水的生产和供应业	木材加工及草制品业	有色金属冶炼及压延加工业	
	家具制造业	金属制品业	
	造纸及纸制品业	石油加工、炼焦及核燃料加工业	
	印刷业和记录媒介的复制		

资源型行业是以自然资源开发为主的行业，主要包括煤炭、石油、金属以及水等自然资源的开发。中国是资源消耗大国，也是资源开采大国。但是由于技术不足，中国资源开采利用率低下。积极引进外资提高技术水平，能够有效提高生产效率。近些年，中国逐步开放资源型行业市场，特别是有色金属矿采选业市场。市场的进一步开放，使大量外资迅速进入，对于有色金属矿采选业既是机遇也是挑战。

一般制造业是生产与衣食住行等和生活相关的行业，主要包括食品制造业、饮料制造业、纺织业等行业。这类行业发展迅速，是中国经济发展的基础，且有大量产品出口。外商投资中国市场，起初就是从一般制造业进入的，因而外商投资对于一般制造业的影响和冲击较大，其中，饮料制造业受到外资冲击影响最为显著，并且一直处于被动状态。

原材料行业是对资源型产业产品进行加工并生产各种原材料产品的行业。由于中国原材料行业存在着巨大的市场前景和利润空间，国内对原材料产品有着巨大的现实和潜在需求，所以几乎所有与原材料行业相关的跨国公司都将中国作为投资的重点区域。大量的FDI进入中国原材料行业，既促进了原材料行业的技术研发和产品创新，又因为上游行业市场开放，对处于下游的行业产生重要影响。FDI存在垂直溢出效应，直接冲击着原材料行业内资企业的发展与生存空间。

高新技术行业是指生产高新技术产品为主的行业，包括计算机、医疗设备、交通设备等行业。原始性创新较多出现在这类行业，而且高新技术行业的关键技术突破通常会对其他行业产生巨大的影响。一般而言，高新技术行业的技术研发与其他行业相比，投资回收期较长，研发资金和科研人员投入力度大，研发风险大，但一旦成功则会获得巨大的收益，具有高投资、高风险和高收益的特征。高新技术行业是中国重点发展的战略性新兴产业，也是外商直接投资的重点产业，在巨大的市场需求和激烈的市场竞争中，外商投资企业获得了较好收益，国内企业也成长并增强了市场适应和发展能力，如通信设备、计算机及其他电子设备制造业，内资企业在与外资的激烈竞争中，通过不断学习，逐步提升自身创新能力，涌现出一批出色的企业，例如华为、中兴等，尤其是华为公司的5G技术研发和产品水平已经处于全球领先地位。

我们选取有色金属矿采选业、饮料制造业、有色金属冶炼及压延加工业以及通信设备、计算机及其他电子设备制造业，系统分析FDI对行业自主创新能力影响的差异性，并通过构建模型且运用EVIEWS软件进行线性回归分析，探究FDI影响行业自主创新的差异性原因，旨在更准确地认识FDI溢出效应机理，优化外资引进政策，提高外商直接投资的利用率，促进行业自主创新能力的提高。

2. 变量选取

研究采用的是时间序列数据，样本期为2002～2010年。我们以大中型企业作为研究对象，2011年和2012年统计年鉴改变了对大中型企业的相关统计数据口径，导致2011年以后的数据时序偏短（目前只能收集到2018年的数据），因此采用2002～2010年期间的数据进行分析。

通过前面的分析，我们知道行业自主创新能力的影响因素主要有3个方面：创新投入、创新效率以及创新环境。在构建影响行业自主创新能力的指标时，我们也主要从这

3 个方面展开。创新投入通过 FDI、科研人员数量以及 R&D 经费来衡量。创新效率主要通过资源配置能力来衡量，而创新环境主要由知识产权保护水平来衡量，变量及衡量指标如表 2-3 所示。

表 2-3　变量结构示意图

	一级指标	二级指标	衡量
被解释变量	行业自主创新能力	专利数	行业发明专利数
解释变量	创新投入	FDI	行业外商投资实收资本
		科研人员数量	R&D 人员全时当量
		R&D 经费	行业 R&D 费用
	创新效率	资源配置能力	创新投入的协同作用
调节变量	创新环境	知识产权保护水平	Ginarte-Park 方法量化

数据来源：《中国科技统计年鉴》和《中国工业统计年鉴》

被解释变量：行业自主创新能力。我们选取行业发明专利数作为行业自主创新能力的指标，探讨 FDI 对于行业自主创新能力的差异性。首先涉及的一个问题就是怎样衡量行业自主创新能力，国际上常用的评价科技产出效率的指标有：专利、科技论文、技术贸易、高科技产品或技术密集型产品等。而在中国，学术界一般采用专利申请量和专利授权数来度量自主创新产出。其中，专利申请量使用更多，因为大多数学者认为专利授权数容易受到其他因素影响，缺乏客观性。所以我们选取行业专利申请量中的发明专利数作为行业自主创新能力的度量指标，发明专利相比外观设计和实用新型更加能够体现行业的自主创新能力。

解释变量：行业外商投资实收资本。由于中国尚没有详细的分行业 FDI 数据，我们采用《中国工业统计年鉴》的分行业外商投资实收资本度量行业 FDI，并且以 2002 年作为研究基期。为了消除价格变化对于数据分析的影响，对于各个行业的历年外商投资实收资本用 CPI 进行可比性修正。客观原因导致 2004 年分行业外商投资实收资本的数据缺失，本书采取均值法进行数据补充。因为行业自主创新能力提高的过程不是一蹴而就的，所以在进行数量分析时采取滞后一期的方式处理。

行业自主创新投入变量主要有两个方面，一是研发人员的投入，主要用各个行业 R&D 人员全时当量来衡量。二是研发资金的投入，主要采用各个行业 R&D 费用来衡量。

调节变量：知识产权保护水平（IPP）。我们采用国际上较为流行的经过修正的 Ginarte-Park 方法，具体公式如下：

$$P^{A}(t)=F(t)\times P^{G}(t) \tag{2-1}$$

式中，$P^{G}(t)$ 表示采用 Ginarte-Park 方法计算出的 t 时刻知识产权保护水平；$F(t)$ 则表示一个国家 t 时刻的执法力度；$P^{A}(t)$ 则是修正后的知识产权水平，修正后的中国 2002～2011 年知识保护水平如表 2-4 所示。

表 2-4　中国 2002～2011 年知识产权保护的执法力度及修正的保护水平

年份	执法力度	修正后 IPP	年份	执法力度	修正后 IPP
2002	0.51	2.14	2007	0.67	2.80
2003	0.53	2.23	2008	0.70	2.95
2004	0.55	2.33	2009	0.71	2.98
2005	0.58	2.43	2010	0.72	3.00
2006	0.61	2.58	2011	0.72	3.03

2.3.3　FDI 技术溢出效应的行业差异性

我们采用皮尔逊相关分析逐一分析 35 个工业行业，并通过比较分析结果，揭示四大行业之间存在的差异，进而结合行业发展实际分析其差异性产生的原因。

1. 皮尔逊相关分析

皮尔逊相关分析主要用于分析两个变量之间的密切程度，我们运用统计软件 SPSS 研究 FDI 与行业自主创新能力之间的相关关系，即行业外商投资实收资本与行业发明专利数的相关关系。其中在分析时，行业外商投资实收资本滞后一期。表 2-5（个别行业由于数据残缺，将其剔除）是各个行业的皮尔逊相关系数汇总。

表 2-5　各个行业发明专利数与外商投资实收资本皮尔逊相关系数

行业	细分行业	系数
资源型行业	煤炭开采和洗选业	0.962*
	石油和天然气开采业	–0.752*
	黑色金属矿采选业	0.525
	有色金属矿采选业	0.725*
	非金属矿采选业	0.589
一般制造业	农副食品加工业	0.806**
	食品制造业	0.88*
	饮料制造业	0.693*
	纺织业	0.735*
	纺织服装、鞋、帽制造业	0.522
	皮革、毛皮、羽毛（绒）及其制品业	0.6
	木材加工及木、竹、藤、棕、草制品业	0.719*
	家具制造业	0.531
	造纸及纸制品业	0.874*
	通用设备制造业	0.722*
	工艺品及其他制造业	0.674*
	石油加工、炼焦及核燃料加工业	0.597

续表

行业	细分行业	系数
原材料行业	化学原料及化学制品制造业	0.698*
	化学纤维制造业	0.732*
	橡胶制品业	0.486
	塑料制品业	0.674*
	非金属矿物制品业	0.891*
	黑色金属冶炼及压延加工业	0.713*
	有色金属冶炼及压延加工业	0.897**
高新技术行业	专用设备制造业	0.86*
	交通运输设备制造业	0.862**
	电气机械及器材制造业	0.724*
	通信设备、计算机及其他电子设备制造业	0.892**
	仪器仪表及文化、办公用机械制造业	0.672
	医药制造业	0.859**

**代表在 1%水平（双侧）上显著相关，*代表在 5%水平（双侧）上显著相关

从表 2-5 可以看出，高科技各个行业（除了仪器仪表及文化、办公用机械制造业）相关系数为正且都比较大，而且都是显著相关。据此可知，在高新技术行业中，FDI 与该类行业自主创新能力两者之间关系密切，且是正相关。一般自主创新模式由低到高可以分成三个模式，第一个模式是在消化引进的外来先进技术基础上进行二次创新，如中国海尔公司在其发展初期引进国际先进生产技术后，进行了消化吸收再创新，形成了适合公司发展的生产技术体系，赢得了巨大的发展空间，迅速发展成为全球著名企业；第二个模式是集成创新，强调的是企业整合各种技术的能力。通过对各种技术成果的整合，形成具有市场价值的产品和服务，如中国高铁公司取得巨大成功的关键就在于突出的集成整合基础的创新能力；第三个模式是原始性创新，指的是运用基础科学研究获得的科学原理实现技术发明与技术创造，这种创新模式难度最大且投资风险大。原始性创新一般出现在高新技术行业，当然高风险投资带来的是高回报。一般而言，高新技术行业的技术研发与其他行业相比，投资回收期较长，研发资金和科研人员投入力度大，研发风险大，投资者大都不愿意投资；再加上中国国内创业市场体系不完善，导致企业融资困难，所以高新技术行业在国内不容易获得大量的研发资金，这正是中国企业的核心技术突破较少，许多关键核心技术受制于人的根本性原因。

跨国公司的直接投资，除了会带来比中国高新技术行业更先进的技术，也会带来大量的资本。这使得高新技术行业更倾向与跨国公司合作，所以高新技术行业发明专利数与外商投资实收资本数之间呈现出高度正相关。同时，两者之间显著正相关说明了中国高新技术行业自主创新能力高度依赖 FDI，另外也说明 FDI 在高科技行业的技术溢出效应更为明显，因此可以采取投资国外高新技术行业的做法来促进国内该行业技术进步。

与高新技术行业类似，除了橡胶制品业，其他原材料行业的相关系数为正且显著。在中国工业生产链当中，原材料行业处于举足轻重的地位，衔接资源型行业和一般制造

业，原材料行业从资源型行业得到矿产等原料，又为一般制造业提供了产品生产的原材料和动力。由于中国原材料行业存在着巨大的市场前景和利润空间，国内对原材料产品特别是化学原料和化学产品有着巨大的需求，外商纷纷投资中国原材料市场，几乎所有与原材料行业相关的跨国公司都将中国作为投资的重点区域，其中包括埃克森美孚、壳牌、BP 等大型跨国公司，中国化工行业吸引外商直接投资额多年来位居全球前列。大量的 FDI 进入中国原材料行业，明显促进了原材料行业技术研发，提升了整个行业的创新能力和水平。

与高新技术行业以及原材料行业不同，一般制造业和资源型行业中各个细分行业相关系数不大一致，存在不少不显著相关的行业。例如黑色金属矿采选业和皮革、毛皮、羽毛（绒）及其制品业。这些行业显著不相关的原因主要有三点：①行业发展已经处于成熟期或者由于特殊性，已有技术很难有所突破。②一些行业技术与国际差距太大，FDI 的技术外溢效应难以实现。③有些行业，跨国公司特别重视保护知识产权和技术秘密，严格控制技术转让并阻隔技术外溢通道。

2. 行业差异性形成原因剖析

我们在高新技术行业中选取通信设备、计算机及其他电子设备制造业作为分析样板，该行业创新发展迅速，但溢出效应不明显；在一般制造业中选取饮料制造业，饮料制造业内外竞争激烈、行业变化迅速且直接溢出效应较为明显；在原材料行业以及资源型行业中分别选有色金属冶炼及压延加工业和有色金属矿采选业，因为这两个行业上下游企业产业链长，创新影响广泛，溢出的直接和间接效应均较为显著。

1）模型界定

行业的自主创新能力实质上可以看成行业的创新产出能力，而有产出就有投入。因此模型使用广为熟悉的柯布-道格拉斯生产函数，即有以下模型：

$$\text{Patent}_{it} = \theta_{it} \times \text{RDS}_{it}^{\alpha_1} \times \text{RDP}_{it}^{\alpha_2} \tag{2-2}$$

由前面分析知道，行业自主创新产出效率很大程度上受到 FDI 影响。所以，可以得出 $\theta_{it} = \beta_1 \times \text{FDI}_{it}^{\alpha_3}$。将该公式代入式（2-2），两边取对数则可以得到下面计量模型：

$$\ln \text{Patent}_{it} = \alpha_0 + \alpha_1 \ln \text{RDS}_{it} + \alpha_2 \ln \text{RDP}_{it} + \alpha_3 \ln \text{FDI}_{it} + \mu_{it} \tag{2-3}$$

考虑行业科研人员对于 FDI 溢出效应影响和行业内部研发资金的交互作用，在模型（2-3）中引入乘积交互项，即得到以下模型：

$$\begin{aligned} \ln \text{Patent}_{it} = {} & \alpha_0 + \alpha_1 \ln \text{RDS}_{it} + \alpha_2 \ln \text{RDP}_{it} + \alpha_3 \ln \text{FDI}_{it} + \alpha_4 \ln \text{FDI}_{it} \\ & \times \ln \text{RDP}_{it} + \alpha_5 \ln \text{RDP}_{it} \times \ln \text{RDS}_{it} + \mu_{it} \end{aligned} \tag{2-4}$$

式中，i 表示行业；t 表示时间；RDS_{it} 表示在 t 年，i 行业的研发资金的投入；RDP_{it} 表示在 t 年，i 行业研发人员的投入；Patent_{it} 表示行业自主产出能力；FDI_{it} 表示外商投资规模；μ_{it} 为随机扰动项。

2）计量结果及分析

计量结果如表 2-6 所示。

表 2-6　各个行业线性回归分析结果

项目	通信设备、计算机及其他电子设备制造业	有色金属冶炼及压延加工业	饮料制造业	有色金属矿采选业
Constant	-59.722^{**}	-190.620^{**}	-68.337^{***}	14.236^{***}
	(−5.785)	(−6.725)	(−6.683)	(8.244)
$\ln \text{FDI}_{it}$	0.983^{*}	15.242^{**}	4.810^{***}	0.191
	(4.071)	(7.151)	(6.385)	(1.932)
$\ln \text{RDS}_{it}$	4.267^{*}	−2.429	−2.879	22.617
	(5.134)	(−0.127)	(−0.539)	(0.996)
$\ln \text{RDP}_{it}$	3.004^{*}	16.558^{**}	1.484^{**}	-3.184^{***}
	(1.155)	(6.296)	(4.795)	(−8.536)
$\ln \text{FDI}_{it} \times \ln \text{RDP}_{it}$	−39.065	-1.085^{**}	11.007	−8.524
	(−2.812)	(−6.576)	(0.613)	(−2.358)
$\ln \text{RDP}_{it} \times \ln \text{RDS}_{it}$	-0.264^{**}	-0.240^{**}	-0.104^{**}	0.142^{**}
	(−4.528)	(−5.631)	(−5.333)	(5.205)
调整后的 R^2	0.9 以上	0.9 以上	0.9 以上	0.9 以上

注：因变量是相应行业的发明专利数，括号内数值是各个变量回归系数的 t 统计量；*表示 0.1 的显著水平，**表示 0.05 的显著水平，***表示 0.01 的显著性水平

如表 2-6 所示，可以看出线性回归中各个变量系数的显著程度。在不同行业中，FDI 对其行业自主创新能力的影响是有差异的。FDI 影响行业自主创新的差异性主要表现在 3 个方面：第一，FDI 系数显著度不同，总体来说，FDI 对于 4 个行业的自主创新能力的影响都是积极的，但是在有色金属矿采选业中的显著性明显不如其他 3 个行业；第二，在其他 3 个影响显著的行业中，FDI 对于通信设备、计算机及其他电子设备制造业的自主创新能力影响是最弱的，其次是饮料制造业，影响程度最大的是有色金属冶炼及压延加工业。第三，在同一个行业中，FDI 与其他变量对于行业自主创新的影响程度也是有差异的，在通信设备、计算机及其他电子设备制造业中，FDI 不如科研人员以及 R&D 经费等因素的影响大；在有色金属冶炼及压延加工业中，FDI 的影响程度仅次于科研人员，而在饮料制造业中，FDI 对于行业自主创新能力的影响程度最高。

3）加入中间变量 IPP 的计量结果以及分析

加入变量 IPP 后（在模型中，知识保护水平同样滞后于 FDI 一期），模型（2-4）变成以下模型：

$$\begin{aligned}\ln \text{Patent}_{it} = \alpha_0 + \alpha_1 \ln \text{RDS}_{it} + \alpha_2 \ln \text{RDP}_{it} + \alpha_3 \ln \text{FDI}_{it} + \alpha_4 \ln \text{FDI}_{it} \\ \times \ln \text{RDP}_{it} + \alpha_5 \ln \text{RDP}_{it} \times \ln \text{RDS}_{it} + \ln \text{IPP} + \mu_{it}\end{aligned} \qquad (2\text{-}5)$$

模型（2-5）在模型（2-4）的基础上加入变量 ln IPP 后变量回归系数变化如表 2-7 所示。

在模型（2-5）中加入中间变量 IPP 后，变化最明显的就是变量 $\ln \text{FDI}_{it}$，其他变量受到影响并不突出，所以我们主要分析变量 $\ln \text{FDI}_{it}$。根据表 2-7 可以得出以下结论：其一，所有行业 $\ln \text{FDI}_{it}$ 对自主创新能力提高的贡献率均有增加，这说明了知识产权保护水

平的提高能够加强 FDI 对于行业自主创新能力的促进效应；其二，中间变量 IPP 的回归系数在所有行业模型中基本为负（有色金属冶炼及压延加工业除外）说明中国知识产权保护水平还不够高，尚且不能有效促进行业自主创新能力快速提升；其三，需提高知识产权保护水平，以更好地吸引高质量外商直接投资，从而促进行业自主创新能力的提高。

表 2-7　各个行业线性回归分析系数变化表

项目	通信设备、计算机及其他电子设备制造业	有色金属冶炼及压延加工业	饮料制造业	有色金属矿采选业
$\ln \mathrm{FDI}_{it}$	0.983*	15.242**	4.810***	0.191
	（4.071）	（7.151）	（6.385）	（1.932）
$\ln \mathrm{FDI}_{it}$（模型（4））	3.422*	16.315**	5.512**	0.239
	（4.071）	（6.221）	（4.447）	（2.253）
$\ln \mathrm{IPP}$	–0.305	4.131	–1.366	–2.424
	（–0.953）	（1.102）	（–0.578）	（–1.491）
调整后的 R^2	0.9 以上	0.9 以上	0.9 以上	0.9 以上

注：因变量是相应行业的发明专利数，括号内数值是各个变量回归系数的 t 统计量；*表示 0.1 的显著水平，**表示 0.05 的显著水平，***表示 0.01 的显著性水平

2.4　典型行业 FDI 技术溢出效应时序差异性分析

我们选择两个行业作为分析比较的对象：通信设备、计算机及其他电子设备制造业和有色金属冶炼及压延加工业。希望通过实证分析，找出模型中各个变量的系数以及显著性程度存在的差异，并且分析差异产生的原因，从而能更加深刻理解外商直接投资的影响机理，最终提出促进行业自主创新能力的政策。

实证模型仍然采用由柯布-道格拉斯生产函数推算而来的数学模型，如下所示：

$$\begin{aligned}\ln \mathrm{Patent}_{it} &= \alpha_0 + \alpha_1 \ln \mathrm{RDS}_{it} + \alpha_2 \ln \mathrm{RDP}_{it} + \alpha_3 \ln \mathrm{FDI}_{it} + \alpha_4 \ln \mathrm{FDI}_{it} \\ &\quad \times \ln \mathrm{RDP}_{it} + \alpha_5 \ln \mathrm{RDP}_{it} \times \ln \mathrm{RDS}_{it} + \mu_{it}\end{aligned} \tag{2-6}$$

因此，分析变量仍然是 4 个，即被解释变量是行业自主创新能力，解释变量是行业外商直接投资、行业研发资金投入、科技人员，以及外商直接投资分别与研发资金投入和科技人员的协同效应。

2.4.1　通信设备、计算机及其他电子设备制造业

1. 通信设备、计算机及其他电子设备制造业现状分析

中国通信设备、计算机及其他电子设备制造业的发展历程，大致可以分为三个阶段：技术引进阶段、技术吸收阶段以及技术研发阶段。

技术引进阶段，中国政府为了让该行业满足经济发展的要求，引导和鼓励中国相关企业由主要生产军工产品向生产军工产品和民用产品转变。与此同时，积极引进国际的

先进技术，鼓励中外合资企业建立，大大促进了中国通信设备、计算机及其他电子设备制造业的发展。

技术吸收阶段，该行业通过学习、借鉴和吸收国际先进技术，技术水平开始迅速提升。在这一阶段中，行业的生产重心从简单的电子产品制造加工为主逐步向软硬件开发以及信息服务业转型发展。中国通信设备、计算机及其他电子设备制造业开始逐步向现代通信设备、计算机及其他电子设备制造业迈进。

技术研发阶段，中国通信设备、计算机及其他电子设备制造业不断融入世界通信设备、计算机及其他电子设备制造业分工体系，在产品研发方面也积极向世界一流水平攀登。中国政府大力鼓励自主研发创新，提升产品质量，提高产品国际市场竞争力等。因此，中国通信设备、计算机及其他电子设备制造业涌现出一批紧跟国际发展浪潮、具有自主研发能力的优秀企业，例如华为、中兴、海尔等。

2. 相关实证分析

数据平稳性检验。为了保证时间序列数据的平稳性，我们采用单位根检验的方法进行检验。检验结果表明，中国通信设备、计算机及其他电子设备制造业在两个发展阶段自主创新能力受到 FDI 的影响存在差异性。主要有以下几点：

（1）FDI 的影响差异性。根据实证分析结果，在两个阶段中外商直接投资系数都为正且显著，这说明外商直接投资始终促进了行业自主创新能力的提高。但是，在两个阶段对创新能力的影响程度存在差异。在第一个阶段，外商直接投资对创新能力的影响程度在其他所有变量中最大；而在第二阶段，影响程度不及 R&D 经费和研究人员，这也说明外商促进中国通信设备、计算机及其他电子设备制造业自主创新能力提高的作用在减弱，这也从侧面说明该行业创新能力的提升对于外直接投资的依赖性降低。“引进—吸收—再创新”是在引进外资后我们所希望看到的结果，而作为高新技术行业的通信设备、计算机及其他电子设备制造业已经完成技术吸收阶段的任务，开始逐步走向增强自主研发能力为主的发展阶段。

（2）科研经费和科研人员的差异性。科研经费和科研人员的系数为正，但是在第一阶段并不显著。高新技术行业的创新能力提升往往比其他行业更加困难，需要大量的人才和资金的投入。同时，创新能力对于行业内企业的生存发展格外重要，一项新技术的成功，往往能够获得巨大的竞争优势。从结果分析可以看出，在第一阶段中，创新投入并不能有效地促进创新能力的提升，主要原因可能是投入资源的不足。而在第二阶段中，企业为了在市场中获得一席之地，加大了投资力度；再加上国家政府的大力支持，创新投入逐渐能够显著促进创新能力的提升。此外，不管在第一阶段，还是在第二阶段，行业的人力资本区别于外商直接投资和研发投入的交互项，都不能有效促进行业创新能力的提高，甚至阻碍其发展。说明行业人员配置方面存在问题，导致行业创新效率低下。因此，调节行业人力资本配置势在必行。

2.4.2　有色金属冶炼及压延加工业

1. 有色金属冶炼及压延加工业现状分析

有色金属作为一种不可再生资源，被广泛应用于机械、汽车、电子等重要生产部门，在中国工业制造业和国防建设中有着举足轻重的作用。

随着中国社会经济的迅速发展，对有色金属的需求也日趋增加。而中国有色金属资源的消耗过快，资源利用率不高的问题依旧存在。因此，提高中国有色金属冶炼及压延加工业自主创新能力对中国工业行业的发展有着重要作用。随着行业开放程度的不断提高，中国有色金属冶炼及压延加工业进入大量的外商资本，这使得中国有色金属冶炼及压延加工业能够接触到国际先进技术。目前，中国有色金属冶炼及压延加工业的发展已经从技术学习为主阶段向自主创新转型发展，从研究单项技术向集成创新转变，进入推进相关技术更新换代和全面提高自身创新能力的发展阶段。

2. 相关实证分析

通过对有色金属冶炼及压延加工业实证结果的分析可以看出，中国有色金属冶炼及压延加工业在两个发展阶段自主创新能力受到 FDI 的影响存在差异性。主要有以下几点：

（1）FDI 影响的差异性。根据实证分析结果，在第一个阶段，外商直接投资系数为负且显著，这说明外商直接投资在这一阶段阻碍了行业的自主创新能力。FDI 产生技术溢出是需要一定条件的，特别是对东道国内资企业与跨国公司技术差距有一定的要求。一方面，在中国有色金属冶炼及压延加工业发展初期，技术能力薄弱，与拥有整套成熟技术的外资企业相比，技术差距过大，导致了外商直接投资难以产生技术溢出效应。另一方面，早期外资技术的引进导致了内资企业产生严重的技术依赖，缺乏自主研发能力的积累动力。而在第二阶段，外商直接投资的系数显著为正。随着中国政府大力支持鼓励自主技术的研发创新，以及中国民营企业的迅速崛起，中国有色金属冶炼及压延加工行业的技术得到较为迅速的提高。这使内资企业与跨国公司的技术差距不断缩小，进而使得外资的技术溢出效应显著。此外，内资企业技术吸收能力的提高也促进了技术溢出效应的实现。

（2）科研经费的差异性。从实证结果中可以看出，在模型中科研经费都是显著为正。不管在行业发展的第一阶段还是在第二阶段，科研经费都是促进行业自主创新能力的驱动力。模型也凸显出科研经费投资对于技术创新的重要作用。但是相比第一阶段，第二阶段的科研经费贡献率有所下降。如今，行业的自主创新能力的提高，尤其是技术创新经济效益的实现，均离不开大量科研经费的投入。

（3）科研人员的差异性。科研人员对于有色金属冶炼及压延加工业自主创新能力影响的差异性和外商投资类似。在第一阶段，科研人员的系数在模型中为负，但不显著。而在第二阶段，科研人员的系数则为正，同样不显著。两个阶段的系数都不显著，说明了有色金属冶炼及压延加工业中的科研人员资源不足以满足有效促进行业自主创新能力提高的需求。而系数由负转为正，也说明了科研人员的质量正在逐渐提高。在行业发展初期，科研人员的缺乏，一定程度上阻碍了自主创新能力的提高。而随着有色金属冶炼及压延加工业的不断发展和行业技术创新环境的改善，吸引了更多科研人员的加入，同时高校扩招也为有色金属冶炼及压延加工业培养了众多的年轻技术人员，已经显著提升了为有色金属冶炼及压延加工业的自主创新能力。

2.4.3 离散制造和流程制造行业分析结果比较

从实证分析结果可以看出，在不同行业不同阶段 FDI 对于行业自主创新能力的影响程度存在差异。在通信设备、计算机及其他电子设备制造业中：FDI 在第一阶段中，对行业自主创新能力的促进作用最为明显；而在第二阶段中，则有所下降，与科研人员、科研费用的影响程度差别不大。在有色金属冶炼及压延加工业中：FDI 在第一阶段中，并不能促进行业自主创新能力的提高，反而起到阻碍作用；而在第二阶段中，FDI 能够显著促进行业自主创新能力的提高。产生这种差异性的主要原因有两点：行业对外开放时间以及行业特质。在中国，高新技术行业开放时间比原材料行业要早，对外开放更为深入。因此，外资能够更早促进行业自主创新能力的发展。而从行业特质方面看，相对于原材料行业，高新技术行业对自主创新能力提高的需求更为迫切，研发能力的提高更能使其获得竞争优势。因此，高新技术行业引进的外资通常拥有较高的技术含量，产生技术溢出效应更为明显。此外，高新技术行业拥有更好的发展前景，能够吸引大量优秀的科技人员，从而增强了行业内资企业的技术吸收能力，提高了外资利用效率。从引进消化外资技术到自主研发创新技术，实际上是行业自主创新能力的提高从外资驱动向科研费用以及科研人员驱动转变的过程。显然，高新技术行业已经处于以自主创新研究为主的发展阶段，而原材料行业还处于外资技术驱动阶段，需要大力提升技术创新能力。

2.5 运用大数据提升 FDI 质量的路径

运用大数据技术可以更好地融合结构化数据和非结构数据，可以更为清晰准确地分析外资的质量和潜力，从而为不同行业差异化引进外资提供更为扎实的技术支持；可以更为清晰准确地看清各个行业内资企业与外资企业在创新能力上的差异及其成因，更好地引导自主创新并提高创新效率；可以更为清晰准确地认清我们的政策环境和产业协同发展环境，更好地完善促进发展政策和深度协同创新，提高创新效率和效益。

2.5.1 实施不同行业差异化引进外资政策

运用大数据分析，不同行业应采取不同的外资引进政策。从实证结果可以看出：FDI 促进高新技术行业自主创新能力发展有限，并不像其他行业那么重要。以计算机为首的高新技术行业为例，随着这些年中国计算机行业的迅速发展，诞生了一批世界知名的计算机公司，如联想，说明在计算机技术行业，中国已经拥有了世界一流的自主创新能力，能够独自开展大规模的自主研发，FDI 技术溢出对于这类行业自主创新能力发展并没有多大的促进作用。所以，进一步引进外资，对于高新技术而言，并不是有力提高行业自主创新能力的手段，而是应当走出去，开展对外投资。通过对外投资，可以与发达国家和地区的企业合作，建立海外研究所，吸引当地科研人员进入，提高企业研发能力。也可以通过加强海外并购的方式，获取国外企业所拥有的高新技术，从而提高自身技术水平和研发能力。此外，可以增加行业品牌的建设。品牌的建设通常需要以自主研发能力为核心，同时也要切实保障产品售后服务的质量，与客户建立良好关系，培养客户对该品牌产品的忠诚度，提高品牌在市场上的影响力。此外，为了促进原材料行业以及一般制造行业自主创新能力的提高，我们还应该进一步开放市场，吸引更多的 FDI 进入，发挥技术溢出效应的正向作用。

通过大数据分析资源型行业 FDI 运用特征发现，内资企业技术吸收能力可以提高 FDI 利用效率。内资企业所拥有的技术吸收能力，是影响 FDI 技术溢出效应的重要因素。缩小与外资企业之间存在的技术差距，能够有效地利用外资技术溢出。所以，提高 FDI 利用效率首先要做到的就是提升内资企业技术溢出的吸收能力。对企业而言，提高自己技术吸收能力必须有资源的投入，主要包括加大科研经费和科研人员的投入。同时，也需要制定合理的资源管理机制，提高自身的资源利用效率。对政府而言，应当积极鼓励内资企业提高自身技术吸收能力，以自主研发为企业最终发展目的，这样企业才有提高技术吸收的动力。科研机构的构建应该以企业为中心，同时可以将高校的科研人员引进其中，形成企业为主的产学研合作创新机制，加强工业产业的创新支撑力度，从而持续提高内资技术吸收能力和自主创新能力。内资企业应该加强与外资企业的产业关联，产业关联的前向关联和后相关联是外商直接投资技术溢出效应的重要渠道之一。通过加强两者关联，积极参与外资企业的生产分工，进而通过“在干中学”接触到外企先进的生产技术，提高自身技术创新能力。政府应该鼓励内资企业积极与外资企业合作，参与外资企业的各种重大科技计划。此外，还应当引导增强合资企业中内资的话语权，即加强内资企业的主导地位，这样才能使得内资企业拥有更多机会接触先进的技术，更好地运用外商直接投资的技术溢出效应，最终促进行业自主创新能力提高。

2.5.2　增加行业科研投入提高行业创新效率

大数据分析发现，在不同行业中，科研费用对自主创新能力的影响存在差异。对于显著影响的行业，应该继续加大科研费用投资力度；而对于影响不显著的行业，在加大科研费用投资力度的同时，应该更加注重科研费用的利用效率。

通过大数据分析知道，中国行业研发资金主要来源于 4 个方面，分别是企业内部资金、信贷资金、政府投资以及风险投资。国内研发投资体系的不完善导致了行业信贷投资缺乏，因此改善国内研发投资体系是当务之急。首先，政府应当进一步健全企业与银行及其他融资机构的担保体系，完善研发投资体制。其次，政府应当鼓励企业与融资机构的深度合作，鼓励银行投资企业科研项目，或实施税收优惠。此外，还可以推进银行与高新技术企业加大沟通力度，让银行能够在了解高新技术的同时看到自主创新成功后的巨大利益，从而激励银行投资于高新技术行业，增加中国高新技术行业的研发资金总额。从我们的实证分析结果确实看到，除了高新技术行业以外，其他三个行业 R&D 费用的促进并不显著，行业 R&D 费用利用效率存在问题。因此，不仅要增加 R&D 费用投入，更要重视提高其使用效率。

运用大数据技术，可以引导和激励行业创新能力集聚。行业创新能力集聚能够降低优秀企业良好创新机制的传播成本，从而快速提高行业的创新效率，更好地利用 R&D 经费。行业自主创新能力集聚主要有两种途径：一种是行业创新能力在空间形式上的集聚，也就是积极引导产业集群的出现；另一种则是以企业组织形式的集聚，即引导行业自主组建创新联盟。一方面，外资企业群居现象（clustering life）在一定程度上刺激了产业集群的出现，积极引进外资有利于出现产业集群。政府在实施相关政策鼓励引进外资的同时，也要注重完善市场机制，以提高对外资的吸引力。另一方面，政府应该积极引导和鼓励产业技术创新联盟的构建，政府应该利用其公信力担当指导者和推进者，推进行业自主创新联盟的建设，提高联盟运行效率，最终提高行业自主创新能力。

运用大数据平台，可以合理配置和激励行业专业科研人员。科研人员的工作积极性同样对 R&D 经费利用效率有重要影响。此外，产业技术创新联盟获得 FDI 效应的程度，取决于行业特点和科研人员的激励。从我们的实证分析结果可以看出，目前的激励政策对于科研人员在不同行业的自主创新能力影响程度不同，在原材料行业中科研人员的促进作用最为明显，其次是高新技术行业和一般制造业，而在资源型行业则效果不明显。因此，不同行业应当根据其自主创新能力水平和 FDI 进入程度，有针对性地合理配置科研人员，并根据科研人员的不同需求采取不同的激励举措。企业应该完善科研人员激励机制，优化企业工作环境和生活环境，进一步提高相关人员的工作积极性。企业也应当加大与高校科研机构的合作，积极引进海外高素质人才，更加合理地配置科研人员，增强获得 FDI 溢出效应的能力，不断提升自主创新能力。

2.5.3　应用大数据平台改善行业创新环境

在实证分析模型中加入中间变量知识产权保护水平时发现，其并不能显著促进行业自主创新能力的提高。因此，中国行业创新环境有待改善。创新环境的改善主要从两方面展开：

运用大数据平台提升知识产权保护水平。运用大数据技术，可以深入分析各行业知识产权保护水平，针对性地提出提高知识产权保护水平的方式和方法，从而能够吸引更多 FDI 进入中国市场，提高中国行业自主研发的积极性，更有效地获得 FDI 的技术溢出效应。中国的知识产权保护水平还不够高，导致其难以有效促进行业自主创新能力的提高，因此提高中国知识产权保护水平势在必行。提高中国知识产权保护水平，应当运用大数据技术和平台，在系统分析的基础上加大 3 个方面的工作力度：一是完善相关法律制度，有效规范市场，阻止不法分子剽窃他人创新成果；二是不断加强执法力度，切实加强监管执法；三是培养更多知识产权保护人才，特别是通晓国际知识产权法律和处置惯例的人才，从而提高全社会知识产权保护意识，促进中国知识产权保护整体水平的提高。

运用大数据技术，可以构造公平市场环境，增加创新活力。中国工业产业发展无论在研发资金方面，还是在行业规范发展方面，都得到了政府政策的指导和支持，尤其是民营企业得到了更多的关注和支持。但是这些支持和引导民营企业的政策，在一定程度上也导致了中国市场资源配置的不合理。中国的民营企业在技术创新方面有诸多突破，但是它们与国企相比，所拥有的资源极少。因此，为使中国行业自主创新能力不断提高，政府需要构建一个公平的市场环境，进一步加强对民营企业发展的支持，提高其市场竞争力。当行业的竞争加剧时，这不仅会促进企业资源配置合理化，强化技术研发意识，提高自主创新能力，而且能够吸引拥有先进技术的外资企业，增加技术溢出效应，从而有利于本土企业的工艺技术能力和自主创新能力的提升。

2.6　结论与展望

本章介绍了 FDI 的总体发展历程，分析了 FDI 的产业分布特征，并从创新投入的增加、创新效率的提高以及创新环境的改善等方面探讨了 FDI 对行业自主创新能力的影响。接着，将 35 个工业行业分为四大类进行了实证分析，探讨了不同行业中存在的差异性，分析差异性产生的原因。本章还研究了同一行业在不同时间段的外商直接投资对于行业创新能力影响的差异性，发现在不同时间段各个解释变量的贡献度和显著度存在差异。

本章的主要研究结论：①外商直接投资对行业自主创新能力的影响，主要表现在 3 个方面：创新投入的增加；创新效率的提高；创新环境的改善。②不同行业的自主创新能力受到外商直接投资的影响存在差异性；同一个行业在不同发展阶段的创新能力受到外商投资的影响存在差异性。③利用 FDI 提升行业自主创新能力，需要针对不同行业和行业的不同发展阶段采取合适的激励与约束举措。

后续研究展望：①本书在研究外商直接投资促进行业自主创新能力提高的影响因素方面，考虑外商直接投资、东道国知识产权保护水平、人力资本、科研资金及其交互作用，还有一些因素没有考虑，例如：东道国市场结构、东道国的制度因素、东道国基础设施状况。这些都有待以后进一步研究。②在时间序列数据的选取过程中，由于部分行业发展起步较晚，相关数据难以获取，而研究 FDI 对行业自主创新能力差异性必须保证数据的一致性，时间序列数据样本数有限。未来随着我国相关数据统计逐渐完善，变量的测量也会更加可靠，相关研究也可以更好地开展。③本书的差异性分析主要从不同行业以及不同发展阶段展开，未来还可以从其他角度展开进一步的探讨，比如从经济发展水平、知识产权保护水平、对外开放程度的角度展开研究，分析在不同地区外商投资对于我国自主创新能力影响研究的差异性；也可以通过增加其他变量，构建新的模型来进一步研究外商直接投资的影响机制。这些研究将更深入地剖析 FDI 对企业技术创新能力的作用机理，为政府制定更具指导意义的政策提供决策参考。

第 3 章　大数据、OFDI 与区域创新绩效

大数据时代，是全球化、网络化、智能化时代。

大数据技术可以为中国企业走向全球开展对外直接投资提供强劲支持，有助于提高区域创新绩效。对外直接投资（outward foreign direct investment， OFDI）是指境内企业投资者以实物、现金、无形资产等形式在国外及港澳台地区设立、购买国（境）外企业，并以控制国（境）外企业的经营权为特征的经济活动。在中国经济增速放缓时期，OFDI 可以为中国经济发展找寻新的增长点。国家发展和改革委员会在 2017 年 12 月发布的《企业境外投资管理办法》中取消了企业 OFDI 新开项目报告制度、缩减了备案项目申请流程、非敏感 OFDI 项目金额在 3 亿美元以下不需汇报等方面的改革，进一步简化了 OFDI 手续，并从充实服务内容、建立在线平台两个角度提出了优化服务的举措。

众所周知，OFDI 对东道国而言，能够提高就业，增加出口，带来税收收益，并在经济下行周期提高经济增长率。因此，许多国家降低对外直接投资的进入壁垒，开放了更多新的行业以供选择，并在财政和金融方面提供优惠政策。在财政方面，国家通常提供免税期，对 OFDI 实施更优惠的税率；在金融方面，通常是提供补助及优惠贷款；此外，采取加强基础设施建设、改善投资环境并降低综合商务成本等具体鼓励措施。

大数据技术可以为 OFDI 的决策提供有力支撑。首先是选择东道国时，运用大数据技术，可以较为准确地分析东道国的政治、经济、文化、法律和外资管理制度，提出 OFDI 投资最佳东道国的排序；其次，运用大数据技术，可以深度分析东道国的经济发展前景、人力资源结构和地理位置与 OFDI 项目的适应度，从而为 OFDI 确定投资项目、工艺和销售市场提供较为精确的数据支持。深度融入全球经济的中国，FDI 的增长速度逐渐放缓，对国外资本的吸引从单纯注重规模的大小，逐步转向注重结构、质量和效益；然而，OFDI 继续保持较快速度增长，行业结构呈现日趋优化态势（王义源，2017）。而且随着经济全球化的深入，许多国家的贸易壁垒不断降低，政策鼓励举措增多，OFDI 有较好的发展前景。

运用大数据技术和平台，投资母国可以得到多种形式的外部性收益。处于开放经济条件时，除自主研发投入以外，其他国家的科技研发活动也会通过多种传播路径直接或间接地对本国的创新能力产生影响，即国际知识溢出（沙文兵，2012）。在经济全球化日益成熟的时代，各国经济联系日益密切，发展中国家处于人力资本和研发资本相对贫乏的阶段，对外开放的举措可以获得吸收发达国家的技术扩散和知识溢出（通过示范效应、技术扩散和劳动力素质提升等方式）的机会，更是实现经济增长、技术进步的重要途径。因此，发展中国家进行 OFDI 的目的与传统的 FDI 的目的最为明显的差异是 OFDI 有对逆向技术溢出效应的寻求。目前，中国 OFDI 排名位列世界前列，已经成为发展中国家中最大的资本输出国。中国 OFDI 通过合资、绿地投资、跨国并购等途径，获取东道国的创新要素，运用东道国的人力资源和资源禀赋，创新工艺技术并选择新的研发方向，

反哺投资国内的总公司进而带动整个公司的技术创新进程和效益提升，从而促进中国整体创新绩效的提升。

然而，迄今为止，运用大数据技术和平台程度不够。聚焦OFDI的研究很少，尤其是针对逆向溢出机制和路径，以及发展阶段与母国科技基础关联性方面的研究更为缺乏。因此，我们从大数据时代背景出发，力求站在全球化、网络化和智能化的视角，进行系统性研究，尝试解决这些问题，提出OFDI带动区域创新更有效率的政策和路径。

3.1 相关概念与理论基础

国际直接投资相关的理论主要包括垄断优势理论、市场内部化理论、产品生命周期理论、边际产业扩张理论及国际生产折中理论。

3.1.1 垄断优势理论

垄断优势理论（monopolistic advantage theory），又叫作公司特有优势理论或所有权优势理论。该理论1960年由海默（后来成为美国麻省理工学院教授）在其博士论文中提出，后经其导师金德尔伯格进一步补充和发展，是最早研究外商直接投资的独立理论。海默的主要观点在于：市场存在的不完全性导致企业产生的垄断优势是对外直接投资产生的根源。由外商直接投资产生的外资企业之所以能够与当地企业竞争，是因为自身拥有的垄断优势，并且当垄断优势能够抵消东道国企业所拥有的本地优势时，对外直接投资才会产生。该理论将这类垄断优势主要分为两类：由先进的生产技术、管理技巧及销售理念等无形资产组成的知识资产优势和企业大规模生产所产生的规模经济优势。垄断优势理论很好地解释了美国第二次世界大战后大规模对外直接投资的现象，揭示了知识资产和技术资产在跨国公司形成发展中起到的重要作用，为后来外商直接投资相关理论的研究奠定了基础。

通过该理论我们知道，外商之所以能够到中国进行投资，是因为其拥有垄断优势。而由先进的生产技术和管理理念等组成的垄断优势，在投资企业运行过程中可能会产生外资技术溢出现象，这为我们的研究提供了理论基础。但是，该理论也存在局限性，并不能用于解释发展中国家对外直接投资现象，同时也没有考虑到区位因素对于对外直接投资的影响。

3.1.2 市场内部化理论

市场内部化理论（internalization theory）由英国雷丁大学教授巴克利、卡森及加拿大学者拉格曼于1976年在 *The Future of Multinational Enterprise* 一书中首次提出。该理论主要回答了对外直接投资何时比产品出口和技术转让对企业更为有利的经营方式问题。该理论的主要观点有：①在市场内部化理论中，市场是通过价格机制运行的，而企业是通过自身内部行政手段发挥作用的。②市场存在的不完全性使企业在外部市场交易时自身拥有的科技与营销知识等中间产品并不能实现利润最大化。③企业可以通过自身努力构建内部市场，从而拥有能够有效配置企业各项内部资源的能力，最终达到避免市场缺陷对企业盈利产生影响的目的。这种内部转移能力是企业进行对外直接投资的原因。因此，表面上对外直接投资可以看作是资金在空间上的一种转移，而本质上是基于企业所有权的企业管理和控制的扩张行为。此外，只有当内部交易所需要的边际成本低于边际收益时，市场内部化才是可行的。与垄断优势理论相同，市场内部化理论同样可以用于解释外商对外投资的原因。市场内部化理论强调跨国公司的内部化优势，它不仅能够解释西方发达国家对外直接投资的行为，而且适用于解释发展中国家对外直接投资的行为。因此，市场内部化理论属于一般理论。与垄断优势理论的区别在于，市场内部化理论能够解释绝大部分国家的企业对外投资行为的动因。

通过市场内部化理论，可以进一步了解跨国公司的对外投资动机，有利于我们的相关研究。外资企业投资中国的主要目的在于通过构建内部化市场提高企业的利润，因而通常对在中国的中外合资企业有着较高的控制权，在一定程度上限制了外商技术溢出的产生。

3.1.3　产品生命周期理论

产品生命周期理论（product life cycle model）于 1966 年由哈佛大学教授雷蒙德·弗农在其文章《产品周期中的国际投资和国际贸易》中首次提出。该理论认为，美国对外直接投资行为和产品生命周期有着密切的关系。弗农认为，产品的生命周期大体上可以分成三个阶段：新产品创新阶段、产品成熟阶段及产品标准化阶段。在新产品创新阶段，由于生产技术不成熟及市场的需求较小，企业需要投入大量资源去开拓本土市场。在这个阶段，企业一般选择在国内生产，仅通过出口满足海外市场的需求。在产品成熟阶段，厂商生产产品所采用的技术已趋于成熟，而国际市场的需求持续增加，导致产品价格弹性增大，降低了产品成本，这对于企业来说至关重要。当国外劳动成本低于国内劳动成本及国内生产边际成本加上国际运输成本大于国外生产成本时，企业就会选择在国外建立生产基地。在产品标准化阶段，产品生产和技术已经标准化，企业失去其垄断优势，必然使价格成为市场竞争的关键。而本国市场需求已经逐渐饱和，企业将逐步减少产品在本国的生产，将生产全部转移到劳动成本较低的国家。

产品生命周期理论主要从产品发展的动态过程来解释对外直接投资行为，能够很好地解释部分发达国家对劳动密集型发展中国家的对外投资行为，也能够在一定程度上解释对外直接投资行为的区位选择问题。通过产品生命周期理论可知，在中国投资的外资劳动密集型企业，一般都拥有能够生产成熟技术产品的能力，有益于中国本土相关行业借鉴学习，从而带动本土企业自主创新能力的提升。

3.1.4　边际产业扩张理论

边际产业扩张理论（marginal production expansion theory），又叫作“小岛清模式”。20 世纪 60 年代，随着经济的快速发展，日本逐渐成为继美国和西欧之外的对外直接投资大国，但是其模式和欧美存在明显差异。日本学者小岛清深入研究日本对外投资状况，于 1978 年在其著作《对外直接投资》中首次提出边际产业扩张理论。小岛清阐述了日本与美国之间对外直接投资的区别：日本对外投资主要集中在本国已经处于或者即将处于相对劣势的自然资源开发和劳动力密集型行业，而美国对外投资主要集中于其相对优势的制造业。因此，边际产业扩张理论的主要观点在于：投资国的边际产业（即处于比较劣势或者即将处于相对劣势的行业，也就是东道国处于比较优势或者潜在优势的行业）会首先产生对外投资。这种投资一方面能够使投资国集中资源发展本国优势产业，不断优化本国的产业结构；另一方面能够给东道国的优势产业发展带来资金、技术和管理技能，促进东道国经济发展和技术进步，从而产生一个双赢的局面。因此，类似日本这种模式的对外直接投资不仅不会减少国际贸易量，反而会增加贸易量，使投资国和东道国双赢。在边际产业扩张理论的指导下，日本采取了积极有效的外资政策，促进了经济的快速发展。边际产业扩张理论在一定程度上弥补了国际直接投资理论研究对象主要为发达国家的偏向，并且为广大发展中国家的对外投资指明了方向和道路，具有重要意义。

根据该理论，外商投资会给东道国带来充足的资金、先进的管理理念和技术，对东道国企业发展有着积极的促进作用。因此，该理论解释了外商投资能够促进中国企业和行业自主创新能力提高的原因，是我们研究的重要理论基础之一。

3.1.5　国际生产折中理论

国际生产折中理论（the eclectic theory of international production），又称为“国际生产综合理论”，由英国雷丁大学教授邓宁于 1977 年在其文章《贸易，经济活动的区位和跨国企业：折中理论方法探索》中首次提出。该理论的主要观点在于：当企业存在三种优势，即所有权优势（ownership）、区位优势（location）及市场内部化优势（internalization）时，企业才具备对外直接投资的条件。企业所有权优势主要包括企业所拥有的无形资产产生的优势和企业规模经济优势；区位优势主要指东道国要素禀赋优势和政治经济制度优势；而市场内部化优势主要指企业通过自身优势减少或者消除交易成本的能力。当缺乏所有权优势时，意味着企业连基本对外扩张的前提基础都不具备，海外扩张无从谈起。当缺乏区位优势时，表明缺乏合适的海外投资市场，企业只能在本国内利用自身优势通过出口来供应国外市场。当缺乏市场内部化优势时，说明企业难以通过自身能力在内部利用其所有权优势，故而只能转让给外国企业。国际生产折中理论将对外直接投资、国际贸易、区位选择等各种因素综合考虑，促进了国际投资理论综合发展。国际生产折中理论集西方国际投资理论之大成，但局限是只对国际投资进行了静态研究。

根据国际生产折中理论可以看出，区位因素对于吸引外资有着重要的影响。因此，改善地区投资环境，有利于吸引更多的外资，提高引进外资的质量，进而增强外资溢出效应，提高企业和行业的主创新能力。

3.1.6　OFDI 动机与流向

OFDI 的主要战略动机是企业提高现有业务的海外市场份额，通过从东道国获取有形资产（自然资源、人力资源、生产设备资源等）或无形资产（与技术相关的知识资源、商誉等）来扩大其自身的静态比较优势（朱华，2014）。在世界经济复苏艰难的大环境下，OFDI 不失为中国企业找寻新兴市场、获取技术溢出、实现产业升级的重要渠道。MacDougall（1960）系统分析了外商投资的溢出效应及对大众福利的影响；Caves（1971）

分析了外商直接投资最优关税政策的影响，并检验了外商直接投资对工业模式和福利的影响。这些早期研究主要聚焦在识别各种各样的外国直接投资的成本与效益方面；生产力外部性理论讨论了其他一些间接影响福利的因素，如 OFDI 对政府收入、税收政策、贸易条件和国际收支的影响等。随着 OFDI 活动的增加，学者们对其研究也日益增多，研究内容涉及企业进行 OFDI 动机的探讨、OFDI 流向的探讨、OFDI 逆向溢出的路径探讨及对创新的影响等多个方面。

1. OFDI 三大动机

根据 Dunning（1993）的观点，OFDI 主要有三大动机：市场寻求动机、效率（成本降低）寻求动机、资源寻求动机（包括战略资产的寻求）。Branstetter（2000）对美国和日本企业的专利引用数据进行实证研究，发现日本企业投资美国的动机是希望通过 OFDI 获取逆向技术溢出，而且日本对外投资的企业确实获取到了更高的技术溢出流入。Braconier 和 Ekholm（2001）通过研究瑞典跨国公司 OFDI 的面板数据，分别探讨了 FDI 与 OFDI 两种渠道的逆向技术溢出效应，发现 FDI 与 OFDI 的规模与母国获得的技术外溢效应有显著的正向联系。从而推论，通过对资本存量较高的国家进行投资，母国有可能获取更高的逆向技术溢出。李蕊（2003）以技术更新较快的电子行业和制药业为例，通过案例分析和数据统计证明了技术优势是企业跨国并购的主要动机。赵伟等（2006）认为，民营企业获取互补性技术是跨国并购的最主要动机。陈菲琼等（2013）将企业 OFDI 的动机划分为三个，分别为研发要素吸收、研发成果转移和研发人员培养。

发展中国家在 OFDI 活动中会与东道国企业发生竞争，为取得优势，母国有动力加大创新力度，提高市场竞争力。通过分析先行国家的 OFDI 活动经验，发现一国进行对外直接投资的动机是多样的，其对母国产业结构转型升级的影响途径也不是单一的。综合现有研究结果，OFDI 主要通过产业转移效应、产业竞争效应、新兴产业发展效应、人力资本提升效应对母国的产业结构转型升级产生影响（杨仙丽，2013）。面对东道国激烈的市场竞争环境，跨国公司不仅需要对其产品和工艺进行创新，以适应市场及政策的要求，同时也会在管理方式、经营内容等方面进行创新。东道国市场环境竞争的严峻性，促使走出去的企业必须主动适应东道国上下游企业的生产标准及技术水平，而发达国家严苛的环境准入要求常常迫使 OFDI 子企业通过技术创新实现清洁生产的满足环境约束要求。

2. OFDI 行为类型理论

简单来看，大多数 OFDI 行为可以归纳为市场寻求型、资源寻求型和资产寻求型三种。

（1）市场寻求型 OFDI，一般针对新兴经济体国家，大多出于传统的贸易支持原因——寻求新的分销渠道，以促进本国商品出口，在更加广阔和增长更加快速的市场上销售。

（2）资源寻求型 OFDI，主要是为获取国内短缺的生产原材料及能源，满足国内企业的需求。中国许多企业对澳大利亚和加拿大等国的能源领域进行投资，很大程度上是为了获取丰富的原材料，同时还包括寻求一些特殊资产资源的需要，比如 R&D 能力、研发设计设备、品牌知名度等先进企业资源，这些资源大多只能通过兼并或收购公司或子公司获得。在实现途径上，母国进行 OFDI 可以将国内相对劣势的产业转移到东道国，利用东道国更为廉价的自然资源或人力资源，继续生产相对于东道国而言的先进技术或产品，从而降低生产成本，提高收益水平。

（3）资产寻求型 OFDI，主要是指母国可以通过与东道国设立合资企业或共建研发中心，利用东道国先进的科研设施与高素质的研发人才开展技术创新活动，从而促进母国创新绩效的提升；母国还可通过 OFDI 接触到东道国先进的研究成果，并加以吸收再创新，从而“站在巨人的肩膀上”，进行更加高效的创新研发活动。

3. OFDI 流向选择理论

随着时间的推移，发展中国家 OFDI 会出现产业和地理的演化。产业演化通常从资源寻求型 OFDI 为主的纵向一体化活动逐渐转变为以市场寻求型 OFDI 为主的横向一体化活动，最后拓展为以战略资产寻求型为主的高科技领域合作生产与经营活动（刘惠琴，2012）。在 OFDI 流向的地理选择上，通常先从周边国家开始，随后延伸到发达国家，具体流向还会受 OFDI 不同动机的影响。对于市场寻求型 OFDI 而言，东道国市场特征（如市场大小）是决定 OFDI 流向的重要因素，随着东道国市场规模的扩大，通过 OFDI 高效利用资源与扩大经济范围的机会也同样会提高（Dunning et al.，1997），OFDI 流量与市场规模是正相关的关系（Chakrabarti, 2001）。市场寻求型动机的增加，推动了中国跨国企业朝向更大的市场进行 OFDI 活动，因为增长快速市场的经济活动比增长较慢市场的经济活动能够提供更多获取利润增长的机会（Lim，1983）。

从 OFDI 的行为类型来看，在资源寻求型 OFDI 方面，中国企业通常通过 OFDI 保证稀缺资源的供应（Ye，1992），主要领域包括矿产、石油、木材、渔业和农产品（Wu and Sia，2002）。比如中国国际信托投资公司购买澳大利亚矿产与食品公司的股票，中石油收购加拿大石油公司 PetroKaz 等，就是出于资源寻求的动机。因此，跨国公司倾向于将资金流向资源禀赋充足的地区。在资产寻求型 OFDI 方面，近几年中国企业主导的 OFDI 中有不少是为了获取接触国外先进专利技术、固定战略资产（如品牌、当地分销渠道等）（Warner et al.，2004；Zhang，2003）的机会。可以预期，中国跨国公司会对人力资本与智力资本充足的地方进行 OFDI，这样有利于提高公司在其他地方的竞争力（Dunning et al.,1997；Dunning，2006）。值得注意的是，中国企业在美国和欧洲的许多并购，标的企业都涉及经营不善和破产等情况，其获得前景往往不太明朗。

从 OFDI 市场内部化理论看，在政治风险比较高的国家，以市场为导向的公司倾向于采用替代性的服务模式（出口或特许经营），而以资源为导向的公司则不鼓励通过 OFDI 投入大量沉默成本（Buckley and Casson，1999）。因此，OFDI 通常会避免流入政治风险高的国家或地区。

3.2 OFDI 对区域创新绩效的影响分析

MacDougall（1960）提出技术溢出理论，把技术溢出效应作为外国直接投资给东道国带来福利效应的重要组成部分，并引起后来研究者对技术溢出问题的关注。Dunning

（1993）提出厂商依据其技术优势而开展的创新活动会产生技术溢出，而且技术溢出程度可能因产业差异而不同，即使是非核心技术的策略合作也会有技术溢出。Blomstrom 和 Kokko（1995）把技术溢出看成海外公司与当地企业策略性竞争的内生现象，通过博弈模型分析发现跨国公司对新技术的投资与技术溢出程度呈现正相关的关系，即随着当地企业对学习的投入增加，企业吸收溢出的能力会逐渐增强。

3.2.1 OFDI 逆向技术溢出效应分析

逆向技术溢出效应（reverse technological overflow effect，RTOE）是指 OFDI 为获取东道国更为先进的智力要素、信息资源、技术支持等手段，以提高母国技术水平为动机，通过将东道国的先进研发成果、高素质人力资源和先进管理经验向母国转移，从而实现母国的经济效率和技术水平提升的行为。

1. OFDI 逆向技术溢出效应机制

杜群阳（2006）指出，逆向溢出主要是通过母国企业嵌入东道国创新网络后，在与企业和产业的接触中获取的知识反溢。赵伟等（2006）分析，OFDI 对母国的逆向溢出效应主要通过四种机制实现，分别是研发费用分摊机制、研发成果反馈机制、逆向技术转移机制（通过并购东道国企业与联合研发实现）和外围研发剥离机制（集中研发经费于核心技术）。桑俊和易善策（2008）认为，中国传统产业集群的升级可以通过提高知识外溢和知识吸收效率、优化集群网络的创新扩散机制及提升产业链地位来获取。郝文利（2010）从产业、公司和国家三个层次分析了逆向技术溢出效应。符磊和李占国（2013）认为，OFDI 逆向溢出的途径有三个，分别是海外研发溢出机制、经营成果反馈机制和内部整合机制。为在国际市场上获得竞争力，公司必须具备所有权优势的知识资产、技术、组织、管理或营销技巧。从对外直接投资的流向来看，OFDI 逆向溢出机制有两种，分别是转移效应（流向发展中国家）和吸收效应（流向发达国家）。对发展中国家投资，母国技术创新模式主要表现为转移效应，母国将国内较为劣势的传统产业转移到经济发展水平相对较低的地区，从而成为该地区拥有比较优势的“边际”产业，这样不仅能释放出沉淀的生产要素来发展高新技术产业，又能将从海外获取的投资收益用作研发新技术的资本，进一步促进国内产品更新换代与产业结构的升级转型。经济更为发达的地区将比较劣势的传统产业转移到其他发展中国家，能够释放出更多的沉淀生产要素，从而提升本地区的科技创新绩效，而经济相对落后地区创新要素本就缺乏，转移效应发生的可能性较小。首先，对发达国家投资，母国有更多的机会接触东道国的高科技人才、创新管理方法、科学研究设备等，从而便于母国企业进行学习转化，促进国内的产业结构转型更新；其次，通过向技术发展水平较高的国家进行投资，能够引进国外的消费模式和消费理念，引领国内消费者对新兴产业、产品的需求，这样厂商也有动力进行新兴产业的发展；最后，有关人才培养方面，通过借鉴当地先进的教育政策和教育环境，并将这些元素带回母国，可提高母国的教育水平，从而培养出高素质的人才。海外子公司可以通过在东道国科研机构的学习、与东道国高端技术研发人才进行合作等方式培养自己的科技研发人员，高科技研发人员在公司内部的流动可以充分释放人才优势，对母公司的技术创新能力提升起积极作用（陈菲琼等，2013）。参与 OFDI 的企业利用特有的学习和消化能力，实现开发技术的积累提升，使对外投资的产业结构从资源密集型产业向技术密集型产业转型。根据吸收效应，母国通过对外直接投资，打破了国家之间技术转移的距离障碍，但母国吸收能力的高低会极大地影响其对新技术的吸收转化能力。

近几年，中国 OFDI 发展迅猛，主要表现在两个方面：第一，中国企业在科学技术发达国家投资建设研发活动中心。如中国的中兴和华为等技术密集型企业在西欧和美国等地区建立研发中心。第二，通过收购发达国家企业无形资产（品牌、技术和研发能力等），吸收国外资源的优势要素来促进本国的技术发展。如吉利公司对沃尔沃汽车的收购、IBM 将 PC 业务出售给联想公司及中国 TCL 公司收购法国的汤姆逊公司等。总体而言，OFDI 促进区域创新绩效的形式主要有吸收发达国家研发资源、联合开展研发、直接并购国外先进技术三种方式。

2. *逆向技术溢出类型*

通过逆向技术溢出提高技术创新绩效的方式可以分为以下两种类型。

第一种类型是通过科研要素流动途径获取创新绩效的提高。通过 OFDI，母国企业能够利用其海外机构识别先进知识与管理经验。通过合理渠道，海外机构可以将知识技术反流回母国，甚至可以与产业链中的其他企业共享，其中逆向技术溢出路径主要包括技术创新成果、科研人员流动、科研成果市场化等。①技术创新成果：以并购形式进行的 OFDI 可以把竞争对手变成合作伙伴，直接获取被并购企业知识技术的所有权，快速打破技术壁垒，从而迅速将其拥有的信息、技术和知识通过内部渠道反流回母公司。而且，并购国外企业可以让跨国公司快速融入国外市场，在与供应商与顾客的接触中学习到上下游技术，并且增加与外国科研机构合作交流的机会。技术创新成果的反流对母国技术创新水平的提高和对科研趋势的预测都有促进作用。与海外企业、科研机构合作进行 OFDI，可以形成共同研发的战略合作伙伴，合作伙伴之间可以共担风险、互通信息、共享成果，是企业快速提高研发实力，达到业内国际领先水平的有效途径。此外，与知名科研机构合作还能提高跨国企业的声誉，为其带来更加丰富的发展机遇。在合作中，跨国企业能够获取业内先进技术的发展动向，在行业竞争中占领先机。②科研人员流动：科研人员是吸收能力的重点，是企业科研水平的最根本力量，高素质的研发团队能够使企业技术创新效率得到极大的提升。中国创新型人才的缺乏制约了技术创新水平的持续进步，在国内加大人才培育投入的同时，通过 OFDI 可以打破人才流动壁垒，引进更多的国际高水平人才，更加充分地发挥人才在科技创新中的促进作用。跨国企业在东道国聘用优秀人才，可以带来知识经验，通过内部反流惠及母公司，促进知识外溢的转化与吸收。实际上，OFDI 不仅能为企业带来直接的人才流动，还能通过人才交流带动内部人员素质的提高，通过母国派遣技术人员到东道国共同进行研发活动，在合作研究过程中相互学习，促进内部人员技术创新能力的提高，扩大技术外溢效应，实现内外人才合作创新能力的积累与提升。③科研成果市场化：通过 OFDI，跨国公司可以利用国外科研成果转化平台，结合当地市场标准，激发科研人员的积极性，更好地适应当地市场，将科研成果市场化，并缩短市场化周期，实现商品的经济价值和社会效应。同时，发达国家的融资系统也可以保证科技研发得到有利的后续资金。更为重要的是 OFDI 能为母国企业提供接触国外科研转化平台各环节的机会，通过观察学习，建立更加高效的研发转化机制。

第二种类型是嵌入外部网络获取创新绩效的提高。创新技术通常有较高的潜在价值与隐性程度，并且会不断嵌入其所在的社会环境，技术与社会相互依赖、相互影响。发达国家的技术创新成果植根于特定的经济、技术、文化背景中，与本土环境联系紧密，如果仅局限于技术层面的引进，可能会造成与母国环境的适应问题。知识和信息交流的广度与频率随着社会交流的增多而增加，通过合作共享、产业集聚等方式提高逆向溢出的广度，从而提高获取核心知识的可能性。①产业集聚溢出效益：知识的黏滞性需要学习者嵌入相应组织的知识网络才有可能获取隐性知识，并且由于知识的外部性，产业集群内的企业能够共享基础资源，产生更高的协同效应。跨国企业以投资或并购的方式嵌入东道国的创新网络，深入创新资源聚集的地区，获得与当地企业、金融机构、科研院所深入接触的机会。距离近的企业可以通过正式与非正式渠道相互交流学习，以便取得企业生产经营中所需的先进生产技术、管理运营经验和市场行情，评估技术的发展水平与趋势。产业集聚效应可以提升信息与资源的流通速度，降低距离成本。空间成本很大程度上受距离的影响，同时地区之间的交通运输条件、通信设施、制度差异、文化差异、贸易壁垒都对空间成本有一定程度的影响。通常而言，处于中等水平的空间成本里，行业集聚水平会更高，因为空间成本为零的情况下生产要素完全移动、均匀分布，是不存在的情况；而空间成本过高的情况一般出现在禁闭的地区，即便其自然资源丰富，行业外部性、规模效益较高，但无法与外界共享，生产的专业化和集中性都无法实现。OFDI 的主要优势就是可以降低距离成本，便于企业获取海外的资源与市场。产业集聚效应能够提高信息的便利性、准确性与丰富度，带来多样化与专业化经济。多样化的经济外溢体现在不同行业之间的互动和互补上，跨行业交流更有利于突破性创新的发现；产业之间的规模经济性能够促进网络间分工效率的提升。专业化经济使同行企业更加便捷地接触到专业人才，加速同一专业领域的知识流动。此外，产业集聚可以极大地提高人力资源效率，帮助企业快速找到专业人才，提高人才素质。基础设施，如通信、交通和能源等可以在产业集聚中共享，帮助产业集群内的企业降低生产运营成本。海外机构在东道国中与当地上下游企业接触，如在当地购买原料、销售商品等，东道国供应商为增加销售，会向海外机构介绍产品相关科技信息，跨国公司则可以利用这样的机会进行模仿、研究；此外，跨国公司为更好地满足东道国消费者的需求，促进商品在海外的销售或在海外提供服务，会提高产品质量、改善产品性能，企业有动力进行研发创新活动，最终会提升企业的研发创新绩效。②合作共享溢出效益：OFDI 为跨国企业提供更多选择机会，跨国企业有机会找到更高质量的合作伙伴；并且，处于发达国家的企业接触到优质合作伙伴的机会更多，从而可以在源头上掌握技术创新源泉。企业可以通过 OFDI 与东道国建立合资企业，形成企业合资型战略联盟，合资企业为母国公司与东道国公司提供了全面交流的机会，在企业日常经营中，知识、信息得以交流，“干中学”的方式也为企业提供了传递隐性知识的途径。另外一种常见的战略联盟是参股式战略联盟，这种形式的战略联盟的联系更为紧密，母国的企业对东道国企业持股，建立技术学习通道，创新绩效的提升很大程度上依赖于企业的吸收能力。最后是双边契约式战略联盟，其形成难度更大，双方通过契约形式形成合作关系，而不发生资产转移，合作过程中主要交流的是契约规定的显性知识。战略联盟使企业能够以较低的成本获取所需的战略资源，在市场环境多变的情况下，联合创新中心等形式的战略联盟能够获取伙伴企业的先进管理经验与科技创新成果，分摊研发成本，越来越受企业欢迎。③技术标准提升效益：发达国家市场经过多年发展，形成了较为全面和成熟的管理体制、市场秩序和消费者认知，跨国公司在东道国打开市场需要满足其标准。跨国公司需要不断增强实力，提高与东道国环境的融合程度，以满足国外政府对企业开办、经营的要求；为达到东道国上下游企业对合作伙伴的要求，跨国公司需要不断创新，提高产品质量与管理水平；国外消费者对产品的功能、选材也有严格要求，这些要求无形中都会提升跨国企业的技术研发水平。这就要求跨国公司参与国际竞争，不仅要有自身核心价值，还要适应东道国的监管要求、行业标准、消费者期许。通过 OFDI 拓展外部创新网络，跨国公司可以嵌入当地创新体系，产业聚集、合作共享、技术标准提升等溢出途径能够帮助母国企业为适应东道国市场而加速技术创新。OFDI 活动降低了空间成本，国内企业通过产业集聚能够接触到多样性和专业化的创新基础设施与创新资源，共同分摊研发成本，分享创新研发的成果。同时，企业在国外标准竞争中自身水平也能不断提高，为国内企业获取、利用、学习这些资源做好准备。

综上所述，逆向溢出是指母国通过 OFDI 进入东道国技术密集型产业，利用地理邻近的优势接触东道国先进的研发要素，通过吸收转化，提高自身科研水平的行为；技术反流使母国公司的技术创新能力得以提升；逆向技术溢出效应可以通过扩散效应对母国产业结构升级转型产生促进作用。溢出是基于知识与技术的公共品特质而具有的外部经济性，是一种被动接收的行为结果。逆向溢出重点突出溢出的方向，是一种主动选择的行为结果（刘惠琴，2012）。技术与知识具有“双向流通”的特征，外商投资不仅会给东道国带来投资收益、技术提高等正向溢出效应，母国同样也会得到东道国的技术溢出，从而缩小东道国与母国之间的技术差距，对母国产业升级、技术进步与经济增长都有促进作用。

3. OFDI 逆向溢出因素

OFDI 的早期研究多是针对不同地区和产业的 OFDI 与贸易数据进行的验证性研究，主要是从多方面证实 OFDI 逆向溢出的存在性，并且对 OFDI 逆向溢出的方向进行分析研究，提出了技术寻求型 OFDI 模式。较有代表性的研究者有 Kogut 和 Chang（1991），他们使用 1976～1987 年日本对美国对外直接投资的数据，发现日本 OFDI 大多集中在美国研发要素密集的企业，并且日本企业倾向于通过合资形式进行 OFDI 活动，目的在于获取 OFDI 逆向溢出效应，也证实了日本企业的 R&D 投入与美国产业的创新频率有正相关的关系，从而证明了技术寻求型 OFDI 的存在。之后 Neven 和 Siotis（1993）的研究进一步揭示，由于创新要素在地理位置上的集中性，缺乏竞争优势的跨国公司可以在技术要素充足国家或地区进行 OFDI，从而间接吸纳或直接获取技术的逆向溢出。在产业与地区层面的研究上，Driffield 和 Love（2003）运用 GMM 法，对英国制造业在 1984～1992

年的数据进行了实证分析，检验了英国制造业中逆向技术外溢的存在。王英和刘思峰（2008）通过对中国 1985～2005 年对外直接投资的逆向技术外溢效应进行实证检验，发现中国存在 OFDI 逆向技术溢出效应，而且对于国内研发产出的溢出高于全要素生产率增长的溢出。研究表明：OFDI 逆向溢出的发生首先需要东道国科技发展先进，能产生先进技术溢出，或东道国生产成本较低，能帮助母国企业节约成本，从而加大研发投入力度；其次需要母国有较强的吸收意愿与一定的科研基础，包括人力资源基础与科研基础设施；最后金融市场变化与竞争环境的密集程度等外部因素也会对 OFDI 逆向溢出的程度产生重要影响。

在研究 OFDI 逆向溢出的先决条件与影响因素方面，Fosfuri 和 Motta（1999）通过古诺模型研究发现，技术水平相对落后的企业进行 OFDI 是有利可图的，并且可以从中获取较高的逆向溢出效益，从而抵消跨国经营成本。Head 等（1999）利用线性回归检验日本制造业在美国进行 OFDI 的产业集聚与区位分布，发现日本企业投资选址模式中起主要作用的是产业的集聚效应，即为技术创新活跃地区，且日本企业的 OFDI 活动对母国的技术进步产生了积极的影响，说明东道国的技术创新要素密集程度对 OFDI 的逆向溢出有很大的影响。Deng（2007）强调，发展中国家 OFDI 受母国内生技术创新能力的影响，对外直接投资活动强度对国家创新水平有正向影响，但发展中国家的吸收水平与组织能力是发生正向影响的前提条件。陈菲琼和虞旭丹（2009）认为，对外直接投资通过四种主要的反馈途径来提高国内自主创新能力，分别是海外研发反馈机制、子公司本土化反馈机制、收益反馈机制和对外直接投资的公共效应。徐德英和韩伯棠（2015）基于 2006～2011 年中国与 20 个样本国家或地区的面板数据，研究了信息化发展水平在 OFDI 逆向溢出过程中的影响机制，检验了技术获取型 OFDI 逆向溢出与各国信息化发展水平的阈值效应及对中国技术进步的影响。Li 等（2016）运用 GMM 法实证检验了中国省际面板数据，发现 OFDI 对区域创新能力有显著影响，并将吸收能力、境外参与和竞争密集程度纳入考虑范围，发现吸收能力与境外参与对区域创新能力的提高有积极的调节作用，而国内竞争密集程度则有消极调节作用。以上诸多分析发现，母国公司参与 OFDI 的能力与动机及是否能够学习国外的知识与技术是逆向溢出能否实现的重要影响因素。总体而言，母国技术水平与跨国公司吸收意愿对 OFDI 逆向溢出的程度有较大影响。

知识势差。依据技术势差理论，技术输出方与技术接受方之间必须存在知识势差，但双方的技术水平不能有太大差距，技术转移效果才会好，即母国有一定的技术吸收转化能力，技术能力演进需经过知识转化整合这一中介机制，从而在接触东道国新兴技术时能够理解并吸收。知识水平的差异是进行知识转移的前提要求。当然，知识势差必须控制在合理的范围内，以保证交流的顺利进行。根据知识势差理论，技术输出方和技术接受方之间的知识势差必须适度才能实现知识转移，不同区域间 OFDI 对创新绩效的作用程度也应存在区域差距。

吸收意愿。对于东道国的技术，母国是否有很强的吸收意愿，如资本流向国的技术在母国的市场没有很好的应用空间，母国会缺乏主动学习的动力。消费者需求的差异推动着投资企业进行技术适应性改造活动，从客观上促进了企业技术创新能力的提升。

吸收能力。对于吸收能力的定义，Zahra 和 George（2002）认为，吸收能力是组织的一种动态能力，主要是获取外部知识、消化处理、转换利用成自我知识并能进行商业化的能力。

4. OFDI 逆向溢出绩效

中国面积广袤，地区发展差异大，OFDI 的逆向溢出机制更为复杂，国内学者通过中国省际面板数据，分析了东部、中部、西部的 OFDI 逆向溢出差异和不同地区的创新特征后，提出了有针对性的建议，具体如下。

OFDI 与创新能力的关系及地区差异的分析方面，刘明霞和王学军（2009）通过对中国 2003～2007 年的省际面板数据的研究，发现中国的逆向技术溢出存在较大的地区差异，不同地区吸收能力的差异对逆向技术溢出的大小有影响。汪斌等（2010）从并购适用的企业机制、海外研发技术反馈途径及利润反馈机制等角度，搭建了中国 OFDI 逆向溢出效应的理论分析框架。阚大学（2010）在中国东部、中部与西部地区采用系统广义矩阵估计方法，比较分析了不同地区吸收能力对 OFDI 反向技术溢出效应的差异，探寻了不同地区的创新特征，并提出了相应的促进提高的策略。沙文兵（2012）用中国省际面板数据进行实证研究，讨论了 OFDI 逆向溢出效应对中国东、中、西部地区创新能力的影响，并对不同地区的差异性进行了探讨。在 OFDI 获取知识反向溢出的研究方法方面，符磊和李占国（2013）针对 OFDI 逆向溢出的研究方法，归纳出三个典型方法，如林青和陈湛匀（2008）采用 C-H-L-P 结合面板数据分析的方法，用 10 个国家对美国直接投资及各个国家的专利引用频率构成面板数据，搭建了 OFDI 逆向溢出模型，发现 OFDI 对获取知识溢出有显著的正向作用；如邹玉娟和陈漓高（2008）采用时间序列 VAD 方法，针对中国对外直接投资增长率与全要素生产率的增长率关系进行了分析，发现二者有同向关系但并不显著；如李梅和柳士昌（2012）通过广义矩阵估计检验 OFDI 的逆向溢出效应，并利用阈值回归模型检验 OFDI 对 TFP 逆向溢出的吸收能力，还测算了造成积极 OFDI 逆向溢出的门槛水平。申俊喜和鞠颖（2015）通过案例分析，研究了韩国进行对外直接投资的路径，针对中国开展技术寻求型 OFDI 提出了三点建议：立足高新技术产业、注重区域异质性、提供多方面政策扶持。

综合以上讨论，我们可以得到几点结论：①针对创新，不同学者给出了不同定义，其中比较有代表性的是熊彼特的创新理论，他认为创新活动是一个动态的创造性的破坏过程。大量跟随熊彼特的学者们，从各个角度进行分析研究发现，创新由技术创新过程与创新成果投入商业化两个部分组成。依据创新成果的不同来源，技术创新可以分为引进型创新、自主型创新和合作型创新三种。在影响技术创新水平要素上，学者们从内部和外部要素角度进行了分析，发现内部要素的研发资金投入和科研人员投入对创新绩效提高有显著促进作用，外部因素的 FDI、OFDI、技术引进、贸易等活动均对技术创新有影响，其中外部要素的 OFDI 活动是我们的研究重点。实际上，多数学者研究技术创新影响要素时更多地关注内部因素，对外部因素的研究相对较少，尤其是研究 OFDI 活动对创新绩效影响的则更为稀少，并且尚未得出一致结论。②针对 OFDI 逆向溢出的早期研究成果表明，跨国公司可以通过进入有较高贸易壁垒的行业提高配置效率，减少垄断扭曲，产生更高的技术效率，从而增加竞争压力或通过一些示范效应促使当地企业更有效地利用现有资源。他们还提出，对外投资的存在可能提高技术转移和扩散的速率。案例研究发现：外国跨国公司可能通过培训工人或者展示新技术来引入新的技术；通过突破供应商垄断提升企业效率；根据当地企业的实力打破垄断的局面，促进竞争和效率提升或创建一个垄断行业结构，从而为满足当地供应商和分销渠道的要求，调整质量控制及科技标准，迫使企业提高管理能力，或者在本地市场或国际市场上采取跨国公司使用的技术。③总体来看，国外学者主要从东道国的视角研究 OFDI 技术溢出效应的存在性及 OFDI 逆向溢出效应的影响因素，对投资母国的研究则较少，尤其是针对 ODFI 的逆向溢出效应影响因素的研究还不够系统，尚未得到较为一致的结论。④中国学者的相关研究大多从 2000 年后逐步开展，从目前的研究成果来看，微观层面的实证研究大多能够验证企业 OFDI 活动对母国企业具有逆向技术溢出效应。⑤研究大多关注流出地的选择，对创新绩效提高的影响因素缺乏较为细致的研究，而这个层面的技术进步效应，对研究中国企业 OFDI 活动的成效不可忽视。⑥针对 OFDI 地区创新能力的实证研究相对较少，且未能考虑企业对逆向溢出的吸收时间，采用虚拟变量方法讨论不同地区之间 OFDI 逆向技术溢出的差异性的研究则更为不足。⑦中国地区之间的发展程度差异明显，不同地区的经济发展状况、科技研发能力及企业进行 OFDI 的动机都存在较大程度的差异，考虑区域差异对 OFDI 影响创新绩效的程度尤为重要，可以帮助我们找寻提升区域创新能力和绩效的方法，促进区域经济的高质量发展。

3.2.2　中国对外直接投资现状分析

随着国际通信成本和运输成本的下降、全球经济金融的融合及资本市场的改革，多边贸易壁垒和区域贸易壁垒都有较大程度的降低，伴随着中国“一带一路”政策的推进，中国企业对外投资的便利化程度持续提高，企业“走出去”的内生动力逐渐增强。2016 年全球直接投资流出量呈小幅下降趋势，但随着中国政府积极推动“一带一路”合作倡议，积极开展国际产能合作，“走出去”的工作体系逐渐完善，中国企业对外直接投资进程不断加快。

由于资本市场的竞争活动不完善，跨国企业制度因素的不同和所有权优势不同，研究 OFDI 需要考虑一些特别要素：①低效的银行系统可以贷款给潜在的对外投资者（Warner et al.，2004）。②集团企业可以运作低效的内部资金来资助 OFDI（Haier and Whalley，2006）。③家族企业融资更为便利，可以在家族成员之间获得低于市场利率的资金（Erdener and Shapiro，2005）。以上三种形式在中国均有可能存在，中国跨国公司的过高出价可能来源于缺乏私有股东及对科技与商业的乐观态度，并且由于政策支持与较低的资金成本，跨国公司对 OFDI 失败的担忧较小（Ma and Andrews-Speed，2006）。中国低效率运行企业的存活主要是由于地方政府的软预算约束，使银行或其他金融机构无法重组或退出公司（Lardy，1998），大体量的风险资本提供给国有企业去寻求 OFDI 的机会（Zhang，2003）。如联想收购 IBM 时国有占股达到 57%（Business Week，2004）。总体而言，资本市场不完美能够使资源寻求型 OFDI 与战略资产探索型 OFDI 都更加容易实行。

新兴经济体中的跨国企业已经发展出所有权优势，使其在外国进行特定活动比当地企业更有效率。这种优势可能包括灵活性、使用资产的高效率及母国参与带来的优势，与其他公司有益的联系可以为其提供接触资源的机会；包括相似的文化背景或者在母国有种族或家族关联的资产，可以形成有利的商业联系，从而更进一步地促进市场的进入与发展，降低商业与投资风险（Lecraw，1977）。所有权优势在中国 OFDI 与东道国有相关关联优势时会更加明显，比如有一部分华裔人口。在制度因素对中国 OFDI 的影响方面，新兴经济体的行政组织能力能够决定本国企业 OFDI 的能力和意愿。明确、持续、自由的政策能够鼓励 OFDI，而不稳定的政策会起到相反的作用，因而会影响 ODFI 优势发挥。投资者可能会遇到官僚和繁缛的行政审批手续，对 OFDI 的金额、方向、流出资金的范围有诸多限制。如果与特定行业、特定所有权形式的差别政策结合，OFDI 就会被扭曲。这种情况下通过非法渠道流出的 OFDI 就可能发生。政策环境的变化会对中国企业的国际化决策产生重要的影响。由于审批手续涉及很多机构（大多是外汇交易方面的手续），这会对中国跨国公司 OFDI 的发展、强度、方向产生直接或间接的影响。研究发现，中国 1980～1990 年的 OFDI 大多是由政府主导的，主要用以支持国有制造业出口；建立为国内提供稀有自然资源的长期稳定的供应基地；获取信息及学习如何在国际化的层面运营公司（Ye，1992）。与新加坡、韩国、马来西亚类似，中国建立了一些自己的跨国公司。中国企业经由 OFDI 获取外国专利技术、战略资产及其他能力（包括品牌、分销渠道、外国资本市场等），大多通过并购的手段实现对新市场的探寻，实现多样化的商业活动，从而提高国际竞争力（Deng，2007；Zhang，2003）。随着中国对外开放程度的加深，中国 OFDI 分布得更加广泛，尤其是在发展中国家的以进口替代和逃避配额及发展新市场为目的的 OFDI 发展更为迅速（Buckley and Casson，1999）。同时，主要围绕在发展中国家的资源寻求型 OFDI 与出口导向的 OFDI 同样在增加。例如，通过出口退税、外汇交易协助和金融支持，贸易相关的 OFDI 和产品出口都得到促进，尤其是纺织、制造和电子设备行业表现得尤为明显（Wong and Chan，2003）。

因此，我们研究中国 OFDI 发展现状，主要从 OFDI 流向、行业现状、主要特征等视角进行分析。

1. 中国 OFDI 发展总体状况

2016 年世界经济增长速度有所下降，尤其是发达经济体增速回落较大，而新兴市场与发展中经济体则保持较快增速。自 2003 年以来，中国 OFDI 连续实现增长，中国 OFDI 占全球比例由 2002 年的 0.5%提升至 2016 年的 13.5%，2016 年中国 OFDI 数量达到 2002 年的 72.6 倍，年均增速高达 35.8%。2016 年中国 OFDI 创下 1961.5 亿美元新高，位列全球第二名，其中金融类直接投资为 149.2 亿美元，同比下降 38.5%；对外直接投资中非金融类投资为 1812.3 亿美元，同比增长 49.3%，继 2015 年之后中国对外直接投资 OFDI 再次超过 FDI（1340 亿美元）[①]，如图 3-1 所示。

① 数据来源：《中国对外直接投资统计公报》。

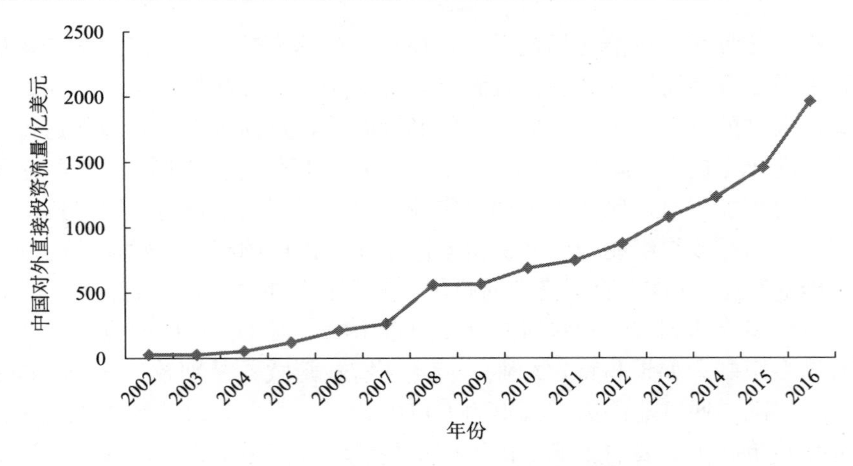

图 3-1　2002～2016 年中国对外直接投资流量

2. 中国 OFDI 主要流向

发达经济体是投资热点。2016 年中国流向发达经济体的投资金额较 2015 年实现了 94%的高速增长，达到 368.4 亿美元，其中对美国投资金额增长最高，为 169.81 亿美元，占美国吸引外资总额的 4.3%，同比增长 111.5%；对欧盟直接投资金额 99.94 亿美元，占欧盟吸引外资总额的 1.8%，流量同比增长 82.4%；流向澳大利亚的金额为 41.87 亿美元，占澳大利亚吸引外资总额的 8.7%，同比增长 23.1%。中国对美国、欧盟、澳大利亚的 OFDI 均达到历史最高，2016 年发达国家经济体是中国 OFDI 的主要流向地。

发达经济体的累积投资额占比很高。从存量上看，2016 年末中国在发达经济体的投资存量为 11426.8 亿美元，占中国对外直接投资存量总额的八成。其中，中国香港为中国 OFDI 的主要流向地，存量为 7807.45 亿美元，占 OFDI 存量总额的 68.3%；在其他发达经济体中存量为 1913.97 亿美元，占 14.1%，其中欧盟、美国、澳大利亚 OFDI 存量占其发达经济体投资存量的 36.5%、31.7%、17.4%。

3. 中国 OFDI 行业分析

2016 年中国 OFDI 流量排名前五位的行业分别为租赁和商务服务业(657.8 亿美元)，制造业（290.5 亿美元），批发和零售业（208.9 亿美元），信息传输、软件和信息服务业（186.7 亿美元）及房地产业（152.5 亿美元）。

从存量上看，第三产业最多，为 10360.4 亿美元，占比 76.30%；流向第二产业 3083 亿美元，占当年存量的 22.70%；流向第一产业 130.5 亿美元，占当年存量的 1.00%，如图 3-2 所示。

4. 中国 OFDI 流量的特点

2016 年东部地区 OFDI 流量 1256 亿美元，占地方投资流量的 83.4%，为中国 OFDI 主要流出地区；中部地区 101.1 亿美元，占比 6.7%；西部地区 115.5 亿美元，占 7.7%；

东北地区为 33.4 亿美元，占比 2.2%。广东为 OFDI 存量最大省份，其次为上海，之后依次为北京、山东、江苏、浙江，如表 3-1 所示。

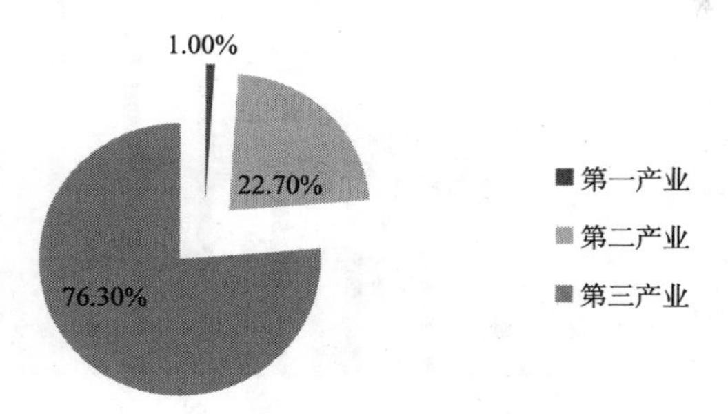

图 3-2　2016 年中国 OFDI 存量产业分布

表 3-1　2016 年末对外直接投资存量排名前十的省（市）

省份	存量/亿美元
广东	1250.4
上海	840.5
北京	543.8
山东	411.9
江苏	349.5
浙江	326.8
天津	262.3
辽宁	132.2
福建	111.3
湖南	101.7
合计（占地方存量 82.6%）	4330.4

从图 3-3 可以看出中国不同区域 OFDI 存在较大差异，其中东部地区 OFDI 存量远远高于中部和西部地区，且差距在逐年拉大，中部地区 OFDI 存量稍稍高于西部地区[①]。

2016 年中国 OFDI 近八成流向中国香港、美国、开曼群岛、英属维尔京群岛，这四个流向地 OFDI 共计 1570.2 亿美元。2016 年有近 20 个国家（地区）OFDI 流量超过 10 亿美元，如表 3-2 所示。

① 将我国划分为东部、中部、西部三个地区的时间始于 1986 年，1997 年全国人大八届五次会议决定设立重庆市为直辖市，并划入西部地区。2000 年国家制定的在西部大开发中享受优惠政策的范围又增加了内蒙古和广西。目前，东部地区包括北京、天津、河北、辽宁、上海、江苏、浙江、福建、山东、广东和海南等 11 个省份；中部地区有 8 个省级行政区，分别是山西、吉林、黑龙江、安徽、江西、河南、湖北、湖南；西部地区有 12 个省级行政区，分别是四川、重庆、贵州、云南、西藏、陕西、甘肃、青海、宁夏、新疆、广西、内蒙古。

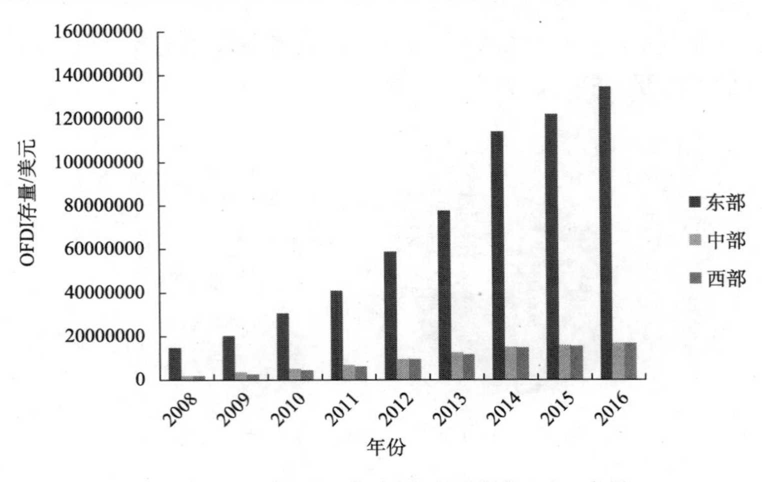

图 3-3　2008～2016 年中国不同区域 OFDI 存量

表 3-2　2016 年中国 OFDI 流量前十位的经济体

经济体	流量/亿美元	比重/%
中国香港	1142.3	58.2
美国	169.8	8.7
开曼群岛	135.2	6.9
英属维尔京群岛	122.9	6.3
澳大利亚	41.9	2.1
新加坡	31.7	1.6
加拿大	28.7	1.5
德国	23.8	1.2
以色列	18.4	0.9
马来西亚	18.3	0.9
合计	1733	88.3

2016 年是中国企业对外投资并购较为活跃的年份之一，共有跨境并购项目 765 个，交易总额达 1353.3 亿美元，其中 OFDI 达到 865 亿美元（占并购交易总体的 63.91%），2016 年中国企业对外投资并购涉及 18 个行业大类，其中制造业并购金额达到 301.1 亿美元，同比增长 119.5%，涉及 200 个项目，位居首位；信息服务、软件和信息传输行业并购金额 264.1 亿美元，同比增长 214%，位居并购交易第二；邮政、仓储和运输业 137.9 亿美元，同比增长 756.5%，位居第三；能源及自来水业达到 112.1 亿美元，同比增长 28.5 倍，位居第四。这几个行业中金额最大的几个项目分别为青岛海尔 55.8 亿美元收购美国通用电气公司家电业务项目、腾讯控股等以 41 亿美元收购芬兰 Supercell 公司 84.3%的股权、天津天海物流投资管理公司以 60.1 亿美元的价格收购美国英迈国际、中国长江三峡集团花费 37.7 亿美元收购巴西朱比亚和伊利亚水电站 30 年经营权。

2016 年跨境并购共涉及 74 个经济体，从并购金额上来看，排名前十位的经济体是美国、中国香港、开曼群岛、巴西、德国、芬兰、英属维尔京群岛、澳大利亚、法国、英国。

3.2.3　OFDI 与创新绩效的实证分析

为从实证角度检验中国 OFDI 逆向溢出效应，我们用区域创新绩效来衡量逆向溢出效应的大小，建立多元线性回归函数，采用面板数据进行了回归分析（具体方法与第 2 章“实证分析”类同，故此略去），其主要发现如下。

回归分析发现：首先，OFDI 对中国创新绩效有溢出作用，且高度显著，对外直接投资总体上可以促进中国技术创新水平的提高；其次，科研经费投入对地区创新绩效的影响显著，科研经费投入对技术创新绩效的提高有较大促进作用；最后，科技活动人数对专利申请总量也有正向影响，对技术创新水平的提高有促进作用。

滞后分析发现：对外直接投资过程中，科研经费投入、人力资源投入对专利申请量均有正向影响，但滞后一期后 OFDI 对专利申请量的影响不再显著，系数也有较大下降，说明就中国而言，对外直接投资对技术创新绩效的影响在当年就会显现。

分地区分析发现：对外直接投资对经济基础相对薄弱的西部和中部地区提高创新绩效影响更大，而经济基础更好的地区则能够更好地利用科技研发经费投入，促进创新绩效的提高。

3.3　典型区域 OFDI 发展状况剖析

江苏省地处中国经济发达的长三角地区，GDP 排名多年处于全国前列，且 OFDI 活动进行较早，因此，我们以江苏省作为范例研究，理应能够较有代表性地验证 OFDI 的逆向溢出效应；而且江苏省内不同地区的经济、文化发展程度有较大差距，能够作为比较 OFDI 不同发展阶段的例子，可为其他区域通过 OFDI 的发展促进创新能力提升提供参考借鉴。

3.3.1　典型区域 OFDI 阶段分析

江苏省处于长三角地区，经济基础在全国排名较前，2015 年江苏省全年实现地区 GDP 70116.4 亿元，比上年增长 8.5%。苏南地区作为现代化建设示范区已经逐步显现引领带动作用，苏中地区与苏南地区的协同发展和特色产业的发展持续加快，苏北地区经济基础虽然稍弱，但大部分指标增长幅度都高于全省和全国平均水平。苏中和苏北经济总量对江苏省全省的贡献率已经接近 50%。江苏省沿海地区经济的开发开放推进有力，对江苏省经济增长的贡献率接近 20%。尽管江苏省经济发展快速，但仍然有一些不可忽视的问题与结构性矛盾，如经济增速放缓、创新能力不足、新的经济增长点不多、部分传统行业生产经营出现困难、部分行业存在产能过剩问题、城乡区域发展差距与居民收入水平差距仍然比较明显、基本公共服务存在供给不足的问题、生态环境与空气质量问题仍然需要治理解决。

江苏省是中国 OFDI 进行较早且发展较好的省份，仅次于广东省和上海市。2005 年以来，江苏省 OFDI 增长迅速，尤其是从 2014 年起年均增幅达 50%，2015 年江苏省全年新批境外投资项目 879 个，比上年增长 19.4%，对比 2005 年的全年新批境外投资项目 163 个，10 年时间增长了 5 倍多；中方协议投资额达 103 亿美元，相较上年增长 42.8%，2005 年中方协议投资 20504 万美元，10 年时间增长超 50 倍（图 3-4）。2016 年以来江苏省企业 OFDI 增速进一步提高，1～9 月江苏省 OFDI 协议投资金额为 128 亿美元，较去年同期上升 54.9%，而且已经有 OFDI 项目 894 个，同比增长 31.9%，单个项目平均投资规模为 1456 万美元，同比增长 15.23%。

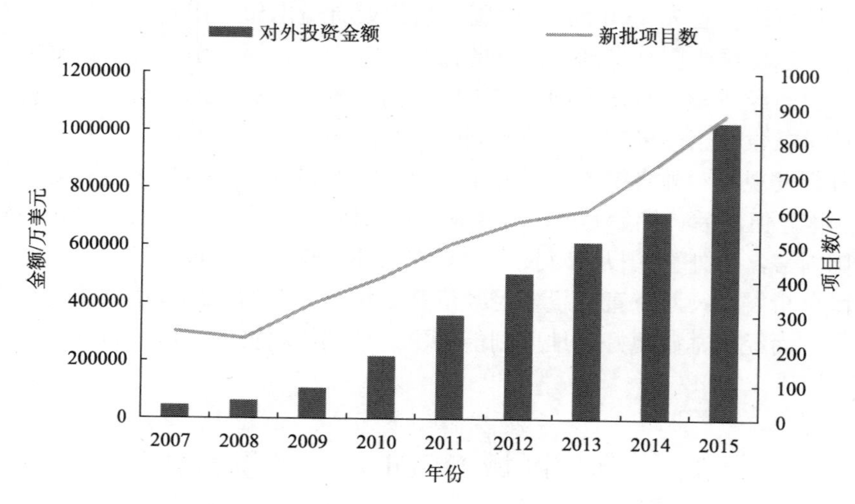

图 3-4　江苏省企业对外直接投资情况概览

从区域分布来看，苏南地区无论金额还是项目数均列全省前列。2015 年苏南地区新批项目数 647 个，苏中地区为 141 个，苏北地区 91 个，苏南地区占江苏省总数的 73.61%，苏南地区中方协议投资金额为 683 111 万美元，占全省总额的 66.29%，苏中地区中方协议投资额 168 086 万美元，苏北地区中方协议投资额 179 263 万美元。总体而言，江苏省内各区域间的企业对外直接投资程度不平衡，苏南地区明显高于其他地区。Dunning 教授提出的投资发展周期（investment development path，IDP）理论可以解释这种现象。他提出一个国家的国际投资地位与其人均 GDP 呈现出正相关的关系。苏南地区 2015 年人均 GDP 为 125 002 元，苏中地区人均 GDP 为 84 368 元，苏北地区人均 GDP 为 55 127 元。根据 IDP 理论，苏南和苏中地区处于 OFDI 的第五阶段，苏北地区处于第四阶段，如表 3-3 所示。

表 3-3　技术 OFDI 发展阶段

项目	阶段一	阶段二	阶段三	阶段四	阶段五
人均 GDP/美元	≥400	400～2000	2000～6000	6000～10000	>10000
对外投资活动	基本开展对外投资活动	试探性进行 OFDI，规模较小；产业主要是初级制造业、资源型产业加工	国际化专业生产阶段，较大的外来投资规模；电子机械、精密仪器等先进装备制造业和服务业	OFDI 大于 FDI；金融服务业、电子产品、信息技术、生物工程	OFDI 活动占主导地位；服务业与高新技术产业

由于对外直接投资的资金流出地区的经济基础和科技创新水平的差异，其进行 OFDI 的动机与逆向溢出机制也会有所不同。根据资金流出地区的经济发展程度不同和对创新成果的吸收转化能力的差异，江苏省的苏南、苏中和苏北的 OFDI 可以分为初级发展阶段和高级发展阶段。

处于 OFDI 初级发展阶段的地区受限于本身薄弱的经济基础及较弱的科技研发实力，期望通过 OFDI 活动获取海外市场，或取得海外高水平研发成果，比如跨国公司通过在海外建设工厂或子公司的形式，可以有效规避海外市场准入政策、贸易壁垒及高昂的关税，从而获取一定的经济利益。如果母国公司有较强的创新意愿，还可能获得技术溢出收益，可以促进或带来母公司的研发创新，从而提高地区创新绩效；或者可以通过并购海外企业的方式，直接获取海外先进技术，并可以直接接触到海外高水平研发人才，在原有的技术上进行研发、再创新。当然，由于处于初级发展阶段的企业科技研发人才的匮乏与科研基础设施的不足，其吸收能力会有所欠缺，该地区 OFDI 对创新绩效提升的作用可能不大。

处于高级发展阶段的地区经济基础与科技研发实力都较好，OFDI 逆向溢出的路径主要有四个方面：首先，为打通发达国家市场，满足其环保、质检方面的要求，跨国公司有提高产品质量，进行科技创新，获取市场的动机，从客观上提高该地区的创新绩效。其次，通过转移当地相对劣势的产业到海外，母国可以获取比较优势，释放沉淀创新要素，母国企业可以有更多的资源用于研发投入，从而提高创新绩效。再次，OFDI 提供了企业与东道国上下游接触的机会，帮助母国企业较快掌握最新市场咨询，较早发掘新的客户需求，通过示范效应带动产业结构升级。最后，跨国公司通过在海外建立研发机构，与发达国家高技术研发人才合作，利用高科技科研设施与实验室，可以研发具有自主知识产权的产品（周乐意和殷群，2016）。图 3-5 反映了 OFDI 与创新绩效提升的关系。

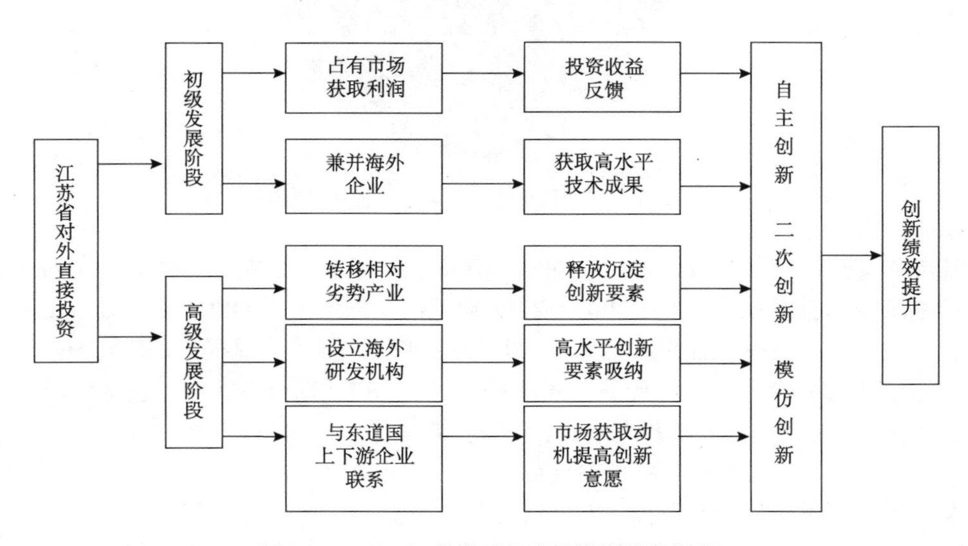

图 3-5　OFDI 江苏省对外直接投资阶段划分

3.3.2　典型区域 OFDI 特征分析

1. 地区发展情况差距较大

2015 年，江苏省苏南、苏中、苏北的 OFDI 中方协议投资额分别占江苏省总额比例的 66.29%、16.31%和 17.40%，说明地区 OFDI 差距较大，但对比 2013 年的情况，差距有所缩小，2013 年苏中地区占比为 14.9%，苏北地区占比 11.3%。通过对比，发现苏北 OFDI 发展最快，并且 2015 年同比增长率达到 162.25%，苏北地区大有后来居上的趋势。

2. 投资流向日趋多元且以亚洲为主

江苏省企业“走出去”地区多元，涉及东南亚地区和美国、加拿大、澳大利亚等发达国家及印度、阿根廷等新兴市场，2015 年江苏企业 OFDI 主要流向为亚洲、北美洲、拉丁美洲，2015 年中方协议投资额占比如图 3-6 所示。2016 年前三季度江苏省涉及“一带一路”倡议沿线国家的投资项目共有 178 个，同比增长率为 47.1%，占江苏省同期 OFDI 总流量的近 20%。中方协议投资额 26.7 亿美元，同比增长 33.1%，占全省同期投资总额的 20.9%。

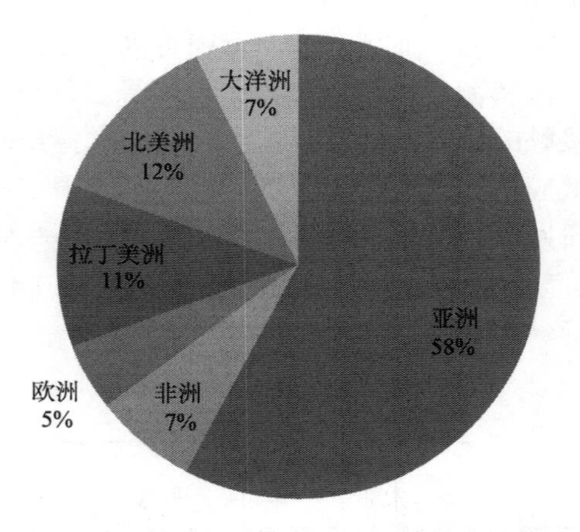

图 3-6　2015 年 OFDI 流向不同区域的占比统计表

江苏省 OFDI 的最主要流向地是亚洲，其中包括印度尼西亚、日本、马来西亚、泰国等国家及我国香港地区，并且 2000～2015 年流向亚洲地区的 OFDI 项目数相比其他大洲增长最快。排在亚洲之后的是北美洲，从 2012 年以来增速明显提高，达到 50%，2015 年新批项目数 200 个，仅次于亚洲。欧洲是江苏省 OFDI 新批项目数第三大区域，2015 年新批项目数 78 个，但波动较大，2012 年与 2014 年新批项目数达到 80 个，其余年份有所回落。江苏省企业 OFDI 新批项目数的变化情况见图 3-7。

从协议投资额角度看，亚洲依然是江苏省主要流向区域，其次是欧洲，2013 年达到 11.76 亿美元。北美洲 2015 年增长较快，协议投资额从 2014 年的 8.32 亿美元增长到 12.3 亿美元，其余各洲 2000～2015 年 OFDI 协议投额均有所增长，2010 年以后 OFDI 流向明显多元化，参见图 3-8。

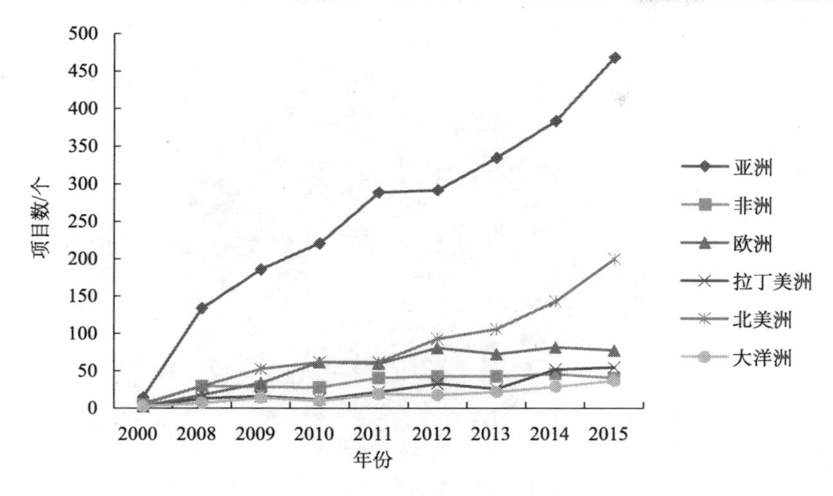

图 3-7　江苏省 OFDI 新批项目数进入国别地区情况

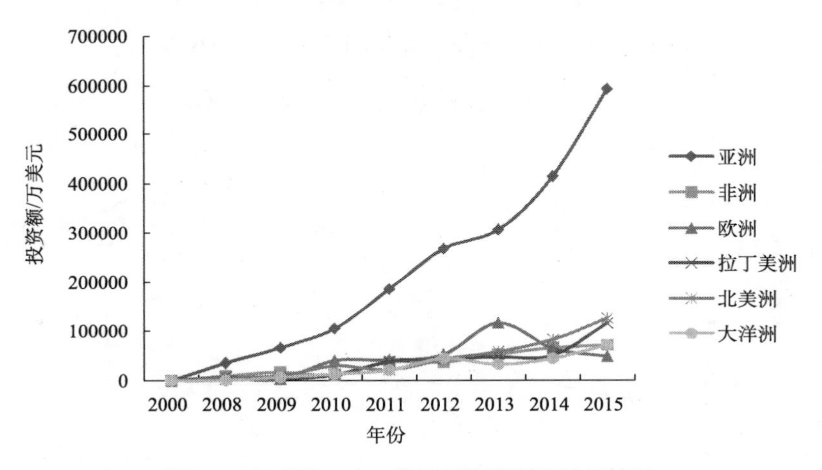

图 3-8　江苏省 OFDI 协议投资额国别地区情况

3. 行业分布广泛且服务业比重上升

江苏省 OFDI 投资领域涉及采矿业、制造业、零售业、服务业等，其中第三产业中方协议投资额达到 629 432 亿美元，为三大产业中最高，其次为第二产业，为 388 572 万美元。其中 2015 年 OFDI 金额排名前六的行业如图 3-9 所示。

从投资的产业类别看，制造业对外直接投资活动的比重下降，制造业对外协议投资额占全部境外协议投资总额的比例从 2005 年的 51.64%下降到 2015 年的 24%，取而代之的是服务业的快速发展，第三产业于 2015 年在 OFDI 协议投资额中为排名第一的产业。

值得注意的是科学研究、技术服务和地质勘查业从 2010 年到 2015 年有较快增长，2010 年该行业 OFDI 中方协议投资额仅为 4171 万美元，2015 年时已经增长到 18 987 万美元，可见江苏省 OFDI 对科学研究、技术服务和地质勘查业的重视程度越来越高（图 3-10）。

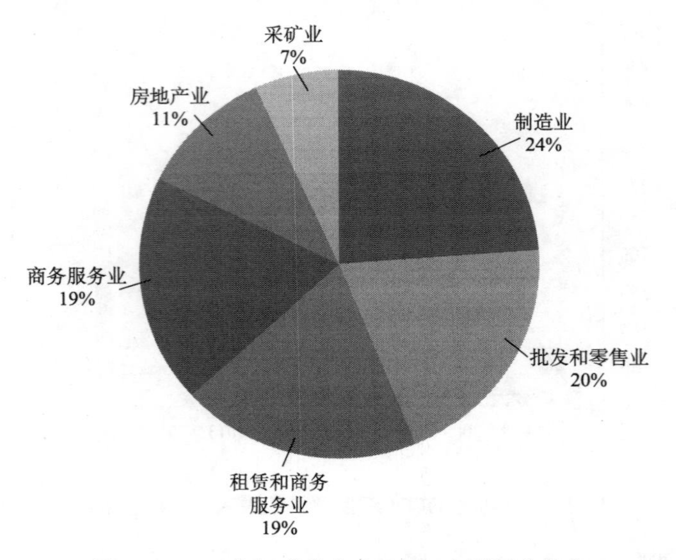

图 3-9 2015 年江苏省企业 OFDI 主要行业分布

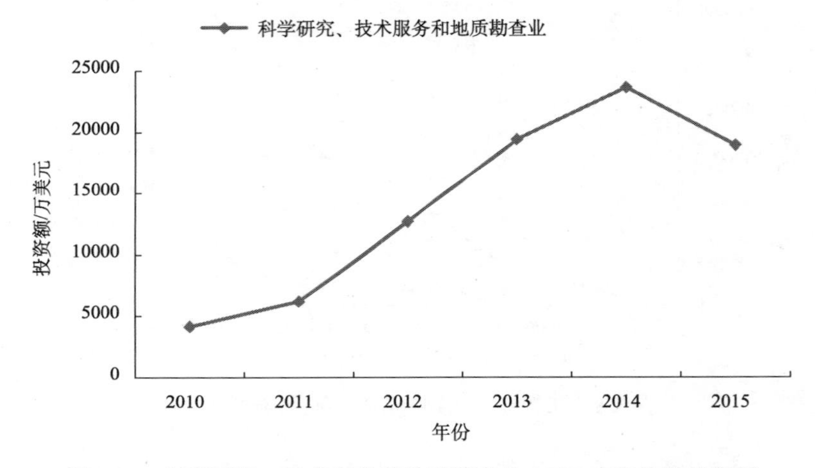

图 3-10 科学研究、技术服务和地质勘查业 OFDI 中方协议投资额

4. 民营企业为 OFDI 投资主要力量

2016 年地方企业作为并购主体投资额占并购总金额的 86.6%，江苏省民营企业作为江苏省 OFDI 的领衔者继续保持领先态势，2015 年民营企业参与对外直接投资的有 693 家，占总数的 78.75%，同比增长 25.09%。2015 年民营企业 OFDI 新批项目数为 558 项，中方协议金额年均 59.23 亿美元，民营企业投资占江苏省 OFDI 总额的比例由 2011 年的 70%上涨到 2015 年的 77%。其次是外资企业，中方协议金额占比约为 15%，且从 2011 年至 2015 年有所下降。国有企业中方协议金额占比约为 10%，同样比例在逐年下降。江苏省不同主体中方协议投资额占比情况如图 3-11 所示。

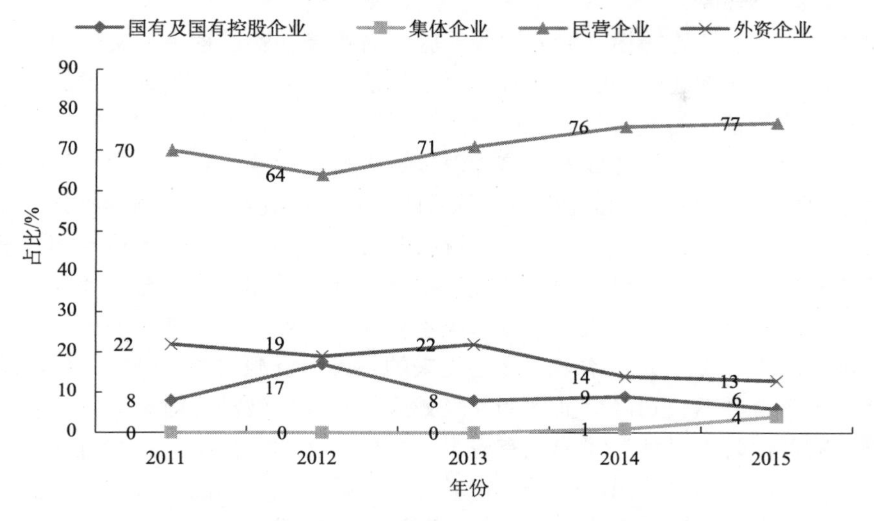

图 3-11　2011～2015 年江苏省不同主体中方协议投资额占比

3.3.3　典型区域 OFDI 问题分析

1. 企业自发性 OFDI 导致难以形成规模效应

虽然江苏省 OFDI 位于全国前列，但其规模仍远低于发达国家水平，且江苏 OFDI 以民营企业为主，持续强度不高，稳定性较差，布局分散，规模效应难以发挥，投资成本与风险较高，主要投资流向地每年都有变化，难以形成企业核心竞争力。如在 2013 年流向欧洲的中方协议投资额达到 11.76 亿美元，2014 年则下降到 6.39 亿美元。由于投资布局分散，江苏省参与 OFDI 的企业难以形成集合优势，缺乏产业集聚产生的技术外溢，难以形成强大的影响力与市场竞争力。而且，江苏省企业投资方式相对简单，非贸易型项目约占 70%以上，贸易型项目约占 25%，风险投资类项目占比较小，2013～2015 年占比均值仅为 2.4%，并购类项目金额有所上升，中方协议投资额从 2011 年的 4.91 亿美元增长到 2015 年的 19.99 亿美元。虽然江苏省企业 OFDI 已从早期的设立贸易机构发展为占股并购、风险投资等多种形式，但占比仍较小，相对简单的投资方式仍占主导份额。

2. 预先研究和认识 OFDI 风险的准备严重不足

江苏省企业 OFDI 主要流向亚洲，虽然近几年流向趋于多样化，但流向发展中国家的 OFDI 仍然占有较大比例，这些国家基础设施薄弱，政治体制不稳定，人民生活水平低下。同时由于东道国与母国经济、文化与地理方面存在差异，提高了企业进行 OFDI 活动的信息不对称性，使得企业容易做出错误的投资决策。

OFDI 中面临文化差异造成的整合风险、国外制度变化风险、对外直接投资企业的风险管理制度不健全风险等。跨国企业海外合作伙伴的选择、经营制度的调整、专业人才的匮乏等因素都有可能造成企业 OFDI 的失败，如果企业不能提前对这些风险有明确的认识并做好应对准备，其 OFDI 活动常常会遇到很大阻碍。

江苏省企业大多缺乏跨境并购方面的经验，对跨境并购过程中的文化融合问题缺乏研究和预案，跨文化沟通能力弱。而且，巨大的前期交易费用会带来很大的沉没成本，复杂的交易手续与较长的交易时间都给跨国公司跨境并购带来很大的不确定性，长期的资金占用还需要付出较大机会成本。这种现象在大型企业或国有企业中更为明显，复杂的交易手续、高昂的交易成本及过长的交易周期都有可能成为跨国并购顺利进行的障碍。但随着融资工具的日益丰富，原有以资产置换和现金并购方式为主的单一模式被越来越丰富的并购融资工具取代，风险的可控程度得到提升。具体来看，跨境并购风险可以分为两大类：财务风险和整合风险。财务风险主要就是企业资金管理方面的风险，企业在并购之后规模增大，员工人数增多，随之而来的是人力资源成本上升，规模经济的优势难以发挥。由于合并后公司经营业绩的并表效应，汇率的波动会对公司财务状况产生较大的影响。财务风险的具体表现形式有资本结构风险（如负债率过高）、价值评估错误、应收账款收回风险及投融资风险。随着市场份额的提高、规模的扩大，企业的管理也日渐复杂，经营问题也会随之而来，这样就不可避免地形成了经营风险，这一类风险主要受企业并购之前的规划的影响，同时也受市场的冲击和新的竞争对手的威胁。这种风险也是很难避免的，一旦发生会让企业无法按原有规划实施，从而造成非常大的负面影响。企业并购是不同企业之间组织结构的一次大变革，不同企业之间文化的差异会造成员工不适应，从而可能会给企业并购完成后的整合工作带来困难，对跨国企业的经营活动带来非常大的影响，具体表现为以下几个方面：①整合风险可能连累优势企业，如果在并购之后，并购企业和标的公司难以融合，制度和文化的差异会对双方企业造成影响，拖慢优势企业的发展进程；②整合风险可能造成企业破产，如果在并购之后，生产经营等多个方面都不能按照计划进行，企业就会面临较大的破产风险；③整合风险会造成范围和规模的不经济，如果企业进行跨领域并购活动，虽然可以快速扩张，但同时也会因为经营管理问题解决不顺利而面临非常大的威胁；④跨国公司并购后能否形成真正的协同效应，在很大程度上取决于公司是否拥有一批了解行业发展周期、认同公司文化、了解相关国家政策风险和当地市场经营环境的跨国经营管理和技术研发人才。因此，跨国管理人才和技术人才缺失的风险同样值得关注。

3. 促进 OFDI 的政策和信息支持体系尚不完善

民营企业是江苏省 OFDI 活动的主体，但民营企业与海外市场联系不多，获取信息的渠道有限，对信息获取、加工、处理和分析的能力不足。而江苏省内尚未形成有效的 OFDI 信息整合平台，省内也较少有为企业提供对外投资支持的中介机构，企业难以及时获取跨国投资信息并得到指导帮助，容易造成信息不对称。此外，各级地方政府为响应国家“走出去”战略，通常会设定对外投资额，并将投资项目推荐给企业，但完成指标后对投资项目后续跟进不足、推进不够，从而也会削弱企业的积极性与主动性。

2014 年 10 月《江苏省境外投资项目核准和备案管理实施办法》开始实施，办法简化了企业 OFDI 的申报材料，优化了 OFDI 的申报流程，明显促进了企业的对外投资活动。然而，少数地方政府从税收与就业方面的利益考虑，担心资金流出造成财税与人才流失到国外，对部分企业的投资活动支持力度不足，审批不流畅等问题依然存在。

此外，融资渠道不畅也给江苏企业 OFDI 活动带来阻碍，融资渠道不畅主要原因是国家对外汇来源和使用有严格规定，尤其自 2016 年人民币汇率波动较大以来，国内银行难以给予海外投资项目信贷，当地银行更难以给予信贷支持。资金流向地的银行由于政策原因和对母国公司缺乏了解通常也难以给予贷款支持，国内的商业银行由于难以评估海外投资项目的潜在利润与风险，通常都以严谨的态度评估并谨慎给予企业信贷支持。跨国公司在海外经营中缺乏及时有效的资金支持，在相当程度上阻碍了企业 OFDI 的步伐。

3.3.4　典型区域 OFDI 创新绩效影响的实证分析

为更好地研究江苏省 OFDI 发展情况，探寻 OFDI 不同发展阶段的特征，我们建立了回归模型，利用江苏省 13 个地级市面板数据进行了回归分析（具体方法与第 2 章“实证分析”类同，故此略去），分析结果如下。

回归分析发现：首先，OFDI 对江苏省创新绩效有逆向溢出效应，并对发明专利的影响大于实用新型和外观设计专利；其次，财政预算支出中用于科技支出部分能够显著促进地区创新绩效的提高，且在实用新型专利授权量和外观设计专利授权量上更加明显；最后，科技活动人数也能显著地促进区域创新绩效的提高。

滞后分析发现：除影响效果已经在初期显现出来的发明专利系数有所降低外，专利授权总量以及实用新型和外观设计专利系数均有所提高，说明技术含量较高的发明专利在进行对外直接投资的当期就完成了技术的吸收，而实用新型和外观设计专利则需要经过一定的时间之后，其逆向溢出效应才有较好的体现。

分区域研究发现：专利总授权量在苏南地区对区域创新绩效的溢出效应较大，苏中地区次之，苏北地区 OFDI 抑制区域创新绩效的提高，说明苏南 OFDI 处于高级发展阶段，苏北 OFDI 活动处于初级发展阶段，苏中地区则处于初级阶段向高级阶段过渡的阶段。

由于 OFDI 对区域创新绩效的正向溢出效应，我们应当更加注重通过加强对外直接投资手段提高自主创新能力，更加看重对外投资质量，选择创新要素丰富的地区进行投资，优化投资结构。鼓励企业对发达国家进行技术驱动型投资，加快企业进行技术获取型投资的步伐，通过与发达国家进行合作研发，或在国外创新成果的基础上进行研发再创新，建立健全合作共享机制与利益分配比例，促进创新人才、创新思想的流动，从而提升区域创新吸收能力，进一步提高自主研发实力。依据不同地区 OFDI 不同的发展阶段（初级阶段或高级阶段）因地制宜选择投资流向地与投资方式，加快实现产业升级转型，去除多余产能。

分地区分析发现，对外直接投资对经济基础相对薄弱的西部和中部地区提高创新绩效影响更大，而经济基础更好的东部地区则能够更好地利用科技研发经费投入，促进创新绩效提高。说明在全国层面，中部和西部地区适合通过对外直接投资来提高地区创新绩效，东部地区适合增加科研经费投入来促进创新。鉴于中国技术发展不平衡，政府应给予差异化政策支持。对于技术发展较为成熟或技术前景较好的产业，政府可以通过提高对企业创新投入的补助，激发企业创新的动力和活力。而面对技术发展应用方向不明确，前期技术研发投入力度大，市场接受却缓慢的产业，政府可加大对新产品的采购力度来拓展市场，帮助企业回笼资金，提高产品需求。根据江苏省层面的结论：经济基础良好，技术水平较发达的苏南地区处于对外直接投资的高级发展阶段，OFDI 对地区创新绩效的提升有积极影响，应加强对外直接投资力度，与国外有较强科技研发实力的企业建立合作关系，汲取先进的科技创新要素与创新成果。或向经济较为落后的地区投资，转移处于相对劣势位的企业，获取比较优势，释放沉淀要素，将富余资源及投资收益转移至国内，进行科技创新。对于处于初级发展阶段的苏北地区，经济基础薄弱，OFDI 会挤占当地研发资源，且受限于当地研发水平，不能很好地吸收转化先进技术，OFDI 对创新绩效的提升有消极作用，但科研经费的投入对其创新绩效的提升有较大作用，故在资源与创新要素原本就匮乏的地区，应提高科研经费的投入，不断提高地区经济发展水平，完善科研基础设施，实施人才引进政策，吸引高质量的科技创新人才，避免对外投资挤占原本就匮乏的资金。

首先，中国企业选择对外直接投资产业应遵循产业结构升级的递进顺序，由低附加值产业逐步过渡到高附加值产业；其次，中国经济发达地区经济持续高速增长对重要的自然资源需求量增大，如天然气、石油等，以资源寻求型为导向的对外直接投资仍占重要地位；最后，产业的选择要更多考虑对整个产业链的影响，对外直接投资的同时还应考虑对初级产品和中间产品的出口作用，从而为中国出口带来持续增长动力，形成一个良性循环。

营造开放的外部环境，鼓励形成多边贸易体系，稳步推进自由贸易区的建设，增进双边开放水平。优先对产业结构调整型 OFDI 与技术寻求型 OFDI 的企业进行财税支持，建立 OFDI 动机类型评价标准，鼓励企业进行技术寻求型 OFDI，通常技术寻求型 OFDI 投资额大、投资回收期长、短期获利较小。通过延期或减免境外所得税、境外资产加速折旧等方式减轻企业压力，避免国内外双重征税。同时制定区域对外产业转移目标，引导企业通过 OFDI 实现区域产业转型升级，对该类 OFDI 实行进出口税收优惠政策，使得产品能够以较低的成本转移回国内。政府财政预算中还可以设立专项扶持资金，鼓励产业结构调整型和技术寻求型 OFDI 的实施。

对实行 OFDI 的企业简化外汇申报审批流程，完善企业申请资金的管理，适度下放外汇管理审批权限，有选择地放松境外投资汇回利润保证金管理。同时拓宽企业进行 OFDI 时的商业信贷来源，鼓励在国外设有分支机构的国内金融公司对进行 OFDI 的跨国企业提供信贷支持，帮助金融机构加快构建区域企业 OFDI 的风险评估体系，建立创新企业数据库，定期对海外投资企业进行风险评估，引入财团贷款或采取阶段性融资等方式降低贷款风险。政府还应加大政策性金融机构的资本金投入，鼓励成立海外风险投资公司、海外风险投资基金，为投资不同产业的区域企业提供份额不等的优惠贷款、投资项目可行性分析等服务。

为减少海外投资风险，需完善对外投资的保险制度。目前中国进行 OFDI 的企业主要由中国出口信用保险公司提供海外投资保险业务，政府应提倡更多的保险机构参与企业海外保险业务，建立健全海外投资的风险评估体系，开发更加简明的海外投资保险品种和相对便捷的投保和承保的程序，搭建“海外投资损失准备金制度”，为跨国公司提供更多样的选择，帮助其降低风险。

建立对外投资管理机构，协调外管局、财政部、商务部等机构，构建一站式审批平台，下放 OFDI 的审批权，开发更多行业选择，除个别敏感行业或地区以外，实行登记备案制，简化审批流程，缩短审批时间，加强后续与过程的监管。设立研究机构，分析国内外市场情况、外汇变动趋势、区位优势，为企业 OFDI 的选择提供更加专业的指导，介绍合作伙伴、推进合作项目，进行投资前的可行性分析，组织后续反馈与成功案例的经验交流与分享。

3.4　运用大数据防范 OFDI 风险提升绩效路径

运用大数据，可以有效提高 OFDI 风险防范水平，提高对外投资绩效，主要体现在两个方面：一是选择东道国的时候，运用大数据技术，不但能够准确分析东道国的地理、经济、体制等结构化数据能够反映出来的现实状态，而且能够准确分析东道国的政治态势、人文习惯、消费习惯等非结构化数据反映出来的问题，从而为进行 OFDI 的企业提供更为准确的信息和决策参考数据。二是投资母国企业确定投入内容和方向时，可以运用大数据技术，不但能够更好地分析自己的投资意向、投资内容、投资程度与东道国的经济成长性的适配度，从而有效地预防投资风险，而且能够准确分析投资母国和东道国的政治制度、经济管控制度和人文交流习俗，从而更有效地预估投资进程，提升投资绩效。在此基础上，我国推进 OFDI，还需要加强下述几个方面的工作，以更好地利用 OFDI 机会，提高区域创新绩效。

3.4.1　运用大数据构建国际化人才体系

运用大数据技术，有助于识别人才并更有效地融合人力资源。人力资源是企业技术吸收能力的关键，OFDI 逆向溢出对区域创新绩效的影响很大程度受制于企业是否有足够的吸收转化能力，而人才就是其中最为关键的要素；此外，OFDI 的过程中企业面临诸多风险，其中管理风险是影响企业 OFDI 的重要因素，对国际化人才的缺乏常常使得 OFDI 后的整合工作更加困难。

运用大数据技术，可以选择出适合 OFDI 的母国公司的人才（如具备跨文化沟通能力的人才），可以筛选出东道国适合 OFDI 项目的本土人才，从而有助于 OFDI 双方人才的有效融合和精诚合作，构建起国际化研究开发团队，完善选派人才和引进人才的机制。做好 OFDI 活动中外派劳务人员的选拔、培训工作，提升外派劳务人员的工作适应性。在利用好高校或科研机构中现有的实验室、研究中心的基础上，增进与国际先进研发机构的交流与合作，从而提高区域吸收能力，搭建区域内部的研发支撑体系。同时，鼓励跨国公司在发达国家投资成立研发机构，将基础科研技术与人才转移到研发环境和科研基础设施等创新要素较好的网络中，进行继续研究，走向产业化。依据政策的引导，鼓励区域企业之间的合作交流，实现资源共享。

3.4.2　运用大数据提高自主研发创新力度

运用大数据技术，有助于发现最佳的科技研发资金投入方式，加大对科研项目支持力度，帮助企业拓宽融资渠道，引导企业加强研发投入，提升创新绩效。研发经费投入是区域创新能力的主要推动力，但仅仅依靠企业自有资源是远远不够的，因此必须积极开拓多元化融资渠道，建立以企业投入为主体，政府投入为辅助的多元化、债券类融资与权益性融资多渠道的资金投入体系，如企业可以通过收购金融控股企业，实现实体经济与资本的融合，提高自身的融资能力。

运用大数据技术和平台，可以引导高新技术企业的研发经费和销售占比保持一定的比例，设立科技企业贷款担保基金，帮助鉴别并支持优质企业进行 IPO 或发行企业债券，以更加广泛的形式募集社会资金。同时，运用大数据技术和平台，可以帮助银行和贷款公司等金融机构识别和控制信贷风险，向科技创新类企业倾斜，推动技术创新成果市场化，提高商业银行对科技创新企业的贷款支持力度，建立健全更加完善的政、银、企融资沟通机制。

运用大数据技术和平台，有助于搭建高效的银企沟通交流平台，促进银企对接，引导企业通过发行公司债券、融资租赁、企业债券、信托产品、股权融资以及知识产权质押融资等方式筹资，从而促进企业对外直接投资并提高对外投资绩效。

3.4.3　运用大数据构建社会化创新服务体系

运用大数据技术和平台，有助于政府部门解析企业对外直接投资行为、分析其风险和发展前景，从而制定更具针对性的经济政策，更有效地促进战略性新兴企业的 OFDI。

运用大数据技术和平台，有助于促进区域科技中介机构更有效地收集分析统计信息等结构化数据，为企业 OFDI 中遇到的投资流向、政策限制、流程手续、技术评估、法律服务等问题提供咨询与服务，健全知识产权法律法规，促进科技成果的转化与扩散，构建地区创新的社会支撑体系。

运用大数据技术和平台，可以帮助对外直接投资企业收集和解析东道国的政治、经济、法律等结构化数据，同时分析文化差异、风俗习惯、行为方式等非结构化数据，为企业更有针对性地选择东道国并深度融入东道国经济和文化环境，提升对外直接投资效益，提供强有力的支撑。

3.4.4　运用大数据提高对外直接投资效率

运用大数据技术和平台，有助于企业运用结构化数据，深度解析东道国市场和资源潜力，提前采取整合市场和资源的举措，提前预警潜在的政治、法律、金融和经济发展风险，分析非结构化数据，提早发现经营不规范和非理性投资等问题，做好风险防范工作。

运用大数据技术，有助于创新 OFDI 方式，形成面向全球的投融资、贸易、服务、生产的网络平台，从而在更大范围内促进国际产能合作，引领中国标准、装备、技术、服务走向世界；更有效引导海外并购活动，扩大海外的市场渠道、塑造国际品牌，提高企业核心竞争力；同时规范海外经营活动，引导企业保护当地环境、遵守东道国法律、避免恶性竞争，从而更加有效地拓展东道国市场，更有效地保护知识产权及海外人员的安全，不断提升对外直接投资效益。

3.5　结论与展望

本章的主要研究结论：①OFDI 对我国创新绩效有溢出作用，且高度显著，对外直接投资总体上可以促进我国技术创新水平的提高。②科研经费投入对地区创新绩效的影响在 95%的水平上显著，科研经费投入对技术创新绩效的提高有较大促进作用。③科技活动人数对专利申请总量有正向影响，对技术创新水平的提高有促进作用。④分地区分析发现，对外直接投资对经济基础相对薄弱的西部和中部地区提高创新绩效影响更大，而经济基础更好的地区则能够更好地利用科技研发经费投入，促进创新绩效的提高。

后续研究展望：①OFDI 对区域创新绩效有逆向溢出效应，并对发明专利的影响大于实用新型和外观设计专利，但是其机制是什么？应当采取哪些激励与约束举措？②财政预算支出中用于科技支出部分能够显著促进地区创新绩效的提高，但具体是更多聚焦专利产出还是应用性基础研究，需要进行系统性研究探讨。③科技活动人数增加能显著地促进区域创新绩效的提高，但科技活动人员增加的规模和速率需要深入讨论。

第 4 章　大数据、创新投入与环境全要素生产率

大数据时代，全球科技创新引领产业变革，数据成为重要的战略资源。在中国经济增速放缓、能源环境压力仍然巨大的发展阶段，如何实现高质量发展，推动要素驱动转向创新驱动，借助大数据技术促进创新投入效率和环境全要素生产率的提升成为重要选项。在以创新驱动发展和数字中国建设的机遇期，从区域创新投入和 ICT 能力视角出发，研究两者能否发挥乘数效应是提升环境全要素生产率、兼顾“金山银山”与“绿水青山”协同发展的重要课题。

4.1　相关概念与理论基础

全要素生产率，一直被经济学界视为提高要素配置效率，促进经济增长的内源动力。进入新时代，如何运用大数据技术促进中国经济转入高质量发展轨道，更加有效地保护生态环境，显得至关重要。我们知道，传统的全要素生产率计算并没有加入能源和环境等刚性约束因素，如果不考虑非期望产出，实际上是无法准确评估环境污染和能源约束对生产率的影响的。因此，我们的研究聚焦在传统全要素生产率评价基础上，将能源和环境要素加入测算体系并进行扩展分析，通过环境全要素生产率来评价经济发展质量，测算出更为真实的全要素生产率，从而更加准确地判断中国经济转型期所处的阶段和高质量变革手段是否有效等，避免因忽略环境和能源约束得出误导性的政策建议。

4.1.1　环境全要素生产率内涵

古典经济理论认为，经济增长源于资本积累和收入储蓄，随着边际报酬递减规律的提出，经济学界意识到相比于要素投入，长期的经济增长取决于生产率的提高。关于生产力发展和提高经济水平的生产率理论探讨，大致经历了单要素、全要素和环境全要素研究三个阶段。

1. 单要素生产率

早期的生产率理论主要研究物质财富增长和个体间的分工协作，以实现使用价值为主线。当时的生产率理论主要关注工农业等生产领域，古典经济学家亚当·斯密认为，分工带来的劳动生产率的提升和资本利用率的提高是社会财富增长的两大途径。从价值论角度出发，在社会生产中，劳动伴随收入，资本获取利益，土地偿得地租，某种要素的生产率即为投入对产出的效率。由此衍生出的单要素生产率（single factor productivity, SFP）就是指产出与单个投入要素的比率，如劳动生产率、资本生产率等。SFP 主要用于衡量某一特定要素的单位产出能力，由于指标处理较为简便，因此在早期成为评价要素使用效率的主要手段。然而，在实际生产中投入要素并不唯一，Mark（1986）认为，

通过增加一个要素的投入并减少另一要素的投入，可以保持产出不变，这种替代现象会使生产率的估算产生误差。并且投入要素的种类和结构都会对生产率产生影响，随着技术创新等因素对经济增长的贡献度越来越高，单要素生产率并不能真实反映生产率水平。

2. 全要素生产率

全要素生产率（total factor productivity, TFP）是指在各种生产要素的投入水平既定的条件下，达到的包含所有额外生产效率的全部效率。因此，全要素生产率的增长率常被视为科技进步的指标。索洛（Solow，1957）从新古典增长理论的角度出发，在市场出清的前提条件下将储蓄率设为外生给定值，探索长期状况下经济增长的影响因素。他认为经济增长主要源于两个部分：一是劳动、资本等投入增加所引起的经济增长，二是除这部分要素投入外的其余要素所带来的经济增长，索洛将这些要素定义为"技术进步"，也即"索洛剩余"，并提出了规模报酬不变和希克斯中性技术假设下的生产增长率方程。TFP 的概念正是用来具体量化扣除资本和劳动等要素投入后技术进步对生产率提高的贡献值，它将不同技术进步形态带来的资源利用率改善程度以数据形式进行表征，从而实现对经济增长效率的宏观概括。实际上，正是由于 TFP 的提出，不同国家间的生产效率比较才成为可能，而不是单单去比较劳动与资本生产率。一般来说，TFP 可从技术效率改进和技术进步两个方面进行考量，前者反映一种实际生产向生产前沿面移动的"追赶效应"，后者反映随着时间递进所产生的技术进步，即生产可能性边界的"外移效应"。

3. 环境全要素生产率

在新古典经济理论中，人们在研究 TFP 时多数都忽略了环境与资源的问题，而只片面考虑资本和劳动投入要素对经济增长的作用。实际上，资源与环境不仅是经济发展的内生变量，也是经济发展规模和速度的严格制约因素。传统的全要素生产率只考虑生产要素的输入约束，没有考虑资源环境的约束，在一定程度上影响了绩效评价的准确性。时至今日，随着绿色发展和要素生产理论的不断完善，以及环境污染与资源消耗程度的不断加重，经济学家们开始认识到追求经济总量的上升而忽略环境资源问题是不可取的，必须在保持高产出的同时尽可能控制污染排放，确保高质量的经济可持续增长。

环境全要素生产率又称绿色全要素生产率（green total factor productivity, GTFP），是考虑环境资源约束的全要素生产率。环境全要素生产率将实际生产流程中的污染排放治理作为有偿的投入或者将污染排放物作为产出，与资本、劳动力、资源等要素一起纳入生产系数中，由此得到的全要素生产率即为环境全要素生产率。GTFP 将环境、能源要素限制加入经济增长分析范式中，修正了传统的全要素生产率组成要素，是判断经济结构转型升级方向的重要标准和推动经济健康增长的主要推动力。

万物互联和智慧社会时代即将到来，信息化和信息通信技术已经成为新一轮科技和产业革命的关键变量，世界各主要国家不断在加强其战略布局。紧跟数字经济发展浪潮，迈向网络和数字大国，大数据技术和平台必将为中国加快经济结构升级，实现高水平发展提供新的增长动能。因此，我们从创新投入和 ICT 能力两个视角出发，在传统影响因素研究的基础上，充分考虑不同区域经济单元间的空间溢出和自相关性，紧跟时代发展趋势和特点进行研究和阐述，期望能够为提升中国环境全要素生产率提供新的路径和政策参考。

4.1.2 环境全要素生产率测算方法

研究环境全要素生产率的测度并没有统一的方法，主要的测算方法有增长核算法、前沿函数法和数据包络分析法。

1. 增长核算法

Solow（1957）在研究 1909～1949 年美国技术变革与总生产函数的关系时，开创性地将技术进步考虑进生产函数，在完全竞争、规模报酬不变的条件下，假设技术进步为外生因素，并确定其为产出增长的一部分，而不是由劳动、资本等生产要素的累积所解释，由此得出的“索洛剩余”即为全要素生产率（TFP），用以评估技术进步的影响。Moghaddasi 和 Pour（2016）基于索洛剩余法研究了伊朗农业能源消费与 TFP 增长间的关系，基于约翰森（Jonhanson）协整检验发现，TFP 增长与伊朗农业能源消费之间存在负相关关系。Kasim（2018）从动态技术视角出发，通过检验发现，索洛剩余法对于后续投资的过度退化必然会产生误差，其次，资本利用的跨期变化将偏离未经调整的索洛剩余计算的衡量标准。

2. 前沿函数法

1977 年，Aigner 等（1977）在 Farrel 的前沿生产函数的基础上首次引入随机扰动项，通过将扰动项定义为对称正态和（负）半正态随机变量之和，考察对于生产函数的影响；Meeusen 和 Julien（1977）通过引入效率低下的干扰和规范测量误差所导致的统计扰动，采用组合误差模型对十个行业的生产效率进行了估算，发现效率变量指数分布的先验选择、统计误差及 Cobb-Douglas 规范本身的指数分布都会对生产效率产生影响。随着 Aigner、Meeusen 和 Julien 分别独立提出了随机前沿生产函数，之后逐渐发展起来的随机前沿生产函数允许技术无效率的存在，并将 TFP 分解为生产可能性边界的外沿和技术效率的变化，这种方法相比于传统的生产函数法更接近生产和经济增长的实际情况，能够从效率分解的角度分析影响 TFP 的因素，从更深层面研究经济增长的推动力。目前，更多的学者选择超越对数生产函数形式的随机前沿分析方法（SFA），相比于 Cobb-Douglas 生产函数在实际情况中难以满足产出弹性恒定且技术中性的假设，超越对数生产函数的形式更为灵活且对于特定问题分析的匹配度较高，由于可以二阶泰勒近似为其余生产函数，从而减少传统设定带来的计算误差。王忠等（2017）通过超越对数生产函数模型测算出 2004～2014 年中国煤炭产业 TFP 的动态变化；王萍萍和陈波（2018）通过随机前沿模型对中国上市军工企业的技术效率和 TFP 进行了测度，进一步计算出了不同分解项对于 TFP 的贡献程度。SFA 作为前沿函数分析中参数方法的代表手段，在确定性的生产函数基础之上提出了具有复合扰动项的随机边界模型，将扰动项分为随机误差项和技术损失误差项，可以分别计算系统非效率和技术非效率。通过设立具体的生产函数形式，考虑不同生产函数中误差项的分布形式及其复合结构，并依据误差项的分布假设差异，采用相应的技术方法来估计生产函数中的各个参数。其优点在于可以凭借对生产函数的估计实现对个体生产过程的描述，体现了样本的统计特征，也反映出样本计算的真实性，从而控制技术效率的估计；缺点是对效率的偏倚方向设定及效率和技术进步参数之间的识别尚无法提供灵活、可行的解决方案，并且模型假设设定的复杂度较高，处理产出多元化的问题时较为复杂。

3. *数据包络分析法*

数据包络分析（DEA）作为一种非参数方法，无须设定具体的函数形式，通过线性规划求解方向性距离函数，在此基础上搭建样本集的包络函数来估计效率值，在计算要素生产率时常常与指数法结合进行求解。Malmquist（1953）在研究跨时期消费者行为变化的问题时，通过搭建价格消费指数首次提出 Malmquist 生产率指数。由于利用指数法测算生产率需要使用离散数据点进行比较，并对时间导数进行离散近似，只有在非常严格的假设条件下，所得到的指数对于近似点才是不变的。Caves 和 Diewert（1982）通过搭建基于距离函数的 Malmquist 生产率指数解决了上述问题，但限于当时如何测算距离函数的问题仍未解决，Malmquist 生产率指数并没有过多运用于测算要素生产率。Charnes 等（1978）首次提出了数据包络分析法，使距离函数的问题得到求解。Fare 等（1994）将 DEA 与 Malmquist 生产率指数法相结合对工业化国家的 TFP 进行了测算，并将其分解为技术进步和效率变动。杜康等（2019）通过 DEA-Malmquist 生产率指数法对近 10 年内安徽省大中型工业企业的 TFP 进行了测算，实证结果显示技术进步成为提升 TFP 的主要途径。Reza 等（2019）提出了一种新的双边界 DEA 权重模型，并结合 Malmquist 生产率指数模型对伊朗交通运输业 2014～2017 年的 TFP 进行了测算。

传统的 TFP 测算并没有将污染排放等非期望产出加入测算体系，Chung 等（1997）基于 Chamberti 提出的 Luenberger 生产率指数，提出了基于径向角度的方向性距离函数（DDF），并构建了 Malmquist-Luenberger 生产率指数模型，使加入非期望产出的环境全要素生产率测算成为可能；崔兴华和林明裕（2019）采用 Malmquist-Luenberger 生产率指数测度了中国工业企业的 GTFP，并分析了 FDI 对企业 GTFP 的净效应；王冰和程婷（2019）通过 Malmquist-Luenberger 生产率指数对中国中部 80 个地级市的 GTFP 及其分解项进行了测算，结果显示中国中部地区的 GTFP 差距呈缩减态势，城市间的技术追赶效应明显。由于径向角度的 SBM 模型会带来非零松弛的问题，Tone（2001）搭建了基于松弛变量的 SBM 模型，可以减少产出要素的方向变化局限，避免产生角度偏差，更加贴近实际生产；孙才志等（2018）基于 SBM 模型和 Malmquist 生产率指数模型测算了中国 31 个省份的 GTFP，发现地区水平差异显著；由于 Malmquist-Luenberger 生产率指数的测算可能存在无法使用线性规划求解、测量跨周期距离函数失效、无法满足传递性与可加性的假设条件等问题，Oh 提出并搭建了 global Malmquist-Luenberger（GML）指数，可以同时处理多投入-产出及非期望产出的情况，可有效规避 Malmquist-Luenberger 生产率指数可能无解的问题；王凯风和吴超林（2018）基于 DDF 函数和 GML 指数，测算并分解了中国 285 个城市的 GTFP，研究发现同期 GTFP 增长率小于传统 TFP 增长率，技术进步为主要提升动力。可以看出，学者选用 DEA 方法测度 GTFP 时多与指数法相结合，主要原因在于：一是 DEA 效率测算结果与投入和产出指标所选取的单位无关，即无量纲特征，可以避免源数据单位不一致对结果产生影响；二是通过方向性距离函数模型可以由研究者通过定义方向向量来指定投入和产出指标改进的方向，规避径向角度带来的同比例变化偏差；三是能够较为便捷地处理非期望产出问题。综上所述，我们选取基于松弛变量的非径向、非角度的 SBM 方向性距离函数（SBM-DDF）模型和 GML 指数相结合的方法对中国 GTFP 水平进行测度。

4.1.3 基于不同环境要素的测度指标

在环境全要素生产率的测算体系中，资源与环境要素成为区别传统 TFP 的核心研究点。目前关于资源要素，国内外学者普遍将其加进测算模型中的投入部分，作为引起环境负外部性的主要来源。由于没有将真实产品和实际要素投入纳入计算体系，GTFP 的测度会出现严重偏差，Jorgenson 和 Griliches（2000）从经济生产理论出发，首次将能源要素与劳动和资本要素共同引入测量模型中，对美国 1945～1965 年的 GTFP 进行了测度。但对于环境要素衡量指标的选取及在测度模型中所放置的位置，还存在许多不同的处理和选择方式。关于环境要素的处理主要包括两种：一是将资本、劳动作为正的要素投入，污染排放指标作为负的要素投入一起纳入生产函数中（王奇等，2012；Xie et al.，2017；展进涛等，2019）。这种处理方法虽然可以满足在负的要素投入不断追加的情况下，要素生产率越低的传统假设，但并不能较好地真实反映实际生产过程。二是将污染排放指标视为具有弱可处置性的非期望产出，与正向的期望产出一同作为产出要素，通常采用倒数转换或投入转化为产出的递增函数形式（温湖炜和周凤秀，2019；吕娜和朱立志，2019），该处理方法可以反映实际生产状况。此外，关于环境要素污染排放衡量指标的选取，由于不同研究对象间存在的行业和区域差异及自身特性、指标的选取也有所不同，大致可分为单衡量指标、多衡量指标和综合衡量指标。

1. 单衡量指标

工业“三废”作为污染排放的主要来源，具体划分为废气污染、废水污染、固废污染三类，由于每一类下根据物理特性和污染强度又有各自细分，且所含污染物范围较广，部分文献会从中选取单个指标衡量非期望产出。由于“温室效应”和全球气候变暖不断加剧，二氧化碳在温室气体排放中占比最高，成为研究侧重点。王兵等（2008）和马骍（2019）选取世界银行 WDI 数据库中的 CO_2 排放量作为非期望指标，以测量环境全要素生产率。但由于 WDI 数据库数据更新的滞后性和缺失性，目前更多学者选择根据不同能源消耗数量、碳排放系数折算出 CO_2 排放量。匡远凤和彭代彦（2012）选取中国各省份 1995～2009 年日常生活中消耗量较大的一次能源（石油、煤炭、天然气）估测 CO_2 排放量；齐亚伟（2018）以焦炭、煤炭、汽油、煤油、柴油、燃料油、天然气七种化石能源消费量和对应的 CO_2 排放系数乘积计算出工业生产流程中的 CO_2 排放量；由于液化石油气的消耗量与日俱增，刘杨等（2018）在传统化石能源基础之上，加入液化石油气消费量，并且将工业生产流程中占比较大的水泥生产活动所产生的 CO_2 排放量加入估算范畴之内。针对江苏省工业生产水污染排放量较大的现状特点，华学成等（2018）选取 13 个地市的废水排放量作为非期望产出指标；吴传清和宋子逸（2018）根据农业生产的特点，通过 31 个省市的灌溉面积、农药使用纯量等六种 CO_2 排放源乘以排放系数，最后加总得出农业 CO_2 排放量作为有害产出指标。

2. 多衡量指标

由于单一衡量指标作为代理变量难以全面考察和衡量某一区域或某一行业的环境污染水平，所以多数文献会综合考虑数据可得性和科学性同时选取多个污染物排放量来表征非期望产出。“三废”作为表征环境污染状况较为全面的代理变量，成为诸多学者选取非期望产出指标的出发点。伍格致和游达明（2019）及傅京燕等（2018）选取工业废气、废水、固废排放量作为“坏”产出指标；任思雨等（2019）将工业废气污染做进一步细分，选取其中的 CO_2 排放量和工业粉尘、烟尘排放量来衡量废气排放水平，再结合废水和固废排放量综合考察中国 30 个省份污染物排放情况；向小东和林健（2018）则选取工业废水和工业 SO_2 排放量作为非理想产出向量；由于中国工业治污费用仅含废气和废水两个部分，为了贴合这两个部分的治污费用，黄庆华等（2018）选用代表性的 NH_3-N 和 COD、SO_2、粉（烟）尘排放量分别表征工业废水排放量和工业废气排放量；蔡传里和许桂华（2019）考虑在所研究时间区间内省际数据的可得性，选取 COD 和 CO_2 排放量代表非期望产出；王伟和孙芳城（2018）、王冰和程婷（2019）由于研究对象为地级市，根据年鉴数据的可获得性和完整性，都选取了工业 SO_2、工业废水和工业粉（烟）尘排放量来衡量污染排放。

3. 综合衡量指标

此外，还有一些文献通过计算多个污染排放物指标的贡献率，合成得出一个环境污染综合指数作为非合意产出。其中熵值法和动态因子分析法为主要处理方式。如陈瑶（2018）采用熵值法通过工业废水、固废、SO_2 和粉（烟）尘排放量四个指标计算出工业污染综合指标，并进一步取倒数来衡量非期望产出；石风光（2017）同样采用熵值法将固废、SO_2 和 COD 排放量合算为一个污染综合指标以测算中国 30 个省份的环境全要素生产率；李卫兵等（2019）先将工业“三废”排放量与各市工业总产值占该省工业总产值比重相乘，估算出“三废”排放量，进而使用熵值法计算得出污染综合指标；尹向飞和刘长石（2017）选取大气污染作为非期望产出并将其分为两类，由于排放物指标过多需进行降维处理，通过动态因子分析中的主成分分析法，得到每一主成分的特征值、方差贡献率和累计贡献率并计算出平均和动态贡献矩阵，最后采用方差权重得出平均得分，合成为一个污染综合指标；邱士雷等（2018）选取各省大气污染物中的六种排放指标，根据对环境和社会生活的损害程度，以每一污染排放物指标的社会支付意愿作为权重，采用动态因子分析法构成一个污染综合排放指数。

中国的污染主要来源于工业大气污染和水污染，二氧化硫（SO_2）和化学需氧量（COD）为两大污染源中最具代表性的指标。同时，由于两者又作为中国节能减排考核及环境规制的主要监测对象，我们参考黄永春和石秋平（2015）及余泳泽等（2019）的研究，选取 SO_2 和 COD 排放量来衡量非期望产出。

4.1.4 环境全要素生产率空间溢出效应

新经济增长理论和新贸易理论以边际报酬递增假设为基础所建立的模型框架，为解释经济活动的聚集现象提供了新的可行路径，但依然存在无法解释的问题。这两种理论虽然对投资与经济增长间动态时间关系做出了解释，但没有考虑空间维度和要素流动机制，由于初始即假设国家间的市场大小存在差异，所以并未说明为何会出现此种市场规模差异，尤其是原本市场水平相近的国家为什么会发展出不同的生产结构；也并未阐释为什么相同部门的厂商会出现群集效应，从而产生区域专业化现象。

1. 新经济地理学

由于传统经济理论一般会忽视现实的空间问题，默认生产要素不需要运输即可完成不同活动单元间的调配，运输成本的内生性使得主流经济学家开始转向“空间”问题的研究，将触角扩展到经济地理学领域，以期从新的角度出发分析传统理论所忽视的现实经济问题。随着经济全球化的迅猛发展，贸易、投资、要素快速流动，对现有问题的研究提出了新的要求，在此背景之下保罗·克鲁格曼（2000）在《收益递增与经济地理》一书中从空间角度对 D-S 模型做了完整的解释，成为新经济地理学的开山之作、经典著作，在其著作中较为系统地解释了收益递增思想，并通过不同区域间的路径依赖建立新的经济区位理论。在他看来，收益递增作为某一区域的自身内在现象，空间聚集则是收益增长的外部表现形式，是空间集中后所有产业和经济活动所带来的经济效应，是产生经济活动向特定区域趋近的向心力来源。

克鲁格曼同时提出了代表性的“中心—外围”模型，成为新经济地理学研究的基本框架。该模型假设仅存在两个部门和两个区域，即报酬不变的农业部门和报酬递增的制造业部门，农业人口呈均匀分布且工资水平相同，制造业实际工资存在地区差异。模型结果显示，外部条件相同的情况下规模报酬递增，劳动力等要素的流动性和运输成本将决定经济活动和物质财富在空间配置中的区域聚集程度，最终形成各具特点的经济结构，主要体现为空间集聚效应和空间扩散效应。一方面，当资本外部性和劳动力迁移通过区域一体化增加时，会产生更大规模的空间集聚，形成区域增长极，对周边地区的要素产生向心引力，导致区域发展出现“剪刀差”现象；另一方面，长期的空间集聚现象会使劳动力等要素的单向流动不断加剧，集聚增长极地区的劳动力由于拥挤和密集，其成本必然上升从而产生离心力，经济活动的趋利性同时会将要素引向欠发达地区，这有利于缓解过度集聚的现象。“中心—外围”模型完整地阐释了某一区域如何由孤立的地区单元发展成彼此联系、协同发展的区域系统。

2. 空间计量经济学

传统的经典统计理论假定各观测变量之间相互独立，并且很少关注区域经济间资源的流动互换，即将不同区域视为独立的个体系统，没有考虑系统间存在的关联效应。然而，在现实情况中，尤其是遇到空间数据问题时，相互独立的观测值并不是普遍存在的。

对于具有地理空间属性的数据，一般认为地理空间距离的远近影响不同空间单元间的关系，地理学第一定律表明：地区间的经济行为均存在一定的关联程度，而距离较近的事物总比距离较远的事物相关性更显著。随着区域间的空间交互作用增强，经济要素的加快流动、创新的扩散及技术的溢出都强化了区域间经济发展的联动性和互动性。在这种联系中衍生出的要素流动会产生显著的空间溢出和扩散效应，一个单元的创新水平不仅会影响本单元的经济发展水平和要素配置效率，也会通过资源位势差和空间相互作用对邻近单元产生多向影响。1974年，帕里内克首次提出空间计量经济学的概念，随后经过其他学者的修订和完善，该理论逐步成为具有相对完整体系和方法的计量经济学重要分支。与传统的计量经济学相比，空间计量经济学通过在传统分析中加入空间矩阵对不同区域间的空间相互作用进行衡量，如地理空间的二维和三维可视化及空间回归分析。而前者则是假设经济单元的空间独立性和同质性，无法衡量空间相关性和空间相互作用。但实际上一个地域单元上的某种经济地理现象或某一属性值与邻近地区空间单元上同一现象或属性值是相关的，并且几乎都具有空间依赖性或相关性特征，可以说空间依赖的存在颠覆了经典统计计量分析中相互独立的基本假设。

与传统回归不同，数据样本融入地理空间位置信息后，不同空间单位间的数据相互关系会产生变化和波动，这种现象主要来源于空间依赖性和空间异质性。空间依赖性也即空间自相关，它反映如要素耦合、技术溢出、创新扩散等现实存在的空间交互作用，是区域经济或创新行为过程中的真实证明。空间依赖不仅表明空间维度上的观测值不具有独立性，还意味着这种空间相关所隐藏的数据结构，即空间相关性的强度由绝对位置（格局）和相对位置（距离）共同决定。根据不同的空间相关性所展现出的空间效应，模型误差项在空间上相关时，即为空间误差模型；当变量间的空间依赖性对模型影响较大导致空间相关时，即为空间滞后模型。空间异质性是指地理空间缺乏同质性，经济区域存在落后和发达地区，经济结构存在“中心—外围”（核心—边缘）结构，从而使经济社会发展和区域创新活动产生较大空间差异，空间异质主要反映空间观测单元间存在的普遍的较为不稳定的关系。

3. 不同空间尺度的环境全要素生产率

全球各国（地区）和中国各区域，均存在经济发展和要素生产率水平的不平衡状态，而且地区间的差异性还在持续增大，区域失衡不仅会影响资源配置效率，还会引发社会不公、社会矛盾等严重后果。但由于空间相关性的存在，区域间的经济失衡和发展差距会逐渐缩小。因此，诸多学者开始关注不同空间尺度下的环境全要素生产率。

在国际层面上，葛鹏飞等（2017）从科研创新视角出发，首先测算出“一带一路”所覆盖国家的GTFP水平，最后通过实证检验发现科研创新对于沿线国家GTFP的提升具有正向推动作用；黄秀路等（2017）通过跨国面板数据，测算出亚洲和欧洲相关国家的GTFP，并对其时空演变趋势进行了分析，发现亚洲的GTFP增长速度高于欧洲；齐绍洲和徐佳（2018）基于出口和贸易角度，测算出31个国家的GTFP指数，并通过面板门槛模型变量检验发现贸易开放水平与国家GTFP水平呈正相关关系，进口贸易相比于出口贸易更有利于GTFP的提升；Amri（2018）通过断点式的自回归滞后（ARDL）模型，测算出突尼斯 1975～2014 年的环境全要素生产率，进一步检验发现 ICT 有利于提升 GTFP，贸易水平、金融发展和能源消耗会对环境质量产生负面影响；Ospino（2018）通过测算哥伦比亚制造业环境全要素生产率并运用固定效应模型分析得出信息通信技术的应用及劳动力需求的增长都与 GTFP 呈正相关关系。

在国内区域层面上，一些学者聚焦于省际或市际研究。董会忠等（2019）基于 SBM-DDF 模型对中国 30 个省份 2006～2016 年的环境全要素生产率进行了测算，发现中国环境全要素生产率整体偏低，不同区域间的差异较大；李光龙和范贤贤（2019）使用 Malmquist-Luenberger 生产率指数测算出 2002～2016 年中国各省份环境全要素生产率，又进一步利用固定效应模型分解得出贸易开放通过技术进步促进了 GTFP 的提升，但 FDI 对中国 GTFP 具有抑制作用；姜旭等（2019）将湖北省作为研究单元，通过 SBM-DEA 模型测算出湖北省的环境全要素生产率，实证分析发现土地出让市场化和产业结构优化均对 GTFP 有正向影响，并且后者更为显著；彭文斌等（2019）则将研究的区域尺度聚焦到城市，选取中国 285 个城市的面板数据，通过 SBM 模型测算出中国市际环境全要素生产率，并运用探索性空间数据分析（ESDA）方法探索其空间分布特征，发现中国城市 GTFP 呈上升态势，空间结构呈现出集聚的“多核心”形态。

4.1.5　环境全要素生产率的影响因素

环境全要素生产率是包含经济、环境、资源等多方面的综合性系统，目前多数学者选取的影响因素主要有经济发展、对外开放、所有制结构、要素结构、能源结构、环境规制、公众环保意识等。

1. 相关文献回顾

全要素生产率提升的主要驱动力为技术进步和生产效率的改善，而创新性的研发活动可以对产品和生产手段进行全新更迭，是技术变革与生产率提高的重要前提，因此创新成为提升全要素生产率和环境全要素生产率的核心路径。中国供给侧结构性改革也明确提出以提升 TFP 为目标，为经济的长久可持续发展提供不竭动力，在实施创新驱动发展战略及建设“创新型国家”的关键时期，部分学者逐渐开始以创新作为切入点探讨如何提升（环境）全要素生产率。

龙建辉（2017）选取沿海发展代表城市——宁波作为区域研究单元，从 TFP 视角检验和分析创新驱动发展的路径识别与选择。实证结果显示，研究时期内宁波 TFP 并没有显著推动经济增长，贡献率较低，宁波仍主要处于要素驱动发展阶段；进一步检验内生性的“造血”路径和外源动力的“输血”路径及其关联效应，结果显示，前者中的人力要素和 R&D 投入有利于 TFP 的提升，后者中的进出口贸易则对 TFP 的提升有一定的抑制作用。通过多层交互检验发现，两大路径相关指标的交互项为正，说明“造血”路径和“输血”路径之间具有联动协同效应，发挥两者的协同效应可进一步提升宁波的 TFP，促进高质量发展。

创新资源配给受资源自身数量、结构类型、配给方式及配给主体与受体多方面的影响，创新投入结构则是指经费、人力、创新价值链等多要素的组合。针对中国企业创新投入水平较低且自主研发能力较弱的特点，张德茗和梁元秀（2017）以创新投入为切入点，并加入知识产权保护作为调节变量，研究其对中国 30 个省份企业 TFP 的影响，通过实证分析发现，低效的研发投入对 TFP 有抑制作用，研发投入强度在加入知识产权保护后对 TFP 也有一定的抑制作用，同时创新投入的外生性来源比例越高，抑制作用越强，说明中国创新投入强度不足的同时，企业创新行为对于外部技术的依赖度较高，创新投入效率依然较低。

不同地区环境规制政策的差异也会对创新行为和创新路径选择产生直接或间接影响。袁宝龙和李琛（2018）从不同创新动机视角出发，将受环境规制影响的创新行为以环境规制强度和专利申请量作为区分依据，细分为策略创新行为和实质创新行为，并分析两种不同创新动机行为对于中国省际工业 TFP 和 GTFP 的影响。整体结果显示，策略创新行为对中国工业 TFP 和 GTFP 的影响程度并不显著，实质创新行为对中国工业 TFP 和 GTFP 的提升具有显著的正向推动作用；分区域结果显示，策略创新行为对西部地区 GTFP 的提升较为显著，实质创新行为对东中西部三大区域的 TFP 和东中部地区的 GTFP 具有正向影响。

技术创新和技术进步作为研发投入的影响媒介，同样有利于 GTFP 的提升。吴新中和邓明亮（2018）从技术创新视角出发，选取中国长江经济带 108 个沿线城市作为研究对象，从技术创新改进和技术规模效率两条路径出发，研究发现长江经济带工业 GTFP 整体呈现上升态势，技术创新改进对于 GTFP 提升的贡献率要高于技术规模效率，两大技术创新路径的空间异质性显著。随着信息通信技术（ICT）的快速发展使全球信息交流呈现出网络化、实时化和便捷化的特点，生产成本与时间成本大大降低，对经济和社会的各个领域都产生了深刻的变革。自 20 世纪 90 年代中国开始进入互联网时代以来，ICT 技术被广泛应用于社会的诸多层面。近年来，随着中国经济由高速发展转为中高速发展并进入新常态，政府提出“互联网+”和国家信息化发展战略，以期以互联网为代表的 ICT 技术能够为中国产业转型升级和信息经济增长注入新的发展机遇与推力。ICT 技术的迅猛发展引发了学者们的广泛研究，但主要集中在对经济增长的影响效应问题方面。

ICT 对经济增长的驱动作用体现在技术外溢所带来的生产率提高和资本深化。ICT 作为一种渗入程度和普及程度都较高的通用技术，具有强大的溢出效应。ICT 通过一系列的技术衍生和更新迭代，被投入到各种产品的实际生产流程中，从而产生新的产品架构与生产技术，提升了企业生产率。同时由于溢出效应所具有的外部性特征，可以带动整体行业与产业链的升级转型，使企业获得规模经济效益。在资本深化方面，随着技术的快速升级，产品的生产成本及价格逐渐下降，进一步促使更多企业进行 ICT 投资与布局，同时会吸引更多外部资本的投资，使企业的内部和外部资本投入量不断加大，提升资本质量，从而更加有利于实现低成本生产与高质量产出。渠慎宁（2017）在新经济增长理论的基础之上建立了 ICT 与经济增长间的理论模型，并进一步使用更符合中国国情的资本存量计算方法，研究 ICT 投资、技术外溢和资本深化对经济增长和 TFP 提升的贡献度，结果显示 ICT 投资和资本深化对中国经济增长和 TFP 提升的贡献度并不是很高，低于欧美发达国家同期水平。通过测算不同 ICT 应用密度的相关产业数据发现，ICT 应用密度与 TFP 呈显著正相关关系，即 ICT 应用密度高的行业其 TFP 水平也较高，说明技术外溢具有一定的贡献度，对于拉动经济增长可能存在滞后效应。

就现有研究而言，多数是以线性模型进行分析，即 ICT 与经济增长呈线性影响关系。事实上，ICT 对经济增长的影响通过线性模型并不能得到全面的解释。有的研究虽然指出 ICT 对经济增长有非线性影响，存在阈值变量，但缺少对于有关变量阈值的测算，即没有通过阈值变量对 ICT 与经济增长的关系进行明确的估计。张家平等（2018）通过实证手段验证了 ICT 对经济增长的非线性影响关系，在此基础上进一步通过人力资本存量和创新水平两个阈值变量，具体估计了 ICT 对经济增长的影响，两个阈值变量下的四区制系数均显示，随着人力资本存量与创新水平的提升，ICT 对于经济增长存在不同的影响系数与效果。

郭家堂和骆品亮（2016）选取了互联网作为 ICT 的代表技术，从思维、平台、技术、网络四个不同维度建立了影响因素模型。实证结果显示，互联网对于技术效率改善有显著的负向影响，对技术进步存在推动作用，说明目前中国互联网推动 TFP 提升主要以技术进步路径为主。此外，由于网络存在外溢效应，互联网对 TFP 提升的影响也是非线性的。索洛理论中提到的“计算机技术与生产率提升没有明显关系”的判断并不符合当下中国的实际，索洛的论断出现偏差的原因可能在于，当时的互联网等 ICT 技术并不算非常成熟，没有预想到会进入世界上任意计算机都可实现互通互联的时代纪元，这种几何式的信息扩散与技术传播，在网络达到边界值时会显著推动经济发展，临界效应的存在很难被察觉与计算。

ICT 技术作为第三次工业革命最主要的推动力，所带来的智能化、高效化、网络化特性，成为传统产业转型升级的风向标。目前中国制造业正遭受双重压力，原因在于人力成本的增加使劳动密集型产业向成本更低的国家转移，并且由于欧美 ICT 的技术水平领先身位，使高端制造业回流到发达国家，可继续掌控高端制造业的技术优势，为了厘清 ICT 对中国制造业的推动机制，李捷等（2017）搭建了包含厂商与政府的“两部门”模型，政府相比于代表性家庭更具产业转型的主导力，同时干预程度更高。通过实证手段分析得出，ICT 对资本密集型和劳动密集型厂商 TFP 的作用占比与两类厂商的投入产出占比存在正向关系，即 ICT 在推动两类厂商转型升级的过程中，其信息技术使用程度的差距将会决定转型的成效。

2. 创新投入对环境全要素生产率的影响

进入新时代，中国积极实施创新驱动发展战略，以创新重塑经济增长引擎成为关键，创新驱动发展需要实现的首要目标就是合理高效地分配要素以增强创新能力和生产率。从已有研究得到的结论来看，创新活动对于要素生产率具有显著影响。环境全要素生产率的增长源于技术进步和生产效率的改进，创新投入作为技术进步和生产效率改进的关键前提成为现阶段影响中国环境全要素生产率的重要因素。关于创新活动与环境全要素生产率的研究多集中于理论架构和创新行为的形式选择上，而关于创新活动中的投入环节与 GTFP 关系的研究较少。目前，中国 R&D 投入规模虽逐年加大，但并没有使要素生产率和创新效率得到快速增长，创新投入具有高风险性和不可控的投资回报比，因此诸多企业的创新投入处于低效阶段甚至出现负效率，且创新投入并不是越多越有利，低效的投入会造成资源的浪费，进而降低社会整体的环境全要素生产率。研究创新投入与环境全要素生产率，可以完善现有创新驱动发展体系的研究，也可为判断创新投入对于GTFP的具体影响提供一定的依据。GTFP的来源主要包括技术效率、技术进步和规模效应三个方面，创新投入作为创新驱动力正是从这三个方面来影响环境全要素生产率。

（1）创新投入对技术效率的影响。技术效率是指在投入相同生产要素时，产出与生产前沿面的距离。研究和开发（research and development）人员是科技创新活动的主体，政府、高校、企业、科研机构构成了创新价值链的基本闭环，经费的投入主要来源于政府和企业自身。高校和科研机构在基础研究阶段通过自主研发及合作创造形成新的知识积累，再经过消化和吸收以论文或专利的形式产出研发成果。在测试阶段，通过对应用前景广、可行性高、市场潜力足的科研成果进行测试筛选，避免浪费资源和低性价比利用，提高科研成果的使用效率。在产品研究阶段，企业可以引进现有专利，直接应用于产品生产和流程优化，高效合理的创新投入体系可以从最大限度上缩短研发、测试等中间环节，使资金与人才的利用率达到最优。创新投入通过整合创新价值链的不同阶段，优化创新资源的协调配置，提高投入要素的使用效率，使新的知识积累成果得以快速传播，从整体上提高科研创新能力，令实际产出无限趋近于潜在产出，改善生产效率。

（2）创新投入对技术进步的影响。技术进步是指通过应用新的技术与发明使生产可能性边界向外扩张，企业通过使用新技术，改善生产条件，提高产出效率，不断增加新产品产值。具体来说，生产要素会不断从低效率企业流向高效率企业，在竞争逐渐激烈的市场环境中，企业通过投入大量资金来购买和招募现有的技术专利或研发人才，通过与高校和科研机构的合作机制建立研发基地或研发部门，不断革新现代化的技术手段，从而升级和迭代现有的技术体系和生产架构。这一部分的新产品和新工艺是技术变革的原动力，同时也反映了企业技术进步的实际情况与实际效能，不断增加创新投入与创新产出之间的有效转换。

（3）创新投入对规模效应的影响。规模效应是指企业的生产规模达到一定的水平，要素投入增加，企业的成本下降而产出增加所产生的效应。在创新过程中，通过对每一环节的不断细化分工，提高专业化程度，使产出效率提高。企业通过持续引进新的生产设备和工艺流程、利用新的专利技术来不断降低生产成本，使生产达到最优化，从而实现企业生产的规模效应。并且由于知识和技术的外部性，某一企业的研发活动不仅会促进本企业的技术进步和生产率提高，而且会通过溢出效应带动相关上下游企业生产率的提升，从而提升这一行业的整体生产率，获得外部环境的规模效应。

3. ICT能力对环境全要素生产率的影响

由于信息通信技术（ICT）的迅猛发展，全球信息交流的便捷性和及时性不断提升，生产与服务成本得到了大幅降低，使经济和社会的各个方面产生深刻变革。中国自20世纪90年代首次接入互联网以来，ICT在不同的行业和企业部门等层面得到了广泛的运用与发展。随着中国经济进入新常态和增速放缓时期的到来，政府相继提出国家信息化战略、网络强国战略和“互联网+”战略，以期通过ICT技术为经济发展转型和产业结构优化调整提供新的机遇和动力源。目前的研究多选取 ICT 中的某一代表性技术（如互联网等），分析其对经济增长的具体效应，鲜有研究进一步探讨对要素生产率的影响，仅有的文献也是将研究对象固定在如制造业等特定产业视角。将影响因素扩展到 ICT 能力层面，可以减少选取单一技术所产生的片面性，使论证结论更具有说服力，同时可以弥补区域空间视角研究 ICT 对于省际环境全要素生产率具体影响的空白，探索如何在“互联网+”和“大数据”的背景下，通过 ICT 能力提升非产业层面的环境全要素生产率，从而实现高质量发展，建设绿色中国。互联网等信息通信技术能力，主要体现在电信通信能力（communication capacity，CC）、电信通信服务水平（services capacity，SC）、信息通信技术产业规模（business volume，BV）等方面，可以正向带动经济增长，并且能够利用信息化手段帮助企业提升效率，降低能源消耗和污染排放，实现环境全要素生产率的快速提升。下面从三个角度具体分析 ICT 能力对环境全要素生产率的影响。

（1）ICT 能力催生新的产业生态。ICT 能力使互联网与传统产业紧密交融并衍生出新的产业生态，推动技术进步。传统企业趋向于获取长尾收益却限制了规模经济效应，互联网等信息技术的存在推动传统集中大规模统一化生产向以市场为导向的按需生产、个性化柔性生产转变，以传统 ICT 为基础的大数据、人工智能、云计算、窄带物联网等新兴技术提供了更为丰富的生产服务手段，智能制造、虚拟定制等新兴业态也推动了一系列技术创新。当 ICT 水平发展到一定阶段后，对 GTFP 的影响机制也将由较低水平的技术效率改进主导演变为较高水平的技术进步主导机制。

（2）ICT 能力促进信息融合和共享。首先，ICT 使信息流不受时空限制，优化了对于分布式信息的整合和处理，使每一经济个体都可以通过互联网共享数据和信息资源，打破了信息不对称的壁垒，在企业完善自身架构、获取先进技术知识和管理经验时可以提供多元化的途径。同时企业与客户间搜寻和沟通匹配的时间与成本也大幅减少，提升了彼此间的信任价值。其次，由于海量数据处理的需要，数据分析与处理技术在 ICT 的推动下也在不断进步，数据资源可以快速转化为有效信息来支持决策，显著提高生产和管理效率，降低运营成本。企业可以通过各种实时信息了解市场环境、消费者需求和最新前沿技术，及时调整生产投入和进行技术升级。

（3）ICT 能力保障“智慧环保”成效。首先，大数据能够及时、客观地展现具体情况，相比于常态关系数据，这类数据包含的内容众多、涵盖范围极广，通过这类数据进行的分析科学性更强。对于中国较为单一化的环境治理手段而言，融入 ICT 可以提升数据分析能力和结果的科学性，从而能够明确具体地解析污染物质和污染源头，找出导致生态环境污染的原因，从而提高专项治理效率，保障在最短时间内解决生态环境危机问题，做到实时在线监控和精准治理。其次，由于中国环境规制工具及强度的差异，对于 GTFP 可能会出现一定的抑制作用，凭借 ICT 可以为不同区域制定专业化和数字化的环境规制手段，减少经验主义和数据滞后带来的政策制定偏差。

综上所述，国内外学者对环境全要素生产率及其测度手段进行了详细的研究和验证，并从传统视角、创新视角、ICT 视角等不同方面对环境全要素生产率的影响因素及其作用机制进行了实证分析，取得了很多有价值的研究成果，为我们的研究提供了理论基础和导向作用，对所研读的文献进行整理和归纳后，可以得出：①经济增长理论通常使用全要素生产率代替技术进步来评估经济发展质量，但是大多数研究忽略了能源限制因素和环境污染因素，传统的 TFP 研究无法反映经济发展过程中的刚性约束，在其基础上加入能源与环境等约束项的环境全要素生产率，可以更加真实有效地衡量研究区域的绿色经济发展水平，体现绿色可持续发展的要求与内涵。对于环境要素中污染排放衡量指标的选取，由于研究对象和研究区域单元的差异，可分为单衡量指标、多衡量指标和综合衡量指标，为了避免使用单一指标造成的 GTFP 测算偏差，多衡量指标和综合衡量指标为较多研究者所选用来表征环境污染状况。此外，在环境全要素生产率的测度手段选择方面，增长核算法、前沿函数法、数据包络分析法成为比较主流的三种方法，但由于解决“多投入-多产出”问题时，数据包络分析法具有易处理的特性，多数研究者选取 DEA 中的指数方法并结合方向性距离函数来测度环境全要素生产率水平。②在选择环境全要素生产率的影响因素时，研究者通常针对研究对象或区域的特点、经济水平等特征或依据相关理论及假说来进行，涉及的变量主要包括经济发展、贸易开放、产业结构、市场化水平、环境规制等，选取的因素比较固定和片面，未能结合现阶段中国转型期的特点及推动高质量发展的主要动力。从创新视角出发的研究还不多，且主要集中于自主创新、技术创新、创新路径、创新行为等几个方面，创新投入作为技术进步和改善生产率的重要来源对创新绩效有较高的贡献率，还鲜有学者深入研究其对环境全要素生产率的具体影响。同时，在万物互联的时代背景下，ICT 成为推动产业转型升级和实现信息化与智慧化发展的重要基础，ICT 的快速发展及强大的融合改造能力成为研究新热点，但主要集中在对经济增长的影响效应问题研究之上，对于环境全要素生产率的影响研究存在一定空缺。③现代城市群发展实践表明，经济要素的空间集聚与扩散直接影响城市发展水平，空间依赖成为推动城市间空间经济联系演化的重要力量，而且其交互作用不断增强。创新的扩散及技术的外溢进一步强化了不同区域单元发展的联动性和整体性，而部分文献将不同地区视为封闭的经济个体，且在实证研究中并没有加入空间矩阵来研究 GTFP 的空间异质性，因此并不能够充分认识环境全要素生产率具体的时空跃迁趋势、影响路径及提升环境全要素生产率的微观机制。在实际生产活动中，能源环境约束和经济增长都具有外部性特征，且在地理空间上存在相应的“消流效应”和“溢出效应”，所以在研究环境全要素生产率的问题时，应该充分考虑不同区域间的空间溢出效应，采用空间计量手段进行相关分析。观察 GTFP 是否存在空间集聚现象和具体分布特征，可以更加深入地剖析不同地理单元间 GTFP 的内在影响机制。

4.2　省际环境全要素生产率的测度分析

经过前面对相关理论和研究方法所涉及的文献进行系统性的回顾之后，我们搭建环境全要素生产率的测算模型，并对相关指标的选取及不同的处理方式进行详细的阐述，进一步根据 GTFP 及其分解项的测算结果分析区域差异。

4.2.1 省际 GTFP 测度方法

测度省际区域的环境全要素生产率可以选择不同的方法，主要介绍以下三种方法。

1. *函数模型和指数方法*

在处理加入非期望产出的多元产出问题时，DEA 可直接处理多产出情况并对生产率指数进行分解，而随机前沿分析（SFA）方法处理多产出则较为复杂，需要将其合并成一个综合产出或者利用距离函数解决。所以我们在测度 GTFP 时使用基于松弛变量的非径向、非角度的 SBM 方向性距离函数（SBM-DDF）模型和 global Malmquist-Luenberger（GML）指数相结合的方法，前者可以避免角度选择出现的测度偏差，后者可以反映各生产单元向最优生产前沿面的相对位置变化和生产边界外移。

首先，构建全局生产可能性集合。假设每一省份为一个生产决策单元（DMU），每个 DMU 投入 u 种生产要素 $x=(x_1,\cdots,x_u)\in R_u^+$，可得到 m 种期望产出 $y=(y_1,\cdots,y_m)\in R_m^+$和 n 种非期望产出 $z=(z_1,\cdots,z_n)\in R_n^+$，进而构建出全局生产可能性集合 $P^G(x)=P^1(x^1)\cup P^2(x^2)\cup\cdots P^T(x^T)$，将其模型化表示为

$$P^G(x)=\{(y^t,z^t):\sum_{t=1}^{T}\sum_{i=1}^{I}w_i^t y_{im}^t \geqslant y_{im}^t,\forall m;\sum_{t=1}^{T}\sum_{i=1}^{I}w_i^t z_{in}^t = z_{in}^t,\forall n;$$

$$\sum_{t=1}^{T}\sum_{i=1}^{I}w_i^t\quad x_{iu}^t \leqslant x_{iu}^t,\forall u;\sum_{i=1}^{I}w_i^t=1,\ w_i^t\geqslant 0,\forall i\} \tag{4-1}$$

式（4-1）中，i 代表省域；t 表示时期；w_i^t 表示观测值的权重，$\sum_{i=1}^{I}w_i^t=1$ 表示规模报酬可变，若不为 1 则表示规模报酬不变。

$P^G(x)$ 满足如下条件：

（1）$P^G(x)$ 为闭集合凸集。

（2）零结合公理，如果 $(y^t,z^t)\in P^G(x)$，若 $z^t=0$，则 $y^t=0$；表示期望产出存在则一定伴随非期望产出存在。

（3）非期望产出弱可处置性，若 $(y^t,z^t)\in P^G(x)$ 且 $0\leqslant\theta\leqslant 1$，则 $(\theta y,\theta z)\in P^G(x)$；表示同比例减少后的期望和非期望产出组合仍在该生产可能性集合中，现实含义为若想实现污染排放等非期望产出的减少，其代价为期望产出的下降。

2. *距离函数模型方法*

方向性距离函数（directional distance function, DDF）是一种用于计算不同生产决策单元到最优生产前沿面距离的方法。相比于传统的 DDF 而言，基于松弛变量的 SBM-DDF 模型可以解决非期望产出作为投入要素的不合理性问题，以及计算松弛性投入产出时出现的测度误差，同时由于径向角度的 DDF 会带来投入产出要素径向变化的限制，非径向、非角度模型可以规避选择测算角度所带来的偏差，更加契合生产实际。

我们构建的基于松弛变量的非径向、非角度的 SBM-DDF 模型为

$$S_V^G\left(x^{i,t'}, y^{i,t'}, z^{i,t'}, g^x, g^y, g^z\right) = \max_{s^x, s^y, s^z} \frac{\frac{1}{U}\sum_{u=1}^{U}\frac{s_u^x}{g_u^x} + \frac{1}{M+1}\left(\sum_{m=1}^{M}\frac{s_m^y}{g_m^y} + \sum_{n=1}^{N}\frac{s_n^z}{g_n^z}\right)}{2} \tag{4-2}$$

$$\text{s.t.}\begin{cases} \sum_{t=1}^{T}\sum_{i=1}^{I} w_i^t x_{iu}^t + s_u^x = x_{i'u}^t, \forall u; \\ \sum_{t=1}^{T}\sum_{i=1}^{I} w_i^t y_{im}^t - s_m^y = y_{i'm}^t, \forall m; \\ \sum_{t=1}^{T}\sum_{i=1}^{I} w_i^t z_{in}^t + s_n^z = z_{i'm}^t, \forall n; \\ \sum_{i=1}^{I} w_i^t = 1, w_i^t \geqslant 0, \forall i; \\ s_u^x \geqslant 0, \forall u; s_m^y \geqslant 0, \forall m; s_n^z \geqslant 0, \forall n. \end{cases} \tag{4-3}$$

式(4-3)中，S_V^G 为规模报酬可变下的 DDF 函数，如对权重变量约束条件 $\sum_{i=1}^{I} w_i^t = 1$，$w_i^t \geqslant 0$，$\forall i$ 则为规模报酬不变下的 DDF 函数。（$x^{i,t'}$, $y^{i,t'}$, $z^{i,t'}$）表示 i 省份的投入产出要素组合，即 i 省份 t 时期的投入、期望及非期望产出向量；（g^x, g^y, g^z）代表期望产出扩张、投入和非期望产出压缩的方向向量；（s_u^x，s_m^y，s_n^z）为要素投入、期望产出和非期望产出的松弛变量，即期望产出不足、要素过度投入和非期望产出过多排放的量。

3. *环境全要素生产率指数方法*

目前，计算环境全要素生产率的方法主要包括 Malmquist 生产率指数、Luenberger 生产率指数及在两者基础之上构建的 Malmquist-Luenberger 生产率指数，但由于上述方法都存在的缺少传递性和循环性的问题，同时可能会因“技术倒退”出现线性规划无可行解的情况。所以我们借鉴 Oh（2010）、郑强（2018）等的研究，构造 t 到 t+1 期间的 GML 指数：

$$\text{GML}_t^{t+1} = \left[\frac{1+S_V^G(x^t, y^t, z^t; y^t, -z^t)}{1+S_V^G(x^{t+1}, y^{t+1}, z^{t+1}; y^{t+1}, -z^{t+1})} \times \frac{1+S_V^{G+1}(x^t, y^t, z^t; y^t, -z^t)}{1+S_V^{G+1}(x^{t+1}, y^{t+1}, z^{t+1}; y^{t+1}, -z^{t+1})}\right]^{\frac{1}{2}} \tag{4-4}$$

式中，GML_t^{t+1} 表示环境全要素生产率指数。GML_t^{t+1} ＞1 时，表示环境全要素生产率得到提高；GML_t^{t+1} ＜1 时表示环境全要素生产率下降；GML_t^{t+1} ＝1 时，表示环境全要素生产率维持不变。可将 GML_t^{t+1} 指数进一步分解为技术效率变动指数（GMLEC）和技术进步指数（GMLTC）。由于 GML 指数的参照集合是基于每个时期的总和，即邻期的指数计算以相同全域生产前沿为参考，所以相邻的两个时期之间没有前沿交叉，故 GML 指数只可被分解为技术效率变动指数和技术进步指数两项的乘积，通过分解项可以更深入地研究不同区域单元 GTFP 的提升路径及各自的贡献率，其分解式如下：

$$\text{GML}_t^{t+1} = \text{GMLEC}_t^{t+1} \times \text{GMLTC}_t^{t+1} \tag{4-5}$$

$$\text{GMLEC}_t^{t+1} = \frac{1 + S_V^G(x^t, y^t, z^t; y^t, -z^t)}{1 + S_V^{G+1}(x^{t+1}, y^{t+1}, z^{t+1}; y^{t+1}, -z^{t+1})} \tag{4-6}$$

$$\text{GMLTC}_t^{t+1} = \left[\frac{1 + S_V^{G+1}(x^t, y^t, z^t; y^t, -z^t)}{1 + S_V^G(x^t, y^t, z^t; y^t, -z^t)} \times \frac{1 + S_V^{G+1}(x^{t+1}, y^{t+1}, z^{t+1}; y^{t+1}, -z^{t+1})}{1 + S_V^G(x^{t+1}, y^{t+1}, z^{t+1}; y^{t+1}, -z^{t+1})}\right]^{\frac{1}{2}} \tag{4-7}$$

GMLEC_t^{t+1}指数反映该时期内每个 DMU 向最优生产前沿面的逼近程度，大于 1 表明生产决策单元的技术效率得到改善，小于 1 表明生产决策单元的技术效率出现下降；GMLTC_t^{t+1}指数反映技术进步引起的生产可能性边界外移，大于 1 表明生产决策单元的技术取得进步，小于 1 表明生产决策单元的技术出现倒退。

4.2.2　指标选取与数据说明

传统的 TFP 测度中投入要素只包含劳动投入和资本投入，且一般选取 GDP 作为唯一产出，但这种缺少能源和环境刚性约束的“多投入-单产出”测度模型会导致经济绩效测算结果出现偏差。我们将能源投入作为一种新的投入要素加入 TFP 计算体系中，形成劳动投入、资本投入、能源投入为主要投入变量的 GTFP 测度模型。

1. 投入要素及其处理

（1）劳动投入。劳动投入是指实际生产流程中的劳动力要素，主要包括劳动力投入总量和劳动力综合水平。在市场经济体制结构中，劳动投入会受到薪酬的影响。由于中国经济处于转型阶段，所以市场作为“看不见的手”对劳动要素投入的调节功能没有得到充分利用，分配机制与调和机制仍待完善。同时考虑到数据的可获取性和完整性，我们选取 2008～2017 年中国除港澳台、西藏以外 30 个省域的数据（下同），用各省年末全社会从业人员数（万人）作为劳动投入的代理变量。

（2）资本投入。基于现有的各省统计数据，根据以往文献对资本投入要素的选择与处理方法，参照张军等（2004）的做法，采用永续盘存法计算得到各省物质资本存量（亿元）来表征资本投入，基本公式为$k_n = I_n + (1-\theta) K_{n-1}$，其中，$I_n$为第 n 年固定资本形成总额，是由该年的固定资本形成总额和固定资产投资价格指数平减而得的实际值，k_n为第 n 年的资本存量，θ 为资本折旧率，折旧率取 9.6%，2008 年的基期资本存量采用 2000 年的固定资本形成总额除以 10%作为该省份的初始资本存量。

（3）能源投入。对能源的消耗及需求可以反映一个国家或某个区域的经济发展状态和资源使用结构，较快的经济发展速度、不合理的资源使用结构及低效的资源利用手段都会导致能源要素的刚性约束，资源的合理配置与利用会显著影响经济增长和生产效率的提升。各省份的能源消费结构不尽相同，因此，选用各省年末能源消费总量（万 t 标准煤）作为能源投入的代理变量。由于 2013 年各地区能耗总量按全国第三次经济普查数据进行了调整，2013 年后的能源消费总量按等价值计算而得，以前年份按当量值计算而得。

2. 产出要素及其处理

（1）期望产出。期望产出也称为“合意”产出，一般选用实际 GDP 作为衡量指标，用以测度某一国家或地区的经济发展水平。首先从年鉴数据中选取各省 2008～2017 年的名义 GDP 和 GDP 平减指数，为剔除通货膨胀的影响，再通过平减指数将各省名义 GDP 折算后得到以 2000 年为基期的实际 GDP，进而表征期望产出。

（2）非期望产出。非期望产出也称为“非合意”产出，目前国内外文献对于该衡量指标的选取尚未形成统一标准，大致包括单衡量指标、多衡量指标和综合衡量指标三种类别。部分学者在确定非期望产出指标时用工业“三废”来表征环境污染，主观性过强，使测度结果产生误差。实际上，工业是造成环境污染的主要源头，二氧化硫（SO_2）和化学需氧量（COD）在工业和农业等生产过程中产生并受到各国的严密监测，而生活等额外排放量相对较少，且与经济发展过程关系密切，所以可以用 SO_2 和 COD 排放量来衡量非期望产出。在信息理论中，熵主要对不确定性进行度量，信息量越大，熵越小；信息量越小，熵越大。熵值法是一种客观赋权的手段，它通过计算不同衡量指标的信息熵，并依据各衡量指标的相对变异程度对综合评价的影响来决定指标权重。熵值法在计算权重系数时可以减少人为选择的误差，可以较为客观地反映不同衡量指标在整体评价体系中的影响程度。主成分分析法和因子分析法虽然也属于客观赋权手段，但在所选衡量指标相关性较弱的情况下，会丢失重要信息。因此，我们使用熵值法将两个污染排放指标拟合为一个综合污染指数，以表征非期望产出。所用数据来源于“中国能源数据库”、《新中国六十年统计资料汇编》、《中国环境保护数据库》、各省统计年鉴和国家统计局网站。

4.2.3　中国 GTFP 的测度结果

根据收集和处理的投入-产出组合指标数据及测度的各类指数模型，我们利用 MATLAB R2018a 软件对 2008～2017 年中国 30 个省份的环境全要素生产率进行了整体测度并绘制出了中国 GTFP 年均变动趋势图和 30 个省份的均值图，结果如表 4-1、图 4-1 和图 4-2 所示。

表 4-1　2008～2017 年中国 30 个省份的环境全要素生产率

地区	2008～2009 年	2009～2010 年	2010～2011 年	2011～2012 年	2012～2013 年	2013～2014 年	2014～2015 年	2015～2016 年	2016～2017 年	均值
北京	1.015	1.030	1.101	1.066	1.097	1.067	1.070	1.043	1.065	1.062
天津	1.006	1.059	1.146	1.064	1.065	1.058	1.023	1.017	1.065	1.056
河北	1.002	1.003	0.996	1.001	1.001	1.001	1.001	1.018	1.023	1.005
上海	1.064	1.156	1.115	1.044	0.957	1.066	1.024	1.053	1.070	1.061
江苏	1.003	1.010	1.125	1.040	1.042	1.034	1.015	1.032	1.073	1.042
浙江	1.003	1.006	1.104	1.031	1.041	1.016	1.004	1.017	1.057	1.031
福建	1.003	1.005	1.000	1.032	0.989	0.997	1.012	1.050	1.065	1.017
山东	1.003	1.004	0.992	1.002	1.005	1.005	1.004	1.038	1.040	1.010
广东	1.020	1.109	1.076	0.993	1.021	1.007	1.005	1.030	1.074	1.037
海南	1.002	1.005	1.059	0.956	0.994	0.998	1.002	1.046	1.062	1.014
山西	1.000	1.002	1.000	1.001	1.001	1.000	1.001	1.008	1.012	1.003
安徽	1.002	1.003	1.163	1.002	0.990	0.964	0.943	1.021	1.077	1.018

续表

地区	2008～2009年	2009～2010年	2010～2011年	2011～2012年	2012～2013年	2013～2014年	2014～2015年	2015～2016年	2016～2017年	均值
江西	1.002	1.004	1.002	1.028	1.047	1.018	0.994	1.022	1.064	1.020
河南	1.002	1.003	0.997	1.002	1.002	1.002	1.002	1.040	1.021	1.008
湖北	1.002	1.047	1.105	1.016	0.974	0.970	0.960	1.012	1.080	1.018
湖南	1.004	1.126	1.158	0.981	0.993	0.968	0.959	0.980	1.081	1.028
内蒙古	1.002	1.004	1.000	1.002	1.001	1.001	1.001	1.029	1.010	1.006
广西	1.001	1.001	1.005	1.002	1.002	1.002	1.002	1.021	1.048	1.009
重庆	1.001	1.002	1.002	1.002	1.003	1.012	1.053	1.074	1.061	1.023
四川	1.001	1.031	1.163	1.038	0.997	0.981	0.960	1.004	1.076	1.028
贵州	1.000	1.001	1.038	1.047	1.004	0.979	0.963	0.986	1.060	1.009
云南	1.001	1.002	0.997	1.002	1.002	1.002	1.002	1.005	1.028	1.005
陕西	1.002	1.003	0.999	1.003	1.003	1.004	1.002	1.039	1.020	1.008
甘肃	1.000	1.001	1.004	1.014	0.997	0.987	1.000	1.012	1.034	1.005
青海	1.000	1.001	1.001	1.001	1.001	1.001	1.001	1.007	1.006	1.002
宁夏	1.001	1.001	0.999	1.001	1.001	1.001	1.001	1.006	1.004	1.002
新疆	1.000	1.002	0.998	1.001	1.001	1.001	1.000	1.009	1.031	1.005
辽宁	1.002	1.004	0.999	1.004	1.004	1.003	1.002	1.021	1.010	1.005
吉林	1.002	1.003	0.996	1.004	1.003	1.002	1.001	1.046	1.016	1.008
黑龙江	1.001	1.003	0.993	1.001	1.001	1.001	1.000	1.021	1.010	1.003
年均值	1.005	1.021	1.044	1.013	1.008	1.005	1.000	1.024	1.045	1.018

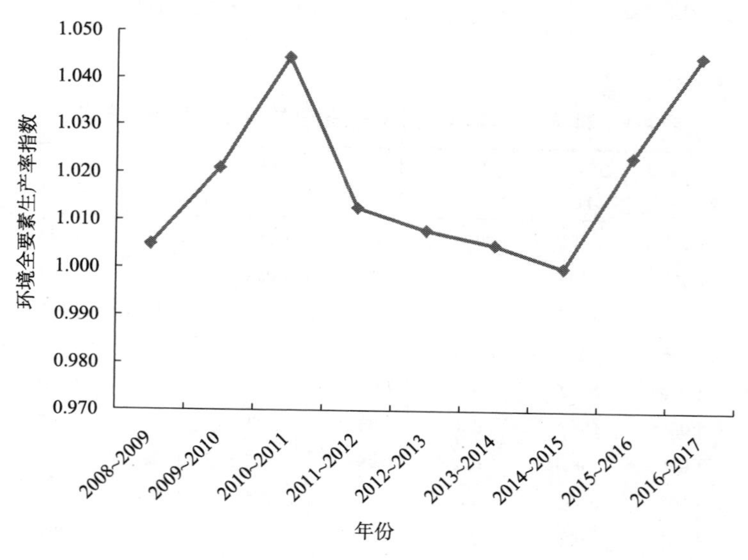

图 4-1　2008～2017 年中国环境全要素生产率年均变动趋势

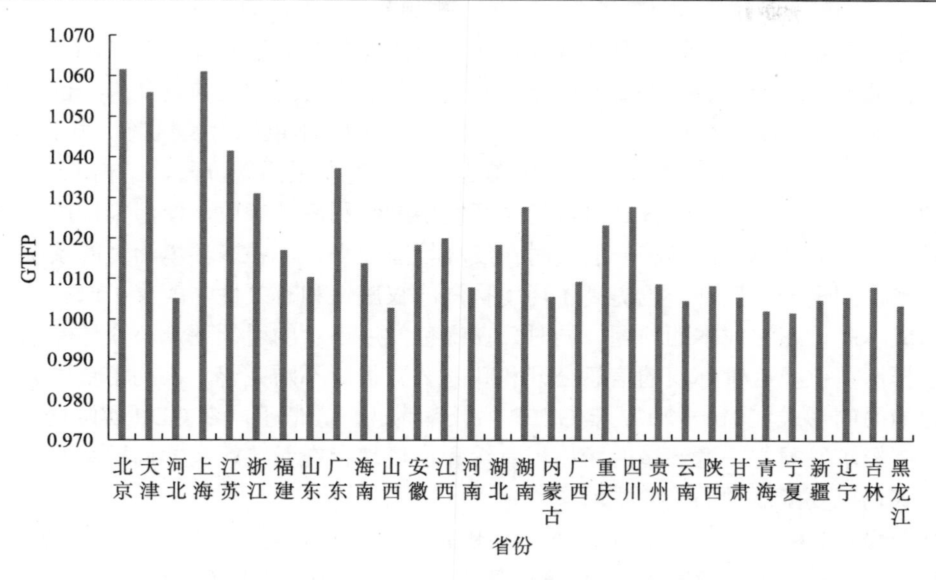

图 4-2　2008～2017 年中国 30 个省份环境全要素生产率均值

1. GTFP 整体测度结果

通过图 4-1 可以看出，2008～2017 年中国环境全要素生产率年均值均大于 1.000，整体呈波折上升趋势，年均增长率为 4%。由表 4-1 中国 30 个省市 GTFP 的测算结果可知，样本期内中国环境全要素生产率存在一定的省际差异，仅有北京、天津、江苏、浙江等 9 个省份在 2008～2017 年保持 GTFP 全大于 1.000，其余 21 个省市均在不同年份出现增长率为负的情况，但各省 GTFP 均值均大于 1.000，说明在该样本期内中国 30 个省市的 GTFP 虽在有的年份出现下滑但整体呈现增长趋势，污染治理成效显著，生态环境效率得到了一定程度的改善。在 2008～2009 年、2009～2010 年、2010～2011 年三个样本期内，中国 GTFP 处于上升趋势，由 1.005 上升到 1.044。这是因为 2008 年作为“十一五”减排治污的“拐点”，在 2006 年和 2007 年已经探索出了有效措施的基础之上，2008 年成为减排的攻坚之年，环保事业站上了新起跑线。全国污染减排将环境监督治理、淘汰落后产能和治污建设作为三个主战场，相继实施《水污染防治法》《主要污染物总量减排攻坚工作行政问责办法》等规定制度，环保部门进一步强化执法监督和责任落实考核，对 156 个“两高一资”项目不予受理和审批，减少新增污染源。同时着力推动治污工程建设和“三同时”制度，加大超标排污的处罚力度和环境准入标准，开创了环保事业由被动到主动的良好局面。在 2011～2012 年、2012～2013 年、2013～2014 年、2014～2015 年四个样本期内，中国 GTFP 出现了大幅的下降，由 1.044 下降到 1.000。“十二五”是全面建设小康社会的关键时期，在经济迅猛发展的同时由于发展转型方式较慢、经济总量及城市人口基数的快速上升，难免出现污染物排放量的非线性增长，造成减排治污压力和难度的增大。此外，“十二五”期间对中国污染排放指标进行了统计调整，首次将农业污染及集中式污染治理排放的污染物纳入统计范畴，农业污染物排放总量较大，在一定程度上造成 GTFP 的下降。中央财政规划在该样本期内实际提供了 1.75 万亿元投资，但根据相关测算，全社会污染治理约需 3.1 万亿元的投资，巨大的资金鸿沟也造成治污减排效果的降低。GTFP 在 2015～2016 年、2016～2017 年重回增长轨道，由 1.000 上升到 1.045。在进入经济发展新常态后，中国迈入中高速发展的新阶段，结构进一步优化，增长动能呈现多元化，绿色低碳可持续循环发展的红利逐渐释放，使污染排放源强度得到降低，并且通过建立全国统一的实时在线环境监控平台，中国环境治理的系统化和信息化水平得到进一步提升，也提高了环境执法的权威性和有效性，改善了原有的污染排放守法成本高于违法成本的问题。同时，在绿色发展理念的引领下，公众环保意识逐步提升，排污单位及监管部门的信息公开和政务公开机制不断完善，推动了全民共治、携手环保局面的形成。2016～2017 年 GTFP 增长率为 4.5%，低于同期 GDP 实际增速 6.9%，说明中国经济发展与资源环境的矛盾虽有缓和但依然存在亟待解决的问题和冲突，经济增长方式仍以要素驱动的粗放式增长为主。

结合表 4-1 和图 4-1 可知，样本期内中国 30 个省份环境全要素生产率均出现了增长，总体年平均增长率为 1.8%，年平均增长率最高的五个地区为北京、上海、天津、江苏、广东，可以看出长三角、京津冀、粤港澳创新型城市群由于自身雄厚的经济实力和先进的技术水平，已经成为中国环境治理的领跑区，减污治污能力正在不断加强，在经济快速发展的同时做到了保护生态环境的“双赢”局面。青海、宁夏、山西、黑龙江、新疆等地区 GTFP 年平均增长率较低，成为环境治理“洼地”，原因在于这些省份的产业结构较为落后，以重污染、高排放的工业为主，并且市场化水平不高及承接高污染企业较多，转型过程缓慢，污染排放严重；另外，由于基础产业占据较大比重，科技水平含量较低，污染治理设施建设与治理手段并不能应对大规模短效投资所带来的生产负效应，以环境换取经济的粗放式发展成为主要经济增长模式；由于交通道路和邮电通信等基础设施的落后、工业结构具有严重趋同化特征及缺少具有引领作用的中心城市，很大程度上限制了上述区域间的生产要素流动和区域互补，使这些省份间的协同发展效应较弱，难以形成区域发展合力。湖南、四川、重庆等省市的 GTFP 年平均增长率仅次于北京、上海等第一梯队，说明这部分省市通过积极承接技术溢出和辐射，增加创新科技投入，主动融入高技术产业生态和对接科学技术，使产业过渡转型和环境治理成效得到了飞跃式发展，有效实现了向绿色低碳经济的转变。

2. GTFP 分解项测度结果及区域分析

在分析了中国环境全要素生产率年均变动趋势及各省份环境全要素生产率均值的基础上，为了进一步深入探究不同区域和省市环境全要素生产率的主要提升路径，根据国家统计局最新的东中西部地区划分标准，对 2008～2017 年中国 30 个省份的 global Malmquist-Luenberger 生产率指数进行了分解，将其分解为技术效率变动指数（GMLEC）和技术进步指数（GMLTC），结果如表 4-2 和图 4-3 所示。

表 4-2　2008～2017 年中国 global Malmquist-Luenberger 生产率指数及其分解

区域		2008～2009 年	2009～2010 年	2010～2011 年	2011～2012 年	2012～2013 年	2013～2014 年	2014～2015 年	2015～2016 年	2016～2017 年
全国	GML	1.005	1.021	1.044	1.013	1.008	1.005	1.000	1.024	1.045
	GMLEC	1.009	1.000	1.053	0.998	0.978	0.962	0.957	0.952	1.100
	GMLTC	0.997	1.024	0.999	1.015	1.033	1.053	1.061	1.092	1.233
东部	GML	1.011	1.036	1.065	1.021	1.020	1.023	1.015	1.033	1.055
	GMLEC	1.007	0.996	1.054	1.003	0.994	0.974	0.971	0.946	1.064
	GMLTC	1.005	1.040	1.012	1.019	1.028	1.052	1.052	1.107	1.238
中部	GML	1.002	1.024	1.052	1.004	1.001	0.991	0.983	1.019	1.045
	GMLEC	1.011	0.993	1.066	1.000	0.964	0.925	0.963	0.979	1.068
	GMLTC	0.993	1.034	0.995	1.005	1.041	1.096	1.021	1.042	1.277
西部	GML	1.001	1.004	1.019	1.010	1.001	0.997	0.999	1.017	1.034
	GMLEC	1.011	1.008	1.042	0.993	0.972	0.977	0.938	0.937	1.160
	GMLTC	0.991	1.000	0.989	1.017	1.031	1.022	1.097	1.114	1.195

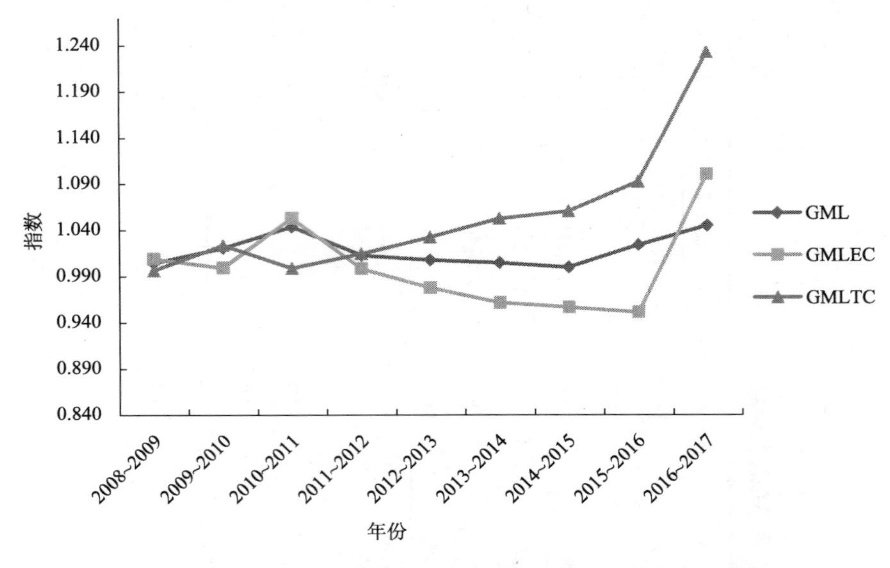

图 4-3　2008～2017 年中国 GML 指数及其分解指数变动趋势

根据表 4-2 中国 GML 生产率指数分解结果可知，2008～2017 年平均技术效率变动指数为 1.001，增长率为 0.1%，平均技术进步指数为 1.056，增长率为 5.6%，在两者的综合作用下 GML 指数提升了 1.8%，表明该样本期内技术进步成为推动中国环境全要素生产率提高的主要路径；技术效率对环境全要素生产率的提升效应并不显著，在技术进步指数的上升阶段，环境全要素生产率甚至出现下滑，说明技术效率指数的倒退在一定程度上拖了“后腿”，也从侧面反映出技术效率的降低成为目前限制中国环境全要素生产率增长的重要因素。同时，2008～2017 年中国 GML 生产率指数、技术效率变动指数、技术进步指数的变化趋势具有明显的阶段性特点。2008～2011 年中国技术效率变动指数呈现先降后升的趋势，技术进步指数则相反，呈现先升后降的趋势，环境全要素生产率在这一时期呈上升态势，由 1.005 上升至 1.044。随后在 2011 年出现拐点，技术效率变动指数在 2011～2016 年出现大幅度下滑，由 1.053 降低至 0.952，技术进步指数则出现一定程度的增长，由 0.999 增长至 1.092，但由于在 2011～2015 年样本时期内，技术效率变动指数的下降幅度高于技术进步指数的增长幅度，导致该时期内的中国环境全要素生产率呈下滑态势。在 2015～2017 年，由于技术进步指数的增长幅度大于技术效率变动指数的下降幅度，同时技术效率在 2016 年后也出现上升趋势，使该时期内的环境全要素生产率呈增长态势。因此，中国进入转变经济增长动能实现高质量发展的转型期，在增加技术引进和技术创新的基础上，也要提升自我创新水平和加强技术资源的深度挖掘，以实现技术创新的高效利用，从而通过两大路径全面均衡地推动环境全要素生产率的增长。

从区域视角来看，样本期内中国不同地区的环境全要素生产率存在明显差异，但均实现了不同程度的增长，变化趋势呈现出波动式上升的特征。东部地区 GML 指数均值为 1.031，增长率达到 3.1%，显著高于全国同期平均水平；中部和西部地区 GML 指数均值分别为 1.013 和 1.009，增长率分别达到 1.3%和 0.9%，但均低于全国同期平均水平，由此可以看出中国环境全要素生产率呈现由东到西递减的区域格局。原因在于，一是不同区域的禀赋差异，东部地区作为发展领跑者，拥有较多掌握前沿技术的科研机构和科技企业及综合实力领先的高校院所，使其优质创新资源集聚效应显著高于中部和西部地区，同时在生产手段和环境治理技术上也处于领先位置；二是产业结构和基础设施水平的差异，使东中西部三大区域对外部技术和知识溢出的吸收转化能力不尽相同，创新水平相对较低的中西部地区由于动能转换和产业转型升级的滞后性并不能有效地吸收和转化外部创新溢出，导致这些地区的创新产出能力受到限制，向高技术产业转型的进程较为迟缓；三是工业化和城镇化水平差异，东部地区已向后工业阶段进行相应的转型迭代，改进原有的工业发展模式向高技术、低能耗、低污染转变，而大部分中西部地区仍处于工业化中期阶段，高污染、高能耗、高投资的“三高”企业占比过高，虽然此种发展模式可以带来 GDP 的快速增长，但加剧了污染排放和环境治理难度，限制了中西部地区环境全要素生产率的进一步提升。此外，三大地区的 GML 指数在 2011～2012 年均出现了不同程度的下降，这与全球经济进入不稳定、不平衡、不确定的“新常态”导致的通货膨胀和内生增长动力不足有关。近年来，“西部大开发”“中部崛起”等区域性战略的实施，使中部和西部地区的 GML 指数增长幅度有赶超东部地区的可能。关于中国东中西部 GML 指数及其分解指数变动趋势，参见图 4-4、图 4-5 和图 4-6。

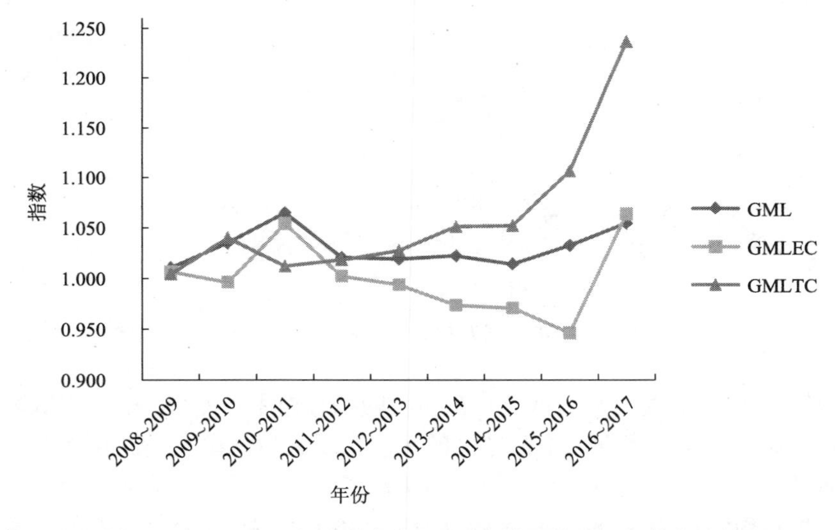

图 4-4　2008～2017 年中国东部 GML 指数及其分解指数变动趋势

在表 4-2 的基础上，我们绘制了中国东部、中部和西部 GML 指数及其分解指数变动趋势折线图进行比较分析。结果显示，对于东部地区而言，在 2008～2017 年样本期内，技术效率变动指数均值和技术进步指数均值均大于 1.000，且技术进步指数均值显著大于技术效率变动指数均值，多数年份内的技术效率变动指数存在负向改善，而技术进步指数保持稳定的正向改善，在两者的综合作用下 GML 指数均大于 1.000。这意味着技术进步成为东部地区环境全要素生产率增长的主要提升路径。对于中部地区而言，2008～2017 年，技术效率变动指数均值为 0.996，小于 1.000，技术效率水平存在恶化情况，但技术

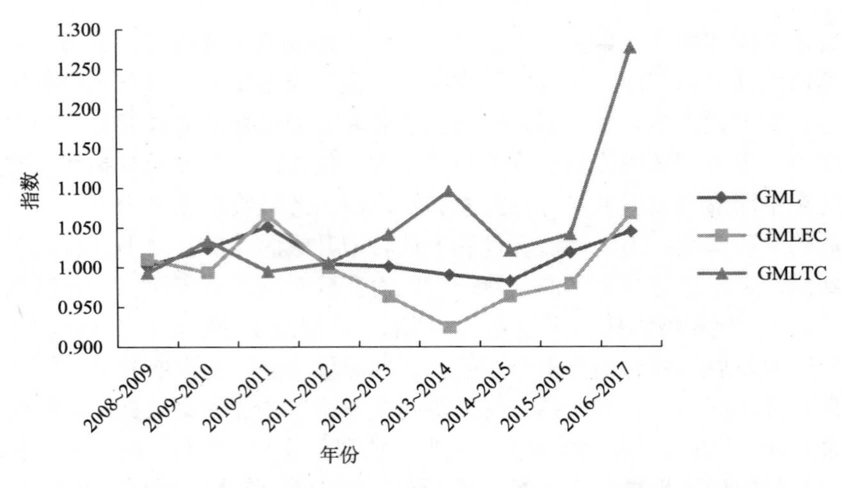

图 4-5　2008～2017 年中国中部 GML 指数及其分解指数变动趋势

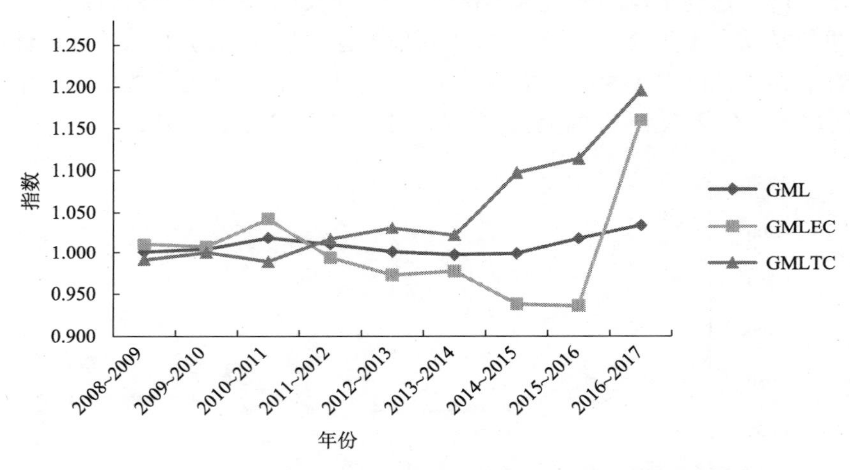

图 4-6　2008～2017 年中国西部 GML 指数及其分解指数变动趋势

进步指数均值为 1.056，得到显著改善，在两者的综合作用下 GML 指数均值达到 1.013，仍保持提升。这表明该样本期内中部地区的环境全要素生产率虽受到技术效率水平低下的限制，但通过保持技术进步水平的增长仍实现了改善。对于西部地区而言，在样本期内，技术进步指数均值为 1.051，技术效率变动指数均值为 1.004，两者的综合改善效应使其环境全要素生产率均值达到 1.009，技术进步同样成为西部地区环境全要素生产率的主要提升路径。由此可以发现，对于东中西部三大区域，环境全要素生产率的增长主要依赖技术进步，增长动源不足和技术效率低下成为主要制约因素。

从具体变化趋势来看，东部地区 GML、GMLEC、GMLTC 曲线相比于中部和西部地区的曲线变动趋势相对平滑，中部和西部不同年份间则落差相对较大。东部地区 GMLTC 曲线除在 2010～2011 年出现下降外，其余年份均保持增长势头，且技术进步指数平均增长率高于中部和西部。此外，中部地区 GMLEC 曲线在 2009～2011 年、2013～2017 年均呈现增长趋势，西部地区技术效率变动指数平均增长率高于东部地区，这与刘瑞翔（2013）所得出的研究结果一致。他认为由于东部地区拥有雄厚的经济基础，技术进步水平与最优生产前沿面的距离较近或可能直接处于生产前沿面之上，要素生产率的提升可能多数表现为技术进步引起的生产可能性边界外移；而中部和西部地区由于物质基础和人力资本条件较差，造成推动技术发展的内生动力不足，转而主要通过技术直接引进或学习仿制进行相关生产活动，这部分地区的要素生产率提高更多体现为每个 DMU 向最优生产前沿面的逼近，即技术效率的改善。环境全要素生产率的推动路径也出现阶段性变化特点，东部、中部和西部地区环境全要素生产率的增长在 2009 年之前主要依靠技术水平的提高，技术效率处于下降趋势，原因可能在于企业在前期阶段对于治理污染排放更倾向于直接引进或更迭污染处理技术，以实现达标排放，从而促进环境全要素生产率的提升；2009～2012 年，三大区域的技术进步指数曲线均出现下降，而技术效率变动指数曲线由降转升，GML 曲线在技术效率改善的作用下依然保持增长，在这段时期里，企业不断加大研发投入，对原有生产和污染处理手段进行升级，同时相关政府部门加大环境规制强度，并出台一系列扶持补贴和激励政策，绿色技术水平的提高使企业的资源配置能力得以提升，出现“追赶效应”，从而不断向最优生产前沿面逼近，即产生效率改善，推动环境全要素生产率进一步增长；2012～2015 年，东中西部地区的 GML 曲线均出现不同程度的下降，说明环境全要素生产率在此期间增速大幅放缓并且中西部地区出现负向增长，与王兵和刘光天（2015）、刘华军和李超（2018）的研究结果相似，在中国式“次贷危机”的冲击下，经济增长与环境保护的矛盾又一次激化，取得两者之间相对平衡的难度继续加大，需求的萎缩和各地政府的“保增长、稳发展”措施使资源产生错配问题，加大投入并没有带来生产效率的提升，除东部地区的 GMLTC 曲线一直保持稳定增长外，中部和西部地区 GMLTC 指数均出现大幅波动，如何吸收和内化所引进的前沿技术，并提升自身基础技术水平成为中西部区域面临的难题，在这段时期内技术效率水平的倒退成为“拖累”环境全要素生产率提升的主要因素；2015～2017 年，中部 GMLEC 曲线保持稳定上升趋势，东部和西部 GMLEC 曲线出现先消后涨的情况，同时东中西部 GMLTC 曲线均出现快速增长，GML 曲线在两者的综合作用下呈上升势头，说明在 2015 年之后环境全要素生产率的提升路径既来自技术效率改善也来自技术水平的提高，两者均对环境全要素生产率的增长具有贡献。西部地区的 GMLEC 指数增长率为 0.4%，为三大区域最高，原因在于经济基础的差异，与东部和中部地区相比，西部地区处于减排治污的较低阶段，治理污染的边际成本水平相对也较低，通过引进和运用发达区域的污染治理技术就可以获得较为显著的减排治污成效。

为了进一步探究不同区域内部各地域单元环境全要素生产率的提升路径，我们进一步对中国各省份 GML 指数进行了分解，结果如表 4-3 所示。从整体来看，2008～2017 年中国环境全要素生产率存在显著的省际差异，30 个省份的环境全要素生产率虽然都有改善但增长程度差距较大，北京领跑全国，增长率达到 6.2%，青海、宁夏的 GTFP 增长率处于较低水平，仅有 0.2%。有 17 个省份的技术效率出现改善，30 个省份均实现技术水平的提升，既实现效率改善同时又实现技术进步的省份占比达到 56.7%，技术进步对于 GTFP 的平均贡献率约为 5.6%，技术效率对于 GTFP 的贡献率仅为 0.1%，受技术效率倒退所拖累的省份有 13 个，占比达到 43.3%。中国环境全要素生产率排名前六位的分别是北京、上海、天津、江苏、广东、浙江，其 GML 指数均值分别为 1.062、1.061、1.056、1.042、1.037 和 1.031，说明上述区域一方面凭借技术革新与进步，使绿色最佳生产边界不断外延，另一方面通过提升技术效率使得决策单元不断缩小其与最佳生产边界的距离，从而共同推动了 GTFP 的增长，京津冀、长三角、粤港澳大湾区作为国家重大战略融合发展区域及创新型经济体，其示范引领的龙头作用日益凸显；青海、宁夏、山西、黑龙江、河北、云南、新疆、辽宁、甘肃、内蒙古、吉林、河南、陕西、贵州、广西的 GTFP 年平均增长率较低，主要集中在西部和中部欠发达地区，其中多为传统“三高一低”产业大省，过分依赖矿产资源的单一产业结构，对生态环境造成了巨大的压力，使得环境全要素生产率处在较低水平；此外，四川、湖南、重庆、江西和湖北成为中西部地区 GTFP 增长的代表，增长率分别达到了 2.8%、2.8%、2.3%、1.8%和 1.8%，可以看出，以重庆与四川为代表的成渝城市群和以湖南与湖北为代表的长江中游城市群，在国家区域战略的引领下，加之自身优良的资源禀赋、较强的综合承载力及积极打造具有国际影响力的电子信息、装备制造等高新技术产业链，正在向绿色开放的新兴城乡经济体系转型，具有较大的发展空间和发展潜力。总的来看，中国多数省份的环境全要素生产率的提升主要依靠技术进步，当技术进步的增长水平大于技术效率的下降水平时，才会表现出 GTFP 的小幅上升，但从长期发展考虑，忽视技术效率的提高，必然会出现要素配置低效和资源浪费现象，导致经济与环境的非协调式发展。

表 4-3　2008～2017 年中国各省份 global Malmquist-Luenberger 生产率指数及其分解

省份	GML	GMLEC	GMLTC	省份	GML	GMLEC	GMLTC	省份	GML	GMLEC	GMLTC
北京	1.062	1.000	1.070	山西	1.003	0.941	1.080	内蒙古	1.006	0.947	1.096
天津	1.056	1.002	1.068	吉林	1.008	0.999	1.019	广西	1.009	1.016	1.048
河北	1.005	0.995	1.032	黑龙江	1.003	0.967	1.078	重庆	1.023	1.026	1.054
辽宁	1.005	0.990	1.046	安徽	1.017	1.032	1.046	四川	1.028	1.020	1.065
上海	1.061	1.000	1.076	江西	1.018	1.013	1.054	贵州	1.009	1.000	1.109
江苏	1.042	1.014	1.066	河南	1.008	0.995	1.028	云南	1.005	0.992	1.040
浙江	1.031	0.997	1.067	湖北	1.018	1.019	1.062	陕西	1.008	1.005	1.020
福建	1.017	1.010	1.059	湖南	1.028	1.005	1.082	甘肃	1.005	0.993	1.054
山东	1.010	0.985	1.060	—				青海	1.002	0.987	1.020
广东	1.037	1.000	1.076	—				宁夏	1.002	0.997	1.007
海南	1.014	1.016	1.056	—				新疆	1.005	1.066	1.044
东部地区	1.031	1.001	1.061	中部地区	1.013	0.996	1.056	西部地区	1.009	1.004	1.051

4.2.4　省际 GTFP 的测度结果解析

测度环境全要素生产率是实证分析的重要部分和后续研究的基础，我们首先详细阐述了测度 GTFP 时所使用的基于松弛变量的非径向、非角度 SBM 方向性距离函数（SBM-DDF）模型和 global Malmquist-Luenberger（GML）指数方法，并搭建了相应的测算模型；其次对投入要素和产出要素的指标选取依据与统计处理方法进行了说明；最后利用 MATLAB R2018a 软件对中国 30 个省市 2008～2017 年的环境全要素生产率进行了测度。研究得到以下结论。

（1）2008～2017 年中国环境全要素生产率年均值均大于 1.000，整体呈波动上升趋势，年均增长率达 4%。样本期内中国 GTFP 存在明显的省际差异，仅有 9 个省市在此期间保持 GTFP 全大于 1.000，30 个省市的 GTFP 虽然在有的年份出现下滑但整体呈现增长趋势，污染治理成效显著，生态环境效率得到一定程度的改善，2016～2017 年 GTFP 增长率为 4.5%，低于同期 GDP 实际增速，说明中国经济发展与资源环境间的矛盾与冲突依然存在，经济增长方式仍以要素驱动的粗放式增长为主。

（2）为探索不同中国环境全要素生产率的主要提升路径，进一步将 GML 生产率指数分解为技术效率变动指数（GMLEC）和技术进步指数（GMLTC），发现 2008～2017 年中国平均技术效率变动指数增长率为 0.1%，平均技术进步指数增长率为 5.6%，在两者的综合作用下 GML 指数提升 1.8%，技术进步成为推动中国环境全要素生产率的主要路径，技术效率对于环境全要素生产率的提升效应并不显著，在技术进步指数的上升阶段，环境全要素生产率出现下滑，侧面说明技术效率指数的倒退在一定程度上拖了“后腿”，也反映出技术效率成为目前限制中国环境全要素生产率进一步提升的关键因素。

（3）从区域视角来看，样本期内中国不同地区的环境全要素生产率具有显著差异，但均实现了不同程度的增长，变化趋势呈现波动式上升的特征，同时中国环境全要素生产率呈现由东到西递减的特点。对于东中西部三大区域，环境全要素生产率的增长主要依赖技术进步，增长动力源不足。从具体变化趋势来看，东部地区 GML、GMLEC、GMLTC 曲线相比于中部和西部地区的曲线变动趋势相对平滑，中部和西部不同年份间则落差相对较大。

（4）对东中西部地区内部各地域单元的研究发现，30 个省市的环境全要素生产率虽然都有改善但增长程度差距较大，北京、上海、天津、江苏、广东、浙江处于第一梯队，青海、宁夏的 GTFP 增长率处于较低水平，仅有 0.2%。技术进步对 GTFP 的平均贡献率约为 5.6%，技术效率对 GTFP 的贡献率仅为 0.1%，受技术效率倒退所拖累的省市有 13 个，占比达 43.3%。四川、湖南、重庆、江西、湖北等省市具有较大的发展空间和发展潜力。中国多数省份的环境全要素生产率提升主要依靠技术进步，但从长期发展考虑，忽视技术效率的提高，必然会出现要素配置低效和资源浪费现象，导致经济增长与生态环境的矛盾加剧。

4.3　环境全要素生产率的时空分布及检验

通过对中国环境全要素生产率的测度和分析可知，东中西部地区的 GTFP 具有显著差异，如何推动区域全面协调发展，进一步提升环境全要素生产率水平成为关键。本节将采用探索性空间数据分析（ESDA）方法进一步探究中国省际环境全要素生产率的时空分布格局和空间分异特点，并对空间相关性进行检验分析。

4.3.1　GTFP 的时空演变格局

2008～2017 年，中国各省市环境全要素生产率时空分布格局的动态演进和区域变化显著。在 2008 年和 2012 年，中国环境全要素生产率的空间格局大致稳定且呈现“东高西低”的结构特征，东部地区的 GTFP 水平明显高于中部和西部且差距较大，整体 GTFP 自东向西呈阶梯递减态势。在此期间，稳定位于第一和第二梯队的省份有北京、上海、广东、江苏、浙江，主要分布在东部沿海地区，大部分中西部省市主要处于第三和第四梯队；在 2017 年，中国环境全要素生产率的空间格局由“东高西低”向“南高北低”演进，GTFP 高值区由东部省市向中部省市发生转移，中部地区 GTFP 增长势头强劲，上海、江苏、安徽、湖北、湖南、四川、广东位列第一梯队，北京、天津掉落至第二梯队，可以看出东部地区作为发展领跑者，其辐射带动作用日益增强，但大部分西部省市和部分中部省市仍处于 GTFP 低值区，以陕西、甘肃、山西为代表的关中平原城市群，以河南、山东为代表的中原城市群及东北地区 GTFP 水平下降显著。

4.3.2　GTFP 的时空分布测度方法

测度环境全要素生产率的时空分布特征可以选择不同的方法，主要介绍以下三种方法。

1. *趋势面法*

实际的地理曲面通常包括趋势面和剩余面两个部分，前者通过确定性因素作用可以反映地理要素的空间分布规律，后者则通过随机性因素作用反映局部微观空间，故趋势面是一种对实际曲面做近似处理的抽象数学曲面，可以一定程度地规避局部随机要素的影响，从而显化地理要素的分布规律。趋势面分析（trend-surface analysis）实际是通过光滑的数学曲面模拟观测要素的空间分布和变动趋势的一种数学方法，可以对空间跨度较大的地理要素进行半定量研究，它本质上以地理数据序列为基础，利用回归分析原理和最小二乘法拟合非线性函数建立多项式型的回归模型，从而模拟和分析地理实体的空间分布规律，展示其在区域三维空间中的变化趋势。

拟合趋势面的数学方法主要包括多项式函数和傅里叶级数，我们选用较为常用的多项式函数形式来搭建地理趋势面模型。根据环境全要素生产率这一观测值，利用空间插值得到各省市 GTFP 的总体分异趋势。设 Z_i（x_i, y_i）为 i 省市的环境全要素生产率水平，（x_i, y_i）为平面空间坐标，根据趋势面的定义可以得出

$$Z_i(x_i, y_i) = T_i(x_i, y_i) + \varepsilon_i \tag{4-8}$$

式中，T_i（x_i, y_i）为趋势函数，表示在大空间尺度内的趋势值；ε_i 为自相关误差系数，即残差值，表示第 i 个省市的环境全要素生产率水平真实值与趋势值的偏差程度。当（x_i, y_i）在空间上产生变动时，上述公式即可刻画出地理要素的趋势面、实际分布曲面和剩余面间的互动关系。我们使用二次趋势面模型衡量 GTFP 的趋势值，则趋势函数可表示为

$$T_i(x_i, y_i) = \beta_0 + \beta_1 x + \beta_2 y + \beta_3 x^2 + \beta_4 y^2 + \beta_5 xy \tag{4-9}$$

2. 空间依赖与空间异质

Galor（1996）指出，在实际分析中，传统计量经济学理论的样本独立性假设并不是普遍存在的，对于带有空间属性的观测样本，变量间的距离远近会影响空间相关性，空间相互作用存在于不同地区之间的经济和地理活动中，这种空间效应称为空间依赖性和空间异质性。空间依赖是指空间中事物（现象）的相互影响与作用，是事物（现象）自身的固有属性，是空间过程和空间地理现象的本质。由 Anselin 等（2000）的定义可知，空间依赖性是观测样本数据与自身所处区域间的协调性，若随机变量在相邻区域表现为高-高聚集或低-低时则存在正向的空间相关性；当相邻区域的随机变量为差异度较大的值时则表现为负向的空间相关性。这些存在于不同区域单元间的相互作用产生于贸易往来、知识溢出、技术扩散等经济社会活动中，同时也从侧面说明某一区域单元上的事物（现象）会受到相邻区域的影响，出现如产业结构、清洁技术、环境规制政策趋同的现象。空间异质性也被称为空间差异性，是指某区域空间的事物（现象）与邻近区域空间的事物（现象）所具有的不同特性，如经济发达区和经济欠发达区、城区和非城区、沿海和内陆，由于在经济地理结构中要素空间分布的非随机性和非均质性产生了空间异质。具体体现在两个方面：其一，经济要素或经济活动缺少稳定的空间结构，总是在流动和扩散；其二，区域单元自身在面积、地理位置等方面都存在很大的差异。当空间依赖与空间异质同时存在时，传统的计量手段难以进行准确估计，因此，通常需将所研究单元的空间特征纳入研究体系中，利用空间权重矩阵改善原有的计量模型，使其更符合实际。

空间计量经济学自提出以来，经过诸多研究者的深入探讨研究与拓展，形成了完整的研究框架和分析手段，依据空间计量分析的相关思路，需要先检验中国省际 GTFP 的空间相关性，若存在空间相关性，则需要搭建空间计量模型对 GTFP 的影响因素进行回归分析；若空间相关性不显著，则可搭建传统计量模型检验 GTFP 的影响因素。空间相关性的检验主要是利用探索性空间数据分析方法中的相关验证工具。

3. 空间自相关检验方法

空间相关性主要用于描述观测值在空间上的集聚程度，也是搭建空间计量模型前需要进行检验的前提条件。探索性数据分析，即可视化数据的空间分布，可描述各种社会经济现象的空间相互作用机制，是一系列空间数据分析方法和技术的集合。探索性空间数据分析（ESDA）方法主要分为全局自相关分析和局部自相关分析，前者主要研究空间整体的集聚或依赖性状况，探索某一变量的总体空间相关性和差异；而后者能够细化至区域空间内部，衡量观测区域与周边区域的关联或差异性。

我们选用全局自相关分析中的 Moran I 指数来检验空间相关性，Moran I 指数的具体测算公式如下：

$$\text{Moran I}=\frac{n\sum_{i=1}^{n}\sum_{j=1}^{n}W_{ij}\left(y_i-\overline{y}\right)\left(y_j-\overline{y}\right)}{\left(\sum_{i}^{n}\sum_{j=1}^{n}W_{ij}\right)\sum_{i}^{n}\left(y_i-\overline{y}\right)^2}=\frac{\sum_{i=1}^{n}\sum_{j\neq 1}^{n}W_{ij}\left(y_i-\overline{y}\right)\left(y_j-\overline{y}\right)}{S^2\sum_{i}^{n}\sum_{j=1}^{n}W_{ij}} \tag{4-10}$$

式中，n 为研究地区个数；y_i 和 y_j 分别表示区域单元 i 和区域单元 j 的环境全要素生产率；$S^2=\frac{1}{n}\sum_{i=1}^{n}\left(y_{i-}\overline{y}\right)^2$，表示属性 y 的方差；$\overline{y}=\frac{1}{n}\sum_{i=1}^{n}y_i$，为属性 y 的平均值；W_{ij} 为空间要素构成的二进制权重矩阵，采用邻接标准或距离标准，其目的是定义空间对象的相互邻接关系。虽然交通通信技术的进步强化了跨区域联系，形成了超越地理局限的空间关联，但强度相比地理邻近而言还较弱，因此地理邻近仍是区域集聚最为可靠的空间媒介。于是我们采用经典的基于 Rook 的一阶邻接性权重矩阵，当存在共同边界时为 1，否则为 0，构造原则为

$$W_{ij}=\begin{cases}1,\ \text{当区域}i\text{与区域}j\text{相邻；}\\0,\ \text{当区域}i\text{与区域}j\text{不相邻}\end{cases} \tag{4-11}$$

Moran I 指数的取值范围为[–1，1]，该值大于 0，说明相似观测值趋于聚集，存在空间正相关性；该值等于 0，说明不存在空间相关性；该值小于 0，说明不同观测值趋于聚集，存在空间负相关性。对于空间相关是否显著的判断，除了常用的 P-level 外，又构建了标准正态统计量 Z 来检验 Moran I 指数的显著性：

$$Z(I)=\frac{\text{Moran I}-E(I)}{\sqrt{\text{Var}(I)}} \tag{4-12}$$

式（4-12）中，$E(I)=-\frac{1}{n-1}$，$\text{Var}(I)=\frac{n^2w_1+nw_{2+}3w_0{}^2}{w_0{}^2\left(n^2-1\right)}$，$w_0=\sum_{i=1}^{n}\sum_{j=1}^{n}W_{ij}$，$w_1=\frac{1}{2}\sum_{i=1}^{n}\sum_{j=1}^{n}\left(W_{ij}+W_{ij}'\right)^2$，$w_2=\sum_{i=1}^{n}\left(W_i+W_j\right)^2$，$W_i$ 和 W_j 分别为空间权重矩阵中第 i 行和第 j 列之和。正态分布下的假设前提为变量独立，即不存在空间相关性，若标准正态统计量 Z 的估计 p 能够通过 5%（或 10%）的显著性检验，则拒绝原假设，即存在空间相关性。并且当 Z 为正时，表明存在正的空间自相关；当 Z 为负时，表明存在负的空间自相关；当 Z 为 0 时，表明观测值呈独立随机分布。

全局自相关分析偏向于从整体视角反映 GTFP 的空间分布特性，但会忽略不同区域单元间的差异性，从而难以深入区域内部研究局部分异。局部自相关分析可以比较某一区域与邻近区域的同一观测值的相关性及检验是否存在空间异质性，进而弥补全局分析的缺陷。普遍使用 Moran 散点图和 LISA 聚类来进行局部自相关检验。

Moran 散点图以（z,W_z）为坐标点（$z_i=x_i-\overline{x}$ 为空间滞后因子，W 为空间权重矩阵），是空间滞后因子对观测数据的二维可视化图示，W_z 表示对邻近省份观测值的空间加权平均。散点图的四个象限分别代表不同的空间相关模式：①第 I 象限（H-H）表示

创新产出高值区被同为高值区的单元包围；②第Ⅱ象限（L-H）表示创新产出低值区周围为创新产出高值区；③第Ⅲ象限（L-L）表示创新产出低值区被同为低值区的单元包围；④第Ⅳ象限（H-L）表示创新产出高值区周围为创新产出低值区。即第一、三象限表示创新产出的空间正相关性，第二、四象限表示空间负相关性。

LISA 聚类是衡量观测单元属性与其周边单元的相近或相异程度及其显著性的指标，可以表征局部空间的异质性。计算方法如下：

$$\mathrm{LISA}_i = Z_i \sum_j W_{ij} Z_j \tag{4-13}$$

式中，Z_i 和 Z_j 为标准化后的区域 i 和 j 的观测值，即环境全要素生产率水平；W_{ij} 为空间权重矩阵，$\sum_j W_{ij} = 1$。

4.3.3　省际 GTFP 的空间自相关检验

由中国环境全要素生产率的空间分布格局及趋势面分析可知，各省市的 GTFP 在区域空间可能存在自相关性，因此在对空间面板模型进行回归估计前，应对空间自相关性进行相关检验。

1. 全局空间自相关检验

根据前文介绍的全局空间自相关检验方法，结合 ArcGIS 10.2 和 GeoDa 1.14.0 软件对 2008～2017 年中国省际环境全要素生产率的 Moran I 指数进行了测度，结果如表 4-4 所示，具体变化趋势如图 4-7 所示。

表 4-4　2008～2017 年中国环境全要素生产率的 Moran I 指数及其显著性检验

年份	Moran I	*P* 值	*Z* 值
2008～2009	0.1460***	0.003	2.2777
2009～2010	0.1531***	0.002	2.3852
2010～2011	0.1631***	0.002	2.5134
2011～2012	0.1427***	0.002	2.2101
2012～2013	0.1500***	0.004	2.2882
2013～2014	0.1485***	0.003	2.2643
2014～2015	0.1457***	0.003	2.2079
2015～2016	0.1518***	0.004	2.0073
2016～2017	0.2652***	0.001	3.2838

***表示通过 1%的显著性检验

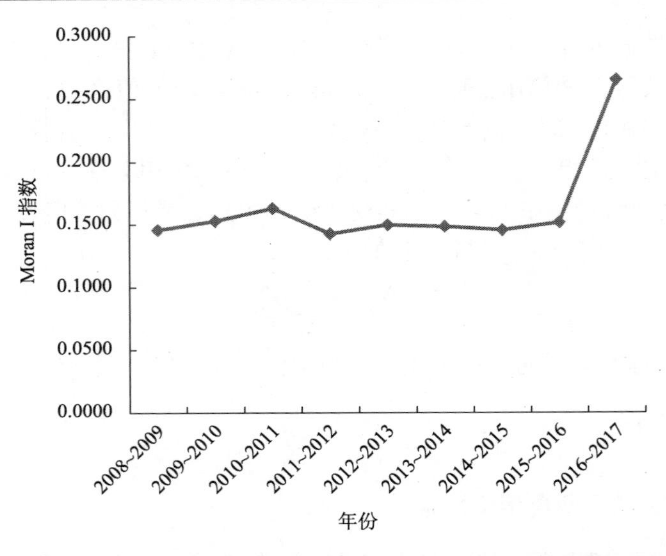

图 4-7　中国省际环境全要素生产率的 Moran I 指数变化趋势

根据表 4-4 可知，2008～2017 年中国环境全要素生产率的 Moran I 指数值均大于 0 且都通过了 1%的显著性检验。借助 GeoDa 中的 Monte Carlo 模拟检验发现，2008～2017 年中国环境全要素生产率在置换 999 次下的正态统计量 Z 值均大于正态分布函数在 0.05 水平下的临界值（1.96），表明中国环境全要素生产率存在较强的全局空间正自相关性，即 GTFP 的空间分布并不呈随机状态，而是存在明显的空间集聚效应，较高（低）环境全要素生产率省份与其他较高（低）环境全要素生产率省份趋于邻近。如在研究省际环境全要素生产率的收敛性时忽略空间效应，依然将其假设为独立观测值，会造成模型估计结果有偏或无效，因此在探究省际环境全要素生产率的影响因素时，需建立空间计量模型进行分析。

由图 4-7 中国省际环境全要素生产率的 Moran I 指数变化趋势可以发现，Moran I 指数在 2008～2017 年整个观察期内呈波动式上升趋势。全局 Moran I 指数由 2008 年的 0.1460 增长到 2017 年的 0.2652，说明中国省际 GTFP 整体的空间依赖性随着时间推移在逐步加强，原因可能在于之前中国主要以东中西三个地区作为主要协调发展的对象，而在进入经济新常态后，中国将区域发展战略重点转向跨行政区的区域一体化，可以推动要素在更灵活、更易协调的区域尺度内进行高效分配，有利于发挥不同地区的比较优势和协同效应，推动高质量绿色发展，进一步加强了区域联系和省际合作。此外，在 2011～2012 年、2013～2015 年全局 Moran I 指数虽然出现了一定程度的下降，但在其余观察期内均保持增长，所以从整体上看，省际 GTFP 的空间相关性仍然是增大的。空间相关性的提升说明中国某一省市的环境全要素生产率不仅与自身经济基础有关，还受到紧邻区域单元的技术、资源等因素的影响。

虽然全局 Moran I 指数的测度结果证明中国省际环境全要素生产率整体存在显著空间正相关性，但不能说明区域内各观测单元的具体空间关联模式，也无法具体分析区域内局部 GTFP 集聚的空间特征，不能详细地展示出哪些省份的 GTFP 水平呈高属性值的

“俱乐部”集聚，哪些省份的 GTFP 水平呈低属性值的“洼地”集聚，或是存在部分省份不具有空间正相关性，呈现出 H-L 或 L-H 的相异属性值集聚，因此需要进一步通过局部空间自相关检验做更深入的分析。

2. *局部空间自相关检验*

全局空间自相关检验假设空间为同质的，但实际上区域要素的空间异质性非常普遍，局部空间自相关检验可以弥补全局自相关对空间内部差异描述的缺失，以揭示局部空间状况。我们采用 Moran 散点图和 LISA 聚类分析研究中国各省环境全要素生产率的内部空间相关性。

研究结果表明，中国省际环境全要素生产率主要存在两种正向空间集聚：一种是东部地区的空间集聚模式，主要包括北京、山东、江苏、上海、浙江、福建、广东、湖南等；另一种是西部地区的空间集聚模式，主要包括新疆、青海、甘肃、山西、贵州等。研究结果还表明，中国 GTFP 局部集聚现象突出，形成了几大主要集聚区：一是主要以上海为中心，与相邻的江苏、浙江、安徽组成的长江三角洲城市群；二是以北京为核心，与相邻的天津组成的京津冀城市群；三是以广东为代表的粤港澳大湾区；四是以湖南和湖北为代表的长江中游城市群及以重庆为代表的成渝城市群。这些区域往往拥有一个 GTFP 水平较高的省市作为核心高地，地域单元间的市场分割程度并不显著，技术、资本和人力要素的流动性和联动性较高，有利于知识技术和经验的扩散与溢出。以新疆、青海、甘肃为代表的西北地区及关中平原城市群和中原城市群构成了中国 GTFP 低值聚集区，这些区域缺少核心引领高地，难以形成 GTFP 高水平策源中心的溢出效应，同时经济基础薄弱、基础设施不够完善、市场化程度不高、交通运输条件较差、技术和人才等核心要素难以产生联动，辐射带动效应并不显著，因此成为 GTFP 低值集聚区。

4.3.4　GTFP 时空分布测度结果解析

对中国省际环境全要素生产率的空间自相关性进行检验是搭建空间计量模型分析 GTFP 影响因素的必要环节。我们选取 2008 年、2012 年和 2017 年三个空间分位图作为代表，对中国省际 GTFP 的时空分布格局进行了分析与阐述，并利用 ArcGIS 10.2 和 GeoDa 1.14.0 软件对省际 GTFP 展开了趋势面分析、全局与局部空间自相关检验，研究结论如下。

（1）在样本期内中国省际环境全要素生产率时空分布格局的演变趋势显著，在 2008 年和 2012 年，中国 GTFP 的空间格局大致稳定且呈现“东高西低”的结构特征，但在 2017 年空间格局由“东高西低”向“南高北低”演进，GTFP 高值区由东部向中部发生转移，中部省份 GTFP 增长迅速，但大部分西部省份 GTFP 水平仍较低。

（2）立体空间趋势面测度结果显示，2008～2017 年中国省际环境全要素生产率整体呈现出“东南高、西北低”的空间分异格局，趋势面分布变动显著。说明中国省际 GTFP 存在明显的空间指向性，即中国各省市地区之间可能存在一定的空间联系与相关性。

（3）全局空间自相关检验的结果表明，2008～2017 年中国环境全要素生产率的 Moran I 指数值均大于 0 且都通过了 1%的显著性检验和 Monte Carlo 模拟检验，说明中国 GTFP 存在较强的全局空间正自相关性。同时，Moran I 指数在整个观察期内呈波动式上升趋势，说明省际 GTFP 的空间相关性仍在加强。通过局部空间自相关检验可以进一步发现，H-H 型和 L-L 型的空间集聚模式占有绝对比重，同时形成了几大集聚区，进一步验证了中国 GTFP 存在正向空间依赖的结论。

4.4　环境全要素生产率影响因素的空间计量分析

我们已经对中国省际环境全要素生产率进行了测度，并结合全局和局部空间自相关检验的结果，以 2008～2017 年中国除港澳台、西藏外 30 个省市的面板数据作为样本，建立了空间面板模型检验创新投入、ICT 能力两个核心解释变量及其余控制变量对中国环境全要素生产率的具体影响。本节将通过上述变量与环境全要素生产率分解项的估计结果，探究对环境全要素生产率的主要作用机制。

4.4.1　空间计量模型介绍

面板数据是具有横截面和时间序列双重属性的二维数据资源，也被称为时间序列-截面数据。面板数据模型相比于单时间序列或单截面模型，可以减少多重共线性的干扰，具有样本容量巨大、信息涵盖完善、模型拓展简便等优势，可以用于分析观测对象在截面和时间序列上的具体变化及连续特征，同时凭借模型中的参数信息判断分析个体间的分异状况。空间面板模型主要包括空间滞后模型（SLM）、空间误差模型（SEM）、空间杜宾模型（SDM）三种。

1. 空间面板模型的搭建

（1）空间滞后模型（SLM）主要研究各变量在区域内是否存在扩散现象，即在溢出效应存在的情况下，相邻地区间的影响，本质是将被解释变量所具有的空间自相关性纳入模型之中，其模型表达式为

$$y = \alpha I_n + \rho W_y + \beta x + \varepsilon \tag{4-14}$$

式中，y 是关于被解释变量观测值的向量；I_n 为 $n \times 1$ 阶的单位向量；α 为常数项；x 是解释变量观测值的矩阵；W 为空间权重矩阵，W_y 是权重矩阵 W 的空间滞后自变量；ε 为随机误差项；参数 β 反映了解释变量 x 对因变量 y 的影响；ρ 为空间自回归系数，用来衡量区域观测值中的空间依赖作用，即相邻观测区之间的影响方向和强度。

（2）空间误差模型（SEM）是当区域间的联系以随机误差项作为表征，即区域间的相互影响由于所处相对位置的不同产生差异时，则采用该模型，其模型表达式为

$$\begin{cases} y = \alpha I_n + \beta x + \varepsilon \\ \varepsilon = \lambda W_\varepsilon + \mu \end{cases} \tag{4-15}$$

式中，μ 为随机误差项且相互独立，服从正态分布；λ 为空间误差系数，代表本区域观测值受邻近区域关于被解释变量误差冲击的溢出影响程度；W_ε 为权重矩阵 W 的空间误差自变量。

（3）空间滞后模型主要用以分析解释变量存在的空间相关性，但忽略了误差项的空间相关性；空间误差模型主要用以分析模型中误差项存在的空间相关性，但忽略了解释变量的空间相关性，因此这两种空间计量模型都存在一些弊端。Lesage 等在 2009 年提出了空间杜宾模型（SDM），综合考虑了解释变量与被解释变量的空间滞后项，相较于 SLM 和 SEM 模型具有更一般性和稳健的估计结果，其模型表达式为

$$y = \alpha I_n + \delta W_y + \beta x + \theta W_x + \varepsilon, \quad \varepsilon \sim N\left(0, \sigma^2 I_n\right) \tag{4-16}$$

式中，W_x 为被解释变量 x 的空间滞后项，表示邻近单元的解释变量对本单元被解释变量的影响；δ 为空间相关参数；θ 为估计系数，表征邻近单元的解释变量对本单元被解释变量的具体影响程度。若 $\theta=0$，则 SDM 可转化为 SLM；若 $\theta+\delta\beta=0$，则 SDM 可转化为 SEM，其余参数含义与模型（4-14）和模型（4-15）相同。

2. 空间面板模型的识别方法

针对具体的问题应选择不同的空间面板模型，如选择不当会产生一定的偏差并影响估计结果的真实性。选择空间面板模型的大致流程如下：首先，采用拉格朗日乘数（LM）检验判断模型的空间相关性，若拉格朗日乘数滞后检验（LMLAG）、拉格朗日乘数误差检验（LMERR）和稳健拉格朗日乘数滞后检验（R-LMLAG）、稳健拉格朗日乘数误差检验（R-LMERR）统计量均具有显著性，则说明具有空间相关性，应采用空间计量模型进行回归分析，若都不显著，则采用传统回归模型；其次，采用似然比（LR）检验和 Wald 检验判断是否可以将模型简化为 SLM 或 SEM，若 LR_spatial_lag 统计量和 Wald_spatial_lag 统计量均显著，则证明 SDM 不可简化为 SEM，应选择 SDM 模型进行实证分析，若 LR_spatial_error 统计量和 Wald_spatial_error 统计量均显著，则证明 SDM 不可化简为 SLM，若上述统计量均不显著，应判断 LM 检验结果选择 SLM 模型或 SEM 模型；最后，通过 Hausman 过度识别检验来确定模型的设定形式，具体有三种形式——混合效应、固定效应和随机效应模型。

除此之外，还有一些统计量可以作为空间面板模型的选择依据，如拟合优度（R^2）和自然对数似然函数值（log-likelihood）。通常来说，R^2 值越大，且 log-likelihood 的绝对值越小，则该模型拟合效果越好。

4.4.2　变量选取及样本数据处理

被解释变量为前文测算得出的省际环境全要素生产率（GTFP），选择的核心解释变量分别为创新投入（RD）和 ICT 能力（ICTC），控制变量为经济发展水平（EDL）、人力资本水平（EDU）、对外开放程度（OPEN）、技术市场化（TM）、产业结构（IS）和环境规制强度（ER）。

1. 创新投入现状

创新的内源动力在于经济的增长和 TFP 的提升，而创新性的科研活动可以对产品和工艺进行全面迭代，是技术变革的重要前提，表征了技术进步的水平，因此成为提升 TFP

的核心路径。由于知识与技术存在外部性特点，某一行业或部门的 R&D 活动不仅会提高本行业或本部门的生产率和技术水平，而且溢出效应会带来其余相关产业或部门生产率的提升。由于创新行为所具有的公共性、不确定性和外部性特征，中国创新投入效率并不高，科研投入强度与一流国家之间还有很大差距。《2017 年全国科技经费投入统计公报》显示，全国 R&D 经费 17606.1 亿元，比上年增长 12.3%；R&D 人员全时当量 403.36 万人·年，比 2016 年增加 15.55 万人·年（图 4-8 和图 4-9）。虽然中国研发投入规模逐年增长，结构不断优化，但与发达国家相比，整体水平仍然存在大而不强、多而不优的情况。基础研究占比与发达国家相比（15%～20%）仍有较大差距，研发投入强度与创新型国家（2.5%以上）相比还有一定欠缺。

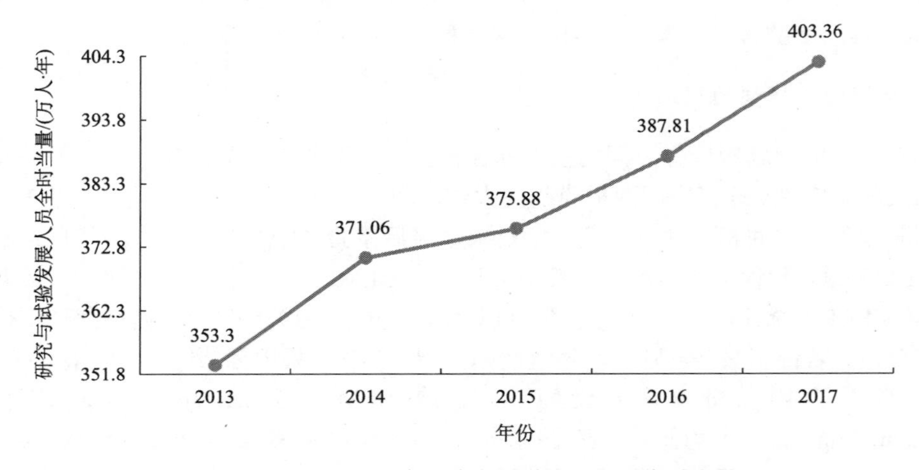

图 4-8　2013～2017 年研究与试验发展人员全时当量

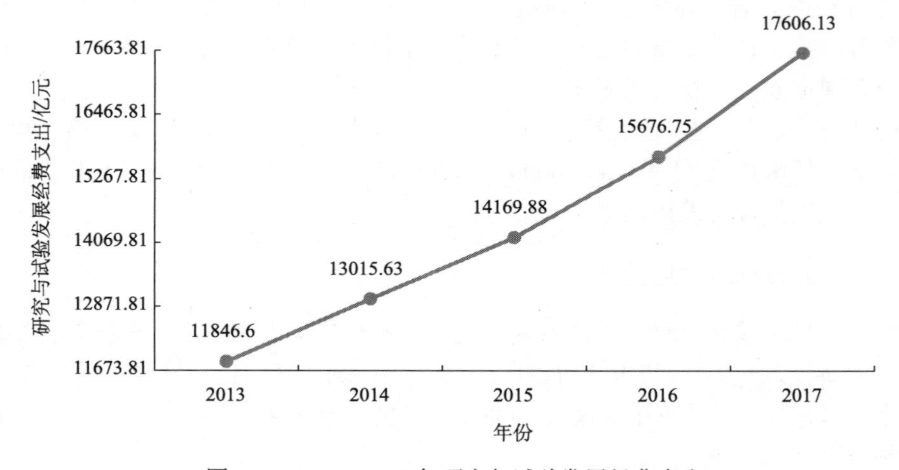

图 4-9　2013～2017 年研究与试验发展经费支出

2. ICT 能力现状

ICT 能力使知识与信息以数字化的形式驱动经济结构变革并提升要素生产率。据中国信息通信研究院公布的数据，2017 年中国数字经济市场总量达到 27.2 万亿元，同比名义增长 20.3%，占 GDP 比重达到 32.9%，对 GDP 贡献率达到 55%，互联网和移动电话普及率也在连年攀升（图 4-10），ICT 产业已经成为国民经济的战略支柱产业。IDC 预测，未来中国广义 ICT 市场规模将超过 7200 亿美元，但在市场体量不断扩大的同时，人力困局逐渐浮现。《中国 ICT 人才生态白皮书》显示，2017 年 ICT 产业人才总体需求缺口达 765 万，预计在 2020 年达到 1246 万人（图 4-11），主要表现为人才需求量巨大和人才错位。未来，ICT 人才需求短板将主要集中在"大物云"、人工智能等新兴领域，且呈现出人才需求类型多样化、需求结构多元化的特征。

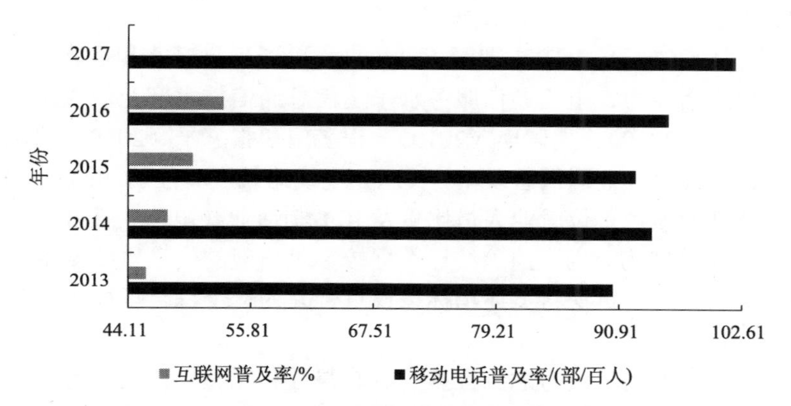

图 4-10　2013～2017 年互联网普及率和移动电话普及率

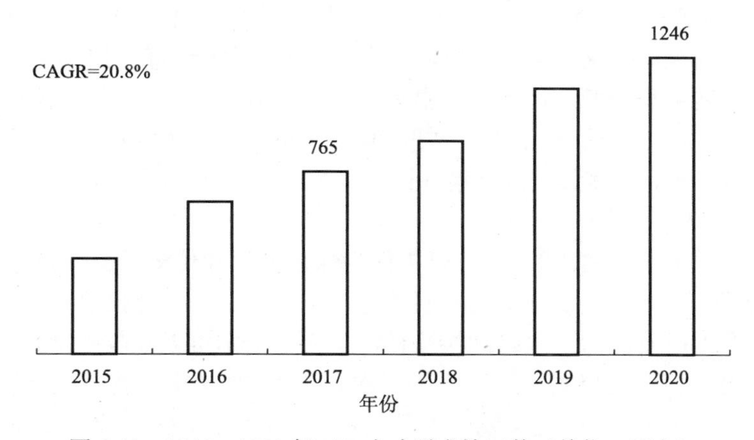

图 4-11　2015～2020 年 ICT 人才需求缺口数（单位：万人）

3. 变量选取与数据处理

1）被解释变量

我们采用前面测度得出的环境全要素生产率（GTFP）作为被解释变量，由于 GML 生产率指数得出的是环境全要素生产率增长率，即两年间的环比数据，因此需要将前文测算得出的 GTFP 转化为实际的省际累计相对 GTFP，用以表征各省市的实际 GTFP，借鉴陈超凡（2016）的做法，具体转化方式为：将 2008 年作为基期的 GTFP 值为 1，则 2009 年的实际 $GTFP=GTFP_{2008}\times GML_{2009}$；2010 年的实际 $GTFP=GTFP_{2009}\times GML_{2010}$，以此类推，即可得出调整后的 2008～2017 年的各年实际 GTFP。

2）核心解释变量

我们的核心解释变量为创新投入和 ICT 能力。

（1）创新投入（RD）。技术进步是生产率提升的核心路径，而创新投入又是推动技术进步的主要动力，从创新人力投入和创新资金投入两个方面出发，选取规模以上工业企业研究与试验发展（R&D）人员折合全时当量（人）和规模以上工业企业研究与试验发展（R&D）经费支出（万元）来表征创新投入。

（2）ICT 能力（ICTC）。ICT 主要涵盖通信业、电子信息产业和互联网产业，其能力主要体现在电信通信能力、电信通信服务水平及信息通信技术产业规模三个方面。我们参考陈楠和蔡跃洲（2019）、魏琪瑛（2019）、程名望和张家平（2019）的研究，分别选取各省移动电话普及率和互联网普及率，长途光缆线路长度和注册网站总量，信息传输、计算机服务和软件业城镇单位就业人员比重及 ICT 制造业（电信、计算机和信息服务）出口占比来衡量 ICT 能力。为了消除统计数据较多时出现的信息重叠及指标间的相关影响，进一步采用主成分分析法将上述指标按权重合并为一个综合指标来表征 ICT 能力。

3）控制变量

参考过往相关研究文献及考虑到数据的可获得性和完整性，为了避免变量疏漏导致估计结果出现误差，我们主要从技术进步和资源配置两个角度选择以下控制变量。

（1）经济发展水平（EDL）。经济发展水平较高的区域，相应的资本、技术、基础设施等就具有一定的优势，这为可持续发展奠定了良好的基础，有利于推动地区 GTFP 的提升。而经济发展水平较低的地区，受限于物质基础薄弱，难以通过大规模投入改善原有的生产技术和进行污染治理。因此，选取 2000 年不变价的各省实际人均地区生产总值来衡量经济发展水平，并将其平方项纳入回归模型之中，检验环境库兹涅茨曲线（EKC）是否存在。

（2）人力资本水平（EDU）。人力资本作为知识受体和传播及推动技术进步的主体，对 GTFP 的提升至关重要。其主要通过两个途径影响 GTFP：直接途径，指人力资本可以决定区域的自主研发能力上限；间接途径，指人力资本可以吸收外部技术溢出。选取人均受教育年限表征人力资本水平，人均受教育年限=小学文化就业人员比重×6+初中文化就业人员比重×9 +高中文化就业人员比重×12+大专文化就业人员比重×15+本科文化就业人员比重×16+研究生文化就业人员比重×19。

（3）对外开放程度（OPEN）。对外开放程度较高的区域，可以更为便捷地接受溢出效应带来的技术进步和生产水平的提高，此外先进管理和治理经验的流入，可提高本地企业的国际化水平，实现产业链的更迭升级，从而推动全要素生产率的提高。采用实际进出口额占地区 GDP 的比重来衡量对外开放程度，根据当期汇率将进出口额换算成等值人民币，并以 2000 年为基期的 GDP 平减指数进行平减处理。

（4）技术市场化（TM）。市场化是影响技术效率的重要因素，市场化水平在当期和后期都对技术效率产生正向影响，同时，技术效率的提升又反过来促进环境全要素生产率。技术市场化作为创新价值链的产出成果渠道，会显著影响创新转化与孵化效率，进而决定技术在企业实际生产活动中的迭代周期和更新速率。选取技术市场成交额占 GDP 的比重来表征技术市场化水平。

（5）产业结构（IS）。产业结构可以反映某一国家或某一地区内部产业结构的占比关系，可以在一定程度上显示出该国家或地区的经济发展模式和阶段，产业部门的占比关系在不同的产业结构中具有显著差异，故会导致其对经济发展的作用程度不尽相同。中国仍处于工业化进程中，因此选取第二、三产业增加值占 GDP 的比重来反映中国的产业结构状况，使其较为符合中国的工业化水平。

（6）环境规制强度（ER）。“波特假说”中的创新补偿效应和规制成本效应一直是诸多学者在探究环境规制对于 GTFP 的影响时的争论焦点。有的学者认为，规制所带来的激励创新可以加快企业生产技术的迭代，实现绿色生产；也有一部分学者认为，规制引发的过高生产成本会抑制企业的研发投入，抑制绿色生产。由于政府行政和法律干预无法较好地进行表征，于是选取工业污染治理投资与工业增加值之比来衡量环境规制强度。

以 2008～2017 年中国除港澳台、西藏外 30 个省市作为区域研究样本，使用的原始数据均来自历年的《中国统计年鉴》、《中国能源统计年鉴》、《中国环境保护数据库》、《中国工业经济统计年鉴》、《中国科技统计年鉴》及各省统计年鉴和国家统计局网站，并对相关指标进行了平减和无量纲化处理。对数变换并不会改变原始数据之间的函数关系与变化态势，为了避免异方差的存在，在实际建模过程中对所涉变量均做了自然对数处理。基于此，空间面板模型可以具体表示为

$$\begin{aligned}\ln \mathrm{GTFP}_{it} &= \alpha I_n + \beta_1 \sum_{j=1}^{N} w_{ij} \ln \mathrm{GTFP}_{jt} + \beta_2 \ln \mathrm{RD}_{it} + \beta_3 \sum_{j=1}^{N} w_{ij} \ln \mathrm{RD}_{ijt} + \beta_4 \ln \mathrm{ICTC}_{it} \\ &\quad + \beta_5 \sum_{j=1}^{N} w_{ij} \ln \mathrm{ICTC}_{ijt} + \beta_6 \ln X_{it} + \beta_7 \sum_{j=1}^{N} w_{ij} \ln X_{ijt} + \mu_i + \lambda_t + \varepsilon_{it}\end{aligned} \tag{4-17}$$

式中，GTFP_{it} 为 i 省在 t 年的环境全要素生产率；α 为常数项；I_n 为 $n\times1$ 阶的单位向量；w_{ij} 为空间权重矩阵；RD_{it} 代表创新投入；$w_{ij}\mathrm{RD}_{ijt}$ 为创新投入空间滞后项；ICTC_{it} 代表信息通信技术能力；$w_{ij}\mathrm{ICTC}_{ijt}$ 为 ICT 能力的空间滞后项；β_1、β_2、β_3、β_4、β_5、β_6、β_7 为待估计参数向量；μ_i 和 λ_t 分别为个体和时期固定效应捕获项；ε_{it} 为随机扰动项；X 为控制变量，分别是经济发展水平（EDL）、人力资本水平（EDU）、对外开放程度（OPEN）、技术市场化（TM）、产业结构（IS）、环境规制强度（ER）。

4.4.3　GTFP 的空间面板估计

1. 空间面板模型的选择

在模型估计方面，在构建空间权重的基础上引进了空间自回归系数和空间误差系数，但由于普通最小二乘法（OLS）没有考虑空间效应，如果对空间面板模型仍采用 OLS 估计会导致模型估计结果有偏或无效，得出的各种结果和推论不够完整、科学，缺乏应有的解释力，所以我们采用极大似然（ML）估计法。选用拉格朗日乘数（LM）检验、似

然比（LR）检验、Wald 检验、Hausman 过度识别检验，借助 Stata 和 MATLAB 统计工具来判断具体的模型选择。

由表 4-5 可以看出，空间滞后模型（SLM）和空间误差模型（SEM）的 LM 和 Robust-LM 统计量均通过了 1%水平上的显著性检验，存在空间自相关性，支持搭建空间面板模型；进一步，LR_spatial_lag 统计量的值为 51.9434，Wald_spatial_lag 统计量的值为 49.8358，在 0.01 的水平下均显著，说明 SDM 模型不能转化为 SLM 模型；LR_spatial_error 统计量的值为 30.6690，Wald_spatial_error 统计量的值为 35.1864，也均在 0.01 的水平下显著，说明 SDM 模型不能转化为 SEM 模型。由于 LR 检验和 Wald 检验的结果均拒绝原假设，故选择空间杜宾模型（SDM）具有较好的合理性。最后对于判定混合效应、固定效应、随机效应的有效性问题，运用 Hausman 过度识别检验的统计量值为 68.92，且通过了 1%水平的显著性检验，表明应采用固定效应下的空间面板模型。

表 4-5 LM 检验、LR 检验、Wald 检验和 Hausman 过度识别检验结果

检验值	SLM	SEM
LMLAG	5.2081***	13.2277***
R-LMLAG	25.5184***	38.4252***
LMERR	19.1675***	21.9386***
R-LMERR	32.4383***	52.5122***
LR_spatial_lag 或 LR_spatial_error	51.9434***	30.6690***
Wald_spatial_lag 或 Wald_spatial_error	49.8358***	35.1864***
Hausman	68.92***	

***表示在 1%水平下显著

进一步比较表 4-6 模型回归结果中的调整后可决系数和极大似然估计值可发现，所搭建模型四种固定效应的 R^2 值和 log-likelihood 值均较高，说明搭建的空间面板模型可以较为有效地反映创新投入和 ICT 能力对于 GTFP 的影响。其中，空间和时间固定效应模型的 R^2 为 0.8661，在四种固定效应模型中拟合优度最高，且 log-likelihood 绝对值最小，因此选用空间和时间双固定效应模型作为最终的解释模型。

表 4-6 创新投入、ICT 能力对 GTFP 影响的空间杜宾模型回归结果

解释变量	无固定效应	空间固定效应	时间固定效应	空间和时间固定效应
RD	0.0264***	0.0906***	0.0477***	0.0579***
	（6.1335）	（3.6728）	（5.4167）	（8.1471）
ICTC	0.0185***	0.2282***	0.1491***	0.0453***
	（8.0724）	（−2.8051）	（3.9871）	（7.7829）
EDL	0.0960	0.2528**	0.2705	0.2325***
	（1.0799）	（2.1559）	（1.4785）	（16.9559）
EDL^2	−0.2404**	−0.4679***	−0.2903**	−0.5652**
	（−2.2705）	（−2.8648）	（−2.2705）	（3.5235）

续表

解释变量	无固定效应	空间固定效应	时间固定效应	空间和时间固定效应
EDU	0.1394***	0.1198	–0.2504*	–0.4761***
	(13.4685)	(1.2165)	(1.0882)	(–3.1397)
OPEN	–0.1534*	0.3771**	0.1251***	0.1691
	(–1.9263)	(2.0653)	(13.7884)	(1.1341)
TM	0.1136***	0.0830***	–0.1514	0.1467***
	(17.0462)	(8.5691)	(–1.6697)	(14.2370)
IS	0.0971**	0.4179**	–0.1242**	0.3633***
	(2.3859)	(2.2738)	(2.5144)	(–3.0896)
ER	–0.1415**	–0.3862**	–0.4784***	–0.4049***
	(–2.1223)	(–1.9931)	(8.1448)	(–10.6117)
W×RD	0.2594	0.3097**	0.4153*	0.1061*
	(1.1645)	(4.1482)	(1.7674)	(–1.6936)
W×ICTC	0.1681	–0.1969	0.1607**	–0.0161***
	(1.2203)	(–2.1379)	(2.5060)	(5.3627)
W×EDL	–0.1348***	0.1643***	0.2271	0.0693*
	(6.0574)	(3.3367)	(1.4638)	(1.7902)
W× EDL^2	0.2829**	0.0596***	0.3199**	0.8240**
	(1.9873)	(4.0492)	(–2.4987)	(2.2363)
W×EDU	0.2903	0.3702	0.4655	0.1194**
	(1.5224)	(1.5824)	(–1.0541)	(2.3227)
W×OPEN	–1.0283***	0.1299***	–1.7325***	0.2197***
	(–6.1729)	(2.8735)	(9.7619)	(–11.4759)
W×TM	0.4245***	–0.1535***	0.5763**	0.4526***
	(3.0971)	(–4.3202)	(2.2016)	(7.7423)
W×IS	0.2095***	0.3959***	0.1448*	0.3079**
	(9.3031)	(9.7305)	(1.3194)	(2.4266)
W×ER	–0.3920	0.0821**	–0.4011	–0.0152***
	(–0.0748)	(2.4363)	(–1.1737)	(–9.0555)
W×dep.var.	0.1349***	0.0649***	0.0598**	0.3675***
	(8.8315)	(2.7969)	(–2.0364)	(–6.4477)
δ	0.4585***	0.3790***	0.4617**	0.6533***
	(5.4093)	(3.1324)	(2.2571)	(5.9859)
R^2	0.6457	0.7568	0.6839	0.8661
log-likelihood	–61.6495	65.1372	–53.8302	–26.8237
LR_spatial_lag	50.2522***	9.7665***	13.7884***	8.1473***
LR_spatial_error	37.9941***	9.8506***	41.5369***	8.8759***
Wald_spatial_lag	8.8355***	9.2872***	13.1038***	8.3611***
Wald_spatial_error	11.0163***	8.8980***	25.1404***	9.1354***

***、**、*分别表示在 1%、5%和 10%水平下显著，后表同

2. GTFP 影响因素的空间计量分析

由于四种固定效应下的空间相关系数δ均为正且显著，说明不同区域间的 GTFP 存在显著的空间正相关性。与预期一致，证明空间计量模型相比于传统计量模型更适于本书的研究。具体来说，在空间和时间双固定效应模型中，$W\times$dep.var.即空间滞后被解释变量系数不等于 0 且通过了 0.01 的显著性检验，说明中国省际 GTFP 受周围省份 GTFP 的影响较为显著，周围省份的 GTFP 每提高 1%，则本区域的 GTFP 将提高 0.3675%。此外，考虑到在空间杜宾模型中增加了解释变量的空间滞后项，原有估计系数无法准确表征解释变量对被解释变量的影响，直接使用空间杜宾模型进行回归会产生偏差。因此，采用空间回归模型偏微分方法，用直接效应、间接效应、总效应个三方面具体反映解释变量与被解释变量间的关系。直接效应表示相关变量对本区域的影响，间接效应表示变量在区域间的溢出效应，即对邻近区域的影响，两者之间的交互作用为总效应。

根据表 4-7 双固定效应下的空间杜宾模型的估计结果可以发现，核心解释变量创新投入和 ICT 能力在直接效应、间接效应和总效应下对环境全要素生产率的估计系数均大于 0 且在 1%的水平下显著，说明创新投入和 ICT 能力与环境全要素增长率之间存在正相关关系，两者能够有效推动 GTFP 的增长。此外，通过比较在三种效应下的估计系数值可以看出，创新投入相比于 ICT 能力，对于提升 GTFP 具有更强的推动力，表明中国创新投入每增加 1%，省际 GTFP 就会分别提升 0.5289%、0.4161%和 0.5804%，可以使企业更为显著地快速迭代自身的生产技术、提升自主创新能力和科技水平，从而提高资源利用效率及投入产出比，且通过创新投入，可以直接催化技术演进过程，带来更为先进的生产线设备、清洁装置等基础设施，从而对于 GTFP 的提升效果更为明显。中国 ICT 能力虽然在近几年的新兴领域位于国际前列，但传统 ICT 行业的对外依存度较高，如高端芯片和处理器要进口，半导体、软件操作系统等 ICT 领域的硬技术仍存在“受制”部分，此外，中国的 ICT 领域高端人才储备不足，复合型、国际化的人才缺口巨大，同时人才引进难度较大，壁垒重重，成为制约中国 ICT 能力进一步提升以推动 GTFP 增长的关键因素。同时注意到，创新投入和 ICT 能力在间接效应下均显著为正，说明两者具有显著的溢出效应，在一定程度上打破了区域内部子系统间的壁垒，加快了创新要素和信息科技的流动、知识的共享消化以及技术的溢出，产生了外部环境的规模效应，从而实现本区域和邻近区域单元 GTFP 的共同提升。比较优势理论认为每个区域都有自身的比较优势和不同产业结构，人才、资金、技术总是从实际收益低的地区向实际收益高的地区流动，因此发展水平较低的地区可以接受更高水平地区的带动引领，优化资源配置和利用效率获得 GTFP 的提升，但创新投入和 ICT 能力在间接效应下的估计系数值小于直接效应，说明中国区域发展的不协调性仍然存在，发达地区的示范引领作用还不够，同时欠发达地区对于知识和技术溢出的吸收内化能力严重不足，导致对正向空间溢出效应产生了一定的制约。

表 4-7　空间和时间固定效应下的空间杜宾模型效应分解估计结果

解释变量	双固定效应下的空间杜宾模型		
	直接效应	间接效应	总效应
RD	0.5289***	0.4161***	0.5804***
	(8.2469)	(7.8586)	(9.1483)
ICTC	0.1791***	0.1268	0.2434***
	(3.8523)	(1.4066)	(4.1821)
EDL	0.3286**	0.0459	0.3614***
	(2.4912)	(−1.5061)	(5.0952)
EDL^2	0.4088***	0.1571***	0.4490***
	(9.0127)	(6.5049)	(5.4053)
EDU	−0.3277***	0.0938**	−0.3845***
	(−5.4483)	(2.0669)	(4.8482)
OPEN	0.1866**	0.0689	0.1874
	(2.3154)	(−0.7657)	(0.6420)
TM	0.2239***	0.1983***	0.3386***
	(5.7303)	(7.0097)	(2.8330)
IS	0.0125	0.0479	0.0891
	(−0.7323)	(1.1467)	(0.9697)
ER	−0.2266***	−0.0069***	−0.2558***
	(−3.1920)	(9.4733)	(−8.0141)

从直接效应来看，其反映的是变量对于本区域单元的影响程度。可以发现，经济发展水平系数为 0.3286 且在 5%的水平下显著，经济发展水平的平方项也为正，且在 1%的水平下显著，说明经济水平的提高对 GTFP 具有正向促进作用，即 GTFP 随着经济发展水平的提高而增大。人力资本水平系数为负且显著，可能的原因在于目前人力资本结构还不能完全适应绿色生产技术发展的需要，存在一定的“磨合周期”，同时由于造成污染可能性更大的劳动密集型和资源密集型企业仍占主导地位，相比于新兴产业的人员需求量更为巨大，科技人才结构性问题依然存在，高层次技术人才比例较低，且欠发达地区与发达地区人才配置差距较大，导致短期内对 GTFP 的负效应。对外开放程度的系数为 0.1866 且通过了 5%的显著性检验，说明提高对外开放程度有利于 GTFP 的增长，原因在于对外开放程度的提升可以提高区域在全球价值链中的定位，有利于吸收国际平台所带来的技术创新能力、高水平人才及科学高效的管理经验，提高经济运行效率从而提升 GTFP。技术市场化的估计系数为 0.2239 且通过了 1%的显著性检验，说明随着技术市场成熟化，可以解决机制滞后、供需不对称、成果转化不畅等诸多问题，从而推动产学研深度交融和一体化创新，加速科技成果与现实生产力间的转化，实现 GTFP 增长。产业结构的估计系数为正但未通过显著性检验，说明目前中国仍处于产业结构转型和升级的过渡期，三大产业的占比还在持续优化之中，转型红利未能得到真正释放。环境规制强度的系数显著为负，证明“波特假说” 在现阶段而言对中国并不成立，即环境规制所带

来的成本增加超过了创新所带来的补偿效应，从而降低 GTFP。

从间接效应来看，其反映的是变量对周边区域单元的影响程度。回归结果显示，经济发展水平系数为正，其平方项也为正且通过了 0.01 的显著性检验，说明 GTFP 随着经济发展水平的提高，呈先增后减的“倒 U 形”趋势，也证明了环境库兹涅茨曲线（EKC）的存在，并且由于 EDL 的系数大于 0，可以推测出中国可能处于曲线拐点之前。人力资本水平的估计系数为 0.0938 且通过了 5%的显著性检验，说明相比于直接效应，人力资本的溢出效应有利于提升 GTFP。因为人才的区域流动可以解决部分地区人才投入不足的问题，推动其在行业和区域间的合理分配，提高劳动生产率，同时打通人才交流渠道，产生技术和知识溢出，促进劳动生产率的提高，从而实现 GTFP 的增长。对外开放程度系数为正但不显著，说明地方引入外资的进入门槛和管制水平降低，导致环境污染的可能性加重，侧面证明了“污染避难所假说”成立，即由于国家和地区间的环境保护强度分异，发达国家对于别国的投资主要倾向集中于“三高”产业，从而造成接纳国的环境污染和生态破坏。技术市场化水平系数为 0.1983 且通过了 1%的显著性检验，说明技术市场化水平每提高 1%，相应周围区域的 GTFP 增加 0.1983%。产业结构的估计系数为正但并不显著，说明区域间的产业联盟和互助合作可以进一步加强，以推动区域的整体协调发展。环境规制强度的系数为–0.0069 且通过了 1%的显著性检验，说明对于目前企业自主创新能力严重不足的阶段，环境规制的创新补偿效应微乎其微，企业缺乏主动革新技术的积极性，以污染环境换取经济利益成为一种常态。

从总效应来看（表 4-7），其显示的是直接和间接效应对环境全要素生产率的交互影响程度。经济发展水平、技术市场化的系数分别为 0.3614、0.3386 且均通过 1%的显著性检验，说明雄厚的经济基础及成熟的技术市场转化体系可以促进 GTFP 的提升。我们的估计结果和“EKC 曲线”假说一致，随着收入水平的不断提升，人们对于污染排放的监督意识也会增强，对生活环境质量的要求也日益提升，这会使污染排放严重的企业不得不减少非期望产出，以提升 GTFP。技术市场化水平每提升 1%，GTFP 将提升 0.3386%，说明目前中国应该继续完善科技服务模式，推动创新资源聚合和创新成果孵化，加快使创新成果以实际生产力的形式投入企业生产运营之中，革新生产和治污的手段。人力资本水平和环境规制系数分别为–0.3845 和–0.2558 且在 1%水平下显著，说明人才的结构性和流动性矛盾，行业、区域配置的低均衡性，环境规制的强度不宜及非长效性机制等问题成为 GTFP 进一步提升的主要制约因素。对外开放程度的系数为 0.1874，但并没有通过显著性检验，证实了“污染避难所假说”在中国是成立的。产业结构的估计系数为 0.0891，也没有通过显著性检验，在创新发展理念和“互联网+”的带动下中国产业结构转型演进初见成效，但仍存在创新驱动不足、结构性失衡、科技化程度不高等问题，中低端产业链产能过剩导致资源环境约束形势依然严峻，同时各区域的产业联动紧密度和协同互补水平还不够。

3. 具体影响机制分析

为了更为深入地探究创新投入和 ICT 能力对环境全要素生产率的作用机制，我们将 global Malmquist-Luenberger 生产率指数的分解项作为被解释变量，核心解释变量和控制变量保持不变，构建如下模型：

$$\begin{aligned}\ln \mathrm{GMLEC}_{it} &= \alpha I_n + \beta_1 \sum_{j=1}^{N} w_{ij} \ln \mathrm{GTFP}_{jt} + \beta_2 \ln \mathrm{RD}_{it} + \beta_3 \sum_{j=1}^{N} w_{ij} \ln \mathrm{RD}_{ijt} + \beta_4 \ln \mathrm{ICTC}_{it} \\ &+ \beta_5 \sum_{j=1}^{N} w_{ij} \ln \mathrm{ICTC}_{ijt} + \beta_6 \ln X_{it} + \beta_7 \sum_{j=1}^{N} w_{ij} \ln X_{ijt} + \mu_i + \lambda_t + \varepsilon_{it}\end{aligned} \tag{4-18}$$

$$\begin{aligned}\ln \mathrm{GMLTC}_{it} &= \alpha I_n + \beta_1 \sum_{j=1}^{N} w_{ij} \ln \mathrm{GTFP}_{jt} + \beta_2 \ln \mathrm{RD}_{it} + \beta_3 \sum_{j=1}^{N} w_{ij} \ln \mathrm{RD}_{ijt} + \beta_4 \ln \mathrm{ICTC}_{it} \\ &+ \beta_5 \sum_{j=1}^{N} w_{ij} \ln \mathrm{ICTC}_{ijt} + \beta_6 \ln X_{it} + \beta_7 \sum_{j=1}^{N} w_{ij} \ln X_{ijt} + \mu_i + \lambda_t + \varepsilon_{it}\end{aligned} \tag{4-19}$$

式中，GMLEC 为技术效率变动指数；GMLTC 为技术进步指数。其余参数含义与模型（4-17）中的相同。

回归结果如表 4-8 所示，可以看出空间滞后被解释变量系数不为 0 且都通过了 0.01 的显著性检验，说明 GMLEC 和 GMLTC 受邻近省份影响显著，地区间的经济活动具有较强的正向空间自相关性。出现这一现象的原因在于：首先，随着国家区域一体化战略的实施，以城市群为主要载体的省市溢出效应不断提升，促进了区域间创新要素的流动，作为创新增长极的发达省份，其示范和传播作用在逐渐增强，正外部性的存在加快了邻近区域的技术演进和效率增长；其次，邻近省份的产业和技术合作可以形成优势互补，实现资源与要素的高效配置，获得规模经济效应。还可以注意到，技术进步的辐射带动作用强于技术效率改善，邻近省份的 GMLEC 和 GMLTC 每提高 1%，该省份的 GMLEC 和 GMLTC 将分别提高 0.4910%和 0.5317%，由前文 GML 生产率指数的分解结果可以发现，中国多数省市主要依靠技术进步推动 GTFP 的提升，因此技术进步的正向空间溢出效应更为显著。

表 4-8　空间和时间固定效应下的 GML 生产率指数分解估计结果

解释变量	GMLEC	GMLTC
RD	0.1068	0.2322***
	（1.4919）	（8.7831）
ICTC	0.0741***	0.0465
	（5.2972）	（0.6625）
EDL	0.0576	0.1779***
	（1.3861）	（3.9507）
EDL^2	0.0809	0.2348***
	（1.6160）	（6.0701）
EDU	–0.0538***	0.3257
	（–4.5065）	（0.7447）
OPEN	–0.4629***	0.1983
	（–2.8573）	（–0.6049）

续表

解释变量	GMLEC	GMLTC
TM	0.1974***	0.0624***
	(8.4379)	(5.1819)
IS	0.2372	0.0896
	(1.0206)	(−0.3075)
ER	−0.7584**	0.0338
	(2.4508)	(0.1415)
$W\times$dep.var.	0.4910***	0.5317***
	(7.0872)	(9.0693)

从核心解释变量来看，创新投入对于 GMLEC 的影响系数为 0.1068 但没有通过显著性检验，对于 GMLTC 的影响系数为 0.2322 且通过了 1%的显著性检验，说明目前创新投入水平对于技术效率的正向带动作用并不显著，主要通过生产前沿边界外移来实现 GTFP 的提升，技术进步成为创新投入对环境全要素生产率的主要影响路径。而 ICT 能力正好相反，其对 GMLEC 的影响系数为 0.0741 且在 1%的水平下显著，但对于 GMLTC 的影响系数并没有通过显著性检验，ICT 能力主要通过实现效率改善来促进 GTFP 增长，即推动每个决策单元向最优生产前沿面不断靠近。在创新驱动发展战略的指引下，政府部门和企业不断加大研发投入，跟进国际前沿关键领域和核心先进技术，开展颠覆性技术创新及产学研合作，实现了技术水平的快速增长，企业的自主创新能力和吸收强化能力得到了一定的提升，但仅增加投入并不能够提升企业配置资源的效率，因为技术效率增长的核心来源为纯技术效率和规模效率的改善，科技创新的体制与机制障碍及管理水平的短板，都会显著制约技术效率的提升，另外，如不能根据规模报酬的增减及时合理地调整资源投入，投入规模的冗余或不足也会造成技术效率的下降。信息通信技术所具有的高渗透性和协同性可为提升技术效率提供科学的数字化支撑，ICT 作为非典型的通用技术手段，在现今的数字经济时代可以渗入特定行业和传统非 ICT 行业，提高资源的整体配置水平，根据外部市场环境和自身经营状况实时调整投入产出规模，以提升效率，进而实现 GTFP 的增长。

从控制变量来看，经济发展水平对 GMLEC 的影响为 0.0576，对于 GMLTC 的影响系数为 0.1779，前者并不具有显著性而后者通过了 1%的显著性检验，说明目前经济发展水平对于技术效率的正向作用并不显著，其带来的雄厚物质和人才禀赋及完善的基础设施水平更为显著地体现在推动技术进步方面；人力资本水平、对外开放程度、环境规制强度对于 GMLEC 的影响系数分别为–0.0538、–0.4629、–0.7584 且都通过了 5%的显著性检验，前两者甚至通过了 1%显著性检验，但对于 GMLTC 的正向影响均并不显著，人才的结构性和低均衡性矛盾、引入外国资本所产生的“挤出效应”、环境规制产生的“成本效应”成为制约技术进步效率改善的主要因素，结合第 3 章的实证分析结果可以得出，人力资本水平、对外开放程度和环境规制强度主要负向作用于技术效率改善，导致 GTFP 的提升受到制约；产业结构对于 GMLEC 和 GMLTC 的影响系数为正但均不显著，中国目前的产业结构仍处于转型升级阶段，现代化和高级化程度与发达国家还存在较大差距，落后产能仍然存在，整体的创新驱动性和科技投入仍然不足，地区之间的产业发展具有不平衡性、低协调性的问题，面临跨区域的经济结构和产业链转型的桎梏。技术市场化对于 GMLEC 和 GMLTC 的影响系数为 0.1974 和 0.0624 且都在 1%的水平下显著，说明成熟的市场化体制可以有效解决创新成果转化效率较低、产业支撑度不足、产学研企供需不对称、“伪”创新等问题，通过改善技术效率和推动技术进步实现 GTFP 的提升。

4.4.4　GTFP 空间面板估计结果解析

采用空间计量分析方法对 2008～2017 年中国省际环境全要素生产率的影响因素及具体影响机制进行了空间面板模型检验，主要包括以下内容。

（1）我们分别搭建了 SEM、SLM、SDM 三种空间面板计量模型，并介绍了模型的识别与选择标准。通过拉格朗日乘数（LM）检验发现变量间具有空间自相关性，支持搭建空间面板模型。进一步，由于 LR 检验和 Wald 检验的结果均拒绝原假设，且 Hausman 过度识别检验的统计量值显著，故应选择空间杜宾模型（SDM）。最后，通过 R^2 和 log-likelihood 表明，空间和时间双固定效应下的空间杜宾模型最具有合理性。空间滞后被解释变量系数显示中国省际 GTFP 受周围省份 GTFP 的影响较为显著，具有正向的空间效应。

（2）双固定效应下空间杜宾模型的估计结果显示，创新投入和 ICT 能力与环境全要素生产率之间具有正相关关系，两者均能够有效推动 GTFP 的提升。此外，创新投入相比于 ICT 能力，对提升 GTFP 具有更强的推动力，中国创新投入每增加 1%，省际 GTFP 在三种效应下会分别提升 0.5289%、0.4161%和 0.5804%。创新投入和 ICT 能力在间接效应下均显著为正，说明两者具有显著的溢出效应，但两者在间接效应下的估计系数值小于直接效应，说明中国区域发展的不协调性问题还亟须解决。从控制变量来看，经济发展水平、技术市场化有利于 GTFP 的提升，对于经济发展水平平方项的检验结果显示，环境库兹涅茨曲线（EKC）假说在中国成立；人力资本水平、环境规制强度的估计系数为负，限制了 GTFP 的进一步提升；对外开放程度的影响系数为正但并没通过显著性检验，侧面证实了“污染避难所假说”；产业结构目前对中国 GTFP 提升的推动作用还未体现。

（3）对 GML 生产率指数分解项的回归结果显示，GMLEC 和 GMLTC 受邻近省份影响显著，地区间的经济活动具有较强的正向空间自相关性，技术进步的辐射带动作用强于技术效率改善，邻近省份的 GMLEC 和 GMLTC 每提高 1%，该省份的 GMLEC 和 GMLTC 将分别提高 0.4910%和 0.5317%，说明中国环境全要素生产率的正向空间溢出主要载体为技术进步。

（4）创新投入对于技术效率的正向带动作用并不显著，主要通过推动生产前沿边界外移来实现 GTFP 的提升，即技术进步成为创新投入对环境全要素生产率的主要影响路径。ICT 能力则正好相反，主要通过推动每个 DMU 向最优生产前沿面不断逼近来促进 GTFP 的增长，即效率改善是 ICT 能力对环境全要素生产率提升的主要影响路径。经济发展水平对 GTFP 的正向影响主要体现在技术进步；人力资本水平、对外开放程度、环境规制强度对技术效率变动指数的影响系数为负且显著，三者对技术进步的正向影响并不显著，因此技术效率成为环境全要素生产率的主要负向影响路径；产业结构对于分解项的影响系数均不显著；技术市场化对技术效率变化指数和技术进步指数的影响系数均为正，说明可以通过改善技术效率和推动技术进步双重路径推动 GTFP 增长。

4.5　运用大数据驱动创新提升 GTFP 路径

大数据如何带动环境全要素生产率的提升？根据前面的讨论，至少在三个层面具有直接而明显的驱动发展作用：①运用大数据可以提升创新投入效率；②运用大数据可以促进 ICT 能力提升；③运用大数据可以更好地监测环境动态，评估环境全要素生产率的实现程度。为了更好地发挥大数据的作用，应用大数据提升创新投入效率和环境全要素生产率，当前需要在下述几个方面多做工作。

4.5.1　运用大数据构建协同创新体系

运用大数据技术和平台，可以优化创新投入结构、提高资金使用效率、提升创新效益。首先是优化投资结构，提高资金使用效率。应加大对重点新兴产业科研创新的财政资金支持，设立专项资金并将其用于创新发展的平台搭建，用于核心环节和关键技术，战略性扩大资金使用规模和范围，鼓励天使投资、创业投资、互联网股权众筹融资等民间资本依法进驻重点领域，多元化投融资模式，保证创新投入强度。其次是完善资金的考核、评价、督查、反馈制度，应运用大数据技术和平台对投资项目进行有计划的周期性跟踪评估，不但分析结构化数据反映的绩效，而且分析非结构数据反映的发展态势，从而科学反馈资金落实情况及行业或技术发展态势，如没达到预期目标或存在潜在风险，可以及时进行合理的预警与资金控制，健全政府财政支持和企业 R&D 资金投入的动态责任制，细化到项目、团队、个人，确保资金落到实处。最后是运用大数据技术和平台促进企业作为创新主体优化创新资源配置，尤其是推动企业加强前瞻性和基础性研究，在提升自主核心竞争力的基础上分析发展前景，提高创新效率和效益。

运用大数据技术和平台，可以准确分析中国人才的动态需求结构、现实投入配置和人才流动频度等人才队伍建设的核心问题，从而为人才培养、人才引进和人才流动提供决策依据和政策支持。首先，借助大数据技术可更为精准地培育高水平创新人才，适应新一代 ICT 技术、人工智能、新材料与高端制造等重点前沿领域的人才发展需求，打造青年人才高峰和产业技能大师，继续推动产学研企协同创新，联合培育创新性的复合应用型人才。其次，运用大数据可构建更具竞争力的人才引进机制，对于掌握关键核心技术的博士后或留学研究者，实施反哺工程和“引鸟还巢”等人才回归工程。最后，借助大数据技术可促进人才区域间柔性流动，通过合作人才租赁、技术入股、建立技术中心和实验研究所等方式，将有项目、有资金、有技术的高级创新人才团队引入中西部的国家新区、高新技术开发区开展科研工作，形成人才聚集效应，平衡人才配给。

运用大数据技术和平台，可以推动区域间协同创新实质性合作、创新协作新模式，形成更为高效的创新资源共享解决方案，促进区域经济一体化和环境生态一体化建设，提升 GTFP 水平，促进生态优势转化为经济发展优势，不断提升综合创新力和竞争力。

4.5.2　运用大数据打造云网端 ICT 格局

运用大数据技术和平台，促进以工业互联网、“互联网+N”等为代表的两化深度融合，推进云端 ICT 格局的形成，推动 ICT 能力转化为加速传统产业升级、孵化新业态新模式的重要动能。

首先，应当积极运用大数据技术和平台，以 5G、边缘计算、窄带物联网、AI 等为代表的前沿 ICT 技术改造传统产业，提升数字化基础设施水平，推广高效、绿色、安全的生产技术手段，深化数字经济和网络经济潜力，推动智能化、数字化转型升级。同时，运用大数据技术和平台，强化环境动态监察，促进做强做精新兴绿色产业集群，实现智能生产和节能减排目标，以智能制造工业园、绿色制造示范区、新能源产业基地作为产融合作新模式，逐渐淘汰低端落后产能。

其次，应当积极运用大数据技术和平台，努力发展服务型制造业，打造新的产业形态。制造业作为经济发展的中坚力量，对于垂直行业和其他产业具有较强的辐射改造能力，通过协同网络化的制造平台，通过大数据技术，可以推广全生命周期集成平台管理模式，推广个性化定制、3D 打印、云制造等具有高度信息化和服务化的新兴业务场景，推动制造向“智造”加“服务应用”转变，提升服务能力和服务效益。

最后，应当积极运用大数据技术和平台，建设普惠互联网，推动 ICT 能力迭代升级。互联网作为 ICT 技术的主要代表之一，是承载万物互联的基础性保障，因此，需要运用大数据技术和平台，进一步加强互联网的基础设施和服务能力建设，提升互联网的服务渗透能力，稳定网民比例增速，依托“数字乡村”战略，加快农村地区的宽带和通信网络基础设施建设，改善“数字鸿沟”现象，缩小城乡差距。同时要加紧部署以未来网络、锚技术、IPV9 协议、根域名服务器等为代表的新一代 ICT 基础设施建设，进一步增强中国的前沿 ICT 能力。

随着大数据技术的深度应用，云计算、AI 等新一代 ICT 技术不断落地并实现行业融合，信息化和智能化的场景必然越来越多，而且随着拥有海量的存储链接能力、高速的计算能力、强大的网络安全性能等优势的云网端一体协同成为提升 ICT 能力的主要方向之一，特别需要深度应用大数据技术。大数据时代，企业面临几何式增长的数据图像资源，数据往往在云端做统一的管控和处理，因此强大且快速的运算能力成为关键痛点，同时由于生态层的转变，企业业务全面云端化，平台架构也成为 ICT 能力进一步提升的关键。个人和企业用户对于网络质量的需求日益提升，高速率、低时延、大带宽成为网络服务建设的重要转型方向，需要加快 SD-WLAN 等新型广域网的设计与推广。未来的 ICT 建设将以节点覆盖水平、通信能力、安全稳定性、开放式框架、智能调控作为主要发展方向，能否实现与垂直行业的高度融合，推动传统产业数字化，并提供一站式服务的能力成为数字孪生时代判断 ICT 能力高低的重要标准，也是大数据技术和平台发挥作用的重要路径。

4.5.3　运用大数据释放科技创新活力

运用大数据技术和平台，可以提高技术水平和技术效率，从而提升 GTFP。

第一，运用大数据技术和平台，有助于健全资源要素市场化体制，推进管理职能转变。政府部门应从管理角色迈向创新服务性角色，在汇集和分析大数据的基础上，深化科技领域的“放管服”改革，构建良好的市场化生态，排查不利于科技创新发展的制度桎梏，通过建立线下和线上的“科技中介超市”等新兴服务和全流程解决方案，加快创新资源聚合和科技成果转化，发挥市场对创新资源配置的决定性作用，广泛运用大数据技术，促进创新供需双方更为科学合理的动态自主选择，从而激发创新活力，提升创新效益。

第二，运用大数据技术和平台，可以优化技术创新成果的评估流程，简化或修订影响成果展转化的制度和规定，同时加强对于相关评估人员的专业性和标准性培训，增加第三方评估机构数量，促进各方及时共享成果信息，提升政策服务效率和信息透明度。

第三，运用大数据技术和平台，可以更好地促进产学研一体化发展。大数据技术和平台为产学研合作各方全面了解相关信息提供了支撑，可以有效促进各方对接，破除闭门研究的“象牙塔”现象，以提高专利的产业化率，让市场检验创新“真伪”，实现技术的价值最大化。此外，针对收益落实难的问题，还可以运用大数据技术，深入系统分析收益贡献程度，更为全面地兼顾企业、高校、科研院所的利益所得，保证科研开发人员和对成果转化有主要贡献的人员的奖励，建立起更为科学合理的利益可持续分配体系。运用大数据技术和平台，通过许可、转让等方式可以更有针对性地奖励技术成果转化人员，切实促进科技成果转化提速。

4.5.4　运用大数据提升创新驱动整体效益

运用大数据技术和平台，有助于优化政策内容、实施政策监控、推动信息沟通，从而提升创新驱动发展的整体效益。

首先，运用大数据技术和平台，有助于制定有针对性的多样化规制工具和政策组合，强化顶层设计，加大技术层面的资金支持力度，降低企业的成本负担，正向引导企业革新生产技术以实现绿色发展，通过技术升级缩减成本，拒绝“一刀切”的紧急停产停业方式。运用大数据技术，可以清晰认识企业的环境影响程度，从而对使用新能源和清洁能源、自主研发环保技术的企业给予政策优惠和激励补贴，促进环境全要素生产率的提升。

其次，运用大数据技术和平台，有助于强化环保政策实施监控力度，培育技术型环保企业，以红利驱动发展，从提高技术成熟度、方案适配性、服务质量等多方面切实解决城市和企业的环境污染问题。此外，运用大数据技术和平台，可以引导并增强民间资本流动，实现政企间的有效合作，通过投资技改模式、ROT 模式等新兴业态，释放民间资本的创造性与活力，鼓励更多资本入局环保板块，为中国绿色可持续发展提供持续推力。

最后，运用大数据技术，有助于加强全流程、一网通的在线信息化平台建设，更有效地解决政、企、公众间的信息沟通问题，为破解环保困局提供公众参与机会。而且，运用大数据技术和平台，及时发布数据信息、公众监督污染排放信息、企业自查自纠信息等纵向全方位环境保护信息和治理信息，推动由经验决策向科学决策变革，从而实现精准治污，促进环境全要素生产率的增长。

4.6　结论与展望

本章首先详细阐述了测度 GTFP 时所使用的基于松弛变量的非径向、非角度 SBM 方向性距离函数（SBM-DDF）模型和 global Malmquist-Luenberger（GML）指数方法，搭建了相应的测算模型；其次对投入要素和产出要素的指标选取依据与统计处理方法进行了说明；最后利用 MATLAB R2018a 软件对我国 30 个省市 2008～2017 年的环境全要素生产率进行了测度。

本章的主要研究结论有：①2008～2017 年，我国环境全要素生产率年均值均大于 1.000，整体呈波动上升趋势，污染治理成效显著，生态环境效率得到一定程度的改善。②技术进步已经成为提升我国环境全要素生产率的主要路径，但技术效率对于环境全要素生产率的提升效应并不显著，在技术进步指数的上升阶段，环境全要素生产率出现下滑，侧面说明技术效率是目前限制我国环境全要素生产率进一步提升的关键因素。③样本期内我国不同地区的环境全要素生产率具有显著差异，但均实现了不同程度的增长，变化趋势呈现出波动式上升的特征，同时我国环境全要素生产率呈现由东到西递减的特点。

后续研究展望：①针对地市微观层面的 GTFP，比较不同城市群的差异，为各省或不同城市群的环境全要素生产率改善提供更具针对性的论证依据，同时对相关控制变量进行扩展与创新。②由于衡量创新投入和 ICT 能力的指标数据不够全面，若未来相关数据能够得到丰富和完善，可对不同性质的创新投入进行划分，构建更为完善的 ICT 能力评价体系，从而可以更为细致地探究两者对 GTFP 的影响。③由于不同空间尺度的区域单元和研究需要，可以选择检验在不同空间权重矩阵下环境全要素生产率的估计差异，为今后环境全要素生产率研究的空间矩阵选择提供经验参考，为制定和完善相关政策提供依据。

第 5 章　大数据、绿色创新与区域绿色创新效率

在大数据时代，创新是国家获得可持续发展的根本保障。建设创新型国家是国家发展战略的核心，而建设创新型国家，核心就是增强自主创新能力。创新能力决定了国家整体竞争实力，直接关系到经济社会的发展和国家的强盛。实践表明，所有的创新活动均是在创新体系中开展的，换言之，创新活动离不开其所处的自然和社会环境，并与之共同构筑了一个特殊的、完整的、动态的社会体系——区域创新系统。长期以来，中国的区域创新系统很大程度上建立在资源与能源高消耗的基础上，这种传统的发展模式不可避免地造成了环境污染，成为影响区域可持续发展的制约因素。发展绿色创新、提升绿色创新能力成为各国创新活动的重心，绿色发展是生态文明建设的重要组成部分，要求整个社会经济系统绿色化，要求构建绿色的生产和消费体系，其中运用大数据技术是重要的推进手段。运用大数据技术，可以促进区域创新活动与生态环境状态相结合，促进技术创新向有利于资源节约和环境保护的方向拓展，使绿色发展能够得到大数据技术的促进和保障。

运用大数据技术和平台，引入绿色创新概念，把绿色低碳、可持续发展的价值观融入创新活动中，有助于区域经济发展与生态环境的和谐统一，有利于区域经济健康有序发展，有助于提高中国的绿色创新能力，加速中国工业经济转变发展模式，并为中国绿色发展及创新驱动战略的制定提供科学依据。

进入新时代，绿色发展成为经济发展的重要主题，绿色创新效率成为学术界关注的新课题，运用大数据技术提升绿色发展效率成为关注重点。然而，众多的研究成果聚焦的是研发部门的创新效率，投入指标通常是投入创新的人力资源、财力资源，产出指标通常以专利数衡量，联系能源消耗与环境污染研究创新效率的成果甚少。因此，我们将创新效率融入环境和资源要素，形成绿色创新效率的概念，为创新效率融入新的时代内涵，以克服片面追求创新经济效率的不足，并强调区域创新的产出对环境的影响，对现有的创新效率指标体系进行扩展，将能源消耗与环境污染考虑其中，考虑创新活动与环境的密切关系，构建由经济产出、创新产出、劳动投入、资本投入、R&D 人员投入、R&D 经费投入及环境产出构成的区域创新效率理论评价模型，建立绿色创新效率评价指标体系，从而为全面客观地评价创新成果的综合效率奠定基础，并为运用大数据技术促进绿色效率提升的政策提供参考。

5.1　相关概念与理论基础

根据绿色和可持续发展的时代主题，中国实施了创新驱动发展战略，积极推进产业转型升级和绿色发展。许多学者开展了融入环境保护和区域特征的绿色创新效率研究，包括区域绿色创新效率差异性及其成因的研究，期望为可持续发展提供新的理论支撑。

已有的许多优秀研究成果，对于我们深入探讨绿色创新和区域创新效率问题有重要启示。

5.1.1　关于绿色创新的研究

关于绿色创新的研究成果，我们从内涵、内容和驱动因素三个方面进行归纳阐述。

1. 绿色创新的内涵

欧盟（EU）与经济合作与发展组织（OECD）是绿色创新的主要推动者，组织开展了一系列的理论研究与实践分析。2004 年，欧盟开始强调绿色创新对区域竞争力的重要作用。OECD 明确了绿色创新的定义，指出绿色创新是一种产品、服务、生产工艺、组织结构及管理或商业模式在生产、采用或开发等方面的创新，这一创新与其他方案相比更能在其整个生命周期内有效降低环境风险、污染和资源（及能源）使用过程中的负面影响。《可持续制造与绿色创新》（*Sustainable Manufacture and Eco-innovation*）报告中定义绿色创新为“新的或显著改进的产品（实物与服务）、生产工艺、营销方法、组织结构和制度安排的创造或实施行为，且不论这些行为是有意或无意都将较其他方案带来更深刻的环境改善”。此外，日本政府的产业科技政策委员会（Industrial Science Technology Policy Committee）也对绿色创新的内涵进行了定义，认为绿色创新是技术社会创新的新领域，这一领域更注重环境保护和人类发展而非生产能力。Beise 和 Rennings（2005）认为，绿色创新是“用于避免或降低环境破坏的新的或改进的工艺流程、技术、操作、系统和产品”。

国内研究方面，许多学者对绿色创新进行了界定。聂爱云和何晓钢（2012）指出，绿色创新是突出环境绩效的创新，与一般创新相比更强调应对资源稀缺、气候变化的挑战，强调在产品或服务的整个生命周期内有效降低环境风险并减少资源使用或环境污染所带来的负面效应。应瑞瑶和周力（2009）认为，但凡能够促使经济、能源和环境三者所组成的系统协调发展的创造性活动，都能称为绿色创新。聂洪光（2012）从提高资源利用效率和减少环境影响两个角度指出，绿色创新是创新的一种类型，主要通过使用更少的资源、更少的有毒材料来减少对环境的危害；通过特殊的过程与方法来减少化石燃料的使用，以减少环境污染。裘建立等（2002）认为，绿色技术创新指的是有利于企业控制污染的技术创新活动，不仅包含治理技术的创新，也包括绿色生产工艺的采用及经营管理方法的提高等能够减少企业污染的创新活动。李海萍等（2005）提出，绿色创新指的是在一个相当长的时期内，企业持续不断地推出与实施旨在节能降耗、减少污染及改善环境质量的绿色创新项目，同时不断创造经济效益的过程。

2. 绿色创新的内容

关于绿色创新的内容，研究成果较为集中在下述三个方面。

一是从实现经济社会的可持续发展角度界定绿色创新的内容。波特指出，生产和服务组织要想形成竞争优势，关键在于提高生产效率，以及企业是否具有创新机制和一定的创新能力。传统的技术创新以牺牲资源环境为代价换取生产率的提高，但随着生产和服务领域的扩大，各类资源的需求总规模也在不断扩大，当两者的发展速度难以平衡时，将会导致不可逆转的环境恶化和生态危机。绿色创新的核心是实现经济发展的内生化、可持续增长。这一创新将可持续发展的理念贯穿于一般创新的全过程，通过在技术、工艺、产品及制度、观念方面的绿色变革，不仅加强了投入资源的利用水平，还在生产、分配、流通、消费等社会再生产各个环节突出了生态化，进而促进资源环境与经济社会的和谐发展。绿色创新和传统创新不同，绿色创新不仅具有典型的溢出效应，而且能够通过减少外部环境成本形成外部效应，最终产生双重外部效应。OECD 的研究表明，绿色创新是一种全新的技术经济范式，以可持续发展为根本目标，通过提高自然物质和经济物质的转化效率，从而提升生态环境系统适应现代经济发展的供给能力及其对现代经济社会发展的支撑能力。绿色创新在传统创新的基础上进一步强调生态效率的提高，突破性地将经济增长所造成的负面外部环境成本内部化，从而希望达到经济利润与“绿色”利润的均衡。

二是基于战略管理视角界定绿色创新的内容。许多学者聚焦探讨企业内部因素对绿色创新行为的影响。哈特将资源基础观与自然环境因素相结合，提出了自然资源基础理论。该理论认为，企业可以通过合适地处理环境问题来培养特殊的竞争优势，企业应当在战略计划中考虑环境问题。Porter 和 Linde（1995）的研究发现，由于能够通过降低成本或提供差异化产品，那些优先考虑产品创新问题、进行流程改进并提高资源生产率的企业相比于其他企业更具竞争优势。具体而言，绿色创新战略能够促使企业将污染物再利用制成新产品，在原有产品收益的基础上创造额外的收益。另外，Eiadat 等（2008）认为，绿色创新战略的顺利实施，能够使企业获得优秀的环保声誉，从而获得竞争优势。

三是从技术创新群和系统工程视角界定绿色创新的内容。许多学者指出，绿色创新并非特指某一具体技术的创新活动，而是一个广泛而复杂的技术创新群或系统工程，其表现形式不仅包括特殊的技术与方法，还可以是面向绿色发展的理念、意识和行为等。因此，绿色创新除了一般意义上的基于环境技术的工艺创新、产品创新、服务创新外，还涉及与此相关的组织创新、管理创新、制度创新等。其中，通过社会形态、文化价值和体制结构等方面的绿色变革及环境效应，可以使创新者的组织边界拓展到更为深刻的社会背景之中。从产品生命周期角度看，绿色创新是指绿色技术从起初的观念形成到推向市场实现商业化的全过程，是面向环境的研发/制造/营销、降低产品生命周期成本的创新活动。

3. 绿色创新的驱动因素

近年来，许多学者对绿色创新的驱动因素进行了多视角研究。大部分学者认为绿色创新或多或少受到政府规制、市场拉动和技术推动的共同影响。Horbach 等（2012）将绿色创新的驱动因素归纳为技术推动、市场拉动、规制激励及企业内部因素四个方面。Rennings 等（2006）的研究发现政府的规制和绿色产品创新之间存在显著的正相关关系。Graham 和 Woods（2006）比较分析了产业市场压力和规制压力对跨国公司环境行为的影响，发现对于企业采取积极环境行为的动机而言，市场压力比规制压力更为强劲。Liu（2009）的实证研究发现，对于企业主动预防环境行为而言，市场压力是关键影响因素；对于企业被动防御环境行为而言，政府规制压力是关键影响因素。

Jaffe 和 Palmer（1997）基于面板数据建模后指出，更高的污染治理费用会使研发（R&D）费用增长，但在以污染治理费用为代表的环境规制强度和创新产出之间并不存在显著联系。Cleff 和 Rennings（1999）分别利用曼海姆创新小组（MIP）数据库中的 2264 家企业和 929 家企业的电话访谈数据进行研究，指出企业规模与产品集成创新显著相关；企业的战略性市场目标对绿色产品创新有显著影响。之后，Rennings 等（2006）对德国 1277 家制造企业进行电话调查，指出环境报告有助于环境技术创新，而绿色过程创新尤其依赖供应链的成熟度。de Vries 和 Withagen（2005）将与欧洲环境技术有关的专利作为绿色创新指标，并视环境政策力度为一个潜在因变量，他们认为，高的污染排放水平会导致严格的环境政策，这将反过来刺激创新行为，这一潜在影响与绿色创新存在显著正相关关系。Wagner（2008）基于欧洲 9 国共 2100 家企业的邮件问卷调查数据分析后发现，消费者信息和环境标识与产品创新呈显著正相关，供应链则与创新过程相关，但未发现企业规模对其投资产品创新或过程创新的影响。Pelin 和 Effie（2011）通过分析英国实施的环境规制与环境税在推动污染末端控制技术、清洁生产技术和环境技术研发等绿色创新中的作用，指出外部的政府政策和内部的企业动机在不同绿色创新类型中的技术与环境效应不同。他们发现，污染末端控制技术、清洁生产技术主要受基于提高生产效率的机器改造升级来推动，而环境规制用于推动污染末端控制技术和环境技术研发。此外，除了来自政府的规制，主要基于成本节约的市场因素对环境研发也有一定的驱动作用。其他研究表明，影响因素与所在部门的技术成熟度有关；成本节约可以有效推动清洁生产技术发展；用户利益在生态创新中具有决定性作用；国外同行竞争较激烈的行业会有较多环保专利；有创新经历的企业会倾向于进行生态组织创新等。但是，由于相关分析数据和指标的缺乏，目前对绿色创新影响因素的研究仍然缺少统一性和说服力，仅能就具体案例进行针对性分析。

杨东宁和周长辉（2005）认为，企业绿色管理与环境行为的驱动力包括外部合法性和内部合法性，其中外部合法性包括强制性、规范性和模仿性，而内部合法性指企业战略导向、组织学习能力、组织经验和传统。他们的研究表明，内部合法性驱动力较外部合法性驱动力对企业自愿采用标准化环境管理体系具有更显著的影响。Sharma（1999）认为，企业实施绿色战略和环境保护的行为常常受到管理者的信仰、期望和理念的影响，管理人员对环境问题的态度往往决定了企业的绿色战略和采取环境行为的方式。范阳东和梅林海（2009）认为，企业绿色创新和环境保护机制内生于企业自身，企业需要创建环境管理自组织有机系统，这种系统的创建需要内外因素的强力驱动，其中内部驱动力主要来源于以可持续发展理念为内涵的组织文化、互动有序的组织结构和管理制度，外部驱动力包括政府管制的压力、市场风险管理的压力、消费者和环境主义者的压力、吸引优秀雇员的压力等。近期的一些实证研究得出了不一致的结论，Chang（2011）的研究表明，企业的环境伦理与绿色创新存在显著的正相关关系；但是，Kesidou 和 Demirel（2012）的研究发现，企业社会责任对绿色创新投资决策与投资水平的影响存在差异，社会责任对于投资决策的影响不显著，但对投资水平存在显著的正向作用。

5.1.2 关于区域创新效率的研究

目前，国内外学者对区域创新效率的研究主要集中在区域创新效率的概念、研究方法和影响因素这三个方面。

1. 区域创新效率的概念

效率，作为经济学研究的一个重要内容，最早出自亚当·斯密的分工理论，他在“分工提高效率”中进行了论述。之后，帕累托、萨缪尔森等众多经济学家又从不同角度提出了他们对于效率问题的看法。Koopmans（1951）认为，区域创新效率是区域创新框架下的技术效率，具体而言，是某一区域内的创新主体在特定的创新资源要素投入水平下得到创新产出的水平，或者在特定的产出水平下使用最少的创新投入要素的能力，其值等于最少的创新投入量与实际创新投入量或是实际创新产出量与最多的创新产出量的比值。

国内学者针对区域技术创新效率进行了大量有益的研究工作。柳卸林和李艳华（2009）在研究中国技术创新时，用新产品利润占总利润的比例与企业技术创新支出占企业总投资支出的比例的比值来衡量企业技术创新效率，在衡量区域创新效率时，他们认为区域创新效率就是区域内企业技术创新的相对投入与相对产出的比率。池仁勇和唐根年（2004）认为，区域技术创新效率是多种技术创新要素投入向技术创新绩效转换的投入产出概念，是属于区域技术创新系统的研究范畴，区域技术创新效率决定了区域技术创新要素的利用程度，是一个多要素投入和多变量产出的复杂的开放系统，投入向产出转化是贯穿技术创新全过程的行为，区域技术创新效率是系统的投入与产出的有效经济量的转化效率。

2. 区域创新效率的研究方法

纵观已有文献，常用的测量区域创新效率的方法有以下三种。

第一种是非参数方法。该方法无须预先设计多投入、多产出的复杂生产函数，简化了工作量，规避了函数设计不合理等风险。在非参数方法中，最常用的是数据包络分析法（DEA）。DEA 模型的优点是不需要对生产函数进行设置，因此避免了主观影响，同时计算简单。但是 DEA 模型有不能剔除不可控因素和统计误差的弱点，因此不能准确衡量环境因素等随机误差造成的影响缺陷。国内外许多学者都用 DEA 测量了区域创新效率。刘顺忠和官建成（2002）运用 DEA 方法分析了中国各地区创新系统的特点，并根据各创新系统的特点和创新绩效，将中国各地区的区域创新系统进行了分类，进而针对每一类创新系统提出了优化区域创新政策的建议；池仁勇和唐根年（2004）采用 DEA 方法，以浙江省 11 个地区为例测算了其技术创新效率，并对各个影响因素进行了回归检验；尚举（2012）分别用 DEA 中的 BCC 模型和 CCR 模型测量了中国中部六省的大中型工业企业的 R&D 投入产出效率，结果发现各省的大中型工业企业的效率差距较大且规模参差不齐；汪娟和肖瑶（2013）以 2008～2010 年 28 个省会（首府）城市的创新投入产出数据为样本，运用 DEA 中的 BCC 模型评估了不同省会（首府）城市的区域创新效率，发现中国省会（首府）城市的创新效率偏低且差距较大，进而提出了改进建议。

第二种是参数法。该方法的基本思路是先根据投入、产出要素之间的内在关系设置函数关系式，再采用相应的技术方法测算生产函数中的各个参数，进而计算出投入、产出效率。该方法主要适用于多投入、单产出相对效率测算的随机前沿分析。目前，参数法的代表方法主要有 SFA（随机前沿分析）、DFA（自由分布）和 TFA（厚边界分析），其中应用最广泛的是 SFA。李婧等（2009）、张宗益和张莹（2008）、史修松等（2009）基于该方法分别对中国区域创新效率进行了评价研究，他们均以中国 30 个省份为研究对象，并按照传统东中西部的划分，实证分析了各地区自主创新效率及环境影响因素；白俊红和蒋伏心（2008）发现中国区域研发效率呈现出明显的差异性。

第三种是指标体系法。指标体系法通过构建创新效率评价指标体系，运用因子分析法、模糊评价法、综合评价法等进行多目标评价，以达到对创新效率进行综合测算的方法。指标体系法的优点是可以考虑多投入、多产出、多种因素，构建相对完善的创新效率评价指标体系，但同时也存在着人为确定各指标权重带来的主观性弱点。黄鲁成等（2005）、郝晓燕和齐培潇（2013）及陈傲（2008）等构建了创新效率评价指标体系，运用因子分析模型分别对北京制造业、内蒙古制造业及中国工业行业创新效率进行了评价。李向波和李叔涛（2007）基于层次分析法确定权重，随后运用模糊评价法对各区域内企业创新效率进行了研究等。

3. 区域创新效率的影响因素

因技术创新存在涉及面广、环节多、过程复杂等特点，所以对创新效率有影响的因素通常很多，如区域创新环境与各地区开放程度、转型速度、自然环境等一系列因素相关，并且呈现出很大不同。因此，处于不同区域的企业，受到区域创新环境的影响，创新效率不同；即使处于同一个区域内的企业，由于本身所需要的区域创新环境不同，也会呈现出不同的创新效率。学者们对区域技术创新效率的影响因素进行了较为深入的研究，其研究成果大致可以归纳为四个维度。

第一，区域创新基础设施与企业创新效率。基础设施环境包括区域的交通状况、通信网络、创新基础园区等。这些要素为创新提供了基本的物质和人才生活、工作保障。便捷的通信网络和交通状况使区域内企业与外界能够进行高效的沟通，便于快速地输出创新产品和引进区域外的技术人才，提升区域内企业技术创新能力。人类已经进入网络时代，互联网已经成为企业信息的来源、传播和反馈的重要渠道和载体，企业的创新活动越来越依赖于良好的通信网络。创新基础园区承载着助推创新创业的功能，可以为中小型创新企业提供资金和资源支持，帮助其推进创新成果的市场化。李习保（2007）认为，创新参与者、产业集群、地方财政对科技的支持及对外开放力度构成的地区特有的创新氛围和环境等决定着创新活动的产出效率。赵付民和邹珊刚（2005）选取 2001 年的有关数据，分别从三个方面，测算区域技术创新效率发现，政府提供的技术创新环境、市场提供的技术创新环境、区域技术创新价值观和文化环境对区域技术创新效率的影响呈现出由强到弱的态势。

第二，区域对外开放度与企业创新效率。区域对外开放度包含外商直接投资、引进外资技术、利用外资和区域经济竞争程度等许多方面。各国关于区域对外开放影响企业创新效率的研究逐渐形成了横向和纵向溢出理论。横向溢出理论认为：外资企业通过人员流动对本地企业产生技术外溢，外资企业对本地员工进行技术和管理培训后，员工离开外资企业回到本地企业时，这些优秀的技术和管理经验也随之进入本地企业，由此产生了技术外溢；本地企业还可以通过模仿外资企业的先进技术实现技术创新；对外开放也能使本地企业在竞争的压力下实现创新。纵向溢出理论认为：外资企业可以通过产业间的联系促进上下游企业的技术提升。在上游企业方面，外资企业在为上游企业制定产品标准、提供技术指导的过程中会产生技术溢出，带动上游企业技术能力提升；对于下游企业，本地企业通过享受外资企业带来的质优价廉、技术含量高的中间产品，可以实现其生产技术的提升。外资的进入往往能够带来先进的技术、丰富的创新投入资金和高效的管理经验，虽然外资带入的技术通常不是最前沿的技术，但是比较适合本地的发展阶段，其丰富的资金和管理经验通常产生外溢效益，因此对创新效率有提升作用。而且，越是开放的经济越能吸引更多经济成分进入经济体系，从而激发经济活力，带动创新效率的提升。邓路（2009）的研究显示，外商直接投资的进入有助于提高中国高技术产业整体的创新效率，但正向溢出效应的大小取决于内资企业吸收能力的强弱。Choi 等（2011）以中国 548 家企业为例，发现外资对企业创新影响最大，主要表现在促进了新注册专利量的增加。

第三，区域创新投入与企业创新效率。企业的创新投入主要包含创新的物质和人力资源投入，这两方面决定了企业创新吸收能力的强弱。企业的创新吸收能力对提升创新效率至关重要，创新资金投入和人力投入是影响企业创新吸收能力的两个最重要的因素。赵建英（2010）基于 2008 年的截面数据进行主成分回归发现，新产品开发经费、高级研发人员、R&D 经费对国有企业创新效率有较大的正向影响，而对于港澳台资企业来说，技术引进消化吸收资金、新产品开发经费和高级研发人员对创新效率有较大正向影响。人才资源是所有创新活动的智慧主体。对于企业而言，高素质人才是体现创新能力的关键因素，具有不同创新能力的创新人才是创新想法的产生者、创新成果的研发者和创新成果的市场开拓者，在企业创新从生产到实现的过程中分别发挥着不同的作用。因此，区域内劳动力素质高，企业就容易获得创新所需要的人才，在企业创新投入固定的情况下，创新人才素质越高则企业越容易产生更多的创新成果。高技术项目的高投入决定了企业开展创新活动需要强大的投融资体系的支撑，而高技术项目的高风险决定了企业所需的投融资支撑不是传统的经济体系所能提供的传统金融支持。因此，建设科技投融资体系对企业创新效率的提升具有重要意义。政府的科技投入是重要的引导力量，企业是科技投入的主体，政府资金的注入会发挥政策导向作用，从而带动更多的资金进入研发领域，不但满足了企业对创新资金的需求，而且会降低企业的创新风险。

第四，区域创新支持政策与企业创新效率。创新不仅要依靠创新主体的努力，更需要政策的支持和良好的金融环境等外部资源的支撑。区域创新支持政策包括政策制度、金融支持、产业条件等外围主体为创新提供的支持。新制度经济学认为制度影响经济活动，良好的制度环境能促进企业开展创新活动。然而，中国各个区域的经济历史和经济现状不同，区域经济制度成熟度并不相同，不同的区域经济制度会影响企业的创新效率，良好的区域创新支持政策可以使企业更加充分地使用区域内的创新资源，并且激励企业开展创新活动，从而提高创新效率。企业创新资金是创新活动的基础，企业的创新资金往往并不充足，而对于很多企业而言，政府的资金支持并不容易获取，显然，区域金融市场融资也是企业创新资金的重要来源，区域金融市场的发展程度对企业的创新效率有较大影响。产业集群是一个地区优势产业的集聚，产业集群区内的企业在市场上具有重要的影响。波特在《国家竞争优势》一书中提出，建立有竞争力的产业集群有助于形成国家的竞争优势，区域产业集群优势对企业创新效率有明显的提升作用，美国的硅谷便是最好的例证。区域内的产业集群可以使区域的产业共享区域创新资源，使得区域内企业的沟通联系更加通畅、人才更加集中，更容易形成细化的分工和技术交流氛围，促进企业创新效率的提高。

白俊红和蒋伏心（2015）以中国相关省份数据为样本，综合考虑了地区基础设施、政府干预程度、金融机构支持、经济发展水平、劳动者素质几项环境因素，探讨了中国区域技术创新效率问题。

5.1.3　绿色创新与区域创新效率研究

现有的绿色创新相关文献，主要以绿色创新的内涵、研究内容和驱动因素为主，从可持续发展角度、战略管理视角和技术创新视角对绿色创新进行了理论层面的研究，并将绿色创新的驱动因素归纳为技术推动、市场拉动、规制激励和企业内部因素四个方面。从整个研究内容看，现有的绿色创新研究内容基本处于理论阶段，关于绿色创新的实证研究特别是有关绿色创新效率的文献不多，对绿色创新效率内涵的探索研究较少，在绿色发展成为经济和社会发展主题的今天，很有必要在现有理论研究成果的基础上探索绿色创新效率的内涵，并对其进行界定和解释，促进绿色创新理论更好地应用于实践领域。

通过对区域创新效率的文献回顾可以看出，国内外学者已经有了一些研究成果。当前的主要研究相对集中于区域创新效率的测量方法和影响因素两个方面。从测量方法来看，主要是非参数、参数和指标体系三种方法，以非参数方法中的数据包络分析模型居多，实际上，上述三种方法对于非期望产出（即环境污染的处理）均存在较大缺陷，无法准确测量带有非期望产出的绿色创新效率。

综上所述，学者们在绿色创新理论和区域创新效率方面已经进行了多方面的研究，并取得了较多有价值的成果，但是对区域绿色创新效率的研究还较少。随着环境污染的加剧和建设创新型国家的持续推进，显然，将环境保护和创新绩效结合起来考虑是衡量创新效率的必然趋势，将绿色的概念引入创新研究框架势在必行，我们以绿色创新为切入点，将绿色创新和区域创新效率结合，试图建立一组指标体系来衡量国内各地区的绿色创新效率，并分析各地区的效率差异及影响因素，以明晰提升绿色创新效率的机理，提出促进区域生态文明建设和更高质量发展的有效路径，为推进创新发展提出举措建议。

5.2　区域绿色创新效率差异性及成因实证分析

20 世纪初，国内外学者明确提出了绿色增长概念，认为绿色增长是一种积极健康的、符合科学发展规律的、协调经济发展与环境保护二者关系的经济增长方式，是有助于实现经济、环境与社会三者可持续发展的经济增长方式。绿色增长不但追求经济上的增长，还强调经济增长的质量，强调环境保护，并把环境变量纳入经济增长模型中，作为一个内生变量。张春霞（2005）认为，绿色经济是以经济、资源、环境和社会的和谐发展为目标，并力求实现“三个效益”（即经济效益、生态效益、社会效益）共进的经济形态，是一种以节约自然资源、改善生态环境为必要内容的发展方式。

为了适应绿色增长和绿色经济的发展要求，绿色创新成为其实现的重要方式。Fussler 和 James（1996）最先提出“绿色创新”一词，并将其定义为“那些不仅能够为消费者和企业提供价值，还能够降低对环境的影响的新产品和新工艺”。此后，绿色创新这一名词逐渐进入学者们的视野，并且引起了学术界的广泛讨论。杨庆义（2003）认为，绿色创新是企业在创新过程中的创新设计、创新过程、创新目标和创新成果的绿色化；李海萍等（2005）认为，绿色创新是指在相当长的一段时间内，企业不断地推出并实施以节能减排、低碳发展、改善环境为目的的绿色创新项目，并能够不断实现经济效益的过程。

区域创新活动的实质就是在特定的创新环境里，在创新机制的作用下，合理利用创新资源创造新财富的过程。白俊红和蒋伏心（2015）认为，区域创新能力是指某一特定区域在既定创新资源要素投入下实现最大创新产出，或者在既定产出水平下实现最小创新投入的能力。卢时雨和鞠晓伟（2007）认为，区域创新效率主要是指区域内的创新活动从创新资源投入到创新产出这一阶段的效率，也就是将一个新的技术或思想通过研究和开发转化成新产品、新工艺或新设备的生产率。根据熊彼特对创新的定义，区域创新效率是指生产要素和生产条件重新组合发生的效率变化状态，这种变化带来效益增加才意味着具有创新效率，这种效率表现为创新的科技投入要素在重新组合的情况下所生产出的创新产品和服务。

5.2.1　绿色创新的内涵解析

为了更好地探究中国区域绿色创新效率，除了实证分析外，我们还需要依托相关理论进行内涵解析。这些理论主要是研究绿色创新的可持续发展理论和研究区域创新效率的区域创新系统理论。

1. 可持续发展理论

1）可持续发展理论产生的背景

20 世纪 50～60 年代，工业化进程的加快造成了全球性的环境污染和广泛的生态破坏。1962 年，美国女生物学家 Rachel Carson 在其著作《寂静的春天》中描绘了一幅由于农药污染所带来的可怕景象，引发了人类关于发展观念的争论。1972 年罗马俱乐部发表了著名的研究报告《增长的极限》（*The Limits to Growth*），明确提出“持续增长”和

“合理的持久的均衡发展”的概念。1987 年 4 月 27 日，世界环境与发展委员会（1997）发表了一份题为《我们共同的未来》的报告，正式提出了“可持续发展”的战略思想。

2）可持续发展的原则

《布伦特兰报告》对可持续发展的定义是：“可持续发展是既满足当代人的需要，又不对后代满足其需要的能力构成危害的发展。”该含义包含了可持续发展的三大原则：①公平性。公平性包含两个方面，一方面是本代人的公平，即代内之间的横向公平，可持续发展要满足当代所有人的基本需求；另一方面是指代际公平性，即世代之间的纵向公平性，不仅要实现当代人之间的公平，也要实现当代人与未来各代人之间的公平，这是因为人类赖以生存与发展的自然资源是有限的。②持续性原则。资源的持续利用和生态系统的可持续性是保持人类社会可持续发展的首要条件。这就要求人们根据可持续性的条件调整自己的生活方式，在生态可能的范围内确定自己的消耗标准，要合理开发、合理利用自然资源，使再生性资源能保持其再生产能力，非再生性资源不至于过度消耗并能得到替代资源的补充，且保持环境自净能力得以维持。③共同性原则。不同国家的历史、经济、文化和发展水平不同，但是实现可持续发展的目标是共同的，必须由全球公民共同努力来制定既尊重各方的利益，又保护全球环境与发展体系的国际协定。

3）可持续发展的内涵

关于可持续发展的内涵可以从三个角度理解：①自然主义角度。生态环境的永续利用是可持续发展的基础。许多非持续现象的产生都是由于对环境资源的不合理利用、不合理开发，引起生态系统的衰退。因此，在发展的同时必须保护和改善地球生态环境，保证以可持续的方式使用自然资源和环境成本，使人类的发展控制在地球承载能力之内。自然主义给出的“可持续”定义侧重于生态系统的连续性、生物多样性和生产力的持续性，强调自然给人类活动赋予的机会和附加约束。1991 年，国际生态学联合会将可持续发展定义为：保护和加强环境系统的生产和更新能力，即可持续发展是不超越环境系统的再生能力的发展。《世界保护战略》提出，可持续发展是维护基本的生态过程和生命支持系统，保护基因多样性、物种与生态系统的可持续利用的发展状态。显然，可持续发展的关键内涵不同于以往将环境保护与社会发展对立看待的传统，而是要求通过转变发展模式，从人类发展的源头、从根本上解决环境问题。②经济发展角度。一批资源和环境经济学家组成的伦敦学派，通过引入环境化解能力存在上限和在维持可持续条件下存在下限的假设，对主流经济学定义加以修正，强调可持续发展不仅重视经济增长的数量，还追求经济发展的质量，要求减少对环境的负外部性，改变传统的以“高投入、高消耗、高污染”为特征的生产模式和消费模式，实施清洁生产和文明消费，从而提高经济活动中的效益、节约资源和减少废物。③社会学角度。社会学对可持续发展的定义强调必须改变环境种族主义、自然资源利用决策中的利益集团及收入分配不平等现象。1991 年发表的《保护地球——可持续生存战略》中提出的可持续发展的定义是：在生存于不超过维持生态系统蕴含能力的情况下，改善人类的生活品质。该报告着重论述了可持续发展的最终落脚点是人类社会，即改善人类生活品质，创造美好生活环境。该报告强调收入分配公平的重要性，认为社会分配不平等是环境恶化的重要原因之一，穷人为生计而被迫破坏环境，从而造成环境的长期损害，因此可持续发展在于正确规范“人与自然”之间和“人与人”之间的关系准则。

作为一个具有强大综合性和交叉性的研究领域，可持续发展理论涉及众多的学科，可以从不同的重点展开。可持续发展包括经济、社会和环境资源的持续发展，它们之间互相关联而不可分割。环境资源的可持续利用是基础，经济的可持续发展是条件，社会的可持续发展是目的。我们研究绿色创新，就是要突出环境的可持续性，并把环境建设作为实现可持续发展的重要内容和衡量发展质量、发展水平的主要标准之一。客观上说，人类的经济和社会发展均不能超越资源和环境的承载能力，因此就需要通过适当的经济手段、技术措施和政府干预来减少自然资产的耗竭速率，使之低于资源的再生速率，从而实现“可持续性”。而要达到具有可持续意义的经济增长，就必须审视资源开发利用的方式，力求减少损失，杜绝浪费，从粗放型发展转变为集约型发展，并尽量不让废物进入环境生态系统，减少单位经济活动造成的环境压力，把环境污染和生态破坏消灭在经济发展过程之中。

2. 区域创新系统理论

1）区域创新系统理论的背景

区域创新系统（regional innovation system，RIS）是国家技术创新系统的重要组成部分，英国卡迪夫（Cardiff）大学的库克教授在1992年最早提出并进行了较为深入的研究，他认为，区域创新体系概念来自演化经济学，是区域范围内众多企业在面临经济问题过程中不断学习和改革而逐步演化出来的相互联系和支撑的体系，这种体系超越了企业自身，涉及大学、研究所、社会教育部门、金融部门等。当一个区域内大量企业形成了与这些机构部门的频繁互动时，就可以认为存在一个区域创新体系。美国硅谷的崛起使人们认识到区域创新体系的重要作用。区域创新体系研究的另一个思想来源是产业集聚，区域产业集中可以形成集聚效应，区域产业集聚可以产生外部规模经济效应，产业厂商的地理集聚有利于专业技能的产生和降低交易成本，从而促进创新活动的开展。哈佛大学的波特教授在20世纪90年代提出集群的概念，并用集群概念解释区域集聚效应的观点，推动了区域创新体系研究的深化。

2）区域创新系统理论的内涵

区域创新系统是指在一国之内的一定地域空间，集成新的区域经济发展要素或组合这些要素进入区域经济系统，创造新的更为有效的资源配置方式，实现新的系统功能，推动产业结构升级，并为了形成区域竞争优势将创新要素聚集而构成的系统。区域创新系统理论揭示了其内涵、特征、结构、功能、环境和运行的一般规律。区域创新系统的效率取决于系统内各创新资源的运行方式和资源间的相互作用。区域创新系统中资源互动的效率高低，与区域的制度安排、政策法规、基础设施建设水平、发展战略和创新文化氛围等环境因素息息相关。

5.2.2 评价体系与评价指标

我们知道，效率是指在既定的投入和产出条件下，最充分利用经济资源，并使之带来最大限度的收益，是投入和产出或者成本和收益之间的转化率。因此，经济学中的有效率是指一种经济运行中对经济资源充分利用的状态。我们将绿色创新效率定义为在考虑创新资源投入和环境代价的基础上，评价一个地区创新效率的指标。绿色的概念除了体现在对环境问题的关注外，还体现在注重创新资源投入的配置效率方面，注重提高创新产出的数量和质量，而不是一味地增加创新投入。绿色创新效率反映了投入资源和环境代价要素在创新过程中的利用效率，其值越高，说明绿色创新能力越强，反之亦然。指标的选择对绿色创新效率的测量结果有显著的影响，我们旨在对全国各区域的绿色创新效率进行评价，目的是分析中国绿色创新效率的整体水平和地区的差异性，从而使资源可以得到最优配置。所以，在构建绿色创新效率评价体系时应该关注以下目标：能够综合评价中国绿色创新效率的整体水平、能够清晰反映中国各区域绿色创新效率的变化情况。由于测量的是绿色创新，所以我们将资源和环境污染纳入评价体系中，以对中国绿色创新效率现状及发展态势有深入的了解，从而为资源的优化配置提供参考建议。

绿色创新效率的评价受诸多因素的影响，不同的评价指标对最终的评价结果也有较大的影响，因此，为了保证评价结果的客观性、合理性和真实性，我们构建的评价体系遵循以下四个原则。①科学性原则。我们的研究目标是评价绿色创新效率的差异性和影响因素，在测量绿色创新效率时，指标体系的选择应遵从科学性的原则。指标的选择、数据的收集和效率的测量方法以普遍的科学理论为基础，建立在已有的研究和调查基础之上，以符合绿色创新效率变化的规律，力求实现指标体系的合理性和高的可信度。②完备性原则。完备性原则要求绿色创新效率测量体系所选用的指标应当多样化和系统化，能够涵盖绿色创新活动的各个方面，必须能反映出绿色创新的特征，保证信息的完整性，避免出现片面性。针对绿色创新效率的特点，产出指标应该涵盖期望产出和非期望产出两个方面，以构建出一个完整的测量体系，精确测量绿色创新的效率。③可行性原则。该原则要求在选取测量指标和数据时应当具有可操作性。考虑数据获得的难易程度，指标应该最大限度地采用现有统计系统发布的客观数据，而且数据的统计口径应保持一致，从而保证数据具有可获得性和客观性。④可比性原则。绿色创新效率评价必须考虑不同类型指标间的差异性，在进行横向比较时，必须保证不同主体的相关数据是同一时期的，从而保证比较结果的可靠性。不同的主体在选取测量指标和数据时，应当将它们的共同点进行量化和归纳，选取的指标应是地区间共有的指标，从而使评价指标能够在同一种模型中相互融合，达到可比的要求。在进行纵向比较时，应当将同一主体在不同时期的效率进行比较，注意数据的同一性，特别需要关注将缺失的数据、不确定的数据进行转化和剔除，以保证指标都具有可比性。

选取合理的投入和产出指标是测算绿色创新效率的基础性工作和关键性步骤。在国内外学者现有的研究中，对创新投入、产出与外生环境指标的选择并不一致。国外学者 Nasierowski 和 Arcelus（2003）在研究国家创新系统的创新效率时，选取 R&D 经费、教育支出和 R&D 人员作为投入指标，选取专利数量和生产率作为产出指标。国内学者刘顺忠和官建成（2002）在研究区域创新系统的创新绩效时，选择 R&D 支出、R&D 科学家与工程师人数作为投入指标，选择专利授权量、科技论文数、新产品产值率、投资新 GDP 和 GDP 综合能耗作为产出指标。罗彦如等（2010）在进行中国区域技术创新效率研究时，将 R&D 经费支出与科技经费总支出、R&D 人员与科技人员总人数作为投入指标，将专利授权数、技术合同成交金额、各地区 GDP 作为产出指标。白俊红和蒋伏心（2015）在考虑环境因素进行区域创新效率研究时，选取 R&D 经费内部支出、R&D 人员全时当量作为投入指标，选择专利授权量作为产出指标，并将 GDP、平均受教育年限、政府资助占科技经费筹集比例、金融机构贷款占科技经费筹集比例作为外部环境因素。基于指标选取原则，结合前人对于绿色创新效率的研究及绿色创新效率的特征，我们从投入和产出视角，对指标进行筛选和分类，将绿色创新效率测量体系分为三个部分，一是绿色创新非资源投入指标，二是资源投入指标，三是绿色创新期望产出指标，四是绿色创新非期望产出指标。

1）非资源投入要素

对于投入指标的选取，参考国内外学者对区域创新效率的研究现状可知，大多选取 R&D 人员、科技人员数量或全时当量、R&D 经费支出，基本上都从 R&D 人员和资金两个方面考虑投入指标。基于新古典理论将技术投入（人力、资本）作为新的投入变量纳入生产函数中。我们同大多数学者一样，选取的投入指标分为 R&D 人员和 R&D 经费两个部分。人力投入是影响创新绩效的重要因素，研发人员全时当量可以用来衡量创新的人力投入程度。创新资金投入变量包括 R&D 经费内部支出和技术改造经费投入两个方面，R&D 经费内部投入指标可以用来衡量企业内部自主研发创新的资金投入力度，而技术改造经费主要涉及采用先进的新技术和新工艺、新材料等，可以用来衡量外部因素促进创新水平提高的程度。因此，R&D 经费内部支出和技术改造经费之和可以用来衡量绿色创新的物力投入。基于此，我们选用人力和物力两个指标作为测量区域绿色创新效率的非资源投入要素。

2）资源投入要素

我们对绿色创新效率进行研究，因此在投入指标中加入了能够反映能源消耗的指标，用来观测能源消耗对创新效率的影响。煤炭是中国工业企业的主要燃料，也是空气污染的主要来源之一。我们用煤炭的消费量来衡量中国资源的使用效率，用地区万元生产总能耗值（即区域生产总值与区域能源消费总量的比值）来反映能耗，这一指标衡量的是每一单位的能源消耗所能带来的产值数量。与单纯地使用生产总值或人均生产总值不同，它衡量的是以资源消耗、环境破坏为代价的产出，更能体现我们的研究目的。基于此，我们用各地区万元生产总能耗值作为衡量资源投入的要素。

3）期望产出

大多数学者将专利（申请）授权数、GDP、高技术产值等作为产出指标。我们选取的产出指标为专利申请数和新产品销售收入。专利是受专利法保护的发明创造技术内容，即国家依法授予发明人或其他合法权利人对某项发明创造所享有的排他性专有权，专利中含有大量关于新技术和新发明的信息，是衡量一个地区创新能力和水平的重要指标。由于专利授权量受政策影响，故用专利申请数作为衡量指标，它反映了一个地区创新成果的数量，但是创新成果质量的衡量需要在市场价值中体现。新产品销售收入是指企业通过研发新的产品并将其推向市场后所获得的经济利益，能将企业的研发成果通过有形资产表现出来，可以很好地反应创新成果的商业化水平，所以我们选择专利申请数和新产品销售收入来衡量绿色创新效率的期望产出。

4）非期望产出

非期望产出是指创新活动得到的负面产出。企业使用资源和提升效率的过程往往伴随着环境的污染，在对绿色创新效率的研究中，有关非期望产出指标的选取标准尚未统一，为了避免使用单一的环境污染物导致测算结果不够真实，通常用“三废”（即固体废物、废水和废气）代表非期望产出。然而近年来，固体废物的处理率已经达到90%以上，排放量大幅度减少，而雾霾天气频发，废气污染物大量增加，水污染排放量逐年上升，因此，我们选取废气和废水的排放总量作为衡量绿色创新效率的非期望产出指标。

5.2.3　绿色创新效率分析模型

效率的测量方法一般有三种：算术比例法、随机前沿分析法和数据包络法。由于绿色创新效率的测量是一个涉及多个无量纲变量的过程，是数据包络分析法适用的范围，所以我们用数据包络分析法来测量绿色创新效率。

数据包络分析法是 1987 年由 Cooper 和 Charles 等提出的一种效率评价方法。运用该方法时，可以将一个经济体系或者一个生产过程作为一个部门或一个实体，该部门或实体被称为决策单元（decision making unit，DMU），相同类型的决策单元组成一个决策单元集合，其具有相同的任务、目标、外部环境、输入与输出。判断决策单元是否有效，本质上是判断决策单元是否位于前沿面上，即达到帕累托最优。DEA 模型无须对具体的生产函数进行设定，它通过测算决策单元的效率值是否位于前沿面上来判断该决策单元是否有效。用 DEA 来进行绿色创新效率的测量，是由于：①DEA 是对每个决策单元进行优化，通过 n 次优化运算得到每个决策单元的优化解，而不是对决策单元集合的整体进行单项优化，从而可以得到更确切的评价值。绿色创新效率是衡量创新资源投入与产出的转化比率，是从投入产出视角研究问题最为有效的一种方法，符合技术创新效率的研究要求。②DEA 以决策单元的各个投入指标和产出指标的权重为变量进行评价运算，而不是预先借助主观判定或其他方法确定指标的权重，从而避免了人为确定权重的误差和主观性，评价结果更具有客观性。③DEA 不需要假设投入产出之间的生产函数，避免了因为函数设置错误而带来的误差，也不需要对原始数据进行标准化，如果选用的研究方法需要对原始数据进行标准化，则可能会数据标准化造成数值大小的区分度不明显，可能会对实证结果造成一定程度的影响，导致研究结果不准确。数据包络分析无须对输入指标进行标准化处理，更能够避免对分析结果造成技术上的影响，使得评价过程更加简明和容易操作。

数据包络法从本质上讲是一种线性规划方法，它根据决策单元的一系列投入产出体系，分析其投入产出比率从而判断该决策单元的效率。一般来说，DEA 通常运用四个模型（CCR、BCC、NIRS 和 SBM）进行分析评价。

1. 规模报酬不变模型（CCR 模型）

CCR 模型假设所有决策变量的生产技术为规模报酬不变，而且每个决策单元（DMU）

都在最优的规模上运行，规模效率和纯技术效率可以合并为决策单元的技术效率。CCR模型从公理化的模式出发，刻画了生产的规模与技术有效性，是一个刻画生产规模和技术都有效的模型。该模型显示，如果决策单元处于CCR效率有效，表明决策单元既是纯技术有效也是规模有效。

2. 规模报酬可变模型（BCC模型）

1984年，Banker等考虑规模报酬可变的情况，在CCR模型的基础上，进一步提出了规模报酬可变的BCC模型。在规模报酬可变的前提下，可排除规模报酬的干扰，求得纯技术效率。纯技术效率表示同一规模的最大产出下，企业所投入的最小要素成本。规模效率（SE）表示在最大产出的前提下，企业技术效率边界的要素投入量与最适度规模下的要素投入量的比值。这一效率值可衡量企业在投入导向下是否处于最适宜的生产规模下。

3. 规模报酬非增模型（NIRS模型）

对于一个规模无效的决策单元，运用上述的CCR模型和BCC模型对于该决策单元规模效率的测算往往会存在一定的缺陷，即规模效率值不能准确判断该决策单元所处的规模报酬区域。为解决这个问题，Cooke等（1998）提出了一个规模报酬非增模型，通过求解另外一个规模报酬非增的DEA问题，判断决策单元所处的规模报酬区域，该模型被称作NIRS模型。

4. SBM模型

传统的DEA模型（如BCC模型、CCR模型）多是径向的和角度的。处理存在非期望产出的效率评价问题，传统DEA模型的径向选择和松弛性问题，使其效率评价的结果往往不准确。为了准确地测量含有非期望产出的效率单元，Tone（2001）提出了一种区别于传统DEA模型的SBM模型，它在目标函数中加入了松弛变量，是一种非角度和非径向的模型，这样既解决了松弛问题，又解决了处理非期望产出评价效果不准确的问题。因此，我们采用SBM模型来测算绿色创新效率。

测量区域绿色创新效率是将每个区域当作生产系统的n个独立决策单元（DMU），且每个DMU都有对应的投入要素、期望产出和非期望产出三个向量，可表示为$X, Y^{\mathrm{a}}, Y^{\mathrm{b}}$，对于所有的DMU，我们可以以$X=\{x_1, x_2, \cdots, x_n\}$为投入矩阵，$Y^{\mathrm{a}}=\{y^{\mathrm{a}}{}_1, y^{\mathrm{a}}{}_2, \cdots, y^{\mathrm{a}}{}_n\}$为期望产出矩阵，$Y^{\mathrm{b}}=\{y^{\mathrm{b}}{}_1, y^{\mathrm{b}}{}_2, \cdots, y^{\mathrm{b}}{}_n\}$为非期望产出矩阵，$x_i>0, y^{\mathrm{a}}{}_i>0, y^{\mathrm{b}}{}_i>0$，可能的集合为$P=\{(x, y^{\mathrm{a}}, y^{\mathrm{b}}) | x>X\lambda, y^{\mathrm{a}}<y^{\mathrm{a}}\lambda, y^{\mathrm{b}}<y^{\mathrm{b}}\lambda, \lambda>0\}$，其中$\lambda$是权重向量，SBM模型可表述为

$$P=\min \frac{1-\frac{1}{n}\sum_{i=1}^{n}\frac{s_1^-}{x_{i0}}}{1+\frac{1}{s_1+s_2}\left(\sum_{r=1}^{s_1}\frac{s_r^a}{y_{r0}^a}+\sum_{r=1}^{s_2}\frac{s_r^b}{y_{r0}^b}\right)} \tag{5-1}$$

$$\text{s.t.}\begin{cases} x_0 = X\lambda + s^- \\ y_0^a = Y^a\lambda - s^a \\ y_0^b = Y^b\lambda + s^b \\ s^- > 0, s^a > 0, s^b > 0, \lambda > 0 \end{cases}$$

式中，s 表示投入、产出的松弛量；λ 是权重向量，$s^- \geqslant 0, s^g \geqslant 0, s^b \geqslant 0, \lambda \geqslant 0$ 是目标函数；ρ^* 是关于 s^-、s^g、s^b 的递减值，且 $0 \leqslant \rho^* \leqslant 1$。对于特定的某一评价单元，对于特定的某一被评价单元，当且仅当目标函数 ρ^* 为 1 时，被评价单元是有效率的。若 ρ^*<1 则是无效率的，说明需要对投入产出进行重新配置以达到有效。从式（5-1）可以看出，分子项为冗余占投入的比例，分母项为亏空占产出的比例，当将非线性规划转换成线性规划时，达到减少投入的同时最大限度地增加产出。且上述模型满足当 $(y,b) \in p(x)$ 及 $0 \leqslant \theta \leqslant 1$ 时，$(\theta y, \theta b) \in p(x)$。也就是说，当期望产出与非期望产出同时按照相同的比例减少时，仍然处于可行域中，表明若想要减少对环境的污染是需要付出代价的。

显然，与 DEA 的其他模型相比较，考虑非期望产出的 SBM 模型将投入与产出的松弛变量放入目标函数中，不仅解决了投入产出的松弛问题，还解决了存在非期望产出的情况下的效率评价问题。同时，考虑非期望产出的 SBM 模型是非径向模型，更能够符合效率评价的本意。

结合前人的理论研究成果，我们构建了绿色创新效率的评价指标体系和评价模型，对投入指标和产出指标进行选取，并介绍了数据包络模型的测量原理，选取了带有非期望产出的 SBM 模型并将其引入区域绿色创新效率的测量中，以保证实证分析结果更为可靠。

5.2.4　区域绿色创新效率描述性统计分析

运用描述性统计分析和数据包络性分析等方法，可以对中国各区域绿色创新效率的差异性及其成因展开实证研究。我们的数据来源于 2008～2013 年的《中国统计年鉴》《中国科技统计年鉴》和《中国环境统计年鉴》，研究对象为中国 30 个省、市、自治区（港澳台和西藏地区由于数据缺失，除外）。我们对东中西部地区的划分，依据国家统计局的权威划分，即东部地区包括北京、天津、河北、辽宁、上海、江苏、浙江、福建、山东、广东、广西、海南，中部地区包括山西、内蒙古、吉林、黑龙江、安徽、江西、河南、湖北、湖南，西部地区包括重庆、四川、贵州、云南、西藏、陕西、甘肃、宁夏、青海、新疆。

1. 中国各区域绿色创新投入现状

（1）人力资源投入现状。作为研发的主体，研发人员是企业和地区开展创新活动、提高自主创新能力的重要保障，R&D 人员全时当量数对绿色创新效率值有着直接的影响。

由图 5-1 可知，在 2009～2013 年，中国研究与试验发展（R&D）人员全时当量呈现了稳定增长趋势，从 2009 年的 229150 人·年增长至 2013 年的 353281 人·年，是 2009 年的 1.5 倍。五年间的同比增长率，除了 2013 年之外，全部超过 10%。

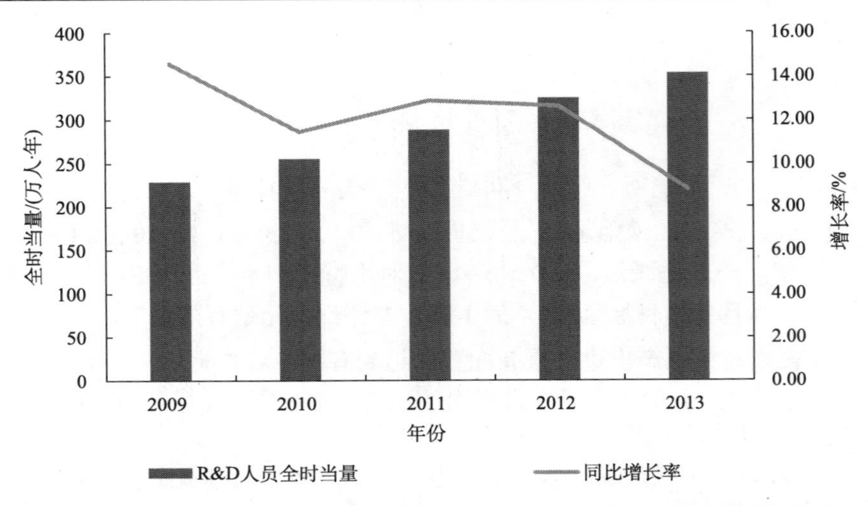

图 5-1　2009～2013 年中国研究与试验发展（R&D）人员全时当量及同比增长率

从划分的三大区域看，图 5-2 显示，各区域研究与试验发展人员全时当量的投入规模差异显著，东部地区的 R&D 人员全时当量在全国的比例最大，每年都维持在 65%以上，呈现较为稳定的趋势，中部地区占全国比例在 20%左右，西部地区仅占 9%～13%，但是呈逐年小幅上涨趋势。以 2013 年为例，东部地区研究与试验发展（R&D）人员全时当量投入占全国的比例为 65%，中部地区所占的比例为 23%，西部地区所占比例为 12%。其中，广东省占 R&D 人员全时当量投入所占比例为 15.72%，在各省市中比例最大，其次是江苏、浙江、山东、河南、福建、上海和湖北，分别占全国总量的 15.13%、10.01%、9.61%、5.33%、4.98%、3.85%和 3.82%。而排名后 5 位的是青海、海南、宁夏、新疆和甘肃，R&D 人员全时当量分别占总量的 0.08%、0.14%、0.25%、0.29%和 0.52%，共占总量的 1.28%。在 R&D 人员全时当量投入所占比例前 8 位的省份中，东部地区有 6 个，广东、江苏、浙江、山东、福建和上海；中部地区有 2 个，河南和湖北。而在 R&D 人员全时当量投入所占比例后 5 位的省市中，东部地区有 1 个，即海南，其他均位于西部地区。综合而言，东部与中西部地区 R&D 人员全时当量的投入规模差异显著。

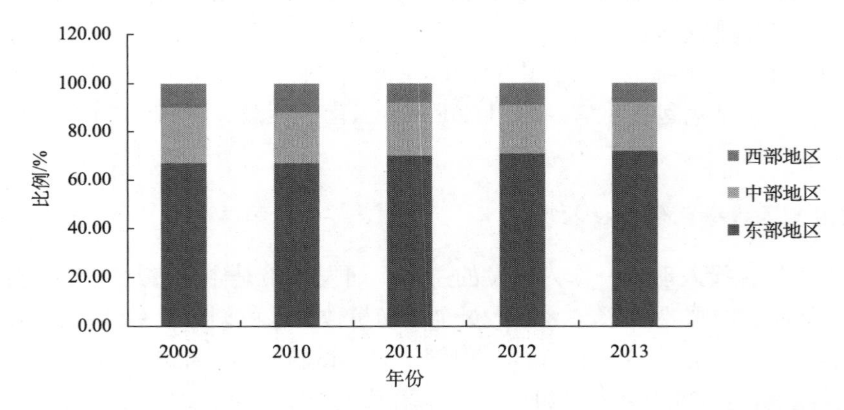

图 5-2　2009～2013 年中国三大地区研究与试验发展（R&D）人员全时当量比例

（2）经费资源投入现状。绿色创新效率的经费投入由各地区研究与试验发展经费内部支出和各地区规上工业企业技术获取和技术改造经费两部分组成。

经费投入是企业开展研发和创新活动的保障。由图 5-3 可知，2009 年，中国绿色创新经费投入为 94 734 580.2 万元，到 2013 年中国绿色创新经费投入增长到 159 187 147 万元，增长速度较快。2009～2013 年 5 年间，中国绿色创新经费投入同比增长率都在 5%以上。

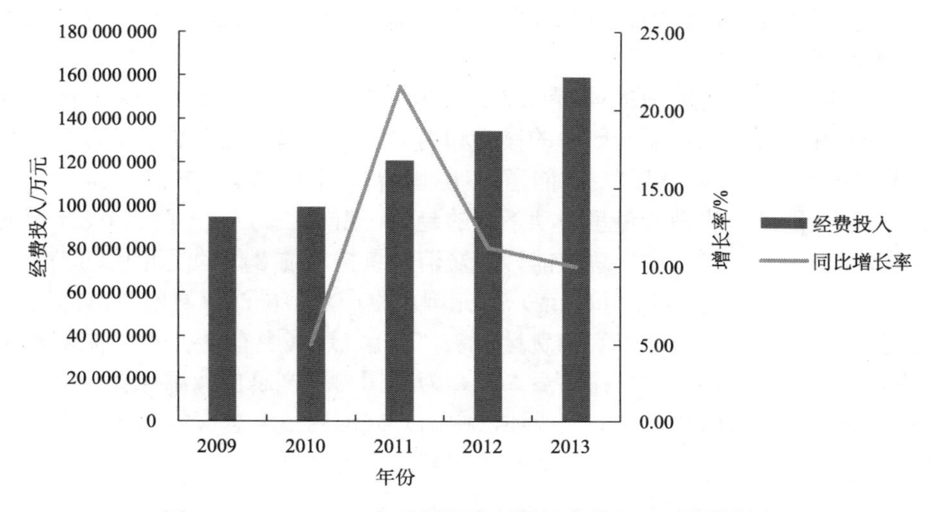

图 5-3　2009～2013 年中国绿色创新经费投入及同比增长率

从划分的三大区域看，图 5-4 显示，2009～2013 年东部地区绿色创新经费情况所占比例逐年小幅下降，由 74.33%下降到 72.37%，而中西部地区占全国比例有所增加，中部地区由 16.63%增加到 18.07%，西部地区由 9.05%增加到 9.56%，东部与中西部地区之间绿色创新经费的差异在缓慢减少。以 2012 年为例，中国绿色创新效率经费投入[各地区研究与试验发展（R&D）经费内部支出和各地区规上工业企业技术获取和技术改造费]

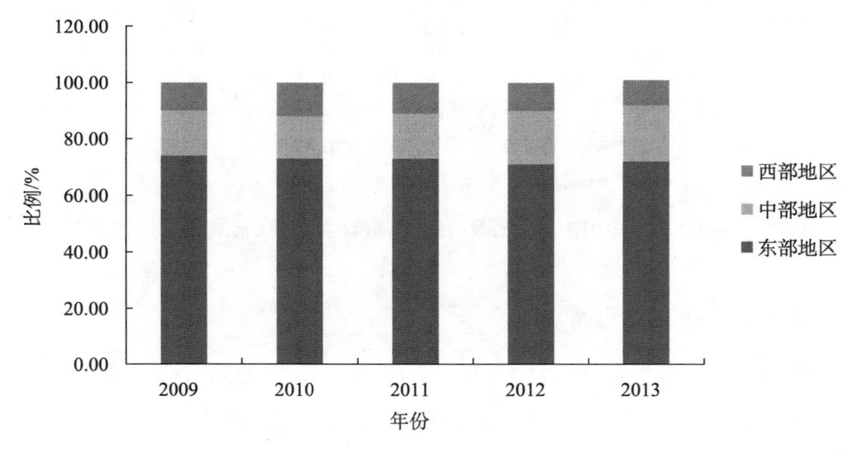

图 5-4　2009～2013 年中国三大地区绿色创新效率经费投入比例

排名前 8 位的是江苏、广东、北京、山东、浙江、上海、辽宁和湖北，分别占中国经费投入总额的 13.27%、11.82%、10.01%、9.81%、7.04%、6.51%、6.25%和 3.37%。而青海、海南、宁夏和新疆排名后 4 位，共占全国绿色创新效率经费投入总额的 0.8%，其中青海的绿色创新效率经费投入最低，占全国总支出额的 0.01%。西部地区全部绿色创新效率经费投入只有 9.56%，低于江苏一个省的经费投入。在 R&D 经费支出所占比例后 5 位的省市中，东部地区有 1 个，即海南，其他均位于西部地区。综上所述，无论是绿色创新效率人员投入还是绿色创新效率经费投入，都表现出较明显的区域差异，依然是东部地区占绝对优势。

（3）煤炭资源投入现状。图 5-5 为 2009～2013 年中国万元国内生产总值能源煤炭消费量的整体情况。根据绿色创新效率的概念和内涵，万元国内生产总值能源煤炭消费量能够反映能源消耗的指标，用来观测能源消耗对创新效率的影响，2009～2013 年中国万元国内生产总值能源煤炭消费量呈波动下降的趋势，由 0.87t/万元下降到 0.82t/万元。以 2011 年为例，中国万元国内生产总值能源煤炭消费量排名前 8 位的是北京、广东、浙江、江苏、山东、上海、福建、江西和海南，万元国内生产总值能源煤炭消费量都低于 2011 年全国万元国内生产总值能源煤炭消费量 0.85t/万元，这其中有 7 个位于东部地区，而新疆、贵州、山西、青海、宁夏排名后 5 位，万元国内生产总值能源煤炭消费量都大于 1.5t/万元，都属于中西部地区。综上所述，中国万元国内生产总值能源煤炭消费量表现出较明显的区域差异，中西部地区资源利用率较东部地区低。

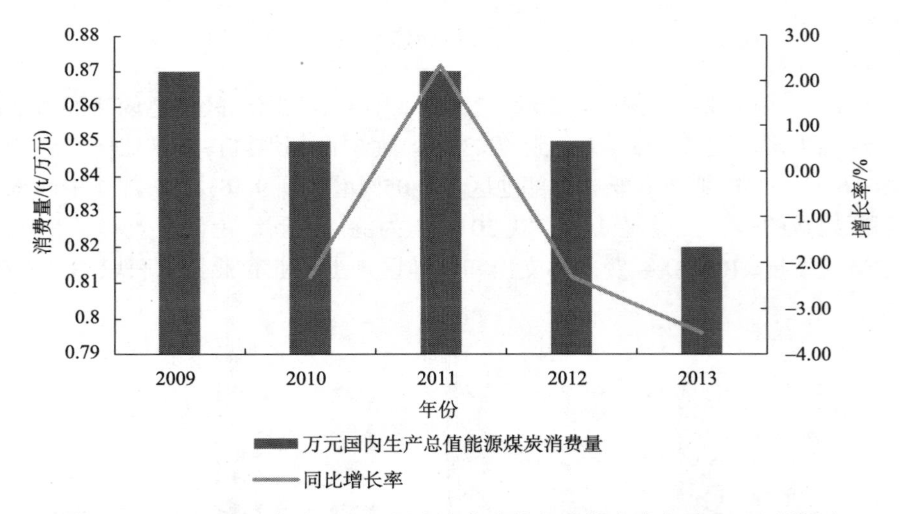

图 5-5　2009～2013 年中国万元国内生产总值能源煤炭消费量及同比增长率

2. 中国绿色创新效率产出情况

（1）专利申请数。图 5-6 显示，2009～2013 年，中国规模以上工业企业的发明专利申请数从 92450 件增至 239925 件增长了 1.97 倍，年均同比增长率 32.06%，最大同比增长率 56.02%。

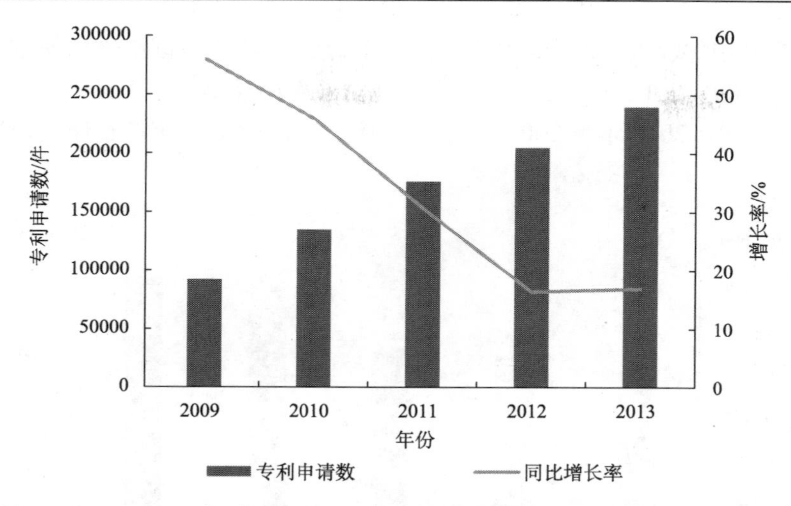

图 5-6　2009～2013 年中国规模以上工业企业的发明专利申请数及同比增长率

从划分的三大区域看，由图 5-7 可知，2009～2013 年东部地区专利申请数情况所占比例逐年小幅下降，由 81.24%下降到 75.90%，而中西部地区占全国比重有所增加，中部地区由 11.66%增加到 15.62%，西部地区由 7.10%增加到 8.48%，东部与中西部地区的专利申请数之间的差异在缓慢减少，从而表明中国工业企业专利申请数的区域分布非均衡性在近几年有所改善，但东部地区仍远远高于中西部地区。以 2012 年为例，广东省工业企业专利申请数占全国比例为 17.79%，在各省份中最大，其次是江苏、浙江、山东、安徽、上海、北京和湖南，分别占 17.32%、13.87%、8.81%、7.08%、5.44%、5.07%和 4.12%。青海、海南、宁夏、内蒙古和甘肃排名后 5 位，共占总量的 1.00%，其中青海所占比重最小为 0.04%。在专利申请数所占比例前 8 位的省份中，东部地区有 6 个，广东、江苏、浙江、山东、北京和上海；中部地区有 2 个，安徽和湖南。而专利申请数所占比例后 5 位的省份中，除海南外均位于西部地区。

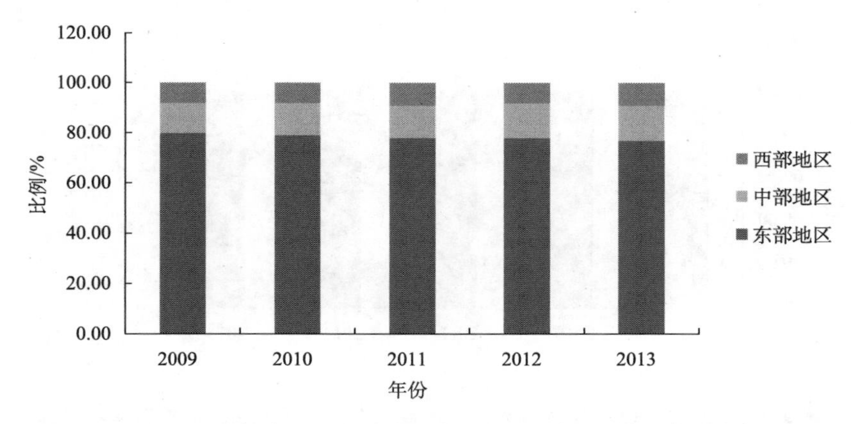

图 5-7　2009～2013 年中国三大区域规模以上工业企业的发明专利申请数比例

（2）新产品销售收入。新产品销售收入也是衡量工业企业创新产出的重要标准。由图 5-8 可知，2009～2013 年中国规模以上工业企业新产品销售收入从 100 582.7 亿元增至 142 895.3 亿元，2013 年是 2009 年的 1.42 倍，2011～2013 年增长速度较快，平均增速为 13.3%。

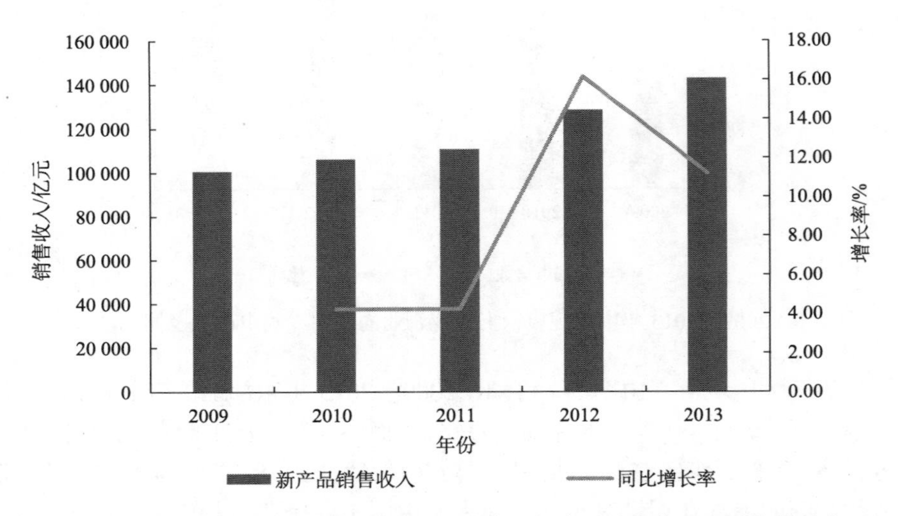

图 5-8　2009～2013 年中国规模以上工业企业新产品销售收入及同比增长率

从划分的三大区域看，图 5-9 显示，东部地区规模以上工业企业 R&D 新产品销售收入所占比例一直高于 70%，可以看出不论在专利申请数还是新产品销售收入为代表的创新产出方面，东部地区均占有绝对优势。中部地区的比例在波动中上升，从 2008 年的 15.59%上升至 2012 年的 17.84%，西部地区的比例有所下降，从 2008 年的 10.37%降至 2012 年的 8.25%，可见中国规模以上工业企业 R&D 新产品销售收入分布长期存在空间不均衡性。

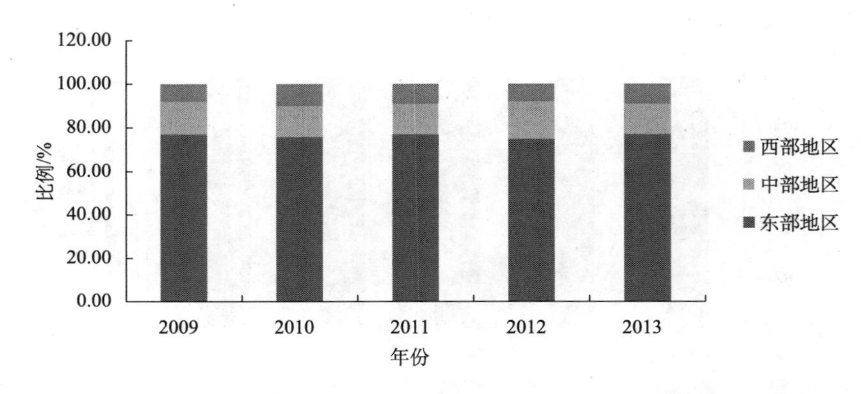

图 5-9　2009～2013 年中国三大区域规模以上工业企业新产品销售收入比例

（3）工业废气排放总量。如图 5-10 所示，中国工业废气排放情况分为两个阶段：第一阶段 2009～2011 年，工业废气排放总量持续增长，从 433 853 亿 m^3 增至 674 395 亿 m^3；

第二阶段 2011～2013 年，工业废气排放总量呈波动下降态势，从 674 395 亿 m^3 下降至 635 405 亿 m^3，下降了 5.78%。

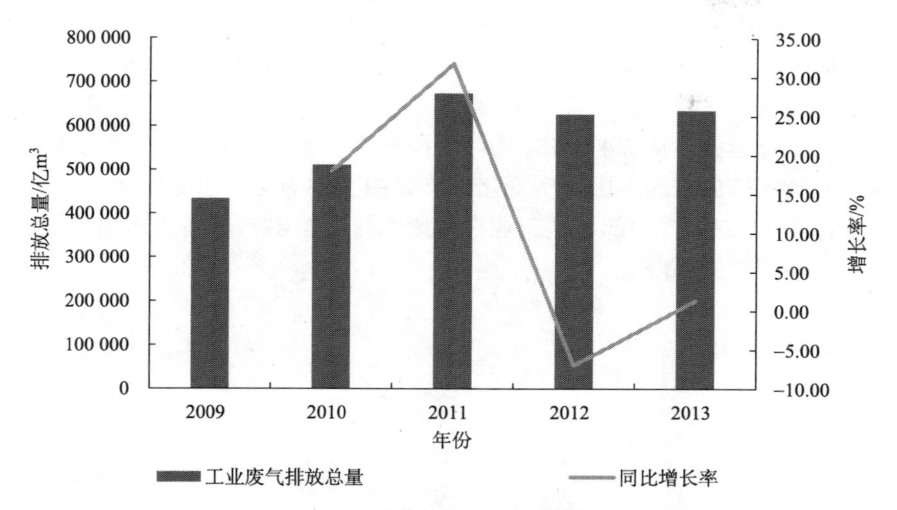

图 5-10　2009～2013 年中国工业废气排放总量及同比增长率

从划分的三大区域看，如图 5-11 所示，东部地区工业废气排放量占全国比例呈现下降趋势，从 2009 年的 50.99%降至 2013 年的 45.17%，而中部和西部地区比重都有所上升，分别从 2009 年的 25.11%和 23.90%上升至 2013 年的 27.34%和 27.49%。

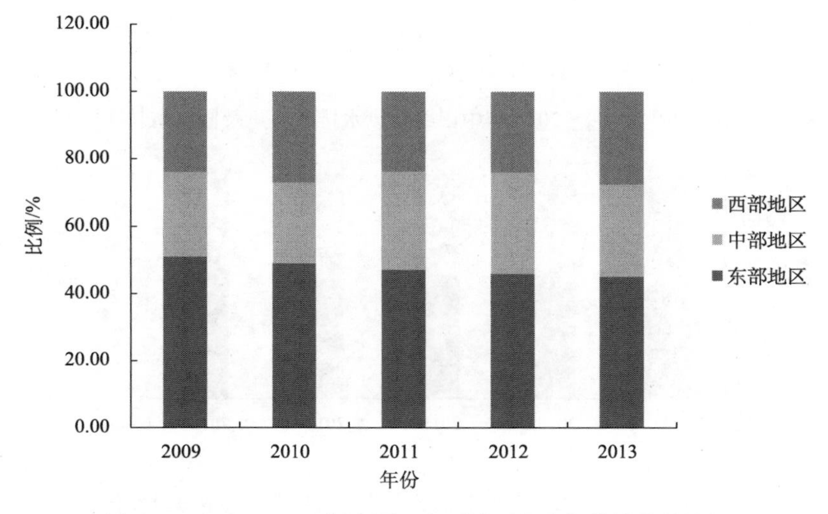

图 5-11　2009～2013 年中国三大区域工业废气排放总量比例

各地区工业废气排放量占总废气排放量的比例存在较大差异。以 2012 年为例，河北省工业废气排放量占 10.65%，在各省份中比例最大。其次是江苏、山东、山西、河南、辽宁、安徽和内蒙古等，分别占 7.65%、7.15%、6.00%、5.51%、5.02%、4.67%和 4.43%。海南、北京、青海、重庆和天津工业废气排放量所占全国比例最小，共占 4.43%，其中海南最低，为 0.31%。直辖市中，上海、天津和重庆分别为 2.10%、1.42%和 1.31%。在废气排放比例前 8 位的省份中，东部地区有 4 个，河北、江苏、山东和辽宁；中部地区有 3 个，山西、河南和安徽；西部地区有 1 个，即内蒙古。废气排放比例最小的 5 个省份中，东部地区有 3 个，海南、北京和天津；西部地区有 2 个，青海和宁夏。

（4）工业废水排放总量。由图 5-12 可以看出，2009～2013 年，全国工业企业废水排放量整体呈下降趋势，从 2 415 587 万吨下降至 2 098 398 万吨，下降了 8.28%。三大区域工业企业废水排放量的全国比例变化趋势如图 5-13 所示，东部地区工业企业废水排放量基本维持在 52%左右，中部地区工业企业废水排放量出占全国的比例呈现上升趋势，西部地区的比例则相应下降。

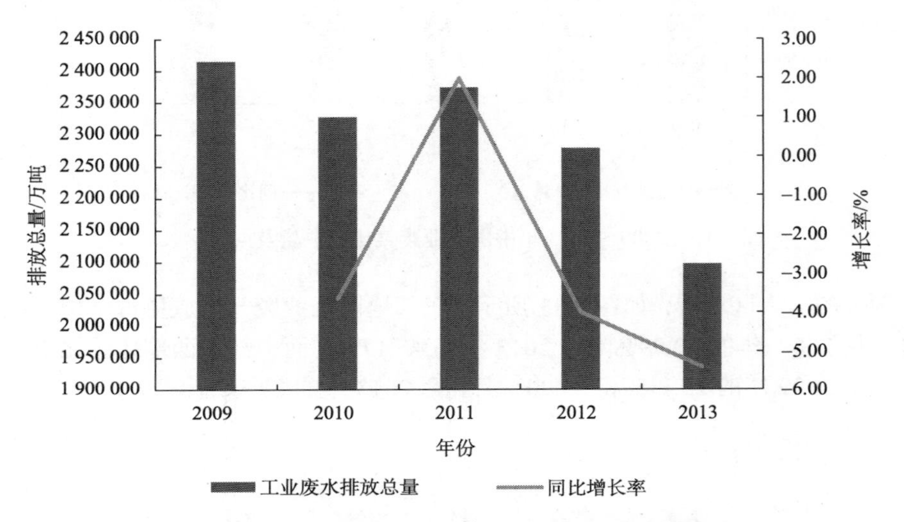

图 5-12　2009～2013 年中国工业废水排放总量及同比增长率

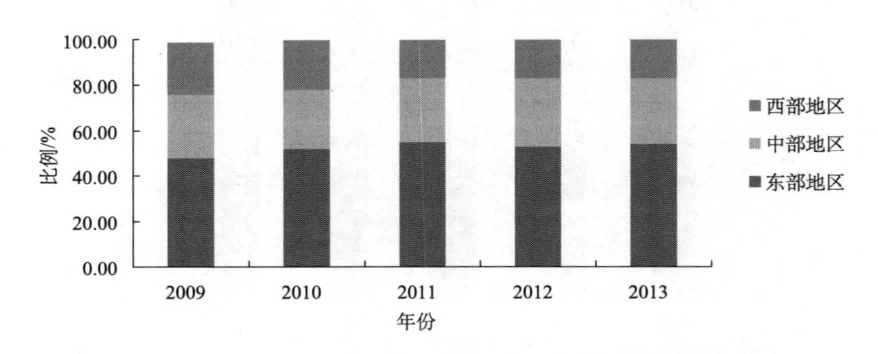

图 5-13　2009～2013 年中国三大区域工业废水排放总量比例

从划分的三大区域看，各地区工业企业废水排放量占总排放量的比例存在较大差异。以 2012 年为例，东部地区工业废水占全国废水排放总量的比例为 53.24%，中部地区为 27.64%，西部地区为 19.12%。江苏所占的比例最高为 10.66%，其次是广东 8.40%、山东 8.29%、浙江 7.92%、河南 6.20%、河北 5.54%、广西 5.00%、福建 4.80%。海南、青海、北京、宁夏和天津工业废水排放量所占全国比例最小，共占 2.76%，其中海南所占比例最低为 0.34%。在工业企业废水所占比例前 8 位的省份中，东部地区有 6 个，江苏、广东、山东、浙江、河北和福建；中部地区有 1 个，即河南；西部地区有 1 个，即广西。废水排放比例最小的 5 个省份中，东部地区 3 个，海南、北京和天津；西部地区有 2 个，青海和宁夏。

5.2.5　区域绿色创新效率测算及结果分析

我们运用带有非期望产出的 SBM 模型，将以上描述性统计中的人力资源投入、经费资源投入和煤炭资源投入作为投入指标，专利申请数和新产品销售收入作为期望产出指标，废水和废气排放量作为非期望产出指标，测算 2009～2013 年中国 30 个省份的绿色创新效率，结果如表 5-1 和图 5-14 所示。

表 5-1　2009～2013 年 30 个省份绿色创新效率（以均值排名）

地区	2009 年	2010 年	2011 年	2012 年	2013 年	效率均值	效率均值排名
高效率地区							
北京	1	1	1	1	1	1	1
天津	1	1	1	1	1	1	1
浙江	1	1	1	1	1	1	1
广东	1	1	1	1	1	1	1
重庆	0.89742	0.89652	0.93253	0.95264	0.96227	0.928276	5
上海	1	1	0.826973	0.85331	0.876504	0.911357	6
安徽	0.642186	0.791392	1	1	1	0.886716	7
江苏	0.787546	0.775926	1	0.82283	0.818499	0.84096	8
中效率地区							
吉林	0.63217	0.76543	0.77923	0.80658	0.363381	0.669358	9
湖南	0.663852	0.678817	0.704379	0.728624	1	0.755134	10
山东	0.723719	0.71486	0.708095	0.736285	0.733033	0.723198	11
福建	0.674256	0.667054	0.666452	0.687672	0.654887	0.670064	12
湖北	0.562741	0.633716	0.600388	0.616753	0.660313	0.614782	13
辽宁	0.598185	0.526288	0.612478	0.603139	0.641163	0.596251	14
海南	0.319017	0.700237	0.632138	0.594193	0.517691	0.552655	15
四川	0.50229	0.527555	0.51859	0.584914	0.585202	0.54371	16
河南	0.543994	0.531379	0.535917	0.538782	0.565612	0.543137	17
贵州	0.477511	0.529229	0.544939	0.538925	0.472888	0.512698	18
低效率地区							
广西	0.397421	0.547652	0.442002	0.465912	0.564024	0.483402	19
河北	0.443186	0.423014	0.477586	0.487569	0.542721	0.474815	20
新疆	0.395563	0.480822	0.456717	0.511285	0.528948	0.474667	21
宁夏	0.390014	0.491015	0.405773	0.486388	0.582888	0.471216	22
江西	0.374001	0.456692	0.456142	0.484259	0.581042	0.470427	23
甘肃	0.33274	0.515716	0.42287	0.443293	0.521411	0.447206	24

续表

地区	2009 年	2010 年	2011 年	2012 年	2013 年	效率均值	效率均值排名
云南	0.412001	0.424335	0.371378	0.429539	0.4395	0.415351	25
陕西	0.355106	0.451847	0.406063	0.43325	0.39943	0.409139	26
山西	0.363914	0.353545	0.397654	0.427196	0.497488	0.407959	27
内蒙古	0.403342	0.367246	0.347125	0.354502	0.374092	0.369261	28
黑龙江	0.35026	0.372534	0.344283	0.370106	0.344326	0.356302	29
青海	0.307725	0.202308	0.106361	0.138754	0.168287	0.184687	30

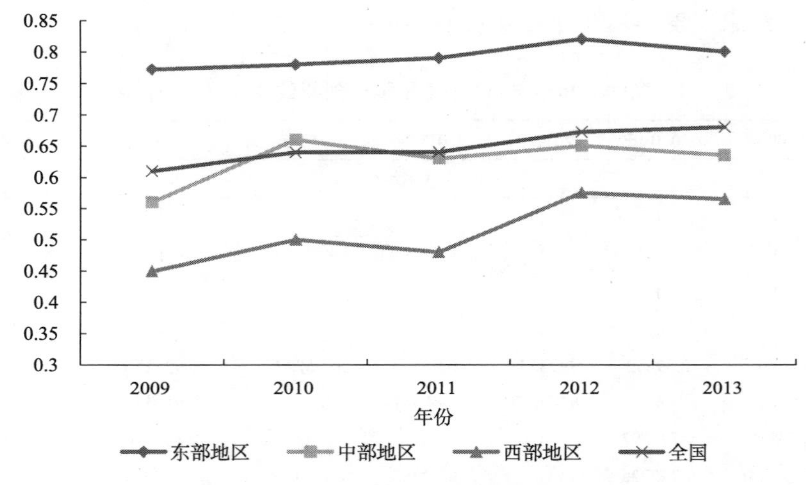

图 5-14　分区域绿色创新效率趋势图

从表 5-1 和图 5-14 看出，从 2009 年到 2013 年，中国绿色创新效率呈波动型上升趋势，2008～2013 年全国绿色创新效率从 0.61 上升到 0.68，整体效率水平仍有较大提升空间。绿色创新效率呈现的上升趋势表明创新产出的增加和环境污染的减少。2006 年，中国推进创建创新型国家建设，加大了对创新资源的投入，推进创新基础设施不断完善，创新产出比率持续增加，导致了绿色创新效率的提升。为了增强绿色创新动力，国家和各地区都提出了绿色创新和持续发展战略，改变了以企业为单一绿色创新主体的机制，形成了以企业为核心，科研院校、政府、公众为主体的多元主体系统，多个主体之间的相互作用提升了绿色创新活动的运行效率，各地政府通过经济手段（如排污权交易、税收减免、直接补贴等措施）和政策法规手段（如制定环保政策等）来规范和帮助企业进行绿色创新。同时，公众的绿色消费和环保意识提高产生了强大的舆论监督作用和道德规制力量。政府的环境管制政策的不断出台，公众舆论的关注和企业的自觉行动，最终使得环境保护治理力度不断加大，创新的环境成本代价逐渐下降，全国的环境污染指数在 2010 年后逐渐下降，由 2010 年的 0.264 下降到 2013 年的 0.226，使整体绿色创新效率得到提升。

从东、中、西部地区绿色创新效率的比较来看，样本期内，东、中、西部的绿色创新效率都呈上升趋势，但是东部地区的绿色创新效率明显高于中部和西部地区，东部地区 5 年来的效率值都维持在 0.7～0.85 的高效率水平。2009 年，东部地区的绿色创新效率达到了西部地区效率的两倍。绿色创新效率高低分布情况和经济发展情况基本符合，东部地区有着较好的经济基础和较为完善的创新制度环境，创新优势明显，经济发展带动了创新的投入，创新的产出又拉动了地区的经济发展，形成了良性循环。而中西部地区创新资源稀少，创新基础薄弱，创新资源投入力度需要持续增加，其中，中部地区绿色创新效率没有明显提升，呈现出停滞甚至小幅下降的状态。中西部地区绿色创新效率不高主要是因为依靠资源投入方式来拉动绿色创新效率效果并不能持久，中西部地区经营管理模式的不健全和创新资源的优化配置程度低下造成了大量创新资源的投入不能带来相应的创新产出，且中西部地区引入了大量高污染高排放的企业，这些原因造成环境污染的加剧。

为了比较各省份绿色创新效率的差异，我们计算出了 2009 年到 2013 年各省的绿色创新效率的平均值，并将效率值按高、中、低分为三种类型。高效率地区，效率值在 0.8～1 之间；中效率地区，效率值在 0.5～0.8 之间；低效率地区，效率值在 0～0.5 之间。从表 5-1 看出，高效率地区有 8 个，包括北京、天津、浙江、广东、重庆 、上海、安徽和江苏。其中，北京、天津、广东、浙江的绿色创新效率值都为 1，达到了效率前沿，这些地区基本属于东部经济发达地区，与之前东、西、中部地区的绿色创新效率值分析吻合，这些地区云集着全国最多的科研院所和高等院校，地区政府也大力提倡创新驱动，出台一系列推动科技创新的计划和激励政策，倡导产业升级，各地的期望产出即专利数和新产品销售收入都名列前茅。

绿色创新效率高的地区通常都具有较高的期望产出即创新成果和较低的非期望产出即环境污染，而绿色创新效率较低的地区即创新效率在 0～0.5 之间的地区（包括广西、河北、新疆、宁夏、江西、甘肃、云南、山西、陕西、内蒙古、黑龙江、青海），其效率低下的原因是创新产出太少或环境污染太多。为了探究期望产出和非期望产出对效率值的影响程度，我们可以在 SBM 模型中对期望产出和非期望产出设置不同的权重值，如果提高期望产出的权重值，则对于因期望产出即创新成果过少而导致效率低下的地区来说，其绿色创新效率的新测算值将会下降，对于因非期望产出即环境污染严重而导致效率低下的地区来说，其新测算结果效率值将会提高，通过比较测算结果，可以分析创新产出和环境污染对绿色创新效率的影响，采用 SBM 模型中的期望产出和非期望产出赋予权重，则赋予权重之后的规划为

$$P=\min\frac{1-\dfrac{1}{m}\sum_{i=1}^{m}\dfrac{w_i^- s_i^-}{x_{i0}}}{1+\dfrac{1}{s_1+s_2}\left(\sum_{r=1}^{s_1}\dfrac{w_r^a s_r^a}{y_{r0}^a}+\sum_{r=1}^{s_2}\dfrac{w_r^b s_r^b}{y_{r0}^b}\right)} \tag{5-2}$$

$$\sum_{i=1}^{m}w_i^-=m, w_i^->0, \sum_{i=1}^{s_1}w_r^a+\sum_{i=1}^{s_1}w_r^b=s_1+s_2, w_r^a>0, w_r^b>0 \tag{5-3}$$

其中，w_i^-，w_r^a，w_r^b 分别表示期望产出和非期望产出的权重，因此，我们将期望产出的

权重提高为 2，非期望产出的权重设为 1，利用上述 SBM 模型来测算绿色创新效率值。测算得到表 5-2 所列各区域的绿色创新效率值。

表 5-2　采取不同权重时绿色创新低效率地区均值比较

地区	绿色创新效率均值		差值
	（1∶1）	（2∶1）	
广西	0.483402	0.461402	–0.022
河北	0.474815	0.501815	0.027
新疆	0.474667	0.458667	–0.016
宁夏	0.471216	0.433216	–0.038
江西	0.470427	0.440427	–0.03
甘肃	0.447206	0.476206	0.029
云南	0.415351	0.388351	–0.027
陕西	0.409139	0.439139	0.03
山西	0.407959	0.443959	0.036
内蒙古	0.369261	0.360261	–0.009
黑龙江	0.356302	0.336302	–0.02
青海	0.184687	0.158687	–0.026

从测量的结果来看，当期望产出和非期望产出的权重设置为 2∶1 时，在低效率地区中，河北、山西、陕西、甘肃地区的绿色创新效率值出现上升，说明绿色创新效率较低是由于环境污染太多，而广西、新疆、宁夏、江西、云南、内蒙古、黑龙江和青海地区的绿色创新效率值下降，说明绿色创新效率值低下是由创新产出较少导致。河北、陕西、山西、甘肃，这些地区面临着创新升级和环境保护的双重压力，山西是煤炭大省，发展长期依靠煤炭资源等自然资源，煤炭开采又导致严重的环境污染；陕西和黑龙江都是老工业基地，产业结构单一，创新动力不足，河北省虽然靠近北京、天津等创新资源地区，但是在进行产业转移时，承接了北京和天津的大多数污染项目，导致这些地区的非期望产出即环境污染过多造成了绿色创新效率处在全国最低端。而新疆、宁夏、江西、云南、内蒙古和青海等西部地区创新基础薄弱，虽然近年来也投入了大量人力和物力发展创新产业，在创新基础设施建设、创新政策制定和创新人才引进方面都做了大量工作，如宁夏积极建立健全企业创新方法应用推广组织体系，江西也创建了各类创新产业园区等，但是创新产出数量和质量都不尽如人意，专利数和新产品销售数量都排在全国区域的末端，这与上述中西部地区绿色创新效率低下的原因相近，即由于创新资源配置的不合理，造成创新资源浪费，没有对创新主体起到实质性的帮助作用。

5.3　区域绿色创新效率影响因素分析

5.3.1　绿色创新效率影响因素界定

绿色创新效率的提高离不开政府对环境的监管和治理，政府层面规制的压力主要包括：国家和地方政府的政策导向及行政控制的压力，严格的环境保护相关法规和行业规范的压力，政府对违反环境规制的经营行为严厉惩罚的压力等。

1. 环境规制

环境经济学者主要运用威慑理论研究企业绿色创新的经济过程，分析规制给企业带来的压力和绿色创新行为。根据威慑理论，企业实施绿色创新的具体机制是："获取知识—感知风险—采取行动"，所以企业采取环境行为的主要驱动力来自害怕再次遭遇曾经遭受过的检查、警告或罚款等经历。

根据新制度主义理论的观点，制度同形（isomorphism）会塑造组织行为，促使组织为了获得合法性（organizational legitimacy）采用普遍接受的结构和行为（DiMaggio and Powell，1983）。由此可见，强制力被认为是环境管理行为的主要推动力，并且制度理论主张，同一行业的企业由于受到类似制度力量的影响往往实施相近的环境管理行为（Jennings and Zandberger，1995）。显然，根据制度理论分析企业绿色创新前因的逻辑是把绿色创新看作企业应对环保规制压力的一种方式（Berrone et al.，2013）；同时，实证研究也表明在中国的资源型企业中，无论是国有企业还是私营企业，环境规制都是绿色行为决策的关键影响因素，但是对于国有企业的影响力要大于私营企业（郝祖涛等，2014），可见不同的规制会对不同的企业绿色创新产生影响的不同（Chen et al.，2012）。

我们用地区政府的污染治理费占 GDP 的比例表示政府的环境规制。

2. 政府支持

创新资源匮乏和创新能力不足是企业绿色创新的"瓶颈"，特别是探索性绿色创新需要突破既有的知识和技术更新路径，内嵌着较高的知识、能力、结构需求，因而隐藏着巨大的风险，需要较高的成本投入。而中国经济转型背景下，市场经济体制尚不完善，政府在资源配置中仍发挥着重要的作用，政府的扶持对于企业缓解绿色创新的资金压力、增强抗风险能力以及改善技术储备均具有举足轻重的作用。同时大量实证研究也表明，政府激励对绿色创新存在着非常重要的影响。主要包括：政府通过各种形式宣传生态环保、资源节约理念的推动，企业获得专项资金补贴、贷款、税费减免等支持的推动，政府扶持企业开展清洁生产、循环经济、节能减排来推动，政府通过支持企业绿色产品的市场推广来推动。

政府支持对于绿色创新的影响至今尚未形成统一的认识，Horbach 等（2012）的研究表明，政府补贴对企业的绿色工艺和产品创新的正向影响呈现显著性，相反地，对产品的回收和有害物质的替代却具有显著的负向作用。也有学者认为，世界各国政府都在投入大量的资金，采取各种各样的政府补贴，帮助企业促进和发展清洁能源技术，不幸的是这些补贴并没有阻止许多绿色技术企业的破产（Olson，2014）。一方面，政府的资金支持可以弥补企业创新研发资金的不足，增加创新资源的投入；另一方面，有可能对企业自身的研发资金有"挤出作用"且政府研发资金使用不当还可能降低绿色创新效率。由于政府的政策支持和基础设施的建设无法用具体数据测量，所以我们用地区政府科技投入占 GDP 的比例作为政府支持对绿色创新效率的影响。

3. 外商投资

全球经济一体化使得外商直接投资在国际经济活动中更加活跃，外商直接投资对于发展中国家而言，带来的不仅仅是技术转移和技术扩散，还有资金、科研人员以及企业管理经验等优质资源，这对于发展中国家自主创新能力的提高大有裨益。根据技术溢出效应，外商投资可以促进东道国生产效率的提高，中国已经成为外商直接投资进入最多的国家。外资企业在中国积极开展各种创新活动，一方面改善了中国行业的创新环境以提高中国创新资源的利用效率，另一方面提高了中国内资企业进行创新活动的积极性。

但是外商的流入也带来了产业的迁移，中国企业承接着来自国外的高污染和高耗能产业，这对绿色创新效率的提高又有着阻碍的作用。外商投资能否有效提高东道国的绿色创新效率，始终是学术界讨论的焦点问题，但都没有一个统一的结论。国内外对于这些研究主要可以分成三大派系，即“促进说”“抑制说”以及“不确定说”。

我们用外商直接投资占 GDP 的比例来表示外商投资对绿色创新效率的影响。

4. 产业结构

处于经济转型期的中国，产业结构的调整对于绿色创新效率有着重要影响。产业处于生命周期前期时，往往会比处于生命周期后期具有更多实现创新的机会，产业结构调整不仅能促进本地区经济的发展，促进就业，也会通过引进更先进的技术及管理理念增强劳动者素质。产业结构中高新技术产业的发展会造成产业的聚集，区域的产业集群优势对企业创新效率有明显的提升作用，美国的硅谷是最好的例证。区域内的产业集群可以使区域的产业共享区域创新资源，可以使区域内企业的沟通联系更加通畅，使得人才更加集中，更容易形成细化的分工和进行技术交流，促进企业创新效率的提高。通常高污染和高资源消耗的产业都来源于第二产业，创新动力也没有第三产业强，所以往往是第二产业比例越大，绿色创新效率越低。

我们选用第三产业总产值占 GDP 的比例表示产业结构。

5.3.2　创新效率影响因素分析模型

众所周知，使用面板数据回归模型，相对于使用单纯的横截面模型或时间序列模型测算区域绿色创新效率的影响因素具备以下优点：①增加观测样本容量，使得构造更加可靠的参数估计成为可能，且使我们能够识别和检验约束条件放松更为一般的模型；②能够识别和度量一些纯粹横截面模型和纯粹时间序列模型不能够识别的因素，诸如潜变量的影响；③降低了变量间多重共线性的可能性，增加了自由度和估计的有效性；④有效降低估计误差。由于面板数据可以取代截面数据和时间序列的优点而避免它们各自的缺点，故面板数据具有很好的应用价值。

1. Tobit 模型

Tobit 模型是美国著名经济学家、诺贝尔经济学奖得主 James Tobin（1958）在研究耐用消费品需求时所提出来的一个经济计量学模型。模型的基本结构如下：假设某一耐用消费品的支出为 y_i（因变量），自变量为 x_i，则耐用消费品支出 y_i 要么大于 y_0（y_0 表示耐用消费品的最低支出水平），要么等于 0。因此，在线性模型假设下，耐用消费品支出 y_i 和解释变量 x_i 之间的关系为：

$$y_i = \begin{cases} y_t^*, y_t^* > 0 \\ 0, y_t^* \leqslant 0 \end{cases} \tag{5-4}$$

$$Y_t = \beta^{\mathrm{T}} x_i + e_i, e_i \sim N(0, \theta^2)$$

其中，x_i 是（k+1）维的自变量向量；β^T 是（k+1）维的回归参数向量；y^* 是规模效率值向量。采用最大似然估计法对其进行估计，似然函数为

$$L = \prod_{y_i=0}(1-F_i)\prod_{y_i>0}\frac{1}{\sqrt{2\pi}}\exp\left[-\frac{1}{2\sigma^2}(y_t - \beta^{\mathrm{T}} x_i)^2\right] \tag{5-5}$$

$$F_i = \int_{-\infty}^{\beta^{\mathrm{T}} x_i/\sigma}\frac{1}{\sqrt{2\pi}}\exp\left[-\frac{t^2}{2}\right]\mathrm{d}t \tag{5-6}$$

Tobit 模型的一个重要特征是，自变量 x_i 是可观测的（为 x_i 实际观测值），而因变量 y_i 只能以受限制的方式被观测到，因此该 Tobit 模型又称为删截回归模型（censored regression model）。当 $y_t^* > 0$ 时，取 $y_i = y_t^* > 0$，称 y_i 为无限制观测值；而当 $y_t^* \leqslant 0$ 时，取 $y_i = 0$，称 y_i 为受限观测值。即无限制观测值均为实际的观测值，而受限观测值均为 0。更一般的，在模型任意有限点的左右两边同时截取，从而得到一般化的模型：

$$y_i = \begin{cases} c_t^-, y_t^* \leqslant c_t^- \\ y_t^*, c_t^- < y_t^* \leqslant c_t^+ \\ c_t^+, y_t^* \geqslant c_t^+ \end{cases} \tag{5-7}$$

$$y_t^* = \beta^{\mathrm{T}} x_i + e_i, e_i \sim N(0, \sigma^2)$$

2. DEA-Tobit 两阶段法

为了充分了解系统效率的影响因素及其影响程度，Cooke 等（1998）在 DEA 分析法的基础上提出了一种新的效率评估方法，即两阶段法（two-stage method）。该方法在不考虑环境因素的前提下，在第一阶段首先利用 DEA 分析法求出研究对象的效率值，然后在第二阶段以第一阶段求得的效率值为因变量，利用 Tobit 模型来解决效率分布的问题并以此得出效率改进的方法和途径。自从 Cooke 提出两阶段法以来，该方法被广泛运用于各国的金融、教育、工业等领域的效率分析及其影响因素研究当中。与其他综合效率评价方法相比，DEA-Tobit 两阶段法具有操作简单、评价客观、适用范围广等优点。特别是在第二阶段，由于被解释变量只能以受限的方式被观察到，并且落在 0 和 1 之间，因此采用 Tobit 模型能够弥补普通最小二乘法直接回归所出现的参数估计有偏以及不一致的不足，使得计算的结果更加趋于正态分布。正因为 DEA-Tobit 两阶段法拥有如上诸多优点，我们采用该方法作为主要研究方法。

面板形式的 Tobit 模型如下所示。

$$\begin{cases} y_{it}^{*} = \beta x_{it} + \varepsilon_{it} \\ y_{it} = y_{it}^{*}(若 y_{it}^{*} > 0) \\ y_{it} = 0(若 y_{it}^{*} \leqslant 0) \end{cases} \tag{5-8}$$

其中，$\varepsilon_{it} \sim N(0,\sigma^2)$，$\beta$ 为回归参数向量；x_{it} 为自变量；y_{it}^{*} 为潜变量；y_{it} 为效率值向量。Tobit 模型的一个重要特征是解释变量 x_{it} 取实际观测值，而被解释变量 y_{it}^{*} 只能以受限制的方式被观测到。当 $y_{it}^{*}>0$ 时，无限制观测值均取实际的观测值；当 $y_{it}^{*} \leqslant 0$ 时，受限观测值均截取为 0。可以证明，用最大似然法估计出 Tobit 模型的 β 和 σ^2 是一致估计量。

5.3.3　实证分析与结果解析

中国各区域的绿色创新效率差异明显，为了进一步研究中国区域绿色创新效率的宏观影响因素，我们以前文 SBM 模型计算出的 2009～2013 年各区域绿色创新效率的平均值 PE 作为因变量，选取产业结构（dsh）、环境规制（env）、外商投资（fdi）及政府支持（tec）作为自变量，构建了 Tobit 模型进行回归分析（具体方法与第 2 章“实证分析”类同，故此略去），从回归结果可以解析其实际意义如下:

第一，外商投资比重越大的地区绿色创新效率越低，对外开放程度与分阶段的研发效率、转化效率成正向关系，对技术创新效率有正向的促进作用。外商投资对创新有以下几点影响：①外商投资能够部分解决区域技术创新所需的资金。②外商投资会带来外资企业尤其是大型跨国公司的研发行为和管理模式，通过与外资企业研发人员的交流，获得技术溢出效应，从而提高本地企业的研发效率，营造更好的技术创新环境，但是外商投资的回归系数为负，究其原因，一是因为外商投资的进入带来了产业的转移，在带来资金的同时，很多高污染高排放的企业进入中国，环境污染即非期望产出的增多降低了绿色创新的效率值，二是因为外商投资加剧了市场竞争的程度，挤占了中国市场的份额，国内企业的竞争力下降，企业为了减少由于外商投资带来的经济损失而将环境保护的费用忽略，造成了绿色创新效率的降低。外商投资给各地区带来了一些创新技术和资金，增加了创新投入，但是这些都无法弥补环境污染增多所带来的绿色创新效率的下降。③产业结构对区域绿色创新效率有显著影响，第三产业所占比重越大的地区绿色创新效率越高，第一、第二产业在企业制度和管理方面相对落后，创新动力相对不足。

第二，环境规制强度对绿色创新效率有积极影响，且效果显著，说明政府对环境污染治理的投资起到了控制和减少环境污染的效果。

第三，政府资助对绿色创新效率的影响都为正，但是效果都不显著。一方面，政府的资助并没有增加总的 R&D 供给，反而挤出了企业投资；另一方面，政府资助会增加企业对 R&D 资源（比如 R&D 人员）的需求量，这样在短期内 R&D 资源供给缺乏弹性的条件下，R&D 资源的价格（比如 R&D 人员的工资）就会上升，提高了企业的研发成本，进而可能使企业转向其他的盈利项目，同样也挤出了企业的研发投资，结果导致对绿色创新效率的提高没有起到相应的促进作用。

5.4　运用大数据提升绿色创新效率

大数据提供了全新的技术手段和平台，可以通过更有效地采集和应用结构化数据和非结构化数据，挖掘数据价值，从众多方面推进绿色创新效率的提升。

5.4.1　运用大数据优化环境规制协同机制

运用大数据技术和平台，可以更为准确地监测和评估环境非期望产出结果影响创新效率的深层次原因，从环境规制的区域协同机制优化视角提供更为精准的解决方案，分别针对不同目标、作用于不同的阶段、发挥不同的激励效果。

1. 构建基于共同治理规则的环境协调机制

运用大数据技术和平台，有助于构建基于共同治理规则的环境协调机制。当前涉及环境治理与保护的机构众多，中央与地方职权划分不清、部门之间缺乏协调性、跨区域合作矛盾凸显等问题严重制约着中国环境规制的制定与实施。这要求我们从全局角度，运用客观的结构化数据和各类主体的非结构化行为特征数据，构建基于多部门多地区共同治理的环境规制协调机制。

首先，在数据能够准确采集并能够中央与地方共享的情况下，应当确保地方环境行政主管部门的独立性，建立基于绿色 GDP 的地方政府行政绩效考评制度，使各级环保局既具有独立的环境监管能力又能与地方政府在发展目标上保持一致。其次，在地区层面建立环境规制综合协调部门，重点面向污染密集型和资源开发型企业，并负责重大环境污染事件的处理，实现资源与环境的统一化管理。再次，逐步健全区域性环境规制合作机构，重点解决跨行政区域的环境污染问题和生态补偿问题，不断提高环境规制效率。

2. 加强环境准入制度的灵活性和严格度

运用大数据技术和平台，在环境准入方面，一方面要从严从紧控制新建的高耗能、高污染、产能过剩的行业项目，实行最严格的环境排放标准，提高环保准入门槛，这方面要特别注意外商投资的产业转移项目；另一方面要考虑各地区经济的发展程度，以及资源承载力、环境敏感度等客观条件，实施差别化准入制度，从而将各项环保政策灵活运用到产业转型升级、区域协调发展的过程之中。

运用大数据技术和平台，加强环境规制对不同企业的绿色创新激励效果，应当构建合适且灵活的规制工具组合。例如，为了减少温室气体排放，欧美国家和部分发展中国家就采用了集标准和管制政策、财政政策（政府预算拨款、税收减免与补贴、优惠贷款、政府采购等）、自愿协议（与财政政策相结合）、信息工具（能效标识、宣传教育等）、技术研发政策等于一体的政策集合，关键是数据的及时准确采集和应用。

运用大数据技术和平台，以标准和管制为代表的命令控制型管制仍是最有效的环境规制工具。但从长期来看，随着市场化改革的不断深入、市场环境的不断优化以及环境监管能力的不断提高，可探索建立并逐步完善如环境税收、排放权交易等经济激励工具，以更多发挥市场机制作用。而自愿或非自愿协议、网络构建、环境标识等信息传递型工具兼具强制性和鼓励性，可作为一种政策补充。运用大数据技术动态监测环境数据，针对企业排污绩效设计兼具双向激励效果（奖罚并重）的环境规制政策，加强不同环节的环境税费的征收与减免等。此外，应当运用大数据技术，逐步减少工具应用过程中的“部门利益化”障碍，实现对各类规制工具的统筹协调和统一管理，客观准确科学地进行监管。

5.4.2　运用大数据强化绿色创新政策保障

运用大数据技术和平台，可以通过更有效地采集和应用结构化数据和非结构数据，挖掘数据隐含的政策价值，从而通过优化政策激发环保积极性和绿色创新需求，提升创新效率。

纵观全球，美国针对绿色技术的研发活动支出实行税收减免，日本主要对绿色技术创新主体进行成本补贴，欧盟则制定了一系列较为完整的环境税收政策，我们可以基于国际实践经验，结合自身国情，采取有针对性的资金扶持政策。

运用大数据技术和平台，可以提升政策实施效果，关键是基础性工作，即及时准确掌握环境污染类型区分数据，通过监测生产过程、治理过程中污染物排放情况，采集清洁生产技术和产品创新数据，准确反映绿色创新的效益，从而为支持清洁技术研发和生产、环境污染预防和治理的财政和税收扶持政策提供依据，提升政策保障力度和激励效果。

运用大数据技术和平台，有助于建立一个激励绿色投资的绿色金融体系，引导社会资金和民间资金进入绿色创新行业，完善绿色金融体系。绿色金融体系的完善，需要运用大数据技术和平台，为绿色创新项目提供融资，包括绿色贷款、绿色私募股权和绿色债券等产品信息数据，建立包括绿色评级、信息强制披露制度等公共基础设施以更好地解决治理环境污染和提高绿色创新产出效率。

5.4.3　运用大数据促进区域创新体系建设

运用大数据技术和平台，加强省域间技术交流与合作，带动绿色创新效率提升。中国各个地区之间的绿色创新效率差距较大，东部地区明显高于中西边地区，西部地区由于人才和资金的匮乏，经济和科技都比较落后，政府应多重视西部地区的发展。信息化时代的到来，尤其是大数据技术和平台的广泛应用，使得区域之间的联系不断增加，也使得区域之间的知识和信息交流不断加深，使得经济发展比较落后的地区学习经济发展比较发达地区的技术与知识成为可能。鉴于中国某些相邻省份之间的工业企业绿色创新效率具有一定的空间相似性，从而可以通过加强省域之间的技术交流与合作，增强省域绿色创新活动之间的溢出效应，从整体上提高绿色创新效率。因此，我们可以通过大数据技术和平台，推进区域之间的人才交流和技术交流，从而提高各省份的绿色创新效率，逐步缩小各省份之间绿色创新效率的差距，最终带动整个区域甚至是全国工业企业绿色创新的发展。

运用大数据技术和平台，发挥各区域优势，建设相互促进的特色区域创新体系。中国工业企业绿色创新高效率区和低效率区的区域分布比较明显，造成区域间绿色创新能力的差异较大，在一定程度上导致了地区间绿色创新出现两极化。因此，政府应当借助大数据技术和平台，客观准确评估各省份的实际情况，制定与实行区别性的研发鼓励和支持政策，引导与帮助相对落后省份提升其绿色创新效率，促进区域间的合作创新，加强区域间信息和人才的顺畅交流，形成区域间优势互补的特色区域创新体系，实现真正的区域创新资源共享，提升全国整体区域的创新效率。

5.5　结论与展望

本章构建了绿色创新效率的评价指标体系和评价模型，对投入指标和产出指标进行选取，介绍了数据包络模型的测量原理，选取了带有非期望产出的 SBM 模型，描述了绿色创新效率的投入指标和产出指标，改进了 SBM 模型并对区域绿色创新效率进行了测量，得出了全国各区域绿色创新效率的相关结论。

本章的主要研究结论：①产业结构、环境规制和政府支持对绿色创新效率有正向直接效应，其中产业结构和环境规制影响突出，外商投资程度则表现为显著的负向直接效应。②2009～2013 年全国绿色创新效率均值为 0.624，5 年来东中西部的绿色创新效率都呈波动上升趋势，但中国各个省份的区域绿色创新效率普遍偏低，仍有较大提升空间。③加强环境规制、提高管理水平对中国区域绿色创新的有效发展具有重要意义，各地区应当构建基于共同治理的环境规制协调机制，加强环境准入制度的灵活性和严格度，加强省域间技术交流与合作，全面提升绿色创新效率。

后续研究展望：①由于数据的可获得性，本章选择的数据为 2009～2013 年数据。因此，计算结果只是反映了较短时间序列内效率值的变化情况，无法体现更长一段时期内区域绿色创新效率的变化趋势，需要进行跟踪性研究。②实证分析时将资源投入作为投入指标，主要考虑了煤炭资源，实际上，天然气等新能源也是投入资源，后续研究中应当纳入新能源进行更为全面的分析。③从研究方法上看，我们用数据包络法分析了区域绿色创新效率差异性及成因，未来的研究中可以利用案例分析丰富研究内容与研究成果，更为深入地分析区域绿色创新效率的差异性及成因。

第 6 章　大数据、数字化与高技术产业创新绩效

习近平总书记在党的十九大报告中指出：要推动互联网、大数据、人工智能和实体经济深度融合；培育新增长点、形成新动能；加快科技创新，建设网络强国、数字中国、智慧社会等。新冠肺炎疫情发生以来，“数据”作为新基建的核心地位充分显现，“云”服务几乎无处不在，实时更新的疫情数据明晰地显示当前疫情形势；“云医疗”、“云教学”和“云健身”等线下业务的线上化催生了数字化新业态；“云办公”解决了员工无接触完成工作的难题；大数据技术监测人员活动范围，保障人员安全和复工复产……数字化新业态、新模式、新应用的广泛实现，为全面数字化转型的开展奠定了基础。2020 年 5 月 13 日，国家发展改革委和中央网信办等部门联合启动“数字化转型伙伴行动（2020）”倡议，鼓励政府和社会各界携手推动企业数字化转型，深化普惠性“上云用数赋智”，激发企业数字化转型内生动力。关于数字化转型的相关理论研究及综述越来越多地受到国内外学者的重视，有学者在运用 CiteSpace 可视化工具研究“数字化转型”时指出，数字化技术对我国数字化转型的发展，尤其是在经济社会的各行业和各领域都具有积极的引导作用，就目前来看，我国数字经济产值增长迅速，已经超过 GDP 的三分之一，在国民经济中意义重大，对数字化技术与经济社会的融合研究引起了学者的广泛重视。

数字技术的普及和应用为高技术产业的高质量发展提供了重要机遇。数字化、智能化技术的发展促使生产经营过程变得更加依赖技术和资本，数据和知识成为重要的资源类型。高技术产业正是高度依赖知识和技术的产业之一，数字化转型的发展推动高技术产业的经济增长，尤其在抗击新冠肺炎疫情过程中，复工报批、应急排班、复工供应链、无接触物流等数字化应用在弥补损失、支持复工、控制库存、保障生产等方面发挥了重要作用。在此背景下，很有必要在整合数字化转型和创新的相关理论基础上，对数字化转型和高技术产业创新效率之间的关系进行分析研究。

6.1　相关概念与理论基础

本节主要整理数字化转型和高技术产业创新效率的相关研究成果，梳理相关理论基础，重点对数字化转型的概念、指标体系及高技术产业的研究现状、测算方法进行归纳和说明。

6.1.1　数字化与数字化转型

数字化，尤其是基于 5G、人工智能、边缘计算、区块链等数字技术的创新变革，为高技术产业在数字化转型时期如何提升效率、降低成本并改善用户体验、提供价值更高的产品或服务打开了新思路。

1. 关于数字化的研究

随着社会实践的不断发展和科学技术研究成果的不断创新和涌现，数字化的内涵与外部延伸意义都越来越繁杂。秦荣生（2021）从基础性定义来解释数字化，即对海量数据进行采样、存储、挖掘、分析、利用和共享，以挖掘数据自身潜在的价值，重点是利用数据规划未来。从企业的角度来看，创造价值的过程中既需要“创新”，又需要“转型”，Oswald 和 Kleinemeier（2017）将这种“数字创新和转型”称为“数字化”，并定义为使用数字化技术来改变商业模式，提供新的收入和价值创造机会，是迈向数字业务的过程，认为数字化是利用数字化有关技术来改善企业的效益或提高企业效益可达的限度。易文（2019）则扩大了数字化的内涵范围，认为数字化的基本含义囊括的词汇包括互联网技术、网络互联、移动支付、互联网金融等，由其衍生的词汇包括数字化时代、信息化时代、数字经济等。肖旭和戚聿东（2019）则从产业的角度指出，数字化是传统产业利用数字技术对业务进行升级，进而提升生产的数量及效率的过程。

2. 关于数字化转型的研究

数字化远远不止新技术的应用，而是组织再造和商业模式创新的过程，数字化转型则是传统企业如何在原有基础上运用数字化手段来改造运营，建立商业生态的过程。

近年来，关于数字化转型的相关理论研究及综述越来越多地受到国内外各行业、各企业的重视并逐渐得到迅速地推广。郭云武（2018）认为数字化转型被定义为“由转换信息技术促成”的转型，这种转型涉及业务流程、操作程序、组织能力及进入新市场或退出当前市场的方式的根本性变化。熊鸿儒（2019）提出数字化转型的核心就是利用互联网新技术、新应用对传统产业进行全方位、全角度、全链条的改造，提高全要素生产率，释放数字化对经济发展的放大、叠加、倍增作用。

Yoo 等（2010）认为数字化转型是一项复杂的技术驱动型业务转型，在战略层面理解、发挥数字技术的新作用，在实践中建立数字创新能力；而 Reddy 和 Reinartz（2017）则提出，数字化产品、技术和商业模式的普遍使用给企业及其供应链的决策行为、运作方式和协同治理带来了巨大变化，从而影响了企业的价值创造和价值获取。以互联网与物联网为代表的数字化技术发展迅速，正在很大程度上重塑产业发展的路径。Lall（2001）认为，针对相关产业制定有目的性的干预管制或扶持政策，能够推动特定产业的转型升级。Ozawa（2005）认为，日本产业转型升级的发展主要依靠产业政策和产业制度的推动。李松（2017）指出，制度环境对于数字化转型的影响主要体现在金融支持、法律与社会管理体系等方面。杨志波（2017）认为，金融财税政策应积极引导数字化转型进程，与国家所倡导的产业发展目标相协同。Hinings 等（2018）认为数字化转型源于三种重要的制度安排：数字化组织形式、数字化基础设施和数字化模块构件。

产业与数字化的深度融合正在成为时代的潮流，数字化是信息化的高级阶段，是信息化的广泛深入运用，是从收集数据、分析数据到预测数据、经营数据的延伸。在这个意义上，如何通过数字化转型进一步提高高技术产业的创新效率，从而更好地引领整个产业的转型升级是一个具有重要意义的话题。

3. 关于数字化转型指标体系的研究

以互联网为代表的新一代信息通信技术正在引发新一轮科技革命和产业变革，全球数字经济发展迅猛，引领和主导作用不断增强，数字测度已成为各国抢占全球规则制定话语权的“必争之地”。2019 年 3 月，经济合作与发展组织（OECD）基于其为期两年的“数字化转型项目”，发布了两份报告——《数字化：制定政策、改善生活》和《数字化转型测度：未来路线图》，并推出了数字化转型工具包，对各国数字化转型发展现状进行了评价。

“未来路线图”通过绘制一系列领域的指标（从教育和创新到贸易和经济及社会成果）与当前数字政策问题的对比，提供了对数字转型状态的新见解。在这样做的过程中，确定了当前测量框架中的差距，评估了在填补这些差距方面取得的进展，并制定了一个前瞻性的测量路线图。目标是扩大证据基础，为数字时代更有力的增长和福祉政策奠定基础。

数字化转型工具包旨在帮助各国评估本国数字化转型发展现状，在呈现可视化数据探索的基础上，进行跨政策领域、覆盖全经济社会的数字化转型分析，并提供政策战略的决策支持。工具包基于 7 个维度的 33 个指标对数字化转型进行评估，其中，OECD 对中国数字化转型的评估仅在 9 个指标上有准确数据，分别是：连接维度的“固定宽带渗透率”和“移动宽带渗透率”、使用维度的“互联网用户比重”、创新维度的“被引用计算机科学文献比重”和“ICT 专利比重”、就业维度的“数字密集领域从业人数比重”及市场开放维度的“数字服务贸易比重”“数字服务贸易开放程度”“外国直接投资开放度”，而在“社会”和“信任”维度方面，中国数据则完全缺失。

同时，我国也发布了《数字中国发展指数（2018）》来衡量各省的数字化程度。这是国内首次基于大数据技术，全景式展现和分析数字中国发展总体态势。通过开展前期调研、专家咨询和头脑风暴等工作，初步构建了数字中国发展指标体系。该指标体系由基础能力、核心发展和保障水平 3 个一级指标组成，分别从三个独立维度对数字中国发展状况进行量化测评，3 个一级指标下共设 12 个二级指标和 37 个三级指标。使用层次分析法确定指标权重，特邀请 40 名政、产、学、研各界专家为各项指标权重进行评分。之后以专家问卷数据为基础，通过建立递阶层次结构、构造两两比较判断矩阵、层次单排序与一致性检验、层次总排序与一致性检验四个步骤完成指标体系的权重设计。

6.1.2　数字化转型与产业创新发展

一般认为，信息化、互联网和数字化三者之间有密不可分的联系。李明娟和余莎（2020）认为，互联网发展的前期以信息化为主导，后期则是以数字化和智能化为主导的发展阶段。从前期来看，Shao 和 Lin（2016）的论文指出，信息化对 OECD 中 12 个主要国家的 TFP 增长有显著的正向影响；而 Oliner 和 Sichel（2000）则指出，信息化极大地推动了在 20 世纪 90 年代美国劳动生产率的提高。从互联网发展看，张骞（2019）提出，互联网发展通过推动创新技术进步和改善创新纯技术效率共同实现创新全要素生产率的增长；而在丁琦（2019）的论文中，互联网则是通过平台效应、模式创新等方式有效打破了政府部门、科研机构之间的信息壁垒，提升了技术创新效率。从后期来看，马名杰等（2019）认为，数字化转型过程中，产业借助数字化技术开展生产经营活动并对资源进行规划配置，推动形成新的研发生产方式和产业运营模式。

联合国贸易和发展会议（2017）的研究报告指出，由于网络市场价值成为新技术应用的关键因素，数据和知识成为新的竞争力源泉，数字经济在人口基数更庞大、交易数据更丰富的国家更容易得到发展。该机构在另一篇报告中指出，进入数字经济时代，依靠互联网平台、电子商务和数字内容提供商等数字基础设施进行生产活动的企业将迅速增长。因此，全球跨境投资重点将更倾向于获取数据、人才和技术等智力资源，数据等无形资产投资将快速上升。同时，数字化转型将大大提高经济和产业发展对数字技术的依赖程度，对国家信息安全、技术安全和经济安全提出了更大挑战。

6.1.3　高技术产业创新效率与测度方法

1. 高技术产业创新效率研究现状

近年来，高技术产业对国家经济发展、科技进步的作用日益突出，其创新效率研究成为国内外学者研究热点，得到不断深入和拓展，主要研究集中在以下几个方面。

（1）对高技术产业行业创新效率进行深入研究。高晓光（2015）基于 SFA 方法对中国区域高技术产业创新效率的时间演变和地区特征进行了分析研究；Han 等（2017）评价了高技术行业创新效率，进一步讨论了行业内、行业间创新效率的动态变化；孙早和徐远华（2018）研究了信息基础设施建设对中国高技术产业创新效率的影响；张涵和杨晓昕（2018）深入研究了创新环境约束下高技术产业的区域创新效率，并考察了创新效率的收敛性特征；韩庆潇和杨晨（2018）基于不同市场分割类型视角，研究了地区市场分割对高技术产业创新效率的影响。

（2）基于价值链视角对高技术产业创新发展过程中的阶段效率进行研究。冯志军和陈伟（2014）、张肃等（2018）将高技术产业创新过程划分为技术开发和科技成果转化两个阶段，并分别评价了上述两个阶段的创新效率；刘树林等（2015）、王伟和邓伟平（2017）则把高技术产业创新过程分为 3 个阶段，通过创新效率动态变化观察高技术产业技术创新演变规律；Mehdi 等（2017）认为，创新效率测度过程中需要分析额外输入和共享输入，并进一步验证了该方法的有效性。

（3）对高技术产业创新效率和影响因素的综合研究。肖仁桥等（2012）从价值链角度研究了高技术产业创新效率和影响因素，发现政府支持、金融环境等对技术创新整体效率有较为显著的影响；宇文晶等（2015）通过格兰杰因果关系检验确定了区域高技术产业创新效率的滞后期为 2 年，并进一步测度了各省（市、区）高技术产业创新效率及主要影响因素；张鸿和汪玉磊（2016）运用 DEA 模型测算了陕西省高技术产业不同行业技术研发效率与成果转化效率，发现产业绩效、市场化程度对技术研发效率有显著影响；Li 等（2017）提出了一个由动态 DEA、共同边界分析理论和截断回归模型相结合的研究框架，测度了高技术产业技术效率对人才的依赖度；范德成和李盛楠（2018）运用随机前沿模型测算了各省（市、区）高技术产业创新效率，发现空间效应、企业规模、政府支持等因素对高技术产业创新效率有显著影响。

2. 创新效率的测度方法

基于生产前沿理论的前沿分析法主要分为参数法和非参数法两大类。

1）参数前沿分析

鲍力（2018）指出，参数前沿分析法的总体思想都是先假设一种生产函数的形式，其中有若干待估计的参数，利用样本数据估计出这些参数，然后就可以得到效率值。参数前沿分析根据是否引入随机误差因素可分为确定前沿分析法和随机前沿分析法。确定前沿分析法模型没有随机误差，通过线性规划来估计参数。随机前沿分析法引入了随机误差，之后可用统计学上的参数估计方法来估计参数。

确定前沿分析法将实际产出值与最优产出值的差值全部归因于无效率，也就是不考虑个体随机误差的影响，这样做有一定局限性，因为如果存在随机误差，随机误差将混入无效率当中，导致测出的无效率值是不准确的。所以一般在实际当中很少使用这种方法，取而代之的是随机前沿分析法。

所谓参数法指的是通过设立生产函数形式和随机误差分布形式估计创新投入参数及测算创新效率，随机前沿分析是参数法的代表。Acs 等（1994）运用该方法研究了美国知识投入和技术创新产出之间的关系。Todtling 和 Kaufmann（1999）、Fritsch（2000）分别对欧洲 11 个区域的企业技术创新活动和创新效率进行了比较。Fritsch（2002）实证研究了德国三个地区的创新效率。Diaz 和 Sanchez（2008）对德国创新效率的区域差异进行了研究。Chen 等（2012）对 24 个国家的创新效率进行了测算和评价。Barasa 等（2019）测算了非洲国家的技术创新效率。张宗益等（2006）应用随机前沿分析法测算了我国区域技术创新效率，发现我国区域技术创新效率虽然呈上升趋势，但效率值偏低，并且区域差异明显。岳书敬（2008）应用随机前沿分析法测度了我国各区域的创新效率，发现我国创新效率整体水平不高，东部沿海地区创新效率最高，西部地区创新效率最低，但东中西部地区创新效率的差距在逐年缩小。史修松等（2009）应用随机前沿分析模型来测算中国各省的创新效率，发现中国区域创新效率整体水平不高，并且东中西部地区间存在明显的区域差异，还发现东中西部地区内部各省份的创新效率也存在明显差异。王锐淇等（2010）利用随机前沿分析法测度了我国区域技术创新效率，发现我国的技术效率整体上呈现出增长的趋势，但其中技术效率和纯技术效率之间的差距存在波动并且有加大的趋势。刘俊等（2017）应用随机前沿分析法对我国各省份在技术开发阶段和技术转化阶段的创新效率进行了测算，发现两种效率尚处于较低水平，东部效率值最高，西部效率值最低，并且技术开发阶段的效率都小于技术转化阶段的效率。

2）非参数前沿分析

非参数法采用线性规划技术，可以测算多投入-多产出情况下的创新效率。非参数法以数据包络分析（DEA）为代表，由 Chames 等在 1978 年提出。Luis 和 Carlos（2007）、Cullmann 和 Hirschhausen（2008）、Kundi 和 Sharma（2015）、Nasierowski（2019）运用 DEA 模型分别对西班牙、东欧、美国、加拿大的技术创新效率进行了测度与分析。张宗益和张莹（2008）运用 DEA 方法测算了我国各省份的技术创新效率，发现我国区域技术创新效率呈上升趋势，但整体水平偏低，并且区域差异明显。樊华和周德群（2012）应用 DEA 模型对中国各省份的创新效率进行了测算，得出我国技术创新效率呈现周期性波动特征，东部地区创新效率高于中西部地区，但是西部地区创新效率的增速较快。乔元波和王砚羽（2017）采用 DEA 方法测度了我国各区域的技术创新效率，研究发现，中西部地区的创新效率与东部地区相比仍然存在较大差距。

3. 相关研究结论

综上所述，中外学者对数字化转型和高技术产业创新效率都进行了多方面的研究，并且取得了大量有价值的成果，对我们的研究具有指导作用，但是通过对国内外相关文献的梳理和分析，我们有以下发现。

（1）对于数字化转型方面的研究，大多停留在数字化转型的推动者、数字化转型所需的资源和能力、数字化转型的过程和方式、数字化转型的好处等方面，对于数字化转型程度的定量测算研究较为少见，除了国家发布的标准化指标体系以外，很少有对中国各省进行区域性数字化转型程度差异化分析的研究。

（2）关于数字化转型工具包，通常是基于全球的数字化转型状况提出的，并不能完全适用于我国国情，其中的“社会”和“信任”两个维度在我国缺乏数据支持，这必然会导致评价结果存在一定程度上的失真。而我国在 2018 年发布的《数字中国发展指数报告》所提出的指标覆盖范围较为全面，但主要运用专家打分的方式确定权重，并没有得到实证数据的支持，可能存在一定的主观性。因此，需要建立一套兼具完整性与客观性的指标体系来衡量各省数字化转型的发展程度。

（3）高技术产业创新效率研究成果不断丰富，如何剖析高技术产业创新发展过程中存在的细微问题成为关键，部分学者开始研究高技术产业创新过程中创新效率的异质性和关联性，还有部分学者则试图探讨高技术产业创新过程中创新效率的影响机制，然而，鲜有学者研究社会大环境变革下的创新效率。因此，我们主要对数字化、信息化飞速变革的背景下创新过程中的综合效率、纯技术效率和规模效率的差异性影响进行分析。

（4）关于高技术产业创新效率的衡量指标，虽然不同学者的看法各有不同，但有一套指标受到广泛认可，即投入指标从人员和资金两个角度入手，用 R&D 经费内部支出和 R&D 人员折合全时当量来衡量，产出指标利用专利申请数和新产品销售收入来衡量。高技术产业创新效率影响因素研究主要集中于区域产业特征因素、区域人力资本因素、区域 R&D 投入结构因素、区域开放水平因素、区域经济社会发展因素、政府行为和制度因素等方面，而在数字经济时代飞速发展的社会化大前提下，区域数字化转型程度对创新效率的影响值得关注与研究。众所周知，数字技术的应用加快了技术创新的发展速度，而大数据、人工智能等数字化方式的应用方便了个性化私人定制，阻碍了企业规模效率的提升。因此，我们使用 CCR 和 BCC 模型对综合效率进行测算与分析。

6.1.4　数字化转型的相关理论基础

为研究数字化转型对高技术产业创新效率的影响路径和机理，需要对其内在理论基础进行梳理，以提供理论支持。因此，我们整理与研究创新发展理论、产业发展理论和数字经济理论，为后面的分析奠定理论依据。

1. 创新发展理论

“创新”概念最早由20世纪经济学家熊彼特在《经济发展理论》中提出，认为创新是建立一种新的生产函数，将一种前所未有的生产条件和生产要素的新组合引入生产体系。20世纪50年代以后，经济学界在研究经济增长问题时，关注到了技术创新对经济持续增长的作用，并先后出现了20世纪50年代以索洛为代表的新古典增长理论，强调资本、劳动两大生产要素对经济增长的作用，20世纪80年代以罗默为代表的新增长理论强调技术进步在经济增长中是重要的内生因素，在后期研究中还加入了知识要素，认为技术进步、知识积累会产生外溢效应，进而能提高投资收益，实现规模收益递增，这也是大量研究将创新效率分解为纯技术创新效率和规模效率进行细化研究的理论来源。

国家创新体系理论由克里斯托夫·弗里曼在其《技术政策与经济绩效：日本国家创新系统的经验》中首次提出，他运用系统学思维考察技术创新与经济发展成效之间的关系，定义其为“公共部门和私人部门中的机构网络，其活动及相互作用激发、引入、改变和扩散着新技术”，包括政府政策、教育与培训、非工业研究机构、企业的研究开发能力、产业机构状况五个方面。随后出现了区域创新体系理论，最典型的是由库克所提出的，是由在地理上相互分工与关联的生产企业、研究机构和高等教育机构等构成的区域性组织系统，该系统支持并产生创新，主要包括以下四个方面：一是区域创新体系的参与主体，有政府、企业、院所（包含科研机构和中介机构）等；二是区域创新体系的资源投入，大多涉及人才、资金、技术等资源；三是区域创新体系的创新对象，包含制度创新、管理创新、技术创新等；四是区域创新体系的创新成果，包括产品创新、产业创新、环境创新等。

我们所研究的高技术产业创新效率同样是基于地理划分的，其重点就是在分析不同的区域空间差异情况下，各地区的高技术产业创新投入产出的效率产生不同的原因。

2. 产业发展理论

产业发展理论是基于产业发展中的规律、发展周期、影响因素、产业转移、资源配置、产业政策等提出的，主要包括产业结构演变理论、产业集聚理论、产业转型升级理论。

产业结构演变理论最初来源于配第-克拉克定律，其提出者是威廉·配第和科林·克拉克，1672年，威廉·配第在其出版的书《政治算数》中提出，劳动力会受逐利心理的驱使产生产业转移现象，并根据收入高低水平差异依次沿着农业、工业、商业的方向顺向转移，在此基础上，科林·克拉克提出三次产业的概念，认为随着经济的不断发展，第一产业劳动力人口会逐渐迁移至第二和第三产业，并最终形成三次产业劳动力占比为第三、二、一产业依次递减的格局。随后库兹涅茨在配第-克拉克定律的基础之上，提出产业结构在国民收入占比和劳动力占比的分布特征。他表示，随着经济的发展和时间的推移，国民收入和劳动力将流向收入弹性更好、技术进步更快的工业部门和服务部门，其中，高技术产业由于其高精尖的产业特性，国民收入和劳动力的流入尤为突出。

马歇尔在 1890 年最早关注到产业集聚现象，首次提出了产业集聚的概念，指产业资本要素不断汇聚到特定区域内的过程，产业在空间上的集聚呈现出专业的分工格局。产业集聚后该地区内的产业可以共享生产要素（如技术、人力资本和其他生产要素），该产业发展的规模经济和竞争力得以加强，产业集聚的生产专业化会推动劳动力市场、先进的附属产业及基础设施的发展与升级。随着集聚规模的逐渐扩大，知识和技术信息传播也得到增强，这也是为什么在高技术产业中信息化、数字化技术更容易被接受并产生效益的原因。

产业转型升级是指产业由低附加值向高附加值、从高能耗高污染转向低能耗低污染、由粗放型到集约型升级。其方式是产业结构的合理化和产业高效率、高素质化，主要依托于生产要素的重新组合，科技创新带来的技术水平提高、管理水平创新及产品质量提升等。现阶段，从全球的价值链来看，产业升级是指劳动密集型产业向资本和技术密集型产业转型，即由投入高、产出低的传统或落后产业向高效率、高协同的新型高科技产业转型。

3. 数字经济理论

数字经济这一概念最早由加拿大学者 Tapscott 于 1995 年提出，Tapscott 认为这种新信息经济最初的形态是采用数字方式（即二进制代码）呈现，利用电脑以字节的形式在网络上传播，所以称为数字经济。随着计算机信息网络的发展，Tapscott 将数字经济概括成网络化智能时代，这种网络系统不仅是数字技术与智能终端的集成，而且是通过技术构建人与人之间生产生活的网络系统，它将进一步促进智能、知识与创新的结合发展，不断促进财富及社会发展的突破性创新。数字经济的发展与 20 世纪计算机与通信技术的发展进步密不可分，而随着 21 世纪互联网、大数据、人工智能、物联网、云计算等数字技术的发展，数字经济的内涵得以不断延伸，由过往的简单的对数字信息产业的总称，即包括传统的基础电信、电子信息制造业，到现在已经发展成涵盖各行各业数字化、信息化、智能化所形成的领域的总称，是一种数字信息技术融合各产业发展衍生出的新的经济范式，而数字化转型则是数字经济蓬勃发展状态下产业升级的必由之路。

4. 数字化转型影响产业创新效率机理

一般认为，新技术是保持竞争优势和为客户创造新价值的基础，是改变组织创造业务价值方式的新源泉。通过数字化转型来保持竞争优势意味着动态使用技术来改变自己的价值主张。因此，从数字化转型的角度来看，新技术能够在高技术产业不断调整以适应环境的过程中创造价值。本章主要从数字化转型的四个能力维度分析区域数字化转型对创新的影响，并对影响高技术产业效率的具体路径做出剖析与说明。

1）数字化转型影响产业创新效率的途径

与非高技术产业相比，高技术产业具有技术强、渗透广、投入高、风险大的特征，其创新效率与交易成本、运维效率、产业协同息息相关，对技术发展变化十分敏感，也就是说，区域数字化水平的高低，对高技术产业的创新能力和发展趋势有着相当大的影响。高技术产业的主体企业可以借助于便利化和智能化的网络平台、广阔的顾客群体、高附加值且低成本的成本结构及产品的可复制性和循环性，更好地面对未知与挑战。

数字化转型降低了创新过程中的成本。最初信息通过传统的方式传播和获取，在信息的数字化传播和网络交易出现以后，采集、传输、交互和存储信息的技术日益增强，可以不间断地采集和存储所有联网信息，由此，信息结构的特征转变为及时、连续、细化和完整，数字技术构建形成普遍、实时、精确的信息交互方式，大幅减少了内外部评估、决策、监管、违约等交易成本和运作成本，激发了产业组织体制、流程和主体的深刻变革，加速了组织从金字塔静态管理向扁平化、柔性化动态管理的转变，效率得到了极大提升。

数字化转型优化了时空创新资源配置。数字化转型可以破除时空地域限制，更好地整合包含社会零星资本在内的社会资源，达到优化资源配置、提高创新效率的目的。数字化转型可以有效拓展资源配置范围，将数据资源纳入资源配置行列，日益成为提升创新效率的新源泉。数字化转型利用数据杠杆撬动资金、人才和物质，打破了空间、组织和技术的界限，优化配置高技术产业现有资源，使其朝着动态全局方向不断演进，全方位提升资源配置效率，打破了“数字鸿沟”。

数字化转型有助于研发新产品时的准确定位。大数据技术可以有效抓取结构化数据和非结构化数据并进行融合，从而更加准确地分析和预测新产品或新技术的市场契合度，降低出错概率，避免浪费创新资源。在大数据技术下，创新主体的决策总是基于大样本甚至是总体进行的，准确性更高，可以帮助创新主体做出效用最优决策，最终提高创新活动成功的概率。数字化利用网络平台和大数据的分析，能推测出顾客的需求和喜好，从而通过信息透明降低企业与用户的信息不对称程度。企业可以利用网络平台使顾客直接或间接参与产品的设计，让顾客有体验感，促使企业提升市场应变能力，有效提高交易效率。

数字化转型提升了各创新环节间的协同效率。数字化转型使企业从根本上更有效地实现从发现顾客期望到满足顾客期望的闭环流程，这种敏捷性价值创造是各环节协同合作的最终成果。“协同”是指主体通过相应规则建立协作关系，彼此规定和执行一定契约，协作完成不同主体的共同目标的过程。在此过程中，数字化实现了主体之间有序而完整的协同过程提升。数字经济时代的到来，利用物联网与大数据技术实现数字化转型大大降低了协同成本，在集约的基础上产生了一定程度的规模效益，从技术层面促进了高技术产业创新效率的持续提高。

数字化转型改变了传统的商业模式。数字化转型会对企业的管理模式从内而外地改革，企业数字化转型会全方位、多角度地改造企业，使企业在生产运营管理等各环节都能实现智能化发展，实现业务操作全跟踪，业务流程再塑造。新一代数字技术不仅通过信息的透明降低了企业与用户的信息不对称程度，而且通过信息的即时交互使用户广泛介入企业的运作过程，将松散的用户个体凝聚成为有价值的群体，形成用户增权。随着用户增权程度的提升，逐步形成以企业与用户互动为基础的各种新型商业模式。智能制造模式、个性化定制模式、服务型制造模式等一系列新兴商业模式的出现，对高技术产业提出了更高的要求，促进了运行模式创新的步伐。运用数字技术革新管理模式、创造新的价值体系要求高技术产业的商业模式进行创新，从而形成“技术创新+商业模式创新”两方面的一致驱动，提高创新效率。

2）数字化转型影响高技术产业创新效率的机理

Lenka 等（2017）提出数字化能力和价值创造能力相辅相成，数字化能力不仅是企业价值创造新的推动力，而且变革了整个经济的价值创造过程，对于高技术产业而言，数字化转型不仅带来了产业内部基础能力和发展能力的变革，而且引发了其价值创造环境的变化，对高技术产业所在地区的金融和政治体系都造成了较大的冲击。因此，我们将从不同的能力维度来衡量区域数字化转型的程度，细化数字化转型不同方面对创新的影响。

（1）数字化转型带来产业内部变革：产业基础和发展能力。数字化转型催生了对新基础设施的强大需求，包括新型数字化基础设施和传统基础设施数字化，低时延、高可靠、广覆盖的新一代信息基础设施体系的部署，5G 网络、工业互联网、宽带网络、大数据中心等“数字基建”工程的建设，基础设施投资力度的加大，是克服“数字鸿沟”，提升产业的信息化、数字化水平，打破区域之间的信息壁垒与“数据孤岛”，实现产业协调创新的有效方式。在数字经济时代，数据成为新的资源要素，叠加新一轮技术革命与产业变革，将不断推动产业数字化向知识创新和技术创新的协同创新转变，以创新内生带动产业结构转型升级。余淼杰（2020）研究认为，以技术创新和数字化转型为重要“抓手”，是实现企业竞争力提升、完成产业转型升级及赢得更加广阔市场空间的关键和新动能所在。数字化转型无疑建立在现在的产业体系基础上，又对产业体系的构建和发展提供强有力的支撑。杨卓凡（2020）提出工业物联网和工业电子商务是工业互联网体系的两个重要组成部分，工业物联网侧重于平台能力，技术创新是核心竞争力，而工业电子商务侧重于工业互联网的产业化，业务与商业模式创新是其核心竞争力，工业互联网体系的建设就是数字化转型带动工业产业结构升级的具体表现，同样的带动作用也体现在高技术产业的转型升级上。从产业类型的角度将高技术产业分解开来看，首先，电子信息产业，尤其是互联网、大数据、人工智能等新一代信息技术产业，构成了最核心的产业基础，如跨境电商等数字贸易促进了传统外贸转型升级等；其次，新一代信息通信技术在战略性新兴产业中的扩散和应用范围广泛，如在先进制造业、智能装备、新能源、新材料、光机电一体化、生命基因、航空航天、无人驾驶汽车、核应用等方面跨学科、跨领域融合，在地球、空间和海洋工程等环境产业中跨区域产业协同，其中，智能制造成为数字化转型下现代产业体系的基石，它与增材制造、航空航天、钢铁纺织等新兴或传统产业结合形成的支撑数字经济的先进制造业，进一步拓宽了现代产业体系的边界。

（2）数字化转型引发发展环境变化：金融普惠和政务服务。徐兆丰（2021）在研究数字金融的驱动效应时，进一步考虑对外开放和技术创新后发现，数字金融与对外开放、技术创新形成的协同驱动作用呈现出更高的消费升级效应，同时技术创新与数字金融形成的双轮协同驱动具有更强效果。邹辉文和黄友（2021）研究发现，数字普惠金融发展与区域创新效率存在显著的非线性关系，呈现鲜明的门限特征。整体而言，数字普惠金融发展对区域创新效率产生了积极影响；此外，数字普惠金融发展的创新激励效应体现了东强西弱的区域非均衡性。在数字信息技术驱动下，数字金融能够跨越地理区域限制，凭借对消费者动态信息的掌握，有效促进金融产品和服务的数字化转型，扩大金融服务范围的广度和深度，使数字金融发展覆盖和普及更广大地区和人群，对地区创新升级和高质量发展产生较强推动效应。具体来看，数字化转型使金融的交易效率大幅提高。金融市场通过大数据、区块链等数字技术快速处理金融市场上的数据，提升了金融市场的效率，减少市场不完全性的程度，降低了交易成本。金融市场信息不对称现象有所缓解，有效发挥了金融市场功能。数字金融的时代下，信息的对称性程度越来越强，如今数字技术有效地突破传统信息壁垒和效率的难题，借助大数据、人工智能和互联网等技术缩小了现代社会的信息鸿沟，每个微观个体都成为信息的传播主体和节点，增强了整个市场的信息对称性。金融服务的范围和人群得到了有效的扩大与普及。在数字技术广泛应用的现实背景下，数字金融能够借助数字技术触达以往金融中介难以服务到的小额零散资金供求方群体和地域。数字金融能够通过大数据和人工智能创新微观个体金融服务的过程，从而使金融服务覆盖传统金融机构难以触及的区域。技术创新离不开金融的支持，数字普惠金融提高了创新企业的金融可得性，缓解了流动性约束，增加了研发投入和创新产出，为产业扩大规模产生规模经济效益提供了良好的金融环境。当前，我国明确提出加快推动形成以国内大循环为主体、国内国际双循环相互促进的新发展格局，改善营商环境、推进投资便利化是国内大循环中的重要一环，其中，提升政府数字化服务企业的现代化水平是提升营商环境治理效能的重要路径。刘道学等（2021）在分析了浙江省企业码的案例后指出，构建政府与企业有机协同的数字治理与服务创新生态系统，完善数字服务定位与应用场景，进一步优化我国数字政府涉企电子政务信息平台机制，能够促进政企高效的合作，打通区域间的数据鸿沟，推动大中小企业协同创新和共同发展。翟云（2019）通过对浙、粤、苏、沪地区的“互联网+政务服务”案例研究，提出需要重视网上平台一体化建设与顶层设计，形成信息化和政府治理“双轮驱动”新模式。数字政府建设，网上政务服务水平的提升是聚焦产业精准服务、获取政府服务的绿色通道、产业合作的协同发展及数据驱动的创新应用的优化路径之一。

（3）数字化转型促进创新效率提升：新技术、新平台、新机会、新发展。数字化转型为创新效率的提升提供了新的技术条件。数字化转型带来的开放式创新能够促进企业工艺和产品创新的升级，物联网、云计算、大数据、人工智能等数字化技术能够更快地抓取和利用数据，将其转变为可利用的知识资源来创造价值，助推产业经济的发展。数字技术作为一种操作性资源，纯数字化的产品可以最大限度地发挥数字技术的特征和优势，而数字化的嵌入式应用则依靠智能算法等方式将数字技术与产品智能化融合，其研发过程有着更高的技术要求，推动实现产业的技术创新。数字化转型为创新效率的提升提供了新的平台。数字化转型升级离不开数字基础设施的建设，其中，数字化融合平台的建设是实现数字化转型的基础条件之一，稳定且专业的数字化融合平台能够简化产品研发和生产管理的流程，提高信息交流和资源共享的速度，变革原有的经营管理模式，帮助企业快速适应外部环境的变化，利用大数据及时分析行业数据，获取关键信息，并以此为依据提升创新效率。数字化转型为创新效率的提升提供了新的机会。数字技术的泛连接性可以加强商业生态圈内合作伙伴创新活动的协同和整合，通过资源的共享与互补可以改变企业间的合作与竞争关系，更好地挖掘内部资源并更有效地融合外部资源，不仅可以实现创新产品的大批量生产，提升生产效率降低生产成本，还可以利用网络群体等外部资源个性化定制和服务化延伸，甚至获得难题的创造性解决方案，以增强客户体验、提升客户响应能力和精准营销能力，在较低成本下满足消费者对产品和服务的差异化需求，从而促进创新效率的提升。数字化转型为创新效率的提升提供了新的发展。数字化转型挑战了原有的组织边界理论，数字技术的应用能够使企业忽视地理的阻隔，突破时间和空间的限制，利用人力和物质资源，在不同的时间、不同的地区仍能够通过虚拟的数字化手段进行资源的有效管理和配置，极大地减少了流通过程中时间的损耗，降低了信息传递过程中的失真概率，以实现创新结构的不断优化和创新效率的不断提高。

6.2　数字化转型评价指标体系构建及测算

以大数据、物联网、人工智能为代表的数字化技术发展极大地加快了产业转型的步伐，全球数字化转型程度不断加深，对经济和社会的飞速发展起到了相当大的主导作用，而数字化指标体系的构建也成为各国争夺数字化红利、制定全球规则的重要基础。结合第 2 章的理论研究，本节从区域的基础转型能力、产业发展能力、金融普惠能力和政务服务能力四个维度来构建指标体系，评价数字化转型程度。

6.2.1　数字化转型评价指标

综合前人的研究成果，我们在选取数字化转型相关指标过程中，结合了国内外两方面的指标体系，力求在数据完整性和客观性的三个方面加以完善：一是采用现有数据构建完整的评价指标体系；二是在数据完整的基础上保证指标覆盖面的完整性；三是运用各省的真实数据来确定数字化转型程度的指标权重，保证其客观性。具体指标体系如表 6-1 所示。

表 6-1　数字化转型指标体系

一级指标	二级指标	三级指标	变量
基础转型能力	基础设施完善程度	地区生产总值/亿元	X_1
		光缆线路长度/km	X_2
		互联网普及率/%	X_3
		域名数/万个	X_4
		网页数/万个	X_5
	数据信息利用程度	ICT 专利占比/%	X_6
		信息传输、计算机服务和软件业占全社会固定资产投资比重/%	X_7
		软件业务收入/万元	X_8
		信息技术服务收入/万元	X_9
产业发展能力	产业数字化基础条件	信息化及电子商务企业数/个	X_{10}
		企业期末使用计算机数/台	X_{11}
		企业每百人使用计算机数/台	X_{12}
		企业拥有网站数/个	X_{13}
		每百家企业拥有网站数/个	X_{14}

续表

一级指标	二级指标	三级指标	变量
产业发展能力	电子商务交易活性	有电子商务交易活动企业数/个	X_{15}
		电子商务销售额/亿元	X_{16}
		电子商务采购额/亿元	X_{17}
金融普惠能力		数字普惠金融覆盖广度	X_{18}
		数字普惠金融使用深度	X_{19}
		普惠金融数字化程度	X_{20}
政务服务能力		服务方式完备度指数	X_{21}
		服务事项覆盖度指数	X_{22}
		办事指南准确度指数	X_{23}
		在线服务成熟度指数	X_{24}

1. 基础转型能力

1）基础设施完善程度

地区生产总值（亿元）即地区 GDP，是指本地区所有常住单位在一定时期内生产活动的最终成果，是反映一个地区一定时期内经济发展状况最基本也是最直接的指标，其值的大小直接关系该地区经济状况是否能够支持数字化转型。因此，选用地区生产总值作为衡量区域数字化基础转型能力的指标之一。

光缆线路长度（km）即截止到计算年度为止，各区域内部所铺设的光缆线路的总长度，是反映地区光纤网络建设的重要指标之一。光缆铺设的广度和密度直接影响区域网络通信的服务能力和质量，而数字化必须通过网络的高质量连接才能够实现。因此，光缆线路长度也是影响数字化基础转型能力的重要因素。

互联网普及率（%）是指区域互联网用户数占常住人口总数的比例，反映一个国家或地区经常使用网络的人口情况；而域名数（万个）和网页数（万个）反映的是一个地区应用网络信息的频繁程度，也是数字化发展的基本要素。这三个指标通常用来衡量一个国家或地区的信息化发达程度。信息化的发展是数字化转型的基础，一个地区的信息化程度越高，其数字化转型的基础条件也就越完善，可能性也就越大。

2）数据信息利用程度

ICT 专利占比（%）是指地区当年 ICT 专利公开数占专利公开总数的比重，在一定程度上能够反映一个地区一定时期内信息通信技术的进步情况，是衡量地区最基本的数据应用能力的指标之一。但是 ICT 专利占比无法直接得出，因此采用在国家知识产权局网站上查询到的每年各区域 ICT 专利公开数与当年专利公开总数，将比值作为最终结果。需要注意的是，国家知识产权局网站上并无 ICT 行业的专项分类，因此利用专利的 IPC 分类号，将涉及控制、调节、计算、推算、计数、核算装置、信号装置、信息存储和电学的相关专利均纳入 ICT 的计算范围。

信息传输、计算机服务和软件业占全社会固定资产投资比重（%）能够反映地区一定时期内对数字信息产业的关注投资力度，是反映该区域对信息化、数字化基本投资力度的指标。软件业务收入（万元）和信息技术服务收入（万元）则反映了该区域利用信息数据开展相应业务所产生的收益，是该地区对数据信息利用的直观体现。

2. 产业发展能力

1）产业数字化基础条件

信息化及电子商务企业数（个）是区域内企业接受并开展信息化、数字化改造的数量，能够反映该地区产业数字化转型的基本接受情况。信息化及电子商务企业数的多少体现了一定时期内该地区愿意进行数字化转型的企业的情况，为之后的产业数字化发展提供了很好的基础。

企业期末使用计算机数（台）和企业每百人使用计算机数（台）都反映企业应用信息技术的能力，其多少决定了企业进行数字化转型的设备基础，两者虽类似但又不同，前者仅考虑了企业使用计算机的总数，却忽略了企业规模在其中的影响，而后者则将企业规模作为分母，消去了企业规模的影响，因此将两者均纳入评价指标体系之内。同理，将企业拥有网站数（个）和每百家企业拥有网站数（个）也作为反映该地区企业数字化转型的基础条件纳入指标体系之中，尽可能地保证指标体系的完整性。

2）电子商务交易活性

有电子商务交易活动企业数（个）是指该地区存在电子商务交易的企业个数，体现了该地区利用信息技术进行生产经营的状况，其数量越多表明该地区电子商务交易的活性越强，推动产业进行数字化发展的能力也就越强。

电子商务销售额（亿元）和电子商务采购额（亿元）属于同一组数据，前者反映区域电子商务交易可获得收益的多少，后者反映该地区同其他地区进行电子商务往来交易的情况，两者放在一起比较研究可以反映该地区在一定时期内的电子商务交易活跃度。

3. 金融普惠能力

依赖信息技术、大数据技术和云计算等的创新性数字金融在数字化转型的浪潮中崭露头角，对传统普惠金融的触达和服务范围做了进一步的扩展，数字金融通过信息化技术及数字金融产品创新，降低了金融服务的成本，扩大金融服务的覆盖范围，我们所研究的区域的数字化转型金融普惠能力主要参考北京大学数字金融研究中心研究的北京大学数字普惠金融指数，将数字普惠金融划分为数字普惠金融覆盖广度、数字普惠金融使用深度、普惠金融数字化程度三个维度进行研究。

其中，数字普惠金融覆盖广度主要通过支付宝应用的覆盖程度来进行衡量；数字普惠金融使用深度则对支付宝支付、基金、信贷、保险、投资、信用业务的应用情况进行测算；而普惠金融数字化程度则考察电子移动支付的移动化、实惠化、信用化、便利化程度。

4. 政务服务能力

在数字信息技术不断发展的新时代背景下，政府工作也需要探索适应新时代社会经济健康发展的治理模式，善于运用互联网技术和信息化手段开展工作，实现政府的网络信息化、政务公开，提高效率、增强政府透明度，以不断提升网上政务服务水平，这也是体现地区在战略上对数字化转型的高度重视的标准之一。我们采用的区域政务服务能力模型参考国家行政学院电子政务研究中心在《联合国电子政务调查报告》（EGDI）框架下的调查评估结果，将其分为服务方式完备度指数、服务事项覆盖度指数、办事指南准确度指数、在线服务成熟度指数四个方面对政务服务能力进行衡量。

其中，服务方式完备度指数评估网上政务服务提供的可达性，衡量公众和企业是否可以方便、快捷和准确地找到所需服务；服务事项覆盖度指数评估网上政务服务提供的可见性，衡量事项清单和办事指南的发布及标准化情况；办事指南准确度指数评估网上政务服务提供的可用性，衡量办事指南公布的相关要素信息的准确性；在线服务成熟度指数评估网上政务服务提供的可办性，衡量政务服务在线一体化办理程度。

6.2.2 数字化转型程度测算

数字化转型程度受区域的基础设施完善程度、数字化业务开展程度、技术资金等多方面因素的影响，而目前对区域数字化转型程度的测算并没有一个相当完善和准确的指标体系，主成分分析法在选定指标和确定权重方面有着极大的优势，采用主成分分析法进行区域数字化转型程度的评价正好可以帮助我们完成拟定相关指标、确定相关权数的基本工作，且其权数是通过矩阵变换和计算产生的，不是人为确定的，相对来说较为客观。因此，在分析了国内外相关研究文献后，结合前人的研究成果，利用主成分分析法构建了评价区域数字化转型程度的指标体系，并对各省的数字化转型程度进行了测算。需要特别注意的是，我们所选用的数据为2014～2018年除西藏、港澳台以外的30个省、市、自治区的面板数据，而目前，并没有针对面板数据进行主成分分析的有效方法，因此将原有面板数据按时间维度进行划分，对每一年度的数据进行主成分分析，并进行KMO合理性检验，最终选取合适数量的主成分得出计算结果。

1. 主成分分析

在科学研究中，围绕每一个问题可能会提出很多相关的变量，这样有利于更宏观、更全面地分析问题，这些变量都在不同程度上反映出这个问题的某些信息，但是“多则难聚”，变量数量多不利于发现主要问题，且分析过程的难度和复杂性也会呈几何级数式上升。主成分分析法可以有效规避这种矛盾，其优势在于可以对变量进行重新组合，根据实际需求提取主要综合变量，不影响因果效应的分析。

主成分分析是在保持样本总方差不变的前提下，按照方差递减依次选取出主成分的一种比较成熟的多元统计分析方法，能在评价过程中最大限度地避免研究人员的主观影响。因此，我们选取主成分分析法对重要节点城市的评价指标进行降维处理，通过计算各个主成分得分，得到各评价对象的综合主成分得分。

主成分分析的数学模型：假设存在 n 个样本，p 个变量（指标、因素）$x_1,x_2,x_3,\cdots,x_p$ 的问题（$n>p$），得到来自这 n 个样本的变量观测值，形成原始数据矩阵 $\boldsymbol{X}$：

$$\boldsymbol{X}=\begin{bmatrix} x11 & x12 & \cdots & x1p \\ x21 & x22 & \cdots & x2p \\ \vdots & \vdots & & \vdots \\ xn1 & xn2 & \cdots & xnp \end{bmatrix} \tag{6-1}$$

但是，在实际分析过程中，选用的数据指标往往是不同类别或性质的，这些数据无法放在一个模型里进行演算，因此，在进入正式分析前，需要对这些数据指标进行标准化处理。变量标准化的公式为

$$X_{ij}^{*}=\frac{x_{ij}-\overline{x}_j}{\sqrt{\operatorname{var}(x_j)}} \quad (i=1,2,\cdots,n;\ j=1,2,\cdots,p) \tag{6-2}$$

为了方便起见，数据标准化后的矩阵仍用上式的 $\boldsymbol{X}$ 记录，然后将 $x=(x_1,x_2,x_3,\cdots,x_p)^{\mathrm{T}}$ 的 p 个变量合成 p 个新变量，新的综合变量可以由原来的变量 $x_1,x_2,x_3,\cdots,x_p$ 线性表示，即

$$y_1=u_{11}x_1+u_{12}x_2+\cdots+u_{1p}x_p\frac{1}{2} \tag{6-3}$$

$$y_2=u_{21}x_1+u_{22}x_2+\cdots+u_{2p}x_p \tag{6-4}$$

$$y_p=u_{p1}x_1+u_{p2}x_2+\cdots+u_{pp}x_p \tag{6-5}$$

并且满足：

$$u_{k1}^2+u_{k2}^2+\cdots+u_{kp}^2=1 \quad (k=1,2,\cdots,p) \tag{6-6}$$

式中，y_1 在总方差中占的比例最大，其余综合变量的方差依次减小。在具体分析中，我们只选取前几个方差最大的主成分（一般占 85%以上），以简化系统结构，把握问题实质。主成分分析法的实施步骤大致按照以下程序进行：数据标准化—初始数据相关系数矩阵—特征根排序—统计方差贡献率—阐释主成分现实意义。

2. 数据的无量纲化处理

主成分分析前通常需要对原始数据进行无量纲化处理，以减小各指标间的量纲和数量级差异。现有的无量纲化方法众多，但由不同无量纲化方法得到的主成分分析结果差异很大，在考虑了变异性原则、差异性原则、稳定性原则三大无量纲化的原则之后，我们借鉴高晓红和李兴奇（2020）对主成分分析无量纲化的研究成果，采用均值化方法尽量缩小各指标间的数量级差异，计算公式为

$$z_{ij}=\frac{x_{ij}}{\overline{x}_j} \tag{6-7}$$

其中，

$$\overline{x}_j=\frac{1}{m}\sum_{j=1}^{m}x_{ij} \tag{6-8}$$

6.2.3 测算结果分析与讨论

本节主要对区域数字化转型程度四个维度的多项指标进行降维，分别得出各个维度的综合指数，以最少的信息损失量换取包含主要信息的简化结构，采用 SPSS 20.0 软件对区域数字化转型程度指标体系下基础转型能力、产业发展能力、金融普惠能力和政务服务能力分别运用主成分分析方法进行测算，然后得到指标综合得分。数据来源于《中国统计年鉴》、中国区域经济数据库、《北京大学数字普惠金融指数（第二期）》、历年《省级政府和重点城市网上政务服务能力调查评估报告》，由于西藏存在数据缺失，将其剔除。考虑到篇幅问题，未将所有计算过程列出，仅以 2014 年数据为例展示成分得分系数矩阵，其余省略。

1. 基础转型能力（Bta）

基础转型能力的指标，主要由基础设施完善程度和数据信息利用程度两个指标构成，其具体内容如表 6-2 所示。

表 6-2 基础转型能力指标

一级指标	二级指标	三级指标	变量
基础转型能力	基础设施完善程度	地区生产总值/亿元	X_1
		光缆线路长度/km	X_2
		互联网普及率/%	X_3
		域名数/万个	X_4
		网页数/万个	X_5
	数据信息利用程度	ICT 专利占比/%	X_6
		信息传输、计算机服务和软件业占全社会固定资产投资比重/%	X_7
		软件业务收入/万元	X_8
		信息技术服务收入/万元	X_9

将所有特征值大于 1 的成分作为主成分进行提取，提取出 2 个主成分且计算得出 2 个主成分的方差累计贡献度达到 83.552%，由此可见，2 个主成分涵盖了原变量的信息，足以代替原来的变量。

根据表 6-3 的成分得分系数矩阵可以将各主成分表达为

$$Y_1 = -0.096X_1 - 0.189X_2 + 0.219X_3 + 0.083X_4 + 0.190X_5 + 0.241X_6 + 0.278X_7 + 0.077X_8 + 0.128X_9 \quad (6\text{-}9)$$

$$Y_2 = 0.359X_1 + 0.407X_2 - 0.071X_3 + 0.142X_4 - 0.004X_5 - 0.103X_6 - 0.195X_7 + 0.183X_8 + 0.116X_9 \quad (6\text{-}10)$$

表 6-3　基础转型能力成分得分系数矩阵

项目	成分	
	1	2
地区生产总值	–0.096	0.359
光缆线路长度	–0.189	0.407
互联网普及率	0.219	–0.071
域名数	0.083	0.142
网页数	0.190	–0.004
ICT 专利占比	0.241	–0.103
信息传输、计算机服务和软件业占全社会固定资产投资比重	0.278	–0.195
软件业务收入	0.077	0.183
信息技术服务收入	0.128	0.116

将各变量值代入上述表达式中，可以得出两个主成分值 Y_1、Y_2，根据主成分的特征值和贡献率可以得出各主成分的权重，即每个主成分对应的特征值占所提取的主成分特征值之和的比例，则其综合得分为

$$Y = \frac{5.637}{5.637+1.883}Y_1 + \frac{1.883}{5.637+1.883}Y_2 \tag{6-11}$$

基础转型能力的测算结果见表 6-4。

表 6-4　基础转型能力各区域 2014～2018 年得分情况

地区	2014 年	2015 年	2016 年	2017 年	2018 年
北京	3.738965376	4.062941223	3.829269372	3.6500546	3.473034913
天津	0.968780564	0.685548209	0.730486579	0.693838822	0.625116215
河北	0.581929225	0.647587363	0.668940686	0.715867503	0.720222104
山西	0.448370222	0.397802769	0.435204037	0.410221822	0.473301259
内蒙古	0.499627877	0.341668518	0.34798942	0.348633655	0.291937769
辽宁	1.179219916	1.189393765	0.834805762	0.819733096	0.67775204
吉林	0.568503368	0.460882483	0.505618433	0.473895836	0.412459907
黑龙江	0.729944625	0.490786051	0.514158945	0.457679361	0.365198541
上海	1.827412476	1.769314961	1.835856303	1.752137902	1.59992579
江苏	1.892104026	2.317005704	2.302088516	2.444185226	2.466848376
浙江	1.634505897	1.971998122	1.968916851	2.037217812	1.974442886
安徽	0.45408276	0.504811624	0.552840188	0.590513022	0.635515585
福建	0.916565369	1.224830427	1.473041445	1.786143179	1.625951962
江西	0.428208128	0.436018853	0.422396552	0.461931414	0.499807026
山东	1.432912032	1.582729165	1.424551602	1.472129971	1.505967734
河南	0.522019893	0.796514003	0.777020584	0.846247748	0.91418142
湖北	0.592561874	0.855245979	0.767689612	0.814162816	0.853677742
湖南	0.428692608	0.5911951	0.67603102	0.69299951	0.671759515

续表

地区	2014年	2015年	2016年	2017年	2018年
广东	3.073810601	3.23367737	3.10278425	3.189181327	3.237566083
广西	0.469942113	0.381342479	0.43704563	0.421410489	0.424872018
海南	0.470565626	0.323554715	0.40206541	0.332904728	0.243601831
重庆	0.544563018	0.587367829	0.584753645	0.616366247	0.598138254
四川	0.829622859	1.185096983	1.096393137	1.181778822	1.191445274
贵州	0.239622989	0.339563012	0.33032429	0.339557367	0.345190599
云南	0.394471271	0.344873873	0.392429893	0.375824538	0.415218714
陕西	0.77278633	0.749175654	0.701700642	0.761513305	0.794519985
甘肃	0.329091186	0.267857721	0.295410807	0.262231625	0.260082806
青海	0.360226079	0.272684201	0.375021389	0.278508275	0.18609848
宁夏	0.453244699	0.312373055	0.344774392	0.236474829	0.174275092
新疆	0.419059251	0.308176449	0.370557516	0.325017509	0.318154986

由于表格数据不够直观，所以将数据制成折线图以展示各区域历年基础转型能力的变化。从图6-1中可以看出，北京、广东、江苏、浙江、上海、山东2014～2018年的基础转型能力均大于1，在全国各省市中居于优势地位，其中北京、广东、江苏一直处于基础转型能力得分排名第一、第二、第三的位置。从空间来看，上述省市均为东部沿海地区，表明我国数字化转型的一般基础性能力存在较大的空间差异，东部沿海地区由于其经济政治状况更具优势，数字化基础设施建设得较为完善，为今后的数字化转型奠定了基础。在基础转型能力大于1的地区中，北京和广东显得格外突出，北京作为我国的政治经济中心，基础能力的优越性毋庸置疑，而发达的电子信息互联网产业使广东在数字化转型的基础能力上与其他地区拉开了差距。

从图6-1中可以看到，区域的基础转型能力增长最快的是福建，究其原因，连续三届数字中国建设峰会均在福州召开及数字福建的大力建设对福建省的数字化基础设施的架构起到了非常强的推动作用；而辽宁的得分迅速下降，其基础转型能力发展势头一开始良好，却在2016年急转直下，之后持续走低，可能是因为地区生产总值核算方式的变化导致其GDP下降明显，也说明辽宁原有的地区GDP数据掺有很大的水分，相比于其他地区而言，还需要进一步加强经济发展建设。

从图6-1底部线条密集的情况来看，我国大部分地区的数字化基础转型能力并不高，尤其是江西、山西、广西、云南、贵州、新疆、内蒙古、海南、青海、宁夏、甘肃2014～2018年得分均低于0.5，说明其基础转型能力较为薄弱，有待进一步加强，从空间上来看，除海南以外，其余地区均处于中西部，地理环境与经济状况使其难以进行大规模的基础设施建设，在此情形下，就需要做好地区资源的优化配置，利用有限的资源尽最大可能地做好基础性工作。

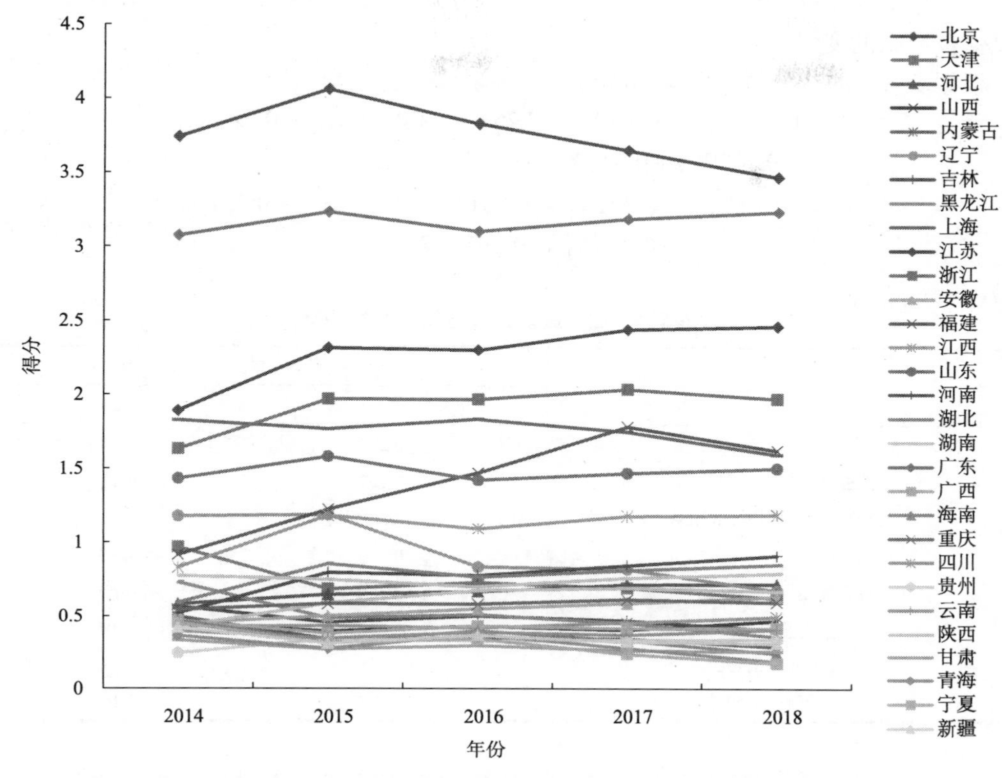

图 6-1　基础转型能力 2014～2018 年各区域得分折线图

2. 产业发展能力（Idc）

产业发展能力指标主要由产业数字化基础条件和电子商务交易活性两个指标构成，其具体内容如表 6-5 所示。

表 6-5　产业发展能力指标

一级指标	二级指标	三级指标	变量
产业发展能力	产业数字化基础条件	信息化及电子商务企业数/个	X_{10}
		企业期末使用计算机数/台	X_{11}
		企业每百人使用计算机数/台	X_{12}
		企业拥有网站数/个	X_{13}
		每百家企业拥有网站数/个	X_{14}
	电子商务交易活性	有电子商务交易活动企业数/个	X_{15}
		电子商务销售额/亿元	X_{16}
		电子商务采购额/亿元	X_{17}

将所有特征值大于 1 的成分作为主成分进行提取，提取出 2 个主成分且计算得出 2 个主成分的方差累计贡献度达到 88.558%，由此可见，2 个主成分涵盖了原变量的信息，

足以代替原来的变量。

根据表 6-6 的成分得分系数矩阵可以将各主成分表达为

$$Y_1 = 0.295X_{10} + 0.163X_{11} - 0.254X_{12} + 0.279X_{13} - 0.025X_{14} + 0.242X_{15} + 0.041X_{16} + 0.027X_{17} \quad (6\text{-}12)$$

$$Y_2 = -0.173X_{10} + 0.071X_{11} + 0.531X_{12} - 0.134X_{13} + 0.239X_{14} - 0.076X_{15} + 0.243X_{16} + 0.263X_{17} \quad (6\text{-}13)$$

表 6-6 产业发展能力成分得分系数矩阵

项目	成分	
	1	2
信息化及电子商务企业数	0.295	–0.173
企业期末使用计算机数	0.163	0.071
企业每百人使用计算机数	–0.254	0.531
企业拥有网站数	0.279	–0.134
每百家企业拥有网站数	–0.025	0.239
有电子商务交易活动企业数	0.242	–0.076
电子商务销售额	0.041	0.243
电子商务采购额	0.027	0.263

将各变量值代入上述表达式中，可以得出两个主成分值 Y_1、Y_2，根据主成分的特征值和贡献率可以得出各主成分的权重，即每个主成分对应的特征值占所提取的主成分特征值之和的比例，则其综合得分为

$$Y = \frac{5.579}{5.579+1.505}Y_1 + \frac{1.505}{5.579+1.505}Y_2 \quad (6\text{-}14)$$

产业发展能力的测算结果见表 6-7。

表 6-7 产业发展能力各区域 2014～2018 年得分情况

地区	2014 年	2015 年	2016 年	2017 年	2018 年
北京	1.623938245	1.497902981	1.642510208	1.882027295	1.800752378
天津	0.46106808	0.50494319	0.462622208	0.413339908	0.415364882
河北	0.635602433	0.627167492	0.660898999	0.720585062	0.645943214
山西	0.265040408	0.268999008	0.280271282	0.277630105	0.322084822
内蒙古	0.182740909	0.239220166	0.267487761	0.241320794	0.238939804
辽宁	0.71589594	0.687392378	0.528933373	0.514291295	0.567528462
吉林	0.194042217	0.21799593	0.236087659	0.244782127	0.206505815
黑龙江	0.192602607	0.181958767	0.173241339	0.178813945	0.173274339
上海	1.632611199	1.598000035	1.6139463	1.575610508	1.59627716
江苏	2.950924703	2.711885023	2.496649015	2.371739148	2.410216112
浙江	2.397987403	2.275066381	2.158204887	2.072698024	2.031365386

续表

地区	2014 年	2015 年	2016 年	2017 年	2018 年
安徽	0.943239469	0.992271695	1.004617569	0.972126609	0.986824959
福建	0.927285497	0.966613676	0.942297768	0.949924384	0.931260006
江西	0.401828851	0.520941723	0.482075861	0.545375828	0.570242965
山东	1.968161824	1.905778654	2.12176978	2.168445927	2.285249761
河南	1.028621136	1.119774428	1.128993912	1.08987246	1.035242808
湖北	0.906151496	0.921957897	0.930328851	0.901580464	0.925532217
湖南	0.70975289	0.724496648	0.749970167	0.769972501	0.862159609
广东	3.331799632	3.240370319	3.442984867	3.659623144	3.878256546
广西	0.278716388	0.245153559	0.26533486	0.28627342	0.301462838
海南	0.010088863	0.03051924	0.048958471	0.066650906	0.088867754
重庆	0.494581281	0.566257399	0.596201747	0.58809382	0.589173897
四川	0.848447693	0.883723867	0.936976342	0.972616856	0.971267276
贵州	0.210198333	0.242061965	0.320761002	0.325634965	0.32872254
云南	0.32875072	0.402781131	0.341565624	0.351378859	0.353570467
陕西	0.347218223	0.385742409	0.443472547	0.482790899	0.511572732
甘肃	0.14597223	0.147389688	0.175956139	0.181537364	0.188162403
青海	−0.0139178	0.027974101	0.046191781	0.034491378	0.044040145
宁夏	0.030755146	0.029024062	0.041984316	0.059869636	0.074418144
新疆	0.139384349	0.159001282	0.146216392	0.155159942	0.173423515

从图 6-2 中可以很明显地看出，图形呈上、中、下三层分布状态。从整体来看，广东、江苏、浙江、山东、上海和北京的产业发展能力得分均高于平均水平，而其余地区则压缩在整个图的底部区域，得分几乎不超过 1。

从最上部来看，广东的产业发展能力得分在全国中占据绝对优势，基本处于逐年增长的状态，且增长速度较快，其中非常重要的原因是广东的电子信息互联网产业较全国而言发达程度较高，其数字化转型的产业发展能力处于较高的水平，能够得到较高质量的发展。

从图形的中部来看，江苏和浙江均呈逐年下降状态，而上海市几乎保持不变，这可能是由于苏浙沪处于包邮地区，较早开始电子商务的发展。其人均使用计算机、网络数量也趋近于饱和状态，产生了边际效益递减现象。而山东和北京的数字化转型产业发展能力则呈逐年上升态势，发展势头较为良好，说明这两个地区正在大力发展数字化产业，为推动整个地区的数字化转型提供了强大的动力。

从图形的底部来看，其余地区的数字化转型产业发展趋势较为平缓，除河南省以外，地区得分均小于 1，其中宁夏、青海和海南三个地区得分几乎接近于零，尤其是青海省甚至出现了得分为负值的情况，可见其数字化转型的产业发展能力具有极大的提升空间，全国大部分地区的产业发展能力还有待提高。为了提升各区域的产业发展能力，必须做好该区域的电子商务基础设施的配备、物流系统的搭建、人均使用计算机及网络数量的提升，以增强区域的产业数字化发展的能力。

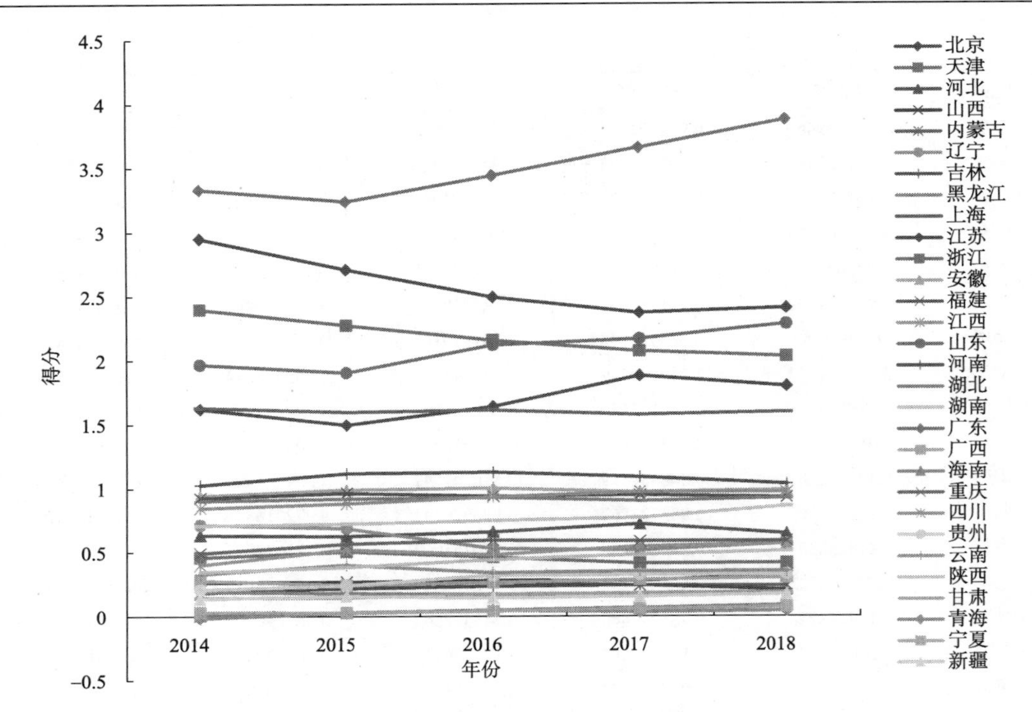

图 6-2　产业发展能力 2014～2018 年各区域得分折线图

3. 金融普惠能力（Fic）

金融普惠能力指标主要由三个分指标构成，如表 6-8 所示。

表 6-8　金融普惠能力指标

一级指标	二级指标	变量
金融普惠能力	数字普惠金融覆盖广度	X_{18}
	数字普惠金融使用深度	X_{19}
	普惠金融数字化程度	X_{20}

将所有特征值大于 1 的成分作为主成分进行提取，提取出 1 个主成分且计算得出 1 个主成分的方差累计贡献度达到 72.282%，由此可见，1 个主成分涵盖了原变量的信息，足以代替原来的变量。

表 6-9　金融普惠能力成分得分系数矩阵

项目	成分 1
数字普惠金融覆盖广度	0.417
数字普惠金融使用深度	0.431
普惠金融数字化程度	−0.318

根据表 6-9 的成分得分系数矩阵可以将主成分表达为

$$Y_1 = 0.417X_{18} + 0.431X_{19} - 0.318X_{20} \tag{6-15}$$

将各变量值代入上述表达式中，可以得出一个主成分值 Y_1，根据主成分的特征值和贡献率可以得出主成分的权重，即该主成分对应的特征值占所提取的主成分特征值之和的比例，则其综合得分为

$$Y = \frac{2.168}{2.168}Y_1 \tag{6-16}$$

金融普惠能的测算结果见表 6-10。

表 6-10　金融普惠能力各区域 2014～2018 年得分情况

地区	2014 年	2015 年	2016 年	2017 年	2018 年
北京	0.913751029	0.79324818	0.948356249	1.425116715	1.252391948
天津	0.65528041	0.569134872	0.737323626	1.240276407	1.091949025
河北	0.421790381	0.403022628	0.600610614	1.128293971	0.980136033
山西	0.422728893	0.393277492	0.590876841	1.127005038	0.969229972
内蒙古	0.351238834	0.325717058	0.533340554	1.123059827	0.923046039
辽宁	0.543445071	0.474087816	0.679964573	1.16919829	1.00668111
吉林	0.440741318	0.384360645	0.615517154	1.115866154	0.961907368
黑龙江	0.440879717	0.408520242	0.59767942	1.127741658	0.955353283
上海	0.952186115	0.840260547	0.976899009	1.471419094	1.302969806
江苏	0.724905106	0.646501459	0.813943894	1.298223392	1.150724924
浙江	0.893119135	0.780465733	0.910253111	1.388708323	1.231476802
安徽	0.528089412	0.488332717	0.666139185	1.197850282	1.06266426
福建	0.627117931	0.611179343	0.825538192	1.30386302	1.151857566
江西	0.480827649	0.470833349	0.634965348	1.180598194	1.038510896
山东	0.541635453	0.492584715	0.676273226	1.187508138	1.041285241
河南	0.431045396	0.413449162	0.610826235	1.165774622	1.022935444
湖北	0.595742609	0.539968891	0.724956828	1.251115622	1.109506357
湖南	0.486463591	0.445612805	0.640716473	1.153666427	1.005574424
广东	0.656195565	0.618503204	0.815139201	1.286982908	1.139467752
广西	0.452799089	0.388569412	0.586192596	1.148222686	1.002717978
海南	0.528817039	0.470447661	0.691617563	1.200523809	1.061290247
重庆	0.540697943	0.486310292	0.667835905	1.207802732	1.038828458
四川	0.547933651	0.464721508	0.644351435	1.18047422	1.02867499
贵州	0.316235448	0.304801353	0.521050553	1.097658143	0.952752181
云南	0.444020638	0.387209656	0.579124014	1.127808808	0.995545535
陕西	0.476148134	0.44972139	0.644685356	1.160461922	1.018695489
甘肃	0.29685872	0.283749371	0.552038317	1.057438072	0.91358459
青海	0.348874592	0.303444528	0.54868501	1.050537307	0.907114208
宁夏	0.4143372	0.344307374	0.617610298	1.104916442	0.924936432
新疆	0.426093929	0.357656597	0.597489223	1.081887779	0.928191645

在分析数字金融普惠能力的过程中，我们发现，按照上述研究将年份作为横坐标得出的图形变化趋势并不明显，因此以各区域作为横坐标的方式制作折线图。从图 6-3 中可以很明显地看出 2017 年和 2018 年的数字金融普惠能力得到了长足的进步，而 2014～2016 年的数字金融普惠能力差别不大，其原因可能是 2014 年电子支付等数字金融方式刚刚出现，普及程度不高，而到了 2017 年数字金融的优点被越来越多的人认识到，是数字金融大爆发的一年，但显而易见，过热地追逐数字金融的弊端也逐渐显现，因此出现了数字金融普惠能力得分的回落。

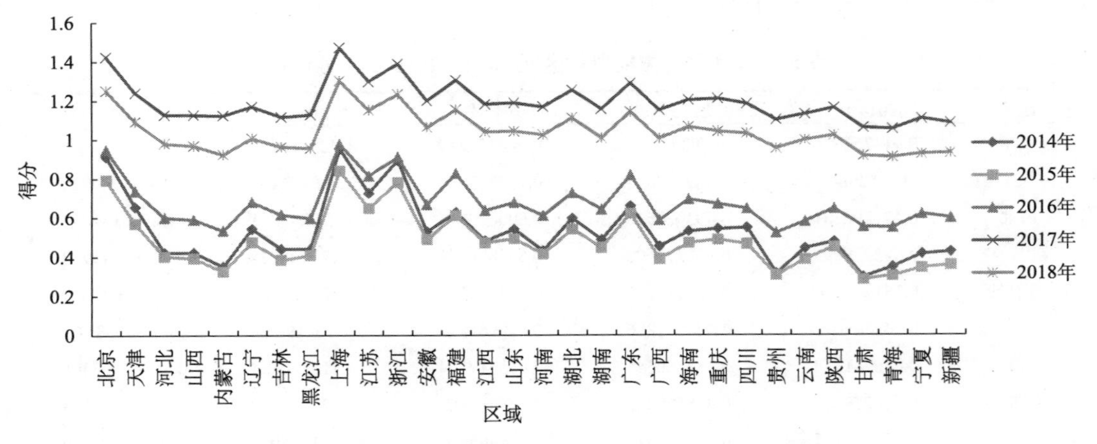

图 6-3 金融普惠能力各区域 2014～2018 年得分折线图

同样从线条的走势可以看出，虽然各区域在各个年度的差异较大，但是线条的趋势几乎不变，意味着我国的数字金融普惠能力在各区域之间几乎是同步增长的。从各个区域来看，北京和上海作为我国的经济金融中心，其数字金融普惠能力一直处于全国前列，尤其是上海作为金融中心的地位难以动摇。浙江、福建和广东紧随其后，成为数字金融普惠能力得分较高的省份，从图 6-3 中可以看出，金融普惠能力与区域的经济发展状况、金融产业状况息息相关，其得分能够很好地反映我国各区域的数字金融状况。

4. 政务服务能力（Gsa）

政务服务能力指标主要由四个分指标构成，具体内容如表 6-11 所示。

表 6-11 政务服务能力指标

一级指标	二级指标	变量
政务服务能力	服务方式完备度指数	X_{21}
	服务事项覆盖度指数	X_{22}
	办事指南准确度指数	X_{23}
	在线服务成熟度指数	X_{24}

将所有特征值大于 1 的成分作为主成分进行提取，提取出 1 个主成分且计算得出 1

个主成分的方差累计贡献度达到 68.794%，由此可见，1 个主成分涵盖了原变量的信息，足以代替原来的变量。

根据表 6-12 的成分得分系数矩阵可以将主成分表达为

$$Y_1 = 0.360X_{21} + 0.384X_{22} - 0.290X_{23} + 0.239X_{24} \quad (6\text{-}17)$$

表 6-12　政务服务能力成分得分系数矩阵

项目	成分 1
服务方式完备度指数	0.360
服务事项覆盖度指数	0.384
办事指南准确度指数	−0.290
在线服务成熟度指数	0.239

将各变量值代入上述表达式中，可以得出一个主成分值 Y_1，根据主成分的特征值和贡献率可以得出主成分的权重，即该主成分对应的特征值占所提取的主成分特征值之和的比例，则其综合得分为

$$Y = \frac{2.387}{2.387}Y_1 \quad (6\text{-}18)$$

政务服务能力的测算结果见表 6-13。

表 6-13　政务服务能力各区域 2014～2018 年得分情况

地区	2014 年	2015 年	2016 年	2017 年	2018 年
北京	0.259311402	1.213116219	1.19935234	1.287730883	1.198604267
天津	0.22882393	1.170375121	1.065245722	1.186382146	1.089758676
河北	0.226882538	1.074610684	1.102580213	1.15636584	1.159086895
山西	0.200623291	1.20534564	0.976832324	1.200144901	1.093021752
内蒙古	0.219789269	0.990451619	0.94600042	1.144337232	1.070611036
辽宁	0.23107434	1.1998156	1.072153518	1.217230559	1.097466469
吉林	0.234237857	1.129882272	1.077880705	1.097515962	1.030784158
黑龙江	0.261866834	1.212779083	1.09420849	1.205576491	1.045367147
上海	0.25122058	1.353167149	1.106197151	1.338109299	1.219771965
江苏	0.286302912	1.383492978	1.283840126	1.36898585	1.197360303
浙江	0.289029954	1.409680432	1.297907228	1.357341012	1.255990595
安徽	0.254865633	1.1858931	1.250500997	1.337774407	1.201216021
福建	0.258164851	1.323386727	1.15687698	1.293648014	1.190357732
江西	0.214966931	1.313903347	1.1334534	1.215742237	1.141792996
山东	0.207621175	1.309774153	1.14566591	1.202333557	1.058429052
河南	0.210251158	0.941648696	1.108046369	1.175254349	1.16092997
湖北	0.27373483	1.093584798	1.104343566	1.217124343	1.177062244
湖南	0.276198353	1.168310974	1.113400518	1.228214407	1.121112203
广东	0.260450469	1.290837986	1.272014005	1.383010811	1.253383948

续表

地区	2014 年	2015 年	2016 年	2017 年	2018 年
广西	0.264436506	1.203359704	1.037391769	1.222028834	1.114099703
海南	0.25487583	1.256198868	1.072149506	1.189401427	1.084072748
重庆	0.198910522	1.271639965	1.118693163	1.225462394	1.112428263
四川	0.276241677	1.161662063	1.125720568	1.29630715	1.169924347
贵州	0.261560994	1.402314342	1.289941507	1.359559011	1.205632353
云南	0.202607937	1.139068609	1.118177691	1.242970832	1.096491931
陕西	0.203608383	1.187582171	0.939491044	1.194757034	1.055878589
甘肃	0.248906938	1.312189163	1.108807558	1.137012603	1.007005992
青海	0.231302787	1.021038571	0.924965118	0.796911924	1.010810726
宁夏	0.235820563	1.143851396	1.136820236	1.233057071	1.112321577
新疆	0.207220231	1.021038571	0.861341857	0.87970942	0.989226346

与金融普惠能力显示的图形类似，在分析政务服务能力时，将各个区域作为横坐标进行展示分析。从图 6-4 中可以很清晰地看出，各年度的政务服务能力得分分为两个部分。第一个部分是 2014 年各区域的政务服务能力得分较低，说明 2014 年各区域网上政务服务水平不高，还需要加强，尤其与 2015～2018 年相比差距较大，究其原因，第一，可能是因为刚刚开始使用该指标作为评价网上政务服务能力的指标体系，其数据信息搜集并不完善；第二，可能是因为各区域政府于 2014 年刚刚开始推出网上政务服务，其水平较为低下，还处于发展的萌芽阶段。第二个部分就是 2015～2018 年，可以看出在图中其线条交错分布，对此我们进行以下具体的分析。

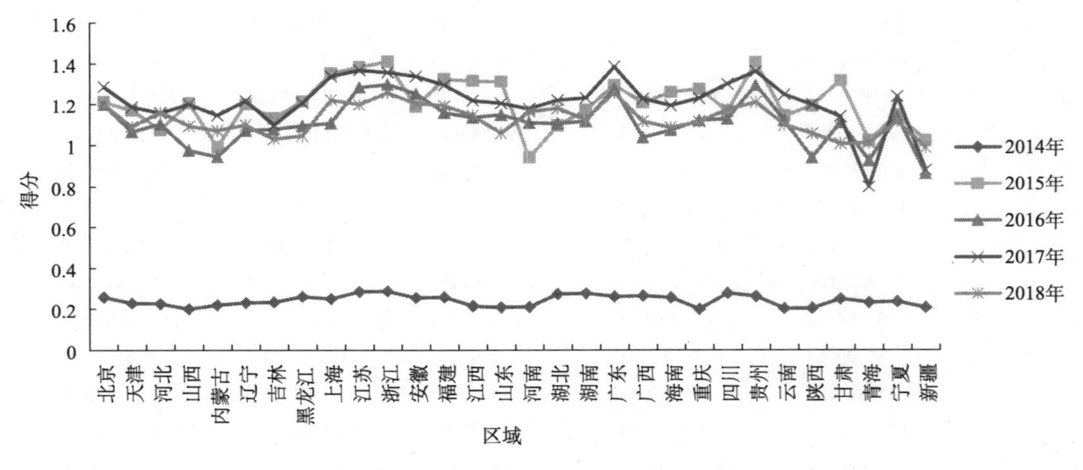

图 6-4　政务服务能力各区域 2014～2018 年得分折线图

从图 6-4 中可以看出，2016 年和 2018 年全国各地区的数字政府服务水平差距较小，而 2015 年和 2017 年则明显地有着较大的区域空间差异。2015 年，网上政务服务水平较高的区域有浙江、江苏、上海和贵州，除浙、苏、沪地区以外，贵州的网上政务服务能力较为突出，可能是因为“云上贵州”平台的搭建，对网上政务服务水平的提升有巨大的推动作用。同时可以看出，河南、内蒙古、河北、青海和新疆的网上政务服务水平处于较低水平，说明在 2015 年这些区域的数字化政务服务存在较大的问题，需要构建较为完善和成熟的数字政务服务平台，更好地为产业和民众提供服务。从图 6-4 中可以很明显地看出，2017 年网上政务服务能力得分最高的是广东，而广东在 2014～2018 年得分均位于全国较高水平，说明广东已经搭建了较为完善并且可持续发展的网上政务服务平台，能够较好地为提供便捷的数字化网上政务服务；而青海和新疆则处于全国较低水平，从各年度来看，这两个省份几乎是每年都处于全国较低水平，说明其数字化政务平台搭建并不完善，还有很大的提升空间。

5. 数字化转型程度总体指标

数字化转型程度总体指标由四个分指标构成，具体内容如表 6-14 所示。

表 6-14　数字化转型程度总体指标情况

总体指标	分指标	变量
数字化转型程度	基础转型能力	Bta
	产业发展能力	Idc
	金融普惠能力	Fic
	政务服务能力	Gsa

将所有特征值大于 1 的成分作为主成分进行提取，提取出 1 个主成分且计算得出 1 个主成分的方差累计贡献度达到 69.198%，由此可见，1 个主成分涵盖了原变量的信息，足以代替原来的变量。

根据表 6-15 的成分得分系数矩阵可以将各主成分表达为

$$Y_1 = 0.325\text{Bta} + 0.324\text{Idc} + 0.323\text{Fic} + 0.214\text{Gsa} \tag{6-19}$$

表 6-15　数字化转型程度成分得分系数矩阵

项目	成分 1
基础转型能力	0.325
产业发展能力	0.324
金融普惠能力	0.323
政务服务能力	0.214

将各变量值代入上述表达式中，可以得出一个主成分值 Y_1，根据主成分的特征值和贡献率可以得出主成分的权重，即该主成分对应的特征值占所提取的主成分特征值之和的比例，则其综合得分为

$$Y = \frac{2.768}{2.768} Y_1 \tag{6-20}$$

数字化转型程度总体指标的测算结果如表 6-16。

表 6-16　数字化转型程度总体指标各区域 2014～2018 年得分情况

地区	2014 年	2015 年	2016 年	2017 年	2018 年	均值
北京	2.091953961	2.278841703	2.249727424	2.412101836	2.188389393	2.244202863
天津	0.724863635	0.814209977	0.838761365	0.990740967	0.891342506	0.85198369
河北	0.579853342	0.767239622	0.849780326	1.048845935	0.97140459	0.843424763
山西	0.411068231	0.600558893	0.62809445	0.833709771	0.787233855	0.65213304
内蒙古	0.382072162	0.504728439	0.57312602	0.789158983	0.69196634	0.588210389
辽宁	0.840179424	1.008024997	0.876322725	1.04611095	0.928011861	0.939729991
吉林	0.44011962	0.585018525	0.668052301	0.81489491	0.718347828	0.645286637
黑龙江	0.498078899	0.608981943	0.650335738	0.820336563	0.697149738	0.654976576
上海	1.484192402	1.62905996	1.61066294	1.765986811	1.60325337	1.618631097
江苏	1.866446585	2.100109392	2.020026237	2.171848918	2.038368899	2.039360006
浙江	1.658492226	1.900801248	1.845102403	1.981850089	1.825321281	1.842313449
安徽	0.678300611	0.888792761	0.973621944	1.150453351	1.077245156	0.953682765
福建	0.856130616	1.177998919	1.262272269	1.529906555	1.372756899	1.239813052
江西	0.470670443	0.740677635	0.736487834	0.948860871	0.897358509	0.758811058
山东	1.322760024	1.547758284	1.561166006	1.740382597	1.655353684	1.565484119
河南	0.687151124	0.944156306	1.030226553	1.214418338	1.15063826	1.005318116
湖北	0.73717981	0.973670496	0.998834399	1.183794265	1.130319162	1.004759626
湖南	0.585519222	0.814191848	0.893357872	1.081674663	1.015552722	0.878059265
广东	2.346179094	2.528464116	2.55354535	2.783763834	2.69046738	2.580483955
广西	0.445878815	0.58588116	0.637470092	0.851309429	0.78214315	0.660536529
海南	0.381553951	0.537236137	0.599580351	0.766077044	0.677492421	0.592387981
重庆	0.554439603	0.798567785	0.827377424	1.019209979	0.923794356	0.824677829
四川	0.78062277	1.057350136	1.084330926	1.316234648	1.217461084	1.091199913
贵州	0.304099834	0.588959438	0.663941707	0.857009127	0.776723301	0.638146681
云南	0.421495161	0.6095572	0.664522371	0.855932014	0.787438889	0.667789127
陕西	0.561022302	0.76276332	0.766695017	1.010820333	0.938687029	0.8079976
甘肃	0.303401089	0.509832456	0.573927872	0.723875467	0.648926816	0.55199274
青海	0.274749397	0.415797664	0.513306594	0.599349727	0.585732202	0.477787117
宁夏	0.341565711	0.468642299	0.574077197	0.717275006	0.622546501	0.544821343
新疆	0.363328254	0.48558431	0.541078729	0.679094657	0.661112109	0.546039612

从图 6-5 中可以看出，我国的数字化转型程度评分总体上呈逐年上升态势，这说明，2014～2018 年，我国在数字化转型方面的努力取得了较大的成效，反映在各区域的数字化转型程度评分上，显示出我国各区域对数字化转型相当重视，积极参与到加快区域数字化转型的工作中来。从图 6-5 中看到，广东、北京、江苏、浙江一直占据我国数字化转型程度前四位，说明其在全国范围内数字化转型程度较高，山东和上海也处于数字化

转型程度评分较高水平，而其余地区在全国范围内虽然没有特别明显的优势，但发展势头良好。需要注意的是，在我国数字化转型一片向好的过程中，辽宁的数字化转型程度得分波动较大，尤其在 2016 年显著下降，可能是因为其产业发展能力在 2016 年有一个明显的下降，需要引起重视。

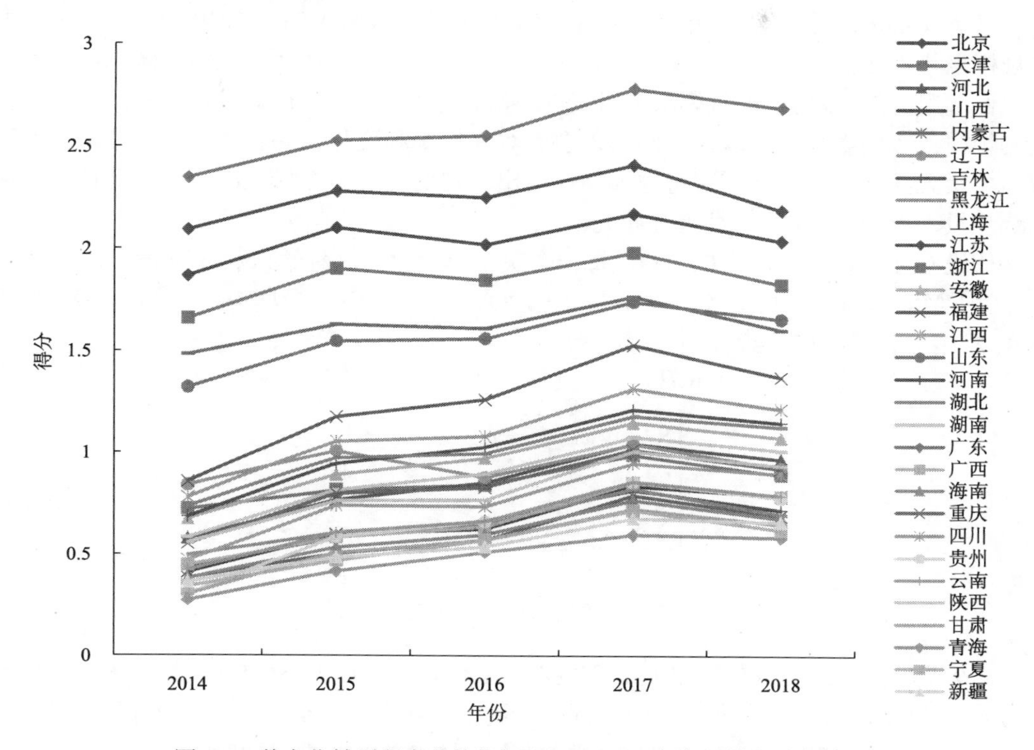

图 6-5 数字化转型程度总体指标 2014～2018 年各区域得分折线图

6.3 高技术产业创新效率测算及分析

通过对高技术产业创新效率相关文献的归纳和梳理，发现学者们测量创新效率的方法主要为利用投入和产出来计算的 SFA 模型和 DEA 模型，包括传统的 CCR 和 BCC 模型、考虑非期望产出的 SBM 模型、超效率的 Super-SBM 模型及其他改进后的 DEA 模型。在实际应用中，创新效率评价有两个方向，即静态创新效率和动态创新效率。静态创新效率指在同一时间截面，决策单元间创新效率的横向比较，建立在相对的基础之上，如果从时间序列角度分析，则可理解为决策单元在所有决策单元中的平均相对位置；动态创新效率则是从决策单元随时间变化纵向发展的角度，直接评价决策单元在某时段相对上一时段的变化率。

数字技术的应用加快了技术创新的发展速度，而大数据、人工智能等数字化应用方便了个性化私人定制，阻碍了企业规模效率的提升，因此本节使用传统的 BCC 模型对综合技术效率、纯技术效率和规模效率进行测算与分析，同时为了研究高技术产业创新效率随时间的变化，运用 Malmquist 指数法对动态效率进行测算。

6.3.1 创新效率测度模型的构建

数据包络分析（DEA）用于解决多投入、多产出的决策评价问题，由著名的美国运筹学家 A. Charnes 等于 1978 年首次提出。DEA 模型中最常用的是 CCR 模型，但该模型在规模报酬不变的前提条件下来衡量效率，这种理想的状态在现实生活中难以维持，因此我们选用 BCC 模型，即规模报酬可变的 DEA 模型，使得在计算技术效率的时候不会受到规模效率的影响。同时，创新投入要素容易控制和变化，并且也是需要变化的，而产出要素无法确定，因此需要考虑如何在产出一定的情况下令投入减少，在此情形下应当选择投入导向型 DEA 模型进行研究。

假设有 n 个决策单元（DMU），每一个决策单元存在 p 种输入和 q 种输出，X_{ir} 表示第 r 个 DMU 的第 i 个输入变量（$i=1,2,\cdots,p$），Y_{jr} 表示第 r 个 DMU 的第 j 个输出变量（$j=1, 2, \cdots, q$）。对应的线性规划模型为

$$\min \theta$$
$$\text{s.t.}\begin{cases}\sum_{r=1}^{n}\lambda_r X_r + S^- = \theta X_r \\ \sum_{r=1}^{n}\lambda_r X_r - S^+ = Y_r \\ \lambda_r, S^-, S^+ \geqslant 0 \quad (r=1,2,3,\cdots,n)\end{cases} \tag{6-21}$$

式中，θ 表示被考察决策单元中的综合技术效率值，当 $\theta=1$ 且 $S^+=S^-=0$ 时，表示决策单元有效，DMU 的规模效率和技术效率同时达到最佳状态；当 $\theta=1$，但 $S^+\neq 0$ 或 $S^-\neq 0$ 时，表示决策单元弱 DEA 有效，DMU 的规模效率和技术效率并没有同时达到最佳状态；当 $\theta<1$ 时，表示决策单元非 DEA 有效。

Malmquist 反映不同时期效率的变化，是一个效率动态过程，将生产率的变化分解为技术进步和技术效率的变化，技术效率可以进一步分解为纯技术效率和规模效率。从 t 到（t+1）时期的全要素生产率指数模型可以表示为

$$M_0(x^t, y^t, x^{t+1}, y^{t+1}) = \frac{D_0^t(x^{t+1}, y^{t+1})}{D_0^t(x^t, y^t)} \times \frac{D_0^{t+1}(x^{t+1}, y^{t+1})}{D_0^{t+1}(x^t, y^t)} \tag{6-22}$$

全要素生产率表示的是从 t 时期到 t+1 时期不同决策单元沿不同的生产前沿所反映出来的生产率的变动情况。技术进步率是指技术的改变情况，表示生产前沿的变动；纯技术效率是指对于可变规模收益的生产技术而言，决策单元的生产前沿面的追赶效应；技术效率是指对于投入技术的变化情况；规模效率是指决策单元规模是否是有效变动。如果 $M_0>1$，说明相较于上一时期全要素生产率出现积极变化；如果 $M_0<1$，则说明全要素生产率出现衰退。

6.3.2 指标选取及数据来源

进行 DEA 实证数据分析之前，需要就研究内容合理选择相应的投入–产出指标。从

技术创新的人力投入和技术创新的经费投入两个方面来综合考虑投入指标，人力投入是创新技术研发的产出和取得成果的重要基础，经费投入则保障了创新活动的正常顺利进行。我们借鉴前人的研究，选取研究与发展（R&D）活动人员折合全时当量和研究与发展（R&D）经费内部支出分别作为人力和经费投入指标。在科技创新效率的产出方面，选取专利申请数和新产品销售收入两个指标分别来衡量技术研发阶段和技术转化阶段的科技产出。高技术产业创新效率指标选择及具体内容参见表 6-17。

表 6-17　高技术产业创新效率指标

指标分类	指标名称	符号	指标说明
产出指标	新产品销售收入/万元	Y1	技术创新转化为新产品为企业带来一定收益
	专利申请数/件	Y2	企业 R&D 创新形成科技知识的具体表现
投入指标	R&D 活动人员折合全时当量/（人・年）	X1	全时人员数加非全时人员按工作量折算为全时人员数的总和
	R&D 经费内部支出/万元	X2	内部开展 R&D 活动（包括基础研究、应用研究、试验发展）的实际支出

注：选用 2014～2018 年除西藏、港澳台以外的 30 个省、市、自治区的高技术产业数据，以上数据均由《中国科技统计年鉴》、《中国高技术产业统计年鉴》、《中国创业投资发展报告》、EPS 数据库整理得到。

人力资源作为生产活动基础的投入资源，能够对高技术产业的发展产生深远影响，人力资源要素贯穿创新活动的全过程，因此学术界在对高技术产业创新效率进行估算时都将人力资源要素作为研究的重点。选用研究与发展（R&D）活动人员折合全时当量可以更好地衡量创新活动中研发人员的人力投入量和实际工作时间，更加符合我国经济分配形式和高技术产业的现状。

研究与发展（R&D）经费内部支出指被调查单位在一定时间内用于内部开展 R&D 活动（基础研究、应用研究、试验发展）的实际支出，主要由资产性支出（包括设备、仪器采购费用等）和日常性支出（包括员工劳务支出、原材料采购支出等）构成，能够反映为获取并消化、吸收新的科学技术知识或专利而进行的研究开发的规模。

专利申请数反映了高技术产业各个地区专利技术申请的一个总体状况，体现创新的知识技术产出，专利可以有效地保护第一发明人的发明专有权。如今，信息技术全球化，通过使用专利，可以极大地减少生产技术研发成本，加速产业发展。国内专利申请数因其可以排除行政效率、审查延迟、专利费用支付等多种外部因素的影响，相比于国内专利授予的数量而言可以更为准确地反映创新产出的实质内涵。因此，选取专利申请数近似表征知识技术类产出。

新产品销售收入则反映高技术产业将创新技术转化为产品并取得收入的情况，体现创新的产品产出。新产品销售收入能够体现高技术产业创新活动获得的经济产出，根据需求决定论来显示创新产品中包含的新技术的附加价值，可以从科技转化产出维度反映区域创新效率成果，故以各地区高技术产业的新产品销售收入近似表征产品类期望产出结果。

6.3.3 测算结果及分析

本节具体展现高技术产业创新效率的计算结果并对结果进行详细的分析，将创新效率分解为纯技术效率和规模效率，以分析高技术产业静态创新效率的区域差异性，同时对 2014～2018 年各区域高技术产业的动态效率进行时间和空间上的比较。

1. 高技术产业静态创新效率测算结果

选择 DEA 2.1 软件，运用投入导向型 BCC 模型，测算出 2014～2018 年我国各省份高技术产业的创新效率。

1）综合效率

由表 6-18 可知，高技术产业创新综合效率年均效率值为 0.625，说明全国范围内高技术产业创新效率较为低下，有充足的提高和发展空间。从时间序列来看，2014 年处于综合效率有效的省份有北京、天津、安徽、河南，四川、重庆和新疆创新综合效率大于 0.9 且小于 1，处于投入-产出的相对有效阶段，除了上述省份，其他省份处于投入-产出相对无效阶段；2015 年处于创新综合效率有效的省份有河南、重庆、新疆，北京、安徽、四川创新综合效率大于 0.9 且小于 1，处于投入-产出的相对有效阶段，其他省份处于投入-产出相对无效阶段；2016 年处于创新综合效率有效的省份有河南、青海，其他省份处于投入-产出相对无效阶段；2017 年处于创新综合效率有效的省份有内蒙古、安徽、河南、重庆，广东创新综合效率大于 0.9 且小于 1，处于投入-产出的相对有效阶段，其他省份处于投入-产出相对无效阶段；2018 年处于创新综合效率有效的省份有内蒙古、河南、广西、青海，安徽创新综合效率大于 0.9 且小于 1，处于投入-产出相对有效阶段，其余省份均处于相对无效状态。

表 6-18 高技术产业创新综合效率

区域	2014 年	2015 年	2016 年	2017 年	2018 年	均值
北京	1	0.939	0.66	0.618	0.836	0.8106
天津	1	0.523	0.708	0.566	0.607	0.6808
河北	0.361	0.281	0.291	0.45	0.436	0.3638
山西	0.509	0.502	0.183	0.388	0.42	0.4004
内蒙古	0.314	0.36	0.512	1	1	0.6372
辽宁	0.593	0.594	0.524	0.799	0.625	0.627
吉林	0.562	0.402	0.476	0.395	0.545	0.476
黑龙江	0.446	0.41	0.238	0.332	0.561	0.3974
上海	0.874	0.664	0.399	0.607	0.668	0.6424
江苏	0.825	0.695	0.649	0.79	0.727	0.7372
浙江	0.631	0.587	0.476	0.658	0.565	0.5834
安徽	1	0.904	0.664	1	0.902	0.894
福建	0.488	0.515	0.485	0.571	0.549	0.5216
江西	0.67	0.623	0.638	1	0.707	0.7276

续表

区域	2014 年	2015 年	2016 年	2017 年	2018 年	均值
山东	0.569	0.634	0.511	0.713	0.741	0.6336
河南	1	1	1	1	1	1
湖北	0.396	0.471	0.394	0.573	0.721	0.511
湖南	0.742	0.546	0.559	0.617	0.611	0.615
广东	0.799	0.705	0.678	0.921	0.827	0.786
广西	0.566	0.508	0.418	0.699	1	0.6382
海南	0.704	0.457	0.354	0.391	0.222	0.4256
重庆	0.935	1	0.852	1	0.863	0.93
四川	0.985	0.904	0.502	0.775	0.626	0.7584
贵州	0.627	0.526	0.321	0.631	0.713	0.5636
云南	0.574	0.365	0.385	0.504	0.613	0.4882
陕西	0.244	0.26	0.2	0.312	0.316	0.2664
甘肃	0.624	0.538	0.472	0.605	0.545	0.5568
青海	0.372	0.631	1	0.832	1	0.767
宁夏	0.401	0.411	0.509	0.345	0.806	0.4944
新疆	0.978	1	0.786	0.449	0.869	0.8164
均值	0.6596333	0.5985	0.5281333	0.6513667	0.6873667	0.625

总体来看，河南省的综合创新效率在 2014～2018 年一直保持有效状态，表明其在 2014～2018 年，在高技术产业方面，能够做到投入-产出的基本完全转化。安徽和重庆曾经达到过综合效率有效，并且年均处于全国中上水平，江苏、浙江、福建和广东则是波动较小且在全国范围内创新综合效率较为有效，而河北和陕西波动值虽然小，却几乎都在全国平均线水平以下，其创新综合效率有待进一步提高。内蒙古和青海波动幅度较大，既达到过创新综合效率完全有效状态，也有过位于全国低水平状态，但是可以看到这两个省份几乎呈逐年上升态势，且上升速度较快，说明其投入和产出的变革取得了较为良好的成果，可以继续保持。

从各省均值来看，创新综合效率大于 0.8，即其投入-产出情况较为良好的省份有北京、安徽、河南、重庆和新疆，其中，新疆的状况较为良好，其主要原因可能是因为虽然整体经济状况较为落后，但新疆建设兵团在新疆地区进行了大力建设，使其对高技术产业的投入能够取得较好的产出成果。而全国范围内创新综合效率值低于 0.4 的省份有河北、黑龙江和陕西。这些省份生产力发展水平和经济状况较为欠缺，使其对高技术产业的投入难以获得期望产出。而河北、山西、吉林、黑龙江、海南、云南、陕西、宁夏则跌破 0.5，高技术产业创新综合效率较为低下，由此可以看出，区域的经济情况并不会完全影响该区域高技术产业创新综合效率，其发展状况并不同步，有些位于经济欠发达的西部地区的省份，创新活动的投入-产出效率反而比较高，而位于东部沿海经济较为发达地区的一些省份，其投入并没有取得期望的产出成果，但总体而言东部普遍高于中西部地区。

2）纯技术效率

从表 6-19 中可知，高技术产业的纯技术效率年均效率值为 0.7194，说明全国范围内高技术产业纯技术效率较为良好，高技术产业对技术的利用程度较高。从时间序列来看，2014 年处于纯技术效率有效的省份有北京、天津、江苏、安徽、河南、广东、四川、青海、新疆，重庆纯技术效率大于 0.9 且小于 1，处于技术投入-产出的相对有效阶段，除了上述省份，其他省份处于技术投入-产出相对无效阶段；2015 年处于纯技术效率有效的省份有北京、江苏、安徽、河南、广东、重庆、四川、青海、新疆，浙江的纯技术效率大于 0.9 且小于 1，处于技术投入-产出的相对有效阶段，其他省份处于技术投入-产出相对无效阶段；2016 年处于纯技术效率有效的省份有江苏、安徽、河南、广东、重庆、四川、青海，北京和江西的纯技术效率大于 0.9 且小于 1，处于技术投入-产出相对有效阶段，其他省份处于技术投入-产出相对无效阶段；2017 年处于纯技术效率有效的省份有内蒙古、安徽、江西、河南、广东、重庆、青海，江苏纯技术效率大于 0.9 且小于 1，处于技术投入-产出相对有效阶段，其他省份处于技术投入-产出相对无效阶段；2018 年处于纯技术效率有效的省份有内蒙古、安徽、河南、广东、广西、青海、新疆，北京、江西、山东、重庆的纯技术效率大于 0.9 且小于 1，处于技术投入-产出相对有效阶段，其余省份均处于相对无效阶段。

表 6-19　高技术产业创新纯技术效率

区域	2014 年	2015 年	2016 年	2017 年	2018 年	均值
北京	1	1	0.935	0.723	0.964	0.9244
天津	1	0.574	0.802	0.567	0.651	0.7188
河北	0.364	0.307	0.387	0.458	0.464	0.396
山西	0.53	0.517	0.187	0.461	0.441	0.4272
内蒙古	0.374	0.377	0.558	1	1	0.6618
辽宁	0.593	0.656	0.82	0.807	0.683	0.7118
吉林	0.57	0.41	0.49	0.44	0.546	0.4912
黑龙江	0.446	0.458	0.438	0.356	0.636	0.4668
上海	0.882	0.749	0.755	0.747	0.807	0.788
江苏	1	1	1	0.964	0.874	0.9676
浙江	0.848	0.928	0.802	0.72	0.752	0.81
安徽	1	1	1	1	1	1
福建	0.505	0.567	0.695	0.592	0.614	0.5946
江西	0.672	0.706	0.946	1	0.905	0.8458
山东	0.614	0.805	0.806	0.792	0.914	0.7862
河南	1	1	1	1	1	1
湖北	0.397	0.514	0.782	0.667	0.856	0.6432
湖南	0.742	0.595	0.719	0.619	0.703	0.6756
广东	1	1	1	1	1	1
广西	0.577	0.539	0.561	0.74	1	0.6834
海南	0.722	0.482	0.44	0.503	0.535	0.5364

续表

区域	2014 年	2015 年	2016 年	2017 年	2018 年	均值
重庆	0.938	1	1	1	0.939	0.9754
四川	1	1	1	0.79	0.73	0.904
贵州	0.63	0.587	0.602	0.635	0.836	0.658
云南	0.576	0.387	0.555	0.564	0.62	0.5404
陕西	0.245	0.285	0.324	0.314	0.355	0.3046
甘肃	0.644	0.547	0.49	0.718	0.566	0.593
青海	1	1	1	1	1	1
宁夏	0.472	0.459	0.533	0.508	0.898	0.574
新疆	1	1	0.873	0.646	1	0.9038
均值	0.7113667	0.6816333	0.7166667	0.7110333	0.7763	0.7194

总体来看，安徽、河南、广东和青海 2014～2018 年的纯技术效率均处于有效状态，说明其对技术性投入十分重视，并且能够将研发技术很好地转化为产出。上海、江苏、浙江和重庆 2014～2018 年的纯技术效率均处于全国较高水平，这些地区也是全国范围内经济和技术发展水平较高的区域，其投入-产出之间的转化能够较为完全。相比较而言，河北、山西、吉林、黑龙江、陕西均处于纯技术效率较为低下的状态，究其原因，可能是这些地区的高技术产业不发达，对技术的重视力度不够；也可能是由于经济水平不高，地区间信息交流不畅，难以留存有价值的技术人员，难以将技术投入转化成产出。

从各省均值来看，高技术产业的纯技术效率高于 0.8 的区域有北京、江苏、浙江、安徽、江西、河南、广东、重庆、四川、青海和新疆，其中，江西、重庆、青海和新疆在众多经济较为发达的地区中极为突出，其纯技术转化效率处于全国较高水平的原因极大可能是该地区对高技术产业技术发展的重视程度不断提升，推动了技术投入向创新产出转变。而 2014～2018 年均值低于 0.5 的区域有河北、山西、吉林、黑龙江和陕西，其对技术的重视程度和依赖程度并不高，导致纯技术转化效率较为低下。

3）规模效率

由表 6-20 可知，高技术产业的规模效率年均效率值为 0.874 左右，说明全国范围内高技术产业规模效率总体较高，高技术产业产生规模经济情况较为良好。从时间序列来看，2014 年处于规模效率有效的省份有北京、天津、辽宁、安徽、河南，除内蒙古、江苏、浙江、广东、青海、宁夏以外，其余省份规模效率均大于 0.9 且小于 1，处于规模经济的相对有效阶段；2015 年处于规模效率有效的省份有河南、重庆、新疆，除黑龙江、上海、江苏、浙江、江西、山东、广东、贵州、青海、宁夏以外，其余省份的规模效率均大于 0.9 且小于 1，处于规模经济相对有效阶段；2016 年处于规模效率有效的省份有河南、青海，山西、内蒙古、吉林、甘肃、宁夏、新疆的规模效率大于 0.9 且小于 1，处于规模经济相对有效阶段，其他省份处于规模经济相对无效阶段；2017 年处于规模效率有效的省份有内蒙古、安徽、江西、重庆，天津、河北、辽宁、黑龙江、浙江、福建、山东、湖南、广东、广西、四川、贵州、陕西的规模效率大于 0.9 且小于 1，处于规模经济相对有效阶段，其他省份处于规模经济相对无效阶段；2018 年处于规模效率有效的省份有内蒙古、河南、广西、青海，天津、河北、山西、辽宁、吉林、安徽、重庆、云南、甘肃的规模效率大于 0.9 且小于 1，处于相对有效阶段，其余省份均处于相对无效状态。

表 6-20　高技术产业创新规模效率

区域	2014 年	2015 年	2016 年	2017 年	2018 年	均值
北京	1	0.939	0.706	0.855	0.867	0.8734
天津	1	0.911	0.883	0.999	0.933	0.9452
河北	0.994	0.913	0.751	0.983	0.94	0.9162
山西	0.961	0.972	0.98	0.841	0.952	0.9412
内蒙古	0.839	0.957	0.918	1	1	0.9428
辽宁	1	0.906	0.639	0.99	0.915	0.89
吉林	0.986	0.981	0.971	0.898	0.999	0.967
黑龙江	0.999	0.897	0.542	0.932	0.882	0.8504
上海	0.99	0.887	0.528	0.812	0.828	0.809
江苏	0.825	0.695	0.649	0.82	0.831	0.764
浙江	0.745	0.633	0.594	0.914	0.752	0.7276
安徽	1	0.904	0.664	1	0.902	0.894
福建	0.965	0.908	0.698	0.965	0.895	0.8862
江西	0.997	0.882	0.674	1	0.781	0.8668
山东	0.927	0.787	0.634	0.9	0.81	0.8116
河南	1	1	1	1	1	1
湖北	0.999	0.917	0.504	0.859	0.843	0.8244
湖南	0.999	0.918	0.778	0.998	0.869	0.9124
广东	0.799	0.705	0.678	0.921	0.827	0.786
广西	0.981	0.941	0.745	0.944	1	0.9222
海南	0.975	0.948	0.804	0.776	0.415	0.7836
重庆	0.997	1	0.852	1	0.919	0.9536
四川	0.985	0.904	0.502	0.98	0.857	0.8456
贵州	0.995	0.896	0.532	0.993	0.853	0.8538
云南	0.996	0.945	0.693	0.894	0.988	0.9032
陕西	0.997	0.911	0.616	0.993	0.891	0.8816
甘肃	0.97	0.984	0.965	0.843	0.964	0.9452
青海	0.372	0.631	1	0.832	1	0.767
宁夏	0.85	0.896	0.956	0.679	0.898	0.8558
新疆	0.978	1	0.901	0.695	0.869	0.8886
均值	0.9373667	0.8922667	0.7452333	0.9105333	0.8826667	0.8736133

总体来看，2014～2018 年高技术产业的规模效率处于较高水平。其中，2016 年的总体水平相较于其他年份而言有所降低，多个省份在 2016 年规模效率处于 2014～2018 年

中最低水平，尤其是黑龙江、上海、浙江、湖北、四川和贵州，其规模效率值均跌破0.6，表明这些省份在2016年高技术产业规模经济性不强，没有能够很好地形成规模经济。同样，2018年的海南和2014年的青海为所有数据年份中最低的两个值，其中，海南的高技术产业规模效率逐年下降，而青海的规模效率逐年上升，因此，海南需要进行规模经济的改善，而青海则需要继续保持。

从各省均值来看，江苏、浙江、广东、海南和青海2014～2018年均值均小于0.8，就全国而言处于较低水平，但其原因有所不同，江苏、浙江、广东高技术产业规模效率较低的原因可能是产生了边际效益递减，损害了规模经济效益；而海南和青海则明显是由于并未达到产生规模经济的水平，还要继续加大发展力度。

2. 高技术产业动态创新效率测算结果

前面对区域高技术产业的创新效率及空间分布特征进行了静态的详细分析，为了进一步了解区域高技术产业创新效率在时间上的动态变化情况，本节运用Malmquist指数法对2014～2018年高技术产业创新效率进行测算，结果见表6-21。

表6-21　高技术产业动态效率年度均值

年份	技术效率变动	技术进步	纯技术效率变动	规模效率变动	全要素生产率指数
2014～2015	0.913	1.044	0.952	0.958	0.953
2015～2016	0.866	1.284	1.054	0.822	1.112
2016～2017	1.26	0.808	1.013	1.244	1.018
2017～2018	1.065	1.024	1.105	0.964	1.09
均值	1.015	1.026	1.029	0.986	1.041

从整体来看，全要素生产率指数除2014～2015年以外均大于1.000，意味着区域高技术产业的全要素生产率总体呈上升趋势，同时全要素生产率指数的数值也表明其波动幅度不大且仅在2014～2015年有所下降。从时间上来看，2014～2015年全要素生产率趋于下降受技术效率和规模效率的双重影响；2015～2016年全要素生产率的上升主要是由于技术进步，虽然其技术效率和规模效率均有所下降，但技术进步幅度较大，全要素生产率依旧为上升态势；2016～2017年全要素生产率的上升走势是由于技术效率和规模效率的双重提升且提升幅度较大；而2017～2018年全要素生产率的上升则是由于整体效率的提高。

从图6-6中可以明显看出，全要素生产率的变动与纯技术效率变动趋势一致，说明在高技术产业全要素生产率增长中技术水平的高低起着非常重要的作用，直接影响其全要素生产率的变化。同样与全要素生产率变动趋势一致的是技术进步，但技术进步在各个时间阶段变动幅度较大，表明我国各区域每年的技术发展状况有所不同，并且技术进步情况也对高技术产业的全要素生产率产生一定的影响。相较而言，规模效率的不断下降说明了高技术产业准入门槛较高，其规模难以控制达到产生规模经济效益的水平。因此，在目前高技术产业规模经济产生不足的情况下，高技术产业要重视创新效率的提高，继续加快自主创新能力培养、注重技术提高，也要在制度建设及管理创新上有所作为，并进一步扩大高技术产业生产规模。

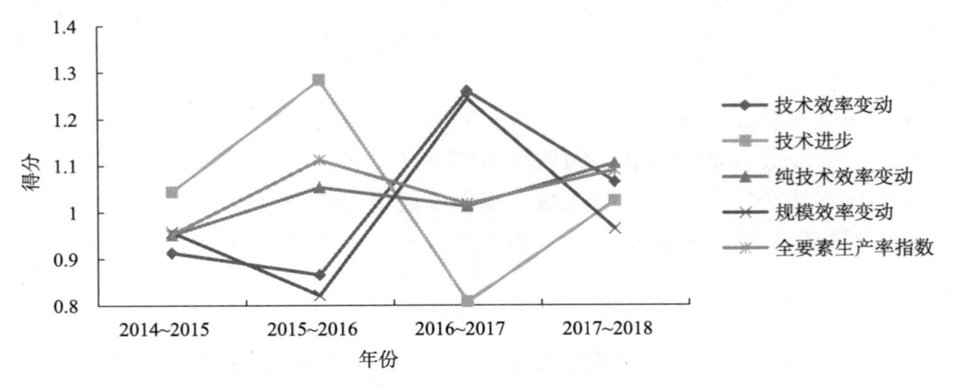

图 6-6　高技术产业动态效率折线图

全要素生产率 2014～2018 年平均变化率最高的是内蒙古，主要由技术效率变动推动，其次是青海和广西，青海主要是由技术效率和规模效率双向推动的；而广西则由纯技术效率推动。全要素生产率下降最多的是海南，主要是因为技术效率变动和规模效率的双重影响，其次是天津和山西，均是由于技术效率和规模效率的双向影响。除海南、青海以外的其余省份，全要素生产率变动趋势同技术效率变动和纯技术效率变动基本一致，技术进步和规模效率对全要素生产率的影响并不明显。

从空间分布来看，东南沿海地区全要素生产率变动幅度不大，几乎都呈下降趋势，表明东南沿海地区全要素生产率已趋近饱和，很难再有提升空间，全要素生产率的下降主要受规模效率变动的影响。相比较而言，中西部地区的全要素生产率有较大的提升空间，其历年平均值也说明这些区域正处于高速发展阶段，全要素生产率正在稳步提升。

6.4　数字化转型影响高技术产业创新效率实证研究

我们利用 Tobit 回归模型分析数字化转型对高技术产业创新效率的影响情况，首先构建数字化转型四个能力维度对创新综合效率的回归模型，接着从综合效率的分解情况入手，深入分析其内在影响效应，在模型中加入区域教育水平、区域开放水平和创新投资力度三个控制变量，并且从空间的角度，基于全国和东中西部两个层面进行分析。

6.4.1　变量选取及统计分析

1. 变量的选取

我们除了将区域数字化程度的四个维度（基础转型能力、产业发展能力、金融普惠能力和政务服务能力）作为该模型的主要解释变量以外，还将区域教育水平、区域开放水平和创新投资力度作为控制变量加入模型中，参见表 6-22。

表 6-22　回归模型的变量

分类	变量	符号
被解释变量	综合效率	Crste
	纯技术效率	Vrste
	规模效率	Scale
解释变量	基础转型能力	Bta
	产业发展能力	Idc
	金融普惠能力	Fic
	政务服务能力	Gsa
控制变量	区域教育水平	Edu
	区域开放水平	Rol
	创新投资力度	Inv

1）区域教育水平（Edu）

OECD 在 *The Knowledge Based Economy* 报告中指出，知识经济时代要重视“know-how”和“know-who”，反映出在利用知识产生经济价值的过程中十分重视其豁然性。随着科技的不断进步，科研人才成为一项重要的社会资源。一般而言，拥有的科研人才数量越多、水平越强，其创新能力也会越强。因此，本节采用“每十万人口高等学校平均在校生人数（人）”来表示科技创新的高等教育人才，反映区域教育水平。

2）区域开放水平（Rol）

在全球化的背景下各个经济体的联系日益紧密，一方面，外资企业的引进为国内提供了先进的技术和管理经验，还有利于提高国内科研人员的研发水平，与此同时，外资企业的进入打破了原有的市场格局，加剧了行业竞争，间接迫使企业提高自身研发水平以争夺市场份额；另一方面，我国对外出口水平也代表我国在当前国际竞争下的高新技术竞争力，通过参与全球竞争，比对外企来改善自身产品并更好地发挥自身的比较优势，进而提高创新效率。因此，对外开放水平也是影响我国高技术产业创新效率的重要因素，选用“进出口总额（按经营单位所在地分）（万美元）”来衡量区域开放水平。

3）创新投资力度（Inv）

科技的进步离不开政府的支持，而其中科研经费的投入又是政府支持的最直观和最有效的体现，对基础科技的研究与取得战略性突破有着重大意义。一般认为，政府科研活动经费的投入对科技创新起正向的积极作用。本研究采用“区域政府财政科学技术支出（亿元）”作为创新投资力度的衡量指标。

2. 变量的描述性统计

从描述性统计表（表 6-23）中可以看出，高技术产业创新综合效率的均值为 0.625，其标准差为 0.220，最小值为 0.183，最大值为 1，说明我国各个区域的高技术产业创新综合效率差距较小。纯技术效率的平均值为0.719，标准差为0.228，最小值为0.187，最大值为 1，说明我国各区域的高技术产业纯技术效率处于较高水平且地区间差距较小。规模效率平均值为0.874，标准差为0.137，最小值为0.372，最大值为1，说明各区域的高技术产业创新规模效率普遍较高且差距不大。

表 6-23 变量的描述性统计表

变量	样本量	均值	标准差	最小值	最大值
Crste	150	0.625	0.220359	0.183	1
Vrste	150	0.7194	0.228146	0.187	1
Scale	150	0.873613	0.137441	0.372	1
Bta	150	0.940688	0.857664	0.174	4.063
Idc	150	0.825747	0.838388	–0.014	3.878
Fic	150	0.782827	0.311775	0.284	1.471
Gsa	150	0.97778	0.384441	0.199	1.410
Edu	150	1.000073	0.285374	0.473	2.103
Rol	150	1.000033	1.608178	0.005	7.778
Inv	150	1.000007	1.113246	0.074	5.971

解释变量中，基础转型能力均值为0.941，标准差为0.858，最小值为0.174，最大值为4.063，说明我国各区域的数字化基础转型能力差距较大且平均水平不高。数字化转型的产业发展能力均值为0.826，标准差为0.838，最小值为–0.014，最大值为3.878，表明我国各区域的产业发展能力存在较大的差异，在空间上分布不均，且在全国范围内产业数字化发展能力的平均水平不高。金融普惠能力均值为0.783，标准差为0.312，最小值为0.284，最大值为1.471，表明我国各区域的数字金融普惠能力差距不大，全国平均水平处于中等位置。政务服务能力的均值为0.978，标准差为0.384，最小值为0.199，最大值为1.410，表明我国各区域的数字政务服务能力差距不大且水平较高。

从控制变量来看，区域教育水平的均值为1，标准差为0.285，最小值为0.473，最大值为2.103，表明各区域教育水平差距不大。区域开放水平的均值为1，标准差为1.608，最小值为0.005，最大值为7.778，表明各区域间的对外开放水平存在较大的差距。创新投资力度均值为1，标准差为1.113，最小值为0.074，最大值为5.971，表明各区域的政府创新投资力度差距较大，参见表6-23。

6.4.2 实证分析及结果讨论

运用Stata 15软件对数字化转型的四个维度影响高技术产业创新效率进行Tobit回归分析，不仅将全国除西藏、港澳台地区以外的30个省份纳入分析范围，还从空间的角度，将全国各省份划分为东、中、西部进行研究，力求研究区域数字化转型程度对高技术产业创新效率影响的空间差异性，更加直观地揭示我国目前在数字化转型方面地域之间的差别。

1. 基于全国层面的回归结果

针对全国层面的回归分析（具体方法与第 2 章“实证分析”类同，故此处略去），其结果说明了以下几个问题。

第一，区域数字化的基础转型能力对各区域高技术产业创新效率的影响均不显著。我国正处于数字化转型的萌芽阶段，地区的基础设施建设还停留在信息化互联网的发展阶段，并未达到数字化的水平，而高技术产业由于其技术的先进性和独特性，目前的数字信息网络无法承载高技术产业的发展和创新需求，从另一个角度也说明了我国目前数字化基础转型能力还有待加强，各区域还需做好基础数字化网络的构建和服务工作。

第二，数字化转型的产业发展能力对我国高技术产业创新效率具有正向影响。产业发展能力通过纯技术效率水平的提升来影响高技术产业创新效率，而对高技术产业规模经济水平的提升作用并不明显。区域的产业数字化发展主要影响高技术产业技术水平的提升和管理模式的转变，尤其是商业模式在数字化转型条件下产生了巨大的变革，这也是产业发展能力对纯技术效率影响十分显著的原因之一。

第三，数字金融普惠能力对我国高技术产业创新效率存在正向影响。地区的经济金融数字化转型状况主要是通过规模效率的提升来影响高技术产业的创新效率，其经济金融状况越好，对高技术产业投入的资本量也就越多，对高技术产业规模经济的发展产生了正向的积极作用。因此，为了提高区域的高技术产业创新效率，可以从增强该区域的数字金融普惠能力入手，利用数字技术扩大互联网金融覆盖面，便捷化个人和企业开展金融业务的方式，加大对高技术产业的金融投资，提高高技术产业的规模经济水平，以增强其综合创新效率。

第四，数字政务的网上政务服务能力对区域高技术产业创新效率呈显著的负向影响。从理论上来看，区域的网上政务服务水平越高，其信息发布、政策获取、流程处理、文件批复的环节也会更加便捷和迅速，尤其是在我国对高技术产业重视程度不断提升的背景下，各区域政府的各项扶持政策会对高技术产业的创新产生积极的影响。但从研究的结果来看，并没有达到理论中的预期效果。这可能是因为高技术产业具有技术密集性，需要大量的资本投入，政策设置的准入门槛较高，阻碍了高技术产业规模经济性的产生，从而影响了高技术产业创新综合效率的提升；也可能是因为区域对高技术产业的扶持力度不断加大，其政策性文件网上信息搜集及政务办理工作有专门处理的部门和单位，其政策性文件能够直接下发到高技术产业中，并不需要进行网上政务的办理。另外也说明虽然我国数字政务不断向前推进，发展势头较为良好，但其利用率和利用水平还不高，如果区域能够搭建好完善的数字政务服务平台，引导产业使用更加清晰便捷的政务服务方式，对产业的创新效率的提升也将大有裨益。

第五，从控制变量来看，区域教育水平对高技术产业的规模效率产生了正向影响，区域开放水平和创新投资力度均对创新综合效率和纯技术效率产生显著的影响。区域接受高等教育人员及能够产生高技术产出的人力资本越多，对高技术产业的规模产生的正向影响也就越大，人力资本是扩大产业规模的重要因素之一，加强高质量人才的培养，能够产生一定的规模经济效益。对区域开放水平的分析，从理论上来讲，区域的进出口活动量越大，其产生的技术性交流的可能也就越大，越能够正向影响产业的技术效率。但是从研究结果来看，区域对外开放水平越高，其纯技术效率和综合效率反而越低，可能是由于我国高技术产业的发展速度不断加快，其对外进行技术和管理方面的交流所获得的成效并不如预期中的高；当然也有可能是由于外资企业进入市场，其先进技术和管理模式攫取了一部分高技术产业的收益，导致其综合效率难以提升。创新投资力度对区域高技术产业效率的影响则与理论状况一致，区域对高技术产业的投入力度越大，其在技术研发和企业管理中能够获得的效益也就越多，因此对纯技术效率和综合效率产生正向的积极影响。

2. 基于东部地区的回归结果

针对东部地区的回归分析（具体方法与第 2 章“实证分析”类同，故此处略去），其结果说明了以下几个问题。

第一，东部地区的数字化基础转型能力对区域高技术产业创新效率有着正向的积极影响。东部沿海地区数字化基础转型能力对高技术产业创新效率的影响主要来源于技术的提升和管理水平的提高，而其规模的扩大在其中起到的作用不大。其原因可能是东部沿海地区处于我国经济水平较为发达的地区，高技术产业发展已经进入瓶颈期，在规模上很难有较大的提升，甚至可能产生边际效益递减，发生损害规模经济的状况，而构建较为完善的数字化平台对提升地区的知识和技术水平、加强信息交流和产业协作起到重大的作用，也因此能够做到优化技术水平、革新管理模式，并最终反映在高技术产业的创新效率提高上。

第二，东部地区的数字化转型产业发展能力对高技术产业创新综合效率影响并不显著。由于高技术产业的综合效率能够分解为纯技术效率和规模效率，而产业发展能力对这两者分解效率的影响恰恰相反，相互抵消，导致产业发展能力对综合效率的影响不显著。具体分析其原因有产业进行数字化转型发展对优化生产布局、调整商业模式、简化管理流程起着重大的积极作用，也因此能够对纯技术效率产生正向的积极影响；而产业由于进行了数字化变革，能够更好地实现协同合作与交流，不需要利用传统的扩大规模的方式来获得产业发展的知识资本、劳动力资本等要素，对产业扩大规模有一定的抑制作用，因此，产业发展能力的提升反向影响规模效率，使其形成规模不经济。

第三，东部地区的数字金融普惠能力对该区域的高技术产业创新综合效率起到了一定意义上的积极影响。东部地区的数字金融状况较为良好，其普惠程度较高，意味着东部地区数字金融的普惠能力居于全国平均线水平以上，而金融业的发达说明对产业的投资力度、投资强度，包括对产业资金的监督和监控能力较为突出，对高技术产业进行金融性投资是扩大产业规模、产生规模经济效应的重要方式。

第四，东部地区的数字政务服务能力对该地区高技术产业有着消极影响。政务服务能力对高技术产业创新效率的影响同全国范围内的影响几乎一致，但就显著性来说，东部地区显著性更强，表明东部地区存在较大的政策性冗余，政府的扶持未能很好地转化为高技术产业的产出，还需要加强网上政务服务水平的提升，也更需要引导产业采用更加便捷的政务服务方式，而利用数字政务服务平台可很好地减少这种冗余，是最大限度地利用好政府帮扶的方式之一。

3. 基于中部地区的回归结果

针对中部地区的回归分析（具体方法与第 2 章“实证分析”类同，故此处略去），其结果说明了以下几个问题。

第一，中部地区的数字化基础转型能力对该地区高技术产业创新综合效率产生消极的作用。中部地区基础转型能力对该地区的高技术产业纯技术效率存在显著的负向影响，对规模效率的影响并不显著。提升中部地区的基础转型能力并不能够提高高技术产业的创新效率，其原因可能是中部地区的数字化基础转型设施并不完善，而基础设施需要投入大量的人力、物力、财力来建设与完善，并不能够取得巨大的收益，还挤占了一部分高技术产业的收益空间，使高技术产业的投入与产出不能够完全有效。

第二，中部地区的产业发展能力对该地区的高技术产业创新综合效率有着明显的积极影响。中部地区的产业发展能力对纯技术效率存在显著积极影响，但对规模效率则不存在显著影响。中部地区的产业发展能力对综合效率影响程度较大，主要是由纯技术效率来推动的，而规模效率的推动作用并不明显。在中部地区数字化产业的发展能够促进产业的数字化变革，尤其是在长江经济带沿线数字化转型产业发展的作用尤为明显，主要是由管理模式在纯技术效率上的推动和增强作用来对综合效率产生影响。

第三，中部地区的数字金融普惠能力对该地区的高技术产业综合效率存在正向影响。中部地区金融普惠能力对规模效率的正向影响较为显著，而对纯技术效率影响并不明显。中部地区的数字金融状况并不如东部沿海地区，能够产生的金融投资效益规模有限，因此，中部地区的数字金融普惠能力虽然对规模效率产生一定的积极影响，但影响程度不高，对数字金融发展力度还需要不断加强。

第四，中部地区的网上政务服务能力仅对高技术产业创新的规模效率产生显著的负向影响。中部地区的数字化政务平台建设程度远低于东部地区，导致其政务服务能力不足，但对该地区的高技术产业创新效率的负面影响低于东部地区。

4. 基于西部地区的回归结果

针对西部地区的回归分析（具体方法与第 2 章“实证分析”类同，故此处略去），其结果说明了以下几个问题。

第一，西部地区的回归结果同东部、中部和全国地区的差异很大，其显著性总体不高，尤其是数字金融普惠能力和数字政务服务能力对该地区高技术产业综合效率、纯技术效率和规模效率均无显著的影响。其原因可能是，西部地区地广人稀，而数字普惠能力和政务服务能力提升均需要该区域生产生活人员的参与；西部地区经济状况不发达导致其金融状况不佳，人员的稀少则导致政府提升网上政务办理能力、优化数字政务服务的动力不足，该地区的金融普惠能力和政务服务能力对高技术产业创新效率的影响作用难以体现。

第二，西部地区数字化基础转型能力对该地区的高技术产业综合效率有负向影响。西部地区高技术产业既不能通过纯技术效率，也不能通过规模效率来抑制综合效率，其对综合效率的抑制作用主要体现在西部建设难度较大，难以为高技术产业的产出提供推动力。为了提升西部地区的综合创新效率，需要提高该地区的数字化产业发展能力。就目前来看，西部地区的数字化产业发展落后于全国其他地区，其发展能力具有很大的提升空间，也因此能够对数字化转型的综合效率产生较大的推动力。该区域政府应当重视产业发展能力的提升，重点关注该区域的网络使用、电子商务普及、电子商务交易的活性。

第三，区域教育水平和区域开放水平均对纯技术效率有显著的负向影响，而对规模效率和综合创新效率影响并不明显。这可能是由于西部教育水平总体不高，难以提供高技术产业所需的人才资源，其地理上的天然劣势使其对外进行经济技术交流难度较大，不足以提供高技术产业创新。而政府的创新投资力度则对该区域的创新综合效率和纯技术效率产生显著的正向影响，由此可见，为了提高该区域的高技术产业创新效率，加大政府的创新投资力度是西部地区目前最为要紧的事项，政府支持力度越大，投资力度越大，越能够对西部地区的技术和企业管理产生积极的影响，其创新效率才会越高。

6.5　运用大数据提升高技术产业绩效

总体来看，我国的数字化转型程度不断加深，在2014～2018年基本呈逐年上升状态，发展势头较为良好，但整体水平分布不均，存在较为显著的东中西阶梯式差异。东部沿海地区和长江中下游地区数字化转型程度几乎成两条“飘带状”分布，其数字化转型程度较高，总体评分均处于全国较高水平。区域的数字化转型能力主要受基础转型能力、产业发展能力、金融普惠能力和政务服务能力四个方面的影响，可以将数字化转型分为这四个维度进行分析。其中，基础转型能力和产业发展能力存在明显的分层现象，区域的空间差异性较大，而金融普惠能力和政务服务能力由于其计算起始年份与研究年份较为接近，提升速度较快，但也在后期逐渐显现出区域之间的差别。根据各区域间不同的发展状况，对数字化转型程度四个维度的侧重方向进行调整，是各区域有针对性地提升数字化转型程度的有效措施。

全国范围内区域数字化程度影响高技术产业创新效率的显著维度有产业发展能力、金融普惠能力和政务服务能力，但这三者的影响程度和方向有较大的区别。提升高技术产业创新综合效率需要提高区域的数字金融普惠能力和产业数字化发展水平，前者主要通过影响高技术产业规模，扩大规模经济效应提高规模效率，最终提高综合创新效率；后者主要通过创新技术和管理模式的不断进步，优化技术水平，革新管理模式，对纯技术效率进行提高来提升综合效率。区域的政务服务能力虽然对高技术产业创新效率作用显著但存在消极影响，目前还不能够通过加强区域的数字政务服务水平来提高该区域高技术产业的创新效率，这是由于我国目前的数字政务并未达到能够促使高技术产业进行创新的水平，网上政务服务还不够普及。

6.5.1　加快数字基础设施建设

运用大数据技术和平台，加快数字基础设施建设，增强信息基础设施支撑能力。数字基础设施建设的完善是数字化转型发展的重要基石，同时具有普遍服务性的特点，而高技术产业的发展对数字基础设施的要求远高于一般产业。进行产业互联网建设，加大新一代数字信息技术在产业互联网中的应用，能够促进产业全要素连接和资源优化配置，推动各区域数字化水平均衡发展。同时，以5G、大数据中心、人工智能等为代表的新型基础设施建设正成为推动我国经济发展的新引擎，各地方政府在“新基建”浪潮中要合理布局、因事施策、因地制宜，将“新基建”融入自身发展的实际需求中，要进一步下沉区块链、人工智能等数字技术应用，充分发挥数字技术在数字化转型中的数字效能。具体来看，加快建设泛在先进的信息基础设施，深入实施宽带中国战略，深入开展网络提速降费行动，优化升级宽带网络。有序改造智能绿色的城市基础设施，推动公用设施、电网、水网、交通运输网等智能化改造，提高绿色效能，提升基础设施使用效率。

6.5.2 加强数字化核心技术创新

运用大数据技术和平台，加强核心技术攻关创新，夯实技术基础。政府应当加大对核心硬件、基础软件等领域的技术研发资助力度，以新兴信息技术应用为手段，进行商业模式和产品服务升级，实现智能化发展；以新兴信息技术应用为基础，推动经济活动由线下到线上的转型，实现产业上下游在线上的无缝衔接、配合联动，倒逼供给侧结构性改革，帮助新技术、新产品进入市场。具体来看，构建现代数字技术体系，构筑人工智能等前沿颠覆性技术比较优势，攻克“核高基”等关键薄弱环节，加强“大云物移”等技术创新。推动技术融合创新突破，促进数字技术与垂直行业技术深度融合，着力突破机器人、智能制造、能源互联网等交叉领域，带动群体性重大技术变革。

6.5.3 加快推进政府数字化转型

运用大数据技术和平台，加快推进政府数字化转型，提高政府治理现代化水平。加强政府数字资源整合顶层设计，推动不同地方、部门、层级间信息共享互通，打造部门间数字化协调体系，实现安全、快捷、共享的信息沟通，通过开放数据资源和建立生态，借助专业技术及灵活的运作机制，实现社会化运营，突破政府在资金、机制、人才等方面的瓶颈，逐步释放创新能量。探索构建包容创新的审慎监管制度，推进多元治理体系建设，积极构建新型协同监管机制，强化数字治理手段建设。积极提高政府服务能力和水平，优化对数字经济领域市场主体的审批服务，建立健全创业创新政务服务体系，以智慧城市为抓手，加大数字技术在政府治理中的应用，形成全覆盖、网格化的现代化治理体系，推动实现公共服务便民化、社会治理精准化、经济决策科学化。

6.5.4 积极引导产业数字化转型

运用大数据技术和平台，加快数字化应用，应当积极引导产业树立数字化转型意识，加快数字化转型升级步伐。充分认识到数字化转型对高技术产业的效率提升及长远发展所带来的好处，发挥企业家精神，促进运营模式变革，大力引进专业人才，重视数据资源平台构建，提高创新发展能力，加大工业互联网等技术在产业中的普及力度，应用远程运营、在线服务等新的生产运营模式，降低联合运营成本。

6.5.5　加快数字经济金融体系建设

运用大数据技术和平台，加快建设数字经济金融体系，创新金融融资模式。创新型的数字金融，可以克服传统金融对物理网点的依赖，具有更大的地理穿透力和低成本优势。移动互联网的快速发展为提高广大欠发达地区的金融普惠服务水平创造了条件，而数字货币在增加金融服务覆盖面、降低金融服务成本及提高金融服务水平方面可以发挥重要作用。随着互联网技术的不断发展和创新，以余额宝等为代表的新型数字金融产品为广大群众提供了支付、信贷、保险、投资、货币基金和信用服务等丰富多彩的金融服务，大大降低了金融服务的门槛，因此需要建立有效、全方位为社会所有阶层和群体提供服务的金融体系，提供平等享受现代金融服务的机会与权利，使各群体能够公平及时地获得金融服务，共享金融发展的成果。

6.5.6　加大数字化人才培养规模

针对大数据和数字化型转型需要，应当迅速扩大数字化人才培养规模，培养更多本科、硕士和应用型高层次人才。提高对数字领域相关专业的重视程度，推进数字化技术与其他学科的相互融合。组织培育出一批能够在互联网、大数据、人工智能等方面发挥作用的综合性人才，加强产学研合作，鼓励高校应社会需求开设相关课程，精准化培育切合实际需求的专业型人才。为促进公民对数字素养的理解和数字素养的发展，需要提升公民利用数字资源、数字工具的能力，扩大数字使用需求，提升数字经济基础普及能力，以实现从根本上缩小和消除数字鸿沟，为运用大数据技术和平台，提升创新绩效奠定坚实基础。

6.6　结论与展望

本章根据创新发展理论、产业发展理论和数字经济理论，阐述了数字化转型影响产业创新的具体途径，分析了数字化转型影响高技术产业创新效率的机理，并运用基础转型能力、产业发展能力、金融普惠能力和政务服务能力四个指标测算了数字化转型程度。

本章的主要研究结论：①数字化转型通过降低交易成本、突破数字鸿沟、精准定位用户、加深产业协同、变革商业模式，可以明显提升产业创新绩效。②实证分析表明，我国各区域的数字化转型态势良好，具体表现为数字化转型基础能力东中西部空间差距较大，东部基础设施完善，中西部发展则较为迟缓；产业的数字化发展能力呈现出明显的分层趋势，大部分地区产业数字化发展程度不高；各个区域的数字金融普惠能力波动幅度较为平缓；数字政务服务能力持续得到提升。③加强数字基础设施建设、加强数字化核心技术创新、加快推进政府数字化转型、积极引导产业数字化转型、加强数字经济金融体系建设和加大数字化人才培养规模，是促进高技术产业创新绩效持续提升的关键路径。

后续研究展望：①由于数据所限，在数字化转型指标与控制变量指标的选择过程中原始数据难以获得，核心数据主要来源于各机构的相关研究报告，其数据通常是经过计算处理过的，存在一定程度上的信息缺失，在今后的研究中，如果能够利用一手数据来测算核心指标，其结果更能反映一个地区数字化转型的真实状况。②由于数字化转型刚刚兴起，可参考借鉴的研究不多，数字化转型开始的年份较近，只能基于时间序列较短的数据开展研究，难免会导致结论的偏颇，后续需要进行持续的长期研究，才可以更为准确地验证数字化转型对高技术产业的影响作用。③与数字信息技术相关的高技术产业的发展会加快区域的数字化转型进程，但关于这方面还未进行详细的研究，后续研究应当对此重点关注。

参 考 文 献

白俊红, 蒋伏心. 2008.考虑环境因素的区域创新效率研究——基于三阶段 DEA 方法[J].财贸经济, 22(8): 15-21.

白俊红, 蒋伏心. 2015. 协同创新、空间关联与区域创新绩效[J]. 经济研究, 50(7): 174-187.

鲍力. 2018. 基于两阶段的我国区域创新效率研究[D]. 杭州: 浙江理工大学.

保罗·克鲁格曼. 2000. 收益递增与经济地理[M]. 北京: 北京大学出版社.

蔡传里, 许桂华. 2019. 环境规制的实际效果检验: 实现经济与环境双赢了吗?[J]. 财会月刊, (9): 131-141.

曹兴, 杨威, 彭耿, 等. 2009. 企业知识状态属性与企业技术核心能力关系的实证研究[J].中国软科学, (3): 144-154, 185.

陈傲. 2008. 中国工业行业特征对企业技术创新效率影响的实证分析——兼论企业创新效率提升的市场结构条件[J]. 科学学与科学技术管理, (3): 59-63.

陈超凡. 2016. 中国工业绿色全要素生产率及其影响因素——基于 ML 生产率指数及动态面板模型的实证研究[J]. 统计研究, 33(3): 53-62.

陈朝月, 许治. 2018. 企业外部技术获取模式与企业创新绩效之间的关系探究[J]. 科学学与科学技术管理, 39(1): 143-153.

陈菲琼, 虞旭丹. 2009. 企业对外直接投资对自主创新的反馈机制研究: 以万向集团 OFDI 为例[J]. 财贸经济, (3): 101-106, 137.

陈菲琼, 钟芳芳, 陈珧. 2013. 中国对外直接投资与技术创新研究[J]. 浙江大学学报(人文社会科学版), 43(4): 170-181.

陈劲. 1994. 从技术引进到自主创新的学习模式[J]. 科研管理, (2): 32-34, 31.

陈劲. 2002. 集成创新的理论模式[J]. 中国软科学, (12): 24-30.

陈楠, 蔡跃洲. 2019. 数字经济热潮下中国 ICT 制造业的发展质量及区域特征——基于省域数据的实证分析[J]. 中国社会科学院研究生院学报, (5): 23-39.

陈琦. 2011. 高技术企业成长机理及其模式研究:基于技术核心能力的视角[M]. 北京: 经济科学出版社.

陈瑶. 2018. 中国区域工业绿色发展效率评估——基于 R&D 投入视角[J]. 经济问题, (12): 77-83.

程名望, 张家平. 2019. ICT 服务业资本存量及其产出弹性估算研究[J]. 中国管理科学, 27(11): 189-199.

程学旗, 靳小龙, 王元卓, 等. 2014. 大数据系统和分析技术综述[J]. 软件学报, 25(9): 1889-1908.

池仁勇, 唐根年. 2004 .基于投入与绩效评价的区域技术创新效率研究[J]. 科研管理, 25(4): 23-27.

崔兴华, 林明裕. 2019. FDI 如何影响企业的绿色全要素生产率?——基于 Malmquist-Luenberger 指数和 PSM-DID 的实证分析[J]. 经济管理, 41(3): 38-55.

邓路. 2009. FDI 溢出、出口导向效应与创新效率——基于我国高技术产业面板数据的实证研究(1999-2007)[J]. 财经科学, (7): 95-101.

董会忠, 刘帅, 刘明睿, 等. 2019. 创新质量对绿色全要素生产率影响的异质性研究——环境规制的动态门槛效应[J]. 科技进步与对策, 36(3): 43-50.

董振林, 邹国庆. 2016. 企业外部关系网络与产品创新绩效关系研究[J]. 华东经济管理, 6: 135-143.
丁琦. 2019. “互联网+”视角下东北高技术制造业技术创新效率研究[D]. 沈阳: 辽宁大学.
杜康, 袁宏俊, 郑亚男. 2019. 安徽省大中型工业企业全要素生产率及影响因素研究——基于DEA-Malmquist生产率指数法[J]. 科技管理研究, 39(6): 41-48.
杜群阳. 2006. R&D全球化、反向外溢与技术获取型FDI[J]. 国际贸易问题, (12): 88-91.
樊华, 周德群. 2012. 中国省域科技创新效率演化及其影响因素研究[J]. 科研管理, 33(1): 10-18, 26.
范德成, 李盛楠. 2018. 考虑空间效应的高技术产业技术创新效率研究[J]. 科学学研究, 36(5): 901-912.
范阳东, 梅林海. 2009. 论企业环境管理自组织发展的新视角[J]. 中国人口·资源与环境, 19(4): 19-23.
冯芷艳, 郭迅华, 曾大军, 等. 2013. 大数据背景下商务管理研究若干前沿课题[J]. 管理科学学报, 16(1): 1-9.
冯志军, 陈伟. 2014. 中国高技术产业研发创新效率研究——基于资源约束型两阶段DEA模型的新视角[J]. 系统工程理论与实践, 34(5): 1202-1212.
符磊, 李占国. 2013. 关于OFDI逆向技术溢出的文献述评[J]. 国际经贸探索, 29(9): 70-81.
傅家骥. 1998. 技术创新学[M]. 北京: 清华大学出版社.
傅家骥, 雷家骕. 1996. 靠什么提高中国经济增长的质量——增加经济中的创新流量[J]. 数量经济技术经济研究, (3): 7-13.
傅家骥, 施培公. 1994. 我国引进技术再创新障碍成因探析[J]. 中国工业经济研究, 9: 67-70.
傅京燕, 胡瑾, 曹翔. 2018. 不同来源FDI、环境规制与绿色全要素生产率[J]. 国际贸易问题, (7): 134-148.
高建, 汪剑飞, 魏平. 2004. 企业技术创新绩效指标: 现状、问题和新概念模型[J]. 科研管理, (S1): 14-22.
高晓光. 2015. 我国高技术产业创新效率的时间演变与地区分布特征[J]. 产经评论, 6 (5) : 30-41.
高晓红, 李兴奇. 2020. 主成分分析中线性无量纲化方法的比较研究[J]. 统计与决策, 36(3): 33-36.
葛鹏飞, 徐璋勇, 黄秀路. 2017. 科研创新提高了“一带一路”沿线国家的绿色全要素生产率吗?[J]. 国际贸易问题, (9): 48-58.
古利平, 张宗益, 康继军. 2006. 专利与R&D资源: 中国创新的投入产出分析[J]. 管理工程学报, (1): 147-151.
郭家堂, 骆品亮. 2016. 互联网对中国全要素生产率有促进作用吗?[J]. 管理世界, (10): 34-49.
郭云武. 2018. 中小企业数字化转型双维能力与绩效关系研究[D]. 杭州: 浙江大学.
韩庆潇, 杨晨. 2018. 地区市场分割对高技术产业创新效率的影响——基于不同市场分割类型的视角[J]. 现代经济探讨, (5): 78-85.
郝生宾. 2011. 企业自主创新能力的双螺旋耦合结构模型研究[J]. 科技进步与对策, 28(14): 83-86.
郝文利. 2010. 基于技术缺口的技术寻求型对外直接投资的战略研究[D]. 大连: 东北财经大学.
郝晓燕, 齐培潇. 2013. 内蒙古制造业技术创新效率评价[J]. 科学管理研究, 31(3): 97-100.
郝祖涛, 严良, 谢雄标, 等. 2014. 集群内资源型企业绿色行为决策关键影响因素的识别研究[J]. 中国人口·资源与环境, 24(10): 170-176.
何洁. 2000. 外国直接投资对中国工业部门外溢效应的进一步精确量化[J]. 世界经济, (12): 29-36.
何郁冰. 2011. 技术多元化促进企业绩效的机理研究[J]. 科研管理, 32(4): 9-18.
洪进, 杨娜娜, 杨洋. 2018. 商业模式设计对新创企业创新绩效的影响[J]. 中国科技论坛, (2): 120-127, 135.
胡萍. 2009. 自主创新的内涵和我国企业自主创新能力的主要提升途径研究[J]. 科学管理研究, 27(1):

1-4.
华学成, 王惠, 仇桂且. 2018. 江苏绿色发展转型: 基于绿色效率与环境全要素生产率研究[J]. 现代经济探讨, (7): 18-25.
黄鲁成, 张红彩, 李晓英. 2005. 北京制造业行业的技术创新能力分析[J]. 中国科技论坛, (4): 41-44.
黄庆华, 胡江峰, 陈习定. 2018. 环境规制与绿色全要素生产率: 两难还是双赢? [J]. 中国人口・资源与环境, 28(11): 140-149.
黄晓丽, 刘耀龙, 段锦. 2017. 技术多元化、技术竞争力与企业二元式创新[J]. 管理现代化, 37(1): 36-39.
黄秀路, 韩先锋, 葛鹏飞. 2017. “一带一路”国家绿色全要素生产率的时空演变及影响机制[J]. 经济管理, 39(9): 6-19.
黄永春, 石秋平. 2015. 中国区域环境效率与环境全要素的研究——基于包含 R&D 投入的 SBM 模型的分析[J]. 中国人口・资源与环境, 25(12): 25-34.
贾平. 2006. 企业自主创新能力系统的基本结构及其优化[J]. 经济管理, (19): 18-20.
姜旭, 卢新海, 龚梦琪. 2019. 土地出让市场化、产业结构优化与城市绿色全要素生产率——基于湖北省的实证研究[J]. 中国土地科学, 33(5): 50-59.
阚大学. 2010. 对外直接投资的反向技术溢出效应——基于吸收能力的实证研究[J]. 商业经济与管理, (6): 53-58.
匡远凤, 彭代彦. 2012. 中国环境生产效率与环境全要素生产率分析[J]. 经济研究, 47(7): 62-74.
蕾切尔・卡森. 1997. 寂静的春天[M]. 长春: 吉林人民出版社.
李光龙, 范贤贤. 2019. 贸易开放、外商直接投资与绿色全要素生产率[J]. 南京审计大学学报, 16(4): 103-111.
李国杰, 程学旗. 2012. 大数据研究:未来科技及经济社会发展的重大战略领域——大数据的研究现状与科学思考[J]. 中国科学院院刊,(6): 647-657.
李海萍, 向刚, 高忠仕, 等. 2005. 中国制造业绿色创新的环境效益向企业经济效益转换的制度条件初探[J]. 科研管理, (2): 46-49.
李捷, 余东华, 张明志. 2017. 信息技术、全要素生产率与制造业转型升级的动力机制——基于“两部门”论的研究[J]. 中央财经大学学报, (9): 67-78.
李婧, 谭清美, 白俊红. 2009. 中国区域创新效率及其影响因素[J]. 中国人口・资源与环境, 19(6): 142-147.
李梅, 柳士昌. 2012. 对外直接投资逆向技术溢出的地区差异和门槛效应——基于中国省际面板数据的门槛回归分析[J]. 管理世界, (1): 21-32, 66.
李明娟, 余莎. 2020. 数字化、智能化: 助力互联网下半场探索[J]. 青年记者, (8): 95-96.
李平, 李宏. 1995. 后向联系和技术的溢出转移[J]. 世界经济与政治, (7): 3-6, 33.
李蕊. 2003. 跨国并购的技术寻求动因解析[J]. 世界经济, (2): 19-24, 79.
李松. 2017. 中国智能制造业国际竞争力影响因素及其提升策略研究[D]. 蚌埠: 安徽财经大学.
李卫兵, 刘方文, 王滨. 2019. 环境规制有助于提升绿色全要素生产率吗? ——基于两控区政策的估计[J]. 华中科技大学学报(社会科学版), 33(1): 72-82.
李习保. 2007. 区域创新环境对创新活动效率影响的实证研究[J]. 数量经济技术经济研究, (8): 13-24.
李显君, 钟领, 王京伦, 等. 2018. 开放式创新与吸收能力对创新绩效影响——基于我国汽车企业的实证[J]. 科研管理, 39(1): 45-52.
李向波, 李叔涛. 2007. 基于创新过程的企业技术创新能力评价研究[J]. 中国软科学, (2): 139-142.

联合国贸易和发展会议. 2017. 2017 年世界投资报告——投资和数字经济[R].

林青, 陈湛匀. 2008. 中国技术寻求型跨国投资战略: 理论与实证研究——基于主要 10 个国家 FDI 反向溢出效应模型的测度[J]. 财经研究, (6): 86-99.

林向义, 张庆普, 罗洪云. 2009. 基于 DEA 的企业自主创新能力评价与提升研究[J]. 运筹与管理, 18(4): 152-158.

刘道学, 董碧晨, 卢瑶. 2021. 企业码: 双循环格局下政府数字化服务企业的新探索[J].电子政务, (2): 53-63.

刘凤朝, 潘雄锋, 施定国. 2005. 基于集对分析法的区域自主创新能力评价研究[J]. 中国软科学, (11): 83-91, 106.

刘华军, 李超. 2018. 中国绿色全要素生产率的地区差距及其结构分解[J]. 上海经济研究, (6): 35-47.

刘惠琴. 2012. OFDI 反向溢出对技术创新绩效的影响研究[D]. 长沙: 湖南大学.

刘俊, 白永秀, 韩先锋. 2017. 城市化对中国创新效率的影响——创新二阶段视角下的 SFA 模型检验[J]. 管理学报, 14(5): 704-712.

刘明霞, 王学军. 2009. 中国对外直接投资的逆向技术溢出效应研究[J]. 世界经济研究, (9): 57-62, 88-89.

刘瑞翔. 2013. 探寻中国经济增长源泉: 要素投入、生产率与环境消耗[J]. 世界经济, 36(10): 123-141.

刘树林, 姜新蓬, 余谦. 2015. 中国高技术产业技术创新三阶段特征及其演变[J]. 数量经济技术经济研究, 32(7): 104-116.

刘顺忠, 官建成. 2002. 区域创新系统创新绩效的评价[J]. 中国管理科学, 10(1): 75-78.

刘杨, 刘华辰, 赵峥. 2018. 京沪地区考虑环境因素调整的全要素生产率分析[J]. 中国科技论坛, (10): 154-162.

刘耀龙, 黄晓丽, 段锦. 2017. 技术多元化、动态能力对企业二元式创新的影响——基于中国汽车企业面板数据[J]. 企业经济, 36(7): 125-133.

柳卸林, 李艳华. 2009. 知识获取与后发企业技术能力提升——以汽车零部件产业为例[J]. 科学学与科学技术管理, 30(7): 94-100.

龙建辉. 2017. 创新驱动发展的双元路径及其关联机制——基于全要素生产率的实证发现[J]. 科技管理研究, 37(10): 24-34.

卢时雨, 鞠晓伟. 2007. 产业集群对振兴“东北老工业基地”的作用机理及对策研究[J].现代情报, (3): 174-177, 180.

鲁思源. 2018. 培育企业核心竞争力的思考[J]. 环渤海经济瞭望, (1): 188.

栾斌, 杨俊. 2016. 企业创新投入与创新绩效的就业效应及其差异分析[J]. 管理学报, 13(5): 725-734.

罗彦如, 冉茂盛, 黄凌云. 2010. 中国区域技术创新效率实证研究——三阶段 DEA 模型的应用[J]. 科技进步与对策, 27(14): 20-24.

吕娜, 朱立志. 2019. 中国农业环境技术效率与绿色全要素生产率增长研究[J]. 农业技术经济, (4): 95-103.

马建新. 2006. 科技型企业自主创新能力提升的主要评价指标体系及其路径选择[J]. 湖南大众传媒职业技术学院学报, (3): 47-49.

马名杰, 戴建军, 熊鸿儒. 2019. 数字化转型对生产方式和国际经济格局的影响与应对[J].中国科技论坛, (1): 12-16.

马庆国, 胡隆基, 颜亮. 2005. 软技术概念的重新界定[J]. 科研管理, (6): 101-107.

马骍. 2019. “一带一路”沿线国家环境全要素生产率动态评价及绿色发展的国别差异——基于DEA-Malmquist指数的实证研究[J]. 河南大学学报(社会科学版), 59(2): 17-25.
聂爱云, 何晓钢. 2012. 企业绿色技术创新发凡:环境规制与政策组合[J].改革, (4): 102-108.
聂洪光. 2012. 生态创新理论研究现状与前景展望[J]. 哈尔滨工业大学学报(社会科学版), 14(3): 126-132.
彭文斌, 文泽宙, 邝嫦娥. 2019. 中国城市绿色创新空间格局及其影响因素[J]. 广东财经大学学报, 34(1): 25-37.
齐绍洲, 徐佳. 2018. 贸易开放对“一带一路”沿线国家绿色全要素生产率的影响[J]. 中国人口·资源与环境, 28(4): 134-144.
齐亚伟. 2018. 节能减排、环境规制与中国工业绿色转型[J]. 江西社会科学, 38(3): 70-79.
乔元波, 王砚羽. 2017. 基于三阶段DEA-Windows分析的中国省域创新效率评价[J]. 科学学与科学技术管理, 38(1): 88-97.
秦荣生. 2021. 企业数字化转型中的风险管控新模式[J]. 中国内部审计, (1): 9-11.
邱士雷, 王子龙, 刘帅, 等. 2018. 非期望产出约束下环境规制对环境绩效的异质性效应研究[J]. 中国人口·资源与环境, 28(12): 40-51.
渠慎宁. 2017. ICT与中国经济增长: 资本深化、技术外溢及其贡献[J]. 财经问题研究, (10): 26-33.
任思雨, 吴海涛, 冉启英. 2019. 对外直接投资、制度环境与绿色全要素生产率——基于广义分位数与动态门限面板模型的实证研究[J]. 国际商务(对外经济贸易大学学报), (3): 83-96.
桑俊, 易善策. 2008. 我国传统产业集群升级的创新实现机制[J]. 科技进步与对策, (6): 74-78.
沙文兵. 2012. 对外直接投资、逆向技术溢出与国内创新能力——基于中国省际面板数据的实证研究[J]. 世界经济研究, (3): 69-74, 89.
尚举. 2012. 我国中部六省工业企业R&D投入产出效率分析[D]. 合肥: 合肥工业大学.
申俊喜, 鞠颖. 2015. 后起国家技术寻求型 OFDI 机理研究:基于韩国的案例分析[J]. 当代经济管理, 37(1): 73-77.
石风光. 2017. 中国省区绿色经济增长源泉及其收敛性的空间计量[J]. 华东经济管理, 31(12): 91-99.
史修松, 赵曙东, 吴福象. 2009. 中国区域创新效率及其空间差异研究[J]. 数量经济技术经济研究, 26(3): 45-55.
世界环境与发展委员会. 1997. 我们共同的未来[M]. 长春: 吉林人民出版社.
孙爱英, 李垣, 任峰. 2006. 企业文化与组合创新的关系研究[J]. 科研管理, (2): 15-21.
孙才志, 马奇飞, 赵良仕. 2018. 基于SBM-Malmquist生产率指数模型的中国水资源绿色效率变动研究[J]. 资源科学, 40(5): 993-1005.
孙早, 徐远华. 2018. 信息基础设施建设能提高中国高技术产业的创新效率吗?——基于2002~2013年高技术17个细分行业面板数据的经验分析[J]. 南开经济研究, (2): 72-92.
汪斌, 李伟庆, 周明海. 2010. ODI与中国自主创新:机理分析与实证研究[J]. 科学学研究, 28(6): 926-933.
汪娟, 肖瑶. 2013. 基于DEA方法的中国城市技术创新效率研究[J] .财经理论与实践, 34(2): 109-112.
汪志波. 2013. 基于核心能力生命周期和技术路线图的企业创新模式选择研究[J]. 科技管理研究, 33(10): 230-233.
王冰, 程婷. 2019. 我国中部城市环境全要素生产率的时空演变——基于Malmquist-Luenberger生产率指数分解方法[J]. 长江流域资源与环境, 28(1): 48-59.
王兵, 刘光天. 2015. 节能减排与中国绿色经济增长——基于全要素生产率的视角[J]. 中国工业经济,

(5): 57-69.

王兵, 吴延瑞, 颜鹏飞. 2008. 环境管制与全要素生产率增长: APEC 的实证研究[J]. 经济研究, (5): 19-32.

王春法. 2007. 关于自主创新能力的几点思考[J]. 理论视野, (1): 48-50.

王凯风, 吴超林. 2018. 收入差距对中国城市环境全要素生产率的影响——来自 285 个地级及以上级别城市的证据[J]. 经济问题探索, (2): 49-57.

王萍萍, 陈波. 2018. 中国军工企业技术效率与全要素生产率测算与分析[J]. 技术经济, 37(12): 94-102.

王奇, 王会, 陈海丹. 2012. 中国农业绿色全要素生产率变化研究: 1992-2010 年[J]. 经济评论, (5): 24-33.

王锐淇, 彭良涛, 蒋宁. 2010. 基于 SFA 与 Malmquist 方法的区域技术创新效率测度与影响因素分析[J]. 科学学与科学技术管理, 31(9): 121-128.

王恕立, 张吉鹏, 罗勇. 2002. 国际直接投资技术溢出效应分析与中国的对策[J]. 科技进步与对策, (3): 117-118.

王伟, 邓伟平. 2017. 高技术产业三阶段创新效率及其影响因素分析——基于 EBM 模型和 Tobit 模型[J]. 软科学, 31(11): 16-20.

王伟, 孙芳城. 2018. 金融发展、环境规制与长江经济带绿色全要素生产率增长[J]. 西南民族大学学报(人文社科版), 39(1): 129-137.

王文华, 张卓, 陈玉荣, 等. 2015. 基于技术整合的技术多元化与企业绩效研究[J]. 科学学研究, 33(2): 279-286.

王义源. 2017. 新常态下中国 FDI 与 OFDI 的特征与发展对策[J]. 中国人口·资源与环境, 27(S1): 299-302.

王英, 刘思峰. 2008. 中国 ODI 反向技术外溢效应的实证分析[J]. 科学学研究, (2): 294-298.

王忠, 揭俐, 曾伟. 2017. 矿业权重叠对我国煤炭产业全要素生产率的非线性影响[J]. 中南财经政法大学学报, (5): 59-68, 159-160.

魏江, 寒午. 1998. 企业技术创新能力的界定及其与核心能力的关联[J]. 科研管理, (6): 13-18.

魏江, 应瑛, 刘洋. 2013. 研发活动地理分散性、技术多样性与创新绩效[J]. 科学学研究, 31(5): 772-779.

魏琪瑛. 2019. ICT 对经济绩效的影响研究——基于发达国家与发展中国家的对比分析[J].软科学, 33(10): 38-44, 57.

魏巍, 彭纪生. 2017. 知识型员工可雇佣性对创新行为的影响研究——基于三项交互的调节效应模型[J]. 软科学, 31(4): 61-65.

温湖炜, 周凤秀. 2019. 环境规制与中国省域绿色全要素生产率——兼论对《环境保护税法》实施的启示[J]. 干旱区资源与环境, 33(2): 9-15.

吴传清, 宋子逸. 2018. 长江经济带农业绿色全要素生产率测度及影响因素研究[J]. 科技进步与对策, 35(17): 35-41.

吴航, 陈劲. 2014. 新兴经济国家企业国际化模式影响创新绩效机制——动态能力理论视角[J]. 科学学研究, 32(8): 1262-1270.

吴晓波, 马如飞, 毛茜敏. 2009. 基于二次创新动态过程的组织学习模式演进——杭氧 1996～2008 纵向案例研究[J]. 管理世界, (2): 152-164.

吴新中, 邓明亮. 2018. 技术创新、空间溢出与长江经济带工业绿色全要素生产率[J]. 科技进步与对策, 35(17): 50-58.

伍格致, 游达明. 2019. 环境规制对技术创新与绿色全要素生产率的影响机制: 基于财政分权的调节作用[J]. 管理工程学报, 33(1): 37-50.

袭建立, 王飞绒, 王存波. 2002. 政府在中小企业绿色技术创新中的地位和作用[J]. 中国人口·资源与环境, 13(1): 45-48.

夏志勇, 袁建华. 2007. 企业自主创新能力的系统构建与构成要素分析[J]. 工业技术经济, (10): 2-6.

向小东, 林健. 2018. 环境规制下中国工业全要素生产率评价研究——基于全局网络 DEA-Malmquist 指数[J]. 科技管理研究, 38(6): 60-68.

小岛清. 1987. 对外贸易论[M]. 封小云, 译. 广州: 暨南大学出版社.

肖仁桥, 钱丽, 陈忠卫. 2012. 中国高技术产业创新效率及其影响因素研究[J]. 管理科学, 25(5): 85-98.

肖旭, 戚聿东. 2019. 产业数字化转型的价值维度与理论逻辑[J]. 改革, (8): 61-70.

谢燮正. 1995. 科技进步、自主创新与经济增长[J]. 中国工程师, (5): 8-11.

熊鸿儒. 2019. 中部崛起与数字化转型升级[J]. 中国工业和信息化, (9): 28-34.

徐大可, 陈劲. 2006. 后来企业自主创新能力的内涵和影响因素分析[J]. 经济社会体制比较, (2): 17-22.

徐德英, 韩伯棠. 2015. 信息化对 ODI 逆向技术溢出的门槛效应——基于 20 个国家或地区的面板实证[J]. 北京理工大学学报(社会科学版), 17(6): 66-73.

徐娟. 2017. 基于二元技术能力调节作用的技术多元化与企业绩效[J]. 管理学报, 14(1): 63-68.

徐兆丰. 2021. 新发展格局背景下我国消费升级的数字金融驱动效应[J]. 商业经济研究, (3): 168-171.

徐宗本, 张维, 刘雷, 等. 2014. "数据科学与大数据的科学原理及发展前景"——香山科学会议第 462 次学术讨论会专家发言摘登[J]. 科技促进发展, 10(1):66-75.

许庆瑞. 2000. 研究、发展与技术创新管理[M]. 北京: 高等教育出版社.

杨大楷. 2003. 国际投资学[M]. 上海: 上海财经大学出版社.

杨东宁, 周长辉. 2005. 企业自愿采用标准化环境管理体系的驱动力: 理论框架及实证分析[J]. 管理世界, (2): 85-95, 107.

杨庆义. 2003. 绿色创新是西部区域创新的战略选择[J]. 重庆大学学报(社会科学版), (1): 35-37.

杨善林, 周开乐. 2015. 大数据中的管理问题: 基于大数据的资源观[J]. 管理科学学报, 18(5): 1-8.

杨亭亭, 张玲. 2016. 技术多元化、创新绩效与公司投资价值——来自我国高科技行业的证据[J]. 金融理论与实践, (3): 27-32.

杨仙丽. 2013. 浙江省对外直接投资与产业结构升级: 机理分析与实证研究[J]. 中共浙江省委党校学报, 29(6): 72-76.

杨志波. 2017. 我国智能制造发展趋势及政策支持体系研究[J]. 中州学刊, (5): 31-36.

杨卓凡. 2020. 我国产业数字化转型的模式、短板与对策[J]. 中国流通经济, 34(7): 60-67.

易靖韬, 蒙双, 蔡菲莹. 2017. 外部 R&D、技术距离、市场距离与企业创新绩效[J]. 中国软科学, (4): 141-151.

易文. 2019. Y 城商行数字化转型发展策略研究[D]. 郑州: 郑州大学.

尹向飞, 刘长石. 2017. 环境与矿产资源双重约束下的中国制造业全要素生产率研究[J].软科学, 31(2): 9-13.

应瑞瑶, 周力. 2009. 资源禀赋与绿色创新——从中国省际数据的经验研究看"荷兰病"之破解[J]. 财经研究, 35(11): 92-102.

余淼杰. 2020. "大变局"与中国经济"双循环"发展新格局[J]. 上海对外经贸大学学报, 27(6): 19-28.

余泳泽, 杨晓章, 张少辉. 2019. 中国经济由高速增长向高质量发展的时空转换特征研究[J]. 数量经济技术经济研究, 36(6): 3-21.

宇文晶, 马丽华, 李海霞. 2015. 基于两阶段串联 DEA 的区域高技术产业创新效率及影响因素研究[J].

研究与发展管理, 27(3): 137-146.
袁宝龙, 李琛. 2018. 环境规制政策下创新驱动中国工业绿色全要素生产率研究[J]. 产业经济研究, (5): 101-113.
袁健红, 王晶晶. 2010. 企业自主创新能力的认知研究——基于两家创新型企业的案例分析[J]. 科技进步与对策, 27(12): 94-96.
袁野, 蒋军锋, 程小燕. 2016. 动态能力与创新类型——战略导向的调节作用[J]. 科学学与科学技术管理, 37(4): 45-58.
岳书敬. 2008. 中国区域研发效率差异及其影响因素——基于省级区域面板数据的经验研究[J]. 科研管理, (5): 173-179.
翟云. 2019. 整体政府视角下政府治理模式变革研究——以浙、粤、苏、沪等省级“互联网+政务服务”为例[J]. 电子政务, (10): 34-45.
展进涛, 徐钰娇, 葛继红. 2019. 考虑碳排放成本的中国农业绿色生产率变化[J]. 资源科学, 41(5): 884-896.
张春霞. 2005. 绿色经济发展研究[M]. 北京: 中国林业出版社.
张德茗, 梁元秀. 2017. 创新投入结构对 TFP 的影响——基于知识产权保护调节作用的分析[J]. 商业研究, (5): 122-128.
张涵, 杨晓昕. 2018. 创新环境约束下高技术产业区域创新效率及收敛性研究[J]. 科技进步与对策, 35(3): 43-51.
张鸿, 汪玉磊. 2016. 陕西省高技术产业技术创新效率及影响因素分析[J]. 陕西师范大学学报(哲学社会科学版), 45(5): 118-126.
张家平, 程名望, 潘烜. 2018. 互联网对经济增长溢出的门槛效应研究[J]. 软科学, 32(9): 1-4.
张军, 吴桂英, 张吉鹏. 2004. 中国省际物质资本存量估算: 1952-2000[J]. 经济研究, (10): 35-44.
张骞. 2019. 互联网发展对区域创新能力的影响及其机制研究[D]. 济南: 山东大学.
张庆垒, 郑莹, 任华亮, 等. 2016. 技术多元化与企业绩效关系[J]. 中国科技论坛, 5(5): 65-71.
张肃, 封伟毅, 许慧. 2018. 基于创新过程的高技术产业创新效率比较与关联研究[J]. 工业技术经济, 37(3): 37-43.
张素平, 许庆瑞, 张军. 2014. 能力演进中核心技术与互补资产协同机理研究[J]. 科研管理, 35(11): 51-59.
张永安, 闫瑾. 2016. 技术创新政策对企业创新绩效影响研究——基于政策文本分析[J]. 科技进步与对策, 33(1): 108-113.
张宗益, 张莹. 2008. 创新环境与区域技术创新效率的实证研究[J]. 软科学, 22(12): 123-127.
张宗益, 周勇, 钱灿, 等. 2006. 基于 SFA 模型的我国区域技术创新效率的实证研究[J]. 软科学, (2): 125-128.
赵付民, 邹珊刚. 2005. 区域创新环境及对区域创新绩效的影响分析[J]. 统计与决策, (7): 17-18.
赵建英. 2010. 技术创新绩效影响因素的实证分析——基于两类不同所有制企业的比较[J].经济问题, (8): 41-44.
赵伟, 古广东, 何国庆. 2006. 外向 FDI 与中国技术进步: 机理分析与尝试性实证［J］. 管理世界, (7): 53-60.
赵永强. 2018. 中小型科技企业核心竞争力分析[J]. 西部皮革, 40(2): 98.
郑登攀, 党兴华. 2008. 技术溢出对中小企业合作创新倾向的影响研究[J]. 科技学与科学技术管理, (8):

63-67.
郑强. 2018. 城镇化对绿色全要素生产率的影响——基于公共支出门槛效应的分析[J]. 城市问题, (3): 48-56.
周乐意, 殷群. 2016. OFDI 对地区创新绩效的影响研究——基于江苏数据的实证分析[J]. 江苏社会科学, (4): 53-59.
朱华. 2014. 基于区位拉动因素的中国企业 OFDI 动机的实证研究[J]. 科研管理, 35(1): 139-149.
朱孔来. 2008. 创新、自主创新、自主创新能力相关理论研究[J]. 山东工商学院学报, 22(5): 1-7, 11.
邹辉文, 黄友. 2021. 数字普惠金融发展对区域创新效率的作用研究[J]. 金融与经济, (1): 48-55.
邹玉娟, 陈漓高. 2008. 我国对外直接投资与技术提升的实证研究[J]. 世界经济研究, (5): 70-77, 89.
Acs Z J, Audretsch D B, Feldman M P. 1994. R&D spillovers and recipient firm size[J]. The Review of Economics and Statistics, 3: 336-340.
Adler P S, Shenbar A. 2007. Adapting your technological base: The organizational challenge[J]. Sloan Management Review, 32(1): 25-37.
Ahn J M, Minshall T, Mortara L, et al. 2016. Dynamic capabilities and economic crises: Has openness enhanced a firm's performance in an economic downturn?[J]. Industrial & Corporate Change, 27(1): 49-63.
Aigner D, Lovell C A K, Schmidt P. 1977. Formulation and estimation of stochastic frontier production function models[J]. Journal of Econometrics, 1: 21-37.
Albesher A. 2014. Synergies of firms' innovation dynamic capabilities and information technology: A study of Saudi firms' innovation performance and practices[J]. International Journal of Environmental Research, 2: 289-300.
Amri F. 2018. Carbon dioxide emissions, total factor productivity, ICT, trade, financial development, and energy consumption: Testing environmental Kuznets curve hypothesis for Tunisia[J]. Environmental Science and Pollution Research, 5: 21-35.
Andergassen R, Nardini F. 2005. Endogenous innovation waves and economic growth[J]. Structural Change and Economic Dynamics, 16(4): 522-539.
Anselin L, Varga A, Acs Z J. 2000. Geographic and sectoral characteristics of academic knowledge externalities[J]. Papers in Regional Science, 79: 435-443.
Banbury C M, Mitchell W. 1995. The effect of introducing important incremental innovations on market share and business survival[J]. Strategic Management Journal, 16(S1): 161-182.
Banker R D, Charnes A, Cooper W W. 1984. Some models for estimating technical and scale inefficiencies in data envelopment analysis[J]. Management Science, 30(9): 1078-1092.
Barasa L, Vermeulen P, Knoben J, et al. 2019. Innovation inputs and efficiency: Manufacturing firms in Sub-Saharan Africa[J]. European Journal of Innovation Management, 22(1): 59-83.
Beise M, Rennings K. 2005. Lead markets and regulation: A framework for analyzing the international diffusion of environmental innovations[J]. Ecological Economics, 52: 5-17.
Berrone P, Fosfuri A, Gelabert L, et al. 2013. Necessity as the mother of "green" inventions: Institutional pressures and environmental innovations[J]. Strategic Management Journal, 34(8): 891-909.
Blomstrom M, Kokko A. 1995. Policies to encourage inflows of technology through foreign multinationals[J]. World Development, 23(3): 459-468.

Blomstom M, Kokko A. 1998. Multinational corporations and spillovers[J]. Journal of Economic Surveys, 12(3): 247-277.

Bolli T, Woerter M. 2013. Technological diversification and innovation performance[R]. KOF Working Papers.

Borensztein E, Gregorio J D, Lee J W. 1998. How does foreign direct investment affect economic growth?[J]. Journal of International Economics, 45(1): 115-135.

Braconier H, Ekholm K. 2001. Foreign direct investment in Central and Eastern Europe: Employment effects in the EU[R]. Stockholm School of Economics (revised version of CEPR Discussion Paper 3052).

Braganza A, Brooks L, Nepelski D, et al. 2016. Resource management in big data initiatives: Processes and dynamic capabilities[J]. Journal of Business Research, 70: 328-337.

Branstetter L. 2000. Is foreign direct investment a channel of knowledge spill-overs: Evidence from Japan's FDI in the United States[R]. NBER Working Paper.

Buckley P J, Casson M. 1999. A theory of international operations//Buckley P J, Ghauri P N. The Internationalization Process of the Firm: A Reader. 2nd edn[M]. London: International Business Thomson: 55-60.

Business Week. 2004. Big blue's bold step into China[J]. 33-34.

Burgelman R A, Christensen C M. 2004. Strategic Management of Technology and Innovation [M]. New York: McGraw-Hill.

Bykova A, Jardon C M. 2018. The mediation role of companies' dynamic capabilities for business performance excellence: Insights from foreign direct investments. The case of transitional partnership[J]. Knowledge Management Research & Practice, 16(1): 144-159.

Caves D W, Diewert L R C E. 1982. The economic theory of index numbers and the measurement of input, output, and productivity[J]. Econometrica, 6: 1393-1414.

Caves R E. 1971. Industrial corporations: The industrial economies of foreign investment[J]. Economica, 38(149): 1-27.

Caves R. 1974. Multinational firms, competition and productivity in host country market[J]. Economica, 41(162): 178-189

Chakrabarti A. 2001. The determinants of foreign direct investment: Sensitivity analysis of cross-country regressions[J]. Kyklos, 54(1): 89-114.

Chang C H. 2011. The Influence of corporate environmental ethics on competitive advantage: The mediation role of green innovation[J]. Journal of Business Ethics, 104(3): 361-370.

Charnes A, Rousseau J, Seiford L. 1978. Complements, mollifiers and the propensity to disrupt[J]. International Journal of Game Theory, 1: 37-50.

Chen Y S, Chang C H, Wu F S, et al. 2012. Origins of green innovations: The differences between proactive and reactive green innovations[J]. Management Decision, 50(3): 368-398.

Chesbrough H. 2013. Open Service Innovation: Rethinking Your Business to Grow and Compete in A New Era[M]. 蔺雷，张晓思，译. 北京：清华大学出版社.

Choi S B, Lee S H, Williams C. 2011. Ownership and firm innovation in a transition economy: Evidence from China[J]. Research Policy, 40(3): 441-452.

Chung Y H, Färe R, Grosskopf S. 1997. Productivity and undesirable outputs: A directional distance function approach[J]. Microeconomics, 3: 229-240.

Cleff T, Rennings K. 1999. Determinants of environmental product and process innovation[J]. European Environment, 9: 191-201.

Cobb C W, Douglas P H. 1928. A theory of production[J]. American Economic Review, 18(1): 139-165.

Cooke P, Uranga M G, Etxebarria G. 1998. Regional systems of innovation: An evolutionary perspective[J]. Environment and Planning A, 30(9): 1563-1584.

Corradini C, Demirel P, Battisti G. 2016. Technological diversification within UK's small serial innovators[J]. Small Business Economics, 47(1): 163-177.

Cullmann C, Hirschhausen C. 2008. Efficiency analysis of East European electricity distribution in transition: Legacy of the past?[J]. Journal of Productivity Analysis, 29(2): 155.

de Vries F P, Withagen C. 2005. Innovation and environmental stringency: The case of sulfur dioxide abatement[A]. Discussion Paper, NO 18. Tilburg University, Center for Economic Research.

Deng P. 2007. Investing for strategic resources and its rationale: The case of outward FDI from Chinese companies[J]. Business Horizons, 50(1): 71-81.

Diaz M A, Sanchez R. 2008. Firm size and productivity in Spain: A stochastic frontier analysis[J]. Small Business Economics, 30(3): 315-323.

DiMaggio P J, Powell W W. 1983.The iron cage revisited:Institutional isomorphism and collective rationality in organizational fields[J]. American Sociological Review, 48(2): 147-160.

Djankov S, Hoekman B. 1999. Foreign investment and productivity growth in czech enterprises[J]. World Bank Economic Review, 14(1): 49-64.

Driffield N, Love J H. 2003. Foreign direct investment, technology sourcing and reverse spillovers[J]. The Manchester School, 71(6): 659-672.

Dunnning J H. 1993. Multinational Enterprises and the Global Economy[M]. Wokingham: Addison-Wesley Publ. Co.

Dunning J H. 2006. Comment on dragon multinationals: New players in the 21st century globalization[J]. Asia Pacific Journal of Management, 23: 139-141.

Dunning J H, van Hoesel R, Narula R. 1997. Third world multinationals revisited: New developments and theoretical implications[J]. Trade and Foreign Direct Investment, Amsterdam and Oxford: Elsevier, 255-285.

Eiadat Y, Kelly A, Roche F, et al. 2008. Green and competitive? An empirical test of the mediating role of environmental innovation strategy[J]. Journal of World Business, 43(2): 131-145.

Elson S. 2000. Innovation capacity: Working towards a mechanism for improving innovation within an inter-organizational network[J]. The TQM Magazine, 12(2): 149-158.

Erdener C, Shapiro D M. 2005. The internationalization of Chinese family enterprises and Dunning's eclectic MNE paradigm[J]. Management and Organization Review, 1(3): 411-436.

Fai F M. 2003. Corporate Technological Competence and the Evolution of Technological Diversification[M]. Cheltenham: Edward EI gar.

Fare R, Grosskopf S, Norris M, et al. 1994. Productivity growth, technical progress, and efficiency change in industrialized countries[J]. American Economic Review, 5: 1040-1044.

Farrell J. 2003. Integration and independent innovation on a network[J]. American Economic Review, 93(2):

420-424.

Feder C. 2017. A measure of total factor productivity with biased technological change[J]. Economics of Innovation and New Technology, 17: 243-253.

Freeman C. 1974. The Economic of Industrial Innovation[M]. London: Penguin Books Inc: 88-90.

Fritsch M. 2000. Interregional differences in R&D activities-an empirical investigation[J]. European Planning Studies, 8(4): 409-427.

Fritsch M. 2002. Measuring the quality of regional innovation systems: A knowledge production function approach[J]. International Regional Science Review, 25(1): 86-101.

Froehlich C, Bitencourt C C, Bossle M B. 2017. The use of dynamic capabilities to boost innovation in a Brazilian chemical company[J]. Revista de Administra, 52(4): 479-491.

Fosfuri A, Motta M. 1999. Multinationals without advantages[J]. Scandinavian Journal of Economics, 101: 617-630.

Fussler C, James P. 1996. Driving Eco-innovation: A Breakthrough Discipline for Innovation and Sustainability[M]. London: Pitman.

Galor O. 1996. Convergence?: Inferences from theoretical models[J]. Economic Journal, 437: 1056-1069.

Giniuniene J, Jurksiene L. 2015. Dynamic capabilities, innovation and organizational learning: Interrelations and impact on firm performance[J]. Procedia-Social and Behavioral Sciences, 213: 985-991.

Globerman S. 1979. FDI and spillover efficiency benefits in Canadian manufacturing industries[J]. Canadian Journal of Economics, 12 (1): 42-56.

Graham D, Woods N. 2006. Making corporate self-regulation of in developing countries[J]. World Development, 34(5): 868-883.

Granstrand O. 1998. Towards a theory of the technology-based firm[J]. Research Policy, 27(5): 465-489.

Haddad M, Harrison A. 1999. Are there positive spillovers from direct foreign investment? Evidence from panel data for Morocco[J]. American Economic Review, 42: 51-72.

Haier A, Whalley J. 2006. Recent Chinese buyout activities and the implications for global architecture[R]. National Bureau of Economic Research (NBER) Working Paper 12072, Cambridge, MA: NBER

Han C J, Stephen R T H, Yang M, et al. 2017. Evaluating R&D investment efficiency in China's hightech industry[J]. Journal of High Technology Management Research, 28 (1): 93-109.

Head C K, Ries J C, Swenson D L. 1999. Attracting foreign manufacturing: Investment promotion and agglomeration[J]. Regional Science and Urban Economics, 29(2): 197-218.

Helleiner G K. 1975. The role of multinational corporation in less developed countries' trade in technology[J]. World Development, 3(75): 161-189.

Hinings B, Gegenhuber T, Greenwood R. 2018. Digital innovation and transformation: An institutional perspective[J]. Information and Organization, 1: 52-61.

Horbach J, Rammer C, Rennings K. 2012. Determinants of eco-innovations by type of environmental impact—The role of regulatory push/pull, technology push and market pull[J]. Ecological Economics, 1: 112–122.

Hsu F M, Chen T Y, Wang S. 2009. Efficiency and satisfaction of electronic records management systems in e-government in Taiwan[J]. The Electronic Library, 27(3): 461-473.

Hu B. 2014. Linking business models with technological innovation performance through organizational learning[J]. European Management Journal, 32(4): 587-595.

Hymer S H. 1976. The international corporations of national firms: A study of direct foreign investment[R]. MIT Monographs in Economics, Cambridge, Massachusetts.

Jaffe A B, Palmer K. 1997. Environmental regulation and innovation: A panel data study[J]. The Review of Economics and Statistics, 79(4): 610–619.

Jansen J J P, Simsek Z, Cao Q. 2012. Ambidexterity and performance in multiunit contexts: Cross-level moderating effects of structural and resource attributes[J]. Strategic Management Journal, 33(11): 1286-1303.

Jennings P D, Zandberger P A. 1995. Ecologically sustainable organizations: An institutional approach[J]. Academy of Management Review, 20(4): 1015-1052.

Jorgenson D W, Griliches Z. 2000. The explanation of productivity change[J]. Review of Economic Studies, 3: 249-283.

Kasim M. 2018. Endogenous Growth—A Dynamic Technology Augmentation of the Solow Model[J]. Ithaca, New York: Cornell University: 535-49.

Kesidou E, Demirel P. 2012. On the drivers of eco-innovations: Empirical evidence from the UK[J]. Research Policy, 41(5): 862-870.

Kim J, Lee C, Cha Y. 2016. Technological diversification, core-technology competence, and firm growth[J]. Research Policy, 45(1): 113-124.

Kodama F. 1986. Technological diversification of Japanese industry[J]. Science, 233(4761): 291-296.

Kogut B, Chang S J. 1991. Technological capabilities and Japanese foreign direct investment in the united states[J]. Review of Economics and Statistics, 73(3): 401-413.

Kokko A. 1996. Productivity spillovers from competition between local firms and foreign affiliates[J]. Journal of International Development , 8(4): 517-530.

Koopmans T C. 1951. Analysis of production as an efficient combination of activities[J]. Activity Analysis of Production and Allocation, 13: 33-37.

Kundi M, Sharma S. 2015. Efficiency analysis and flexibility: A case study of cement firms in India[J]. Global Journal of Flexible Systems Management. 16(3): 221-234.

Lall S. 2001. Competitiveness, Technology and Skills[M]. Cheltenham, UK: Edward Elgar.

Lan P. 1995. Technology transfer to China through foreign direct investment ［D］.Glasgow: University of Strathclyde.

Lardy N R. 1998. China's Unfinished Economic Revolution[M]. Washington D.C.: Brookings Institution.

Lee C Y, Huang Y C, Chang C C. 2017. Factors influencing the alignment of technological diversification and firm performance[J]. Management Research Review, 40(4): 451-470.

Lecraw D J. 1977. Direct investment by firms from less developed countries[J]. Oxford Economic Papers, 29(3): 442-457.

Lenka S, Parida V, Wincent J. 2017. Digitalization capabilities as enablers of value co-creation in servitizing firms[J]. Psychology & Marketing, 34(1): 92-100.

Li J, Strange R, Ning L, et al. 2016. Outward foreign direct investment and domestic innovation performance: Evidence from China[J]. International Business Review, 25(5): 1010-1019.

Li L B, Liu B L, Liu W L, et al. 2017. Efficiency evaluation of the regional high-tech industry in China: A new framework based on meta-frontier dynamic DEA analysis[J]. Socio-Economic Planning Sciences, 60:

24-33.

Lim D. 1983. Fiscal incentives and direct investment in less developed countries[J]. Journal of Development Studies, 19(2): 207-212.

Liu Y. 2009. Investigating external environmental pressure on firms and their behavior in Yangtze River Delta of China[J]. Journal of Cleaner Production, 17(16): 1480-1486.

Luis D B, Carlos R. 2007. Multiple Criteria Decision-Making in Forest Planning: Recent Results and Current Challenges[M]. Springer US: Handbook of Operations Research in Natural Resources, 99: 473-488.

Ma X, Andrews-Speed P. 2006. The overseas activities of China's national oil companies: Rationale and outlook[J]. Minerals and Energy, 21(1): 17-30.

MacDougall G D A. 1960. The benefits and costs of private investment from abroad: A theoretical approach[J]. The Economic Record, 36(73): 13-35.

Malmquist S. 1953. Index numbers and indifference surfaces[J]. Trabajos de Estadistica, 2: 209-242.

Mark J A. 1986. Problems encountered in measuring single and multifactor productivity[J]. Monthly Labor Review, 109(12): 3-11.

Matysiak L, Rugman A M, Bausch A. 2018. Dynamic capabilities of multinational enterprises: The dominant logics behind sensing, seizing, and transforming matter![J]. Management International Review, 58(2): 225-250.

Meeusen W, Julien V D B. 1977. Efficiency estimation from Cobb-Douglas production functions with composed error[J]. International Economic Review, 2: 435.

Mehdi T, Ali E, Plácido M. 2017. A linear relational DEA model to evaluate two-stage processes with shared inputs[J]. Computational and Applied Mathematics, 36(1): 45-61.

Miller D J. 2006. Technological diversity, related diversification, and firm performance[J]. Strategic Management Journa1, 27(7): 601-619.

Moghaddasi R, Pour A A. 2016. Energy consumption and total factor productivity growth in Iranian agriculture[J]. Energy Reports, 2(C): 218-220.

Nasierowski W. 2019. Assessing technical efficiency of innovations in Canada: The global snapshot[J]. International Journal of Innovation Management, 23(3): 1-25.

Nasierowski W, Arcelus F J. 2003. On the efficiency of national innovation systems[J]. Socio-Economic Planning Sciences, 37(3): 215-234.

Neven D, Siotis G. 1993. Foreign direct investment in the European Community: Some policy Issues[J]. Oxford Review of Economic Policy, 9 (2): 72-93.

Oh D H. 2010. A global Malmquist-Luenberger productivity index[J]. Journal of Productivity Analysis, 3: 183-197.

Oliner S D, Sichel D E. 2000. The resurgence of growth in the late 1990s: Is Information technology the story?[J]. Journal of Economic Perspectives, 14(4): 3-22.

Olson E L. 2014. Green innovation value chain analysis of PV solar power[J]. Journal of Cleaner Production, 64: 73-80.

Ospino C. 2018. Broad band internet, labor demand, and total factor productivity in Colombia[J]. Social Science Electronic Publishing, 11: 53-72.

Oswald G, Kleinemeier M. 2017. Shaping the Digital Enterprise[M]. Berlin: Springer International

Publishing.

Ozawa T. 2005. Institutions, Industrial Upgrading and Economic Performance in Japan[M]. Cornwall, UK: MPG Books Ltd.

Patel P, Pavitt K. 1994. National innovation systems: Why they are important, and how they might be measured and compared[J]. Economics of Innovation & New Technology, 3(1): 77-95.

Pelin D, Effie K. 2011. Stimulating different types of eco-innovation in the UK: Government policies and firm motivations[J]. Ecological Economics, 70: 1546-1557.

Porter M E, Linde C. 1995. Toward a new conception of the environment competitiveness relationship[J]. Journal of Economic Perspectives, 9(4): 97-118.

Reddy S K, Reinartz W. 2017. Digital transformation and value creation: Sea change ahead[J]. Marketing Intelligence Review, 9(1): 10-17.

Ren S, Eisingerich A B, Tsai H. 2015. Search scope and innovation performance of emerging-market firms[J]. Journal of Business Research, 68(1): 102-108.

Rennings K, Ziegler A, Ankele K, et al. 2006. The influence of different characteristics of the EU environmental management and auditing scheme on technical environmental innovations and economic performance[J]. Journal of Ecological Economic, 57: 45-59.

Reza K M, Amirali F, Reza F S, et al. 2019. Eco-innovation in transportation industry: A double frontier common weights analysis with ideal point method for Malmquist productivity index[J]. Resources, Conservation and Recycling, 147: 39-48.

Ritala P, Olander H, Michailova S, et al. 2015. Knowledge sharing, knowledge leaking and relative innovation performance: An empirical study[J]. Technovation, 35: 22-31.

Rosenberg N, Frisehtak C. 1985. International Technology Transfer[M]. NewYork: Praeger.

Schumpeter J A. 1982. The Theory of Economic Development[M]. Transaction Publishers.

Shao B M, Lin W T. 2016. Assessing output performance of information technology service industries: Productivity, innovation and catch-up[J]. International Journal of Production Economics, 172(2): 43-53.

Sharma A. 1999. Does the salesperson like customers? A conceptual and empirical examination of the persuasive effect of perceptions of the salesperson's affect to ward customers[J]. Psychology & Marketing, 16(2):141-162.

Solow R M. 1957. Technical change and the aggregate production function[J]. Review of Economics and Statistics, 39(3): 312-320.

Sung H H, Wfina L, Hune C. 2015. Technological advances in the fuel cell vehicle: Patent portfolio management[J]. Technological Forecasting and Social Change, 100: 277-289.

Szeto E. 2000. Innovation capacity: Working towards a mechanism for improving innovation within an inter-organizational Network[J]. The TQM Magazine, 12(2): 149-158.

Teece D J, Pisano G. 1994. The dynamic capabilities of firms: An introduction[J]. Industrial and Corporate Change, 3(3): 537-556.

Teece D J, Pisano G, Shuen A. 1997. Dynamic capabilities and strategic management[J]. Strategic Management Journal, 18(7): 509-533.

Thornhill S. 2006. Knowledge, innovation and firm performance in high and low technology regimes[J]. Journal of Business Venturing, 21(5): 687-703.

Tobin J. 1958. Estimation of relationships for limited dependent variables[J]. The Econometric Society, 26(1): 24-36.

Todtling F, Kaufmann A. 1999. Innovation systems in regions of Europe[J]. European Planning Studies, 7(6): 699.

Tone K. 2001. A slacks-based measure of efficiency in data envelopment analysis[J]. European Journal of Operational Research, 3: 498-509.

Tsai Y, Joe S, Ding C G, et al. 2013. Modeling technological innovation performance and its determinants: An aspect of buyer-seller social capital[J]. Technological Forecasting and Social Change, 80(6): 1211-1221.

Wagner M. 2008. Empirical influence of environmental management innovation: Evidence from Europe[J]. Ecological Economics, 66(2-3): 392-402.

Wang J Y, Blomstrom M. 1992. Foreign investment and technology transfer: A simple model[J]. European Economic Review, 36(l): 137-155.

Warner M, Hong N S, Xu X J. 2004. "Late development" experience and the evolution of transnational firms in the People's Republic of China[J]. Asia Pacific Business Review, 10(3-4): 324-345.

Wong J, Chan S. 2003. China's outward direct investment: Expanding worldwide[J]. China: An International Journal, 1(2): 273-301.

Wu F, Sia Y H. 2002. China's rising investment in Southeast Asia: Trends and outlook[J]. Journal of Asian Business, 18(2): 41-61.

Xie R H, Yuan Y J, Huang J J. 2017. Different types of environmental regulations and heterogeneous influence on “Green” productivity: Evidence from China[J]. Ecological Economics, 132: 104-112.

Ye G. 1992. Chinese transnational corporations[J]. Transnational Corporations, 1(2): 125-133.

Yoo Y, Henfridsson O, Lyytinen K. 2010. Research commentary—The new organizing logic of digital innovation: An agenda for information systems research[J]. Information Systems Research, 21(4): 724-735.

Zahra Z A. 2018. The influence of dynamic capabilities on PT Sicha Jaya Sentosa's performance[J]. Jurnal Ilmiah Mahasiswa FEB, 6(1): 276.

Zahra S A, George G. 2002. Absorptive capacity: A review reconceptualization and extension[J]. Academy of Management Review, 27(2): 185-203.

Zhang Y. 2003. China's emerging global businesses: Political economy and institutional investigations[M]. Basingstoke: Palgrave Macmillan.

后　记

进入大数据时代，数字化、网络化和人工智能加速改变着世界，相关学术问题成了广泛的研究热点。

本书的第一作者及其研究团队（主要由研究生构成），围绕企业孵化器和产业技术创新联盟主题，先后承担和完成了国家自然科学基金项目“企业孵化器运行机理及政策框架研究”“基于 R&D 主导的产业技术创新联盟路径及政策研究”“产业技术创新联盟核心企业提升自主创新能力路径研究”，并开展了大量的理论和实证研究，发表了相关学术论文五十余篇，出版了学术专著《企业孵化器与自主创新》（江苏省第十二届哲学社会科学优秀成果奖二等奖）、《产业技术创新战略联盟组建运行与管理创新》（江苏省第十四届哲学社会科学优秀成果奖二等奖），现在呈现在读者面前的《大数据与创新绩效》是本书第一作者及研究团队近几年来研究的最新成果。本书贯穿“创新绩效”主线，融入大数据时代特点，汇聚了多年的创新研究成果，构建了结构较为严谨的框架结构，如下图所示。

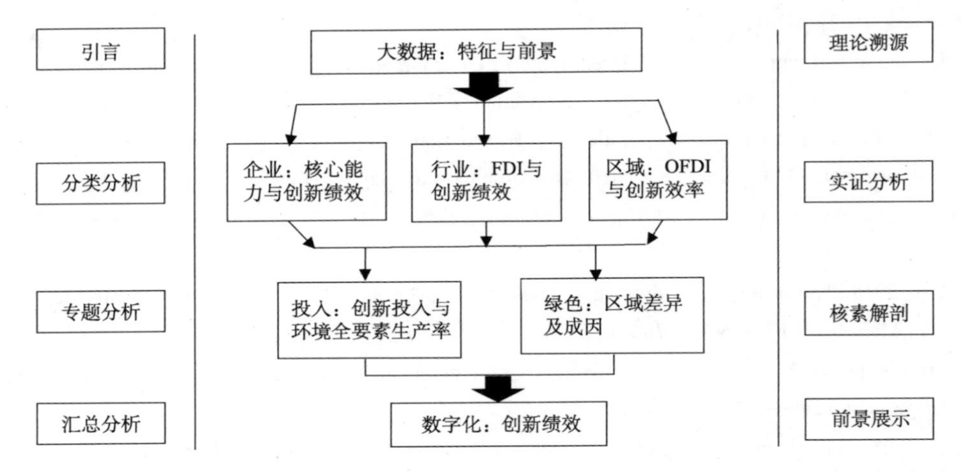

本书主要根据国家自然科学基金项目“产业技术创新联盟核心企业提升自主创新能力路径研究”的研究内容安排，通过几位硕士研究生分工协作进行研究，具体分工是：第 1 章主要由王美玲完成，第 2 章主要由殷洪飞完成，第 3 章主要由周乐意完成，第 4 章主要由李子文完成，第 5 章主要由程月完成，第 6 章主要由田玉秀完成，本书第一作者主要负责全书的框架设计、主题确定、各章内容修改完善和全书统稿工作，田玉秀协助进行了全书的图表和公式的校对与完善工作。

本书得以顺利完成并付印，要感谢国家自然科学基金项目的资助，正是在国家自然科学基金项目研究过程中，才得以带领一届届研究生坚持围绕“创新绩效”主题开展连续多年的研究，从而能够持续产出相关的研究成果，最终才得以形成这本书。在此要感谢同行学者们的学术贡献，我们在研究过程中参考了许多同行研究者的卓越研究成果，并要向本书参考文献中列举的作者和给予我们启发但未能列入参考文献的作者表示敬意与感谢！最后，还要特别感谢科学出版社的编辑们，他们的精心编辑和勤奋工作为本书的顺利出版做出了重要贡献。

殷　群

2020年12月28日